Stephan Elter

Programmieren lernen mit JavaScript

Spiele und Co. ganz easy – auch für Erwachsene

Rheinwerk Computing

Liebe Leserin, lieber Leser,

herzlich willkommen zu diesem Programmierkurs mit JavaScript!

In den meisten Kapiteln in diesem Buch geht es um Spiele – das macht vielen Leuten am meisten Spaß. Du kannst aber mit allem, was du hier lernst, genauso gut nützliche Programme oder Webseiten erstellen.

Am besten liest du die Kapitel in der Reihenfolge, in der sie hier stehen. Denn zum Programmieren brauchst du Techniken, die aufeinander aufbauen und die du hier nacheinander kennen lernst.

Die Programme sind im Buch abgedruckt, aber nicht immer am Stück. Wir finden es wichtiger, zwischen den Programmzeilen alles zu erklären.

Wenn Du nicht weißt, wo eine Programmzeile hingehört, schau direkt in die JavaScript- und HTML-Dateien rein. Du kannst sie auf der Webseite zum Buch herunterladen:

https://www.rheinwerk-verlag.de/4217

Srcolle dort etwas herunter bis zu den MATERIALIEN ZUM BUCH.

Du kannst die Spiele damit auch vorab ausprobieren. Vielleicht fallen dir Verbesserungen ein – ein guter Grund, selbst Hand anzulegen!

Hat dir dieses Buch gefallen? Wenn du Kritik oder Lob anbringen möchtest, wenn etwas nicht so funktioniert wie erwartet, oder wenn du Vorschläge für weitere Bücher machen möchtest, wende dich an mich. Ich freue mich über Rückmeldung.

Viel Spaß!

Deine Almut Poll
Lektorat Rheinwerk Computing

almut.poll@rheinwerk-verlag.de
www.rheinwerk-verlag.de
Rheinwerk Verlag · Rheinwerkallee 4 · 53227 Bonn

Für Andrea und Alva,
für die ich dieses Buch geschrieben habe.

Vielen Dank für die Durchsicht, Felix!

Auf einen Blick

Wir hoffen, dass du viel Freude an diesem Buch hast. Du kannst uns gerne deine Meinung mitteilen. Sende einfach eine E-Mail an die Lektorin des Buches: *almut.poll@rheinwerk-verlag.de*. Falls etwas mit dem Buch nicht stimmt, schreibe an: *service@rheinwerk-verlag.de*. Informationen über Rezensions- und Schulungs-exemplare erhältst du von: *hendrik.wevers@rheinwerk-verlag.de*.

Informationen zum Verlag und weitere Kontaktmöglichkeiten findest du auf unserer Verlagswebsite *www.rheinwerk-verlag.de*. Dort kannst du dich über unser aktuelles Verlagsprogramm informieren und alle unsere Bücher versandkostenfrei bestellen.

An diesem Buch haben viele mitgewirkt, insbesondere:

Lektorat Almut Poll, Roman Lehnhof
Fachlektorat Felix Elter
Korrektorat Petra Biedermann, Reken
Einbandgestaltung Daniel Kratzke
Titelbilder iStockphoto: 86250817 ©chuckchee, 68102431 ©chuckchee, 87021301 ©chuckchee, 33266484 ©Victoire_Lefevre, 87764917 ©Artulina1, 52230092 ©dmitriylo, 49107324 ©tulpahn, 49673232 ©Askold Romanov; shutterstock: 350557307 ©YoPixArt, 217108231 ©La Gorda, 168019907 ©dmitriylo, 158009102 ©Krolja
Typografie und Layout Vera Brauner, Denis Schaal
Herstellung Denis Schaal
Satz III-satz, Husby
Druck und Bindung Media-Print Informationstechnologie GmbH, Paderborn

Dieses Buch wurde gesetzt aus der TheAntiquaB (9,35/13,7 pt) in FrameMaker.
Gedruckt wurde es auf chlorfrei gebleichtem Offsetpapier (90 g/m^2).

Bibliografische Information der Deutschen Nationalbibliothek:
Die Deutsche Nationalbibliothek verzeichnet diese Publikation in der Deutschen Nationalbibliografie; detaillierte bibliografische Daten sind im Internet über *http://dnb.d-nb.de* abrufbar.

ISBN 978-3-8362-4307-0

1. Auflage 2017

Inhalt

Vorwort
Hallo und herzlich willkommen

Programmieren lernen mit JavaScript?
Okay, aber was ist das Besondere in diesem Buch,
und worum geht es genau?

Natürlich JavaScript! JavaScript ist eine (nein, eigentlich ist es *die*) Programmiersprache, die inzwischen auf fast jedem Computer, Smartphone oder Tablet vorhanden ist. Keine Installationsorgien, keine Rechteprobleme, keine ominösen Systemeinstellungen, die ja doch keiner machen möchte. Einfacher und bequemer geht kein Einstieg in die Programmierung. Alles, was du dazu benötigst, ist ein Text-Editor, der sowieso schon auf deinem Rechner verfügbar ist – keine komplizierte Entwicklungsumgebung, keine schwierige Bedienung. Einfach schreiben, speichern und im Browser ansehen. Leichter kannst du programmieren nicht lernen.

Richtiges Programmieren – so mit allen Tricks und Kniffen! Ich will ehrlich sein: Das mit den Spielen ist nur ein raffinierter Vorwand, um dein Interesse für das Programmieren zu wecken. Wenn du erst einmal mit dem Programmieren angefangen hast, werden dich Spiele und derartige Spielereien gar nicht mehr so interessieren. Programmieren ist viel spannender, viel kreativer. Das ist so wie Sudoku, Dinge erfinden, Kriminalfälle lösen und loszuziehen, um Drachen zu erschlagen und verwunschene Prinzen oder Prinzessinnen zu erlösen. Willkommen in der Welt der Programmierung.

Viel Spaß! Wir sehen uns im Buch!

Stephan

Über dieses Buch

Programmieren lernen – das Richtige für Dich?

Für wen ist dieses Buch geeignet – und für wen ist es ganz besonders geeignet? Natürlich geht es um das Programmieren. Echtes Programmieren mit Spielen und einer ganzen Menge Spaß. Ist dieses Buch also das Richtige für dich?

Beschäftigt man sich zum ersten Mal mit dem Thema »Programmieren«, scheint es sich eher um eine geheime Kunst zu handeln, die nur wenige Eingeweihte beherrschen. Mysteriöse Begriffe schwirren umher, das meiste scheint kaum verständlich. Vielleicht brummt der Kopf schon nach den ersten Versuchen? Zeit für dieses Buch.

Bin ich hier richtig?

Es geht in diesem Buch ums **Programmieren. Und darum, wie du deine eigenen Ideen in Programme umzusetzen kannst.** Du lernst also nicht nur die Befehle und Anweisungen einer Programmiersprache. In diesem Buch zeige ich dir, wie du deine Ideen sinnvoll formulierst und dann als Computerprogramm schreibst.

In (fast) jedem Kapitel stelle ich ein kurzes, meist einfaches Spiel vor. Wie musst du vorgehen, um dieses Spiel in ein Programm umzusetzen? In jedem Kapitel lernst du außerdem ein paar neue Befehle und Möglichkeiten der Programmierung kennen. Büffeln musst du dabei eigentlich gar nichts – wichtiger ist der Spaß daran.

Wenn du also ein Buch für einen durchaus **ernsthaften Einstieg** in die Welt der Programmierung suchst, aber auch dem Spaß nicht vollends abgeneigt bist, dann bist du hier richtig. Du willst das Programmieren für dich selbst lernen? Du suchst Hilfe für den Informatikunterricht oder gar die letzte Rettung für begleitende Informatikkurse im Studium oder in der Ausbildung? Wenn es dabei ums Programmieren geht und es JavaScript sein darf, bist du hier richtig.

Komplexe UIs unter Verwendung komplexer Frameworks?

Du kannst bereits programmieren? Du willst ein komplexes Userinterface für das Frontend deiner Webseite bauen? Du suchst ein Buch über Oberflächen- und Webseitenprogrammierung mit JavaScript, jQuery und anderen Frameworks wie AngularJS oder

React? Du willst per AJAX asynchrone Datenübertragung realisieren? Dann ist dieses Buch nicht die erste Wahl – es sei denn, du hast gerade erst angefangen zu programmieren und möchtest noch etwas üben, ohne viele Themen auf einmal zu beginnen. Denn die üblichen Themen klassischer JavaScript-Bücher – wie Web- und Oberflächenentwicklung –, die sich an **erfahrene Entwickler** richten, aber nicht zu einem Einstieg in die Programmierung taugen, werden hier nur am Rande behandelt. Hier geht es um deinen **Einstieg** in die Programmierung.

Programmieren ist doch Mathematik, viel Mathematik?

Es ist ein Irrglaube, dass gute (oder sogar sehr gute) Mathematikkenntnisse eine zwingende Voraussetzung seien, um programmieren zu können. Sicher: Ein gesundes Grundverständnis von Zahlen und allgemeinen Rechenoperationen schadet zumindest nicht. Aber das ist es eigentlich auch schon. Berechnungen führt der Computer durch. Notwendige Formeln findest du zumeist im Internet. Auch wenn du kein mathematisches Genie sein solltest, wirst du dennoch in der Lage sein, Programme zu schreiben. Viel wichtiger sind gute Ideen, etwas Ausdauer und Spaß an kniffligen Rätseln und Aufgaben.

Und wer erst einmal erlebt hat, wie der Computer mathematische Probleme und Schwierigkeiten erleichtert und knackt, dem macht Mathematik gleich doppelt so viel Spaß.

Was du brauchst

Du benötigst nicht viel. Hast du einen Computer, der schnell genug ist, um damit im Internet zu surfen? Oder mit dem du Textverarbeitung machen kannst? Du hast einen Browser wie Chrome, Safari oder Firefox? Du weißt, wie du am Computer Texte schreibst und speicherst? Dann hast du eigentlich schon alles, was du brauchst. Es ist übrigens egal, ob du einen PC mit Windows oder Linux verwendest oder einen Mac. Was ich dir hier zeigen werde, kannst du tatsächlich **überall einsetzen**.

Warum JavaScript?

Natürlich ist es nicht egal, mit welcher Programmiersprache du beginnst. Wir nehmen deshalb eine Sprache, die Ähnlichkeiten mit den Großen der Szene hat: mit C/C++, Java, C# und PHP. Eine Programmiersprache, die selbst eine bekannte Größe ist und ursprünglich für das Internet entwickelt wurde.

Aber warum ist JavaScript denn so toll, um das Programmieren zu lernen?

Keine Installation – keine Konfiguration – keine Sorgen

JavaScript ist auf nahezu **jedem Computer** verfügbar. Denn ein Browser, der JavaScript ausführen kann, gehört heute zur Grundausstattung aller gängigen Betriebssysteme.

So toll andere Programmiersprachen auch sind: Du musst erst eine Laufzeitumgebung oder einen Compiler installieren, einen leistungsfähigen Editor oder noch besser eine komplexe IDE. Eine Menge Wissen und **Vorarbeit** sind notwendig, um nur die kleinsten Dinge auf den Bildschirm zu zaubern. Und so lange du beispielsweise nicht weißt, was `public stativ void main(String[] args){}` bedeutet, kannst du nur wenig machen. JavaScript ist da anders, ganz anders: Du schreibst deine JavaScript-Programme in einfache Webseiten (und die sind eigentlich auch nur einfache Textdateien) und schaust dir das Resultat direkt im Browser (also im Google Chrome, Internet Explorer, Firefox oder Safari) an. Die Browser haben einen eingebauten Übersetzer, einen Interpreter für JavaScript, der deine Programme wie von Zauberhand übersetzt und ausführt.

Das heißt für dich: Keine Suche nach Software, keine Installation, keine Ärgernisse, weil irgendwelche Systemeinstellungen oder Berechtigungen gesetzt werden müssen.

JavaScript ist sicher

Du nutzt den teuren (oder treuen) Laptop der Familie oder das Arbeitsgerät von Onkel Oswald? Kein Problem: JavaScript kann **nichts kaputtmachen**. JavaScript kann keine Dateien löschen oder verändern, die sich auf dem Computer befinden. Alles läuft in einer sicheren (sogenannten) Sandbox ab. Damit kein schädliches Programm aus dem Internet Schaden am Computer anrichten kann, hat man bei der Entwicklung entschieden, dass JavaScript bestimmte Dinge eben nicht machen darf – dazu gehört das Löschen oder Verändern von Dateien. Der einfachste Weg, solche Aktionen zu verhindern, war, diese Fähigkeiten erst gar nicht einzubauen. JavaScript »lebt« quasi innerhalb der Browser – und nur und **ausschließlich** dort. Natürlich kannst du trotzdem Daten speichern, aber eben geschützt innerhalb des Browsers.

JavaScript ist eine dynamisch typisierte Sprache

JavaScript gehört zu den dynamisch typisierten Sprachen. Kling kompliziert, ist aber ganz einfach: Eine Variable (das ist ein kleiner Speicher) kann beliebige Werte aufnehmen – egal, ob es eine Zahl ist, ein Wort oder ein Wahrheitswert (`0` oder `1` bzw. `true` oder `false`). Treffen solche unterschiedlichen Werte aufeinander, kümmert sich JavaScript darum, alles korrekt zusammenzubringen. Du brauchst dir über solche Dinge keine Gedanken zu machen – du kannst dich gleich ins Programmieren stürzen.

Andere Sprachen wie Java oder C# sind da wesentlich strenger: Eine Variable muss vor der Verwendung fest auf eine Art von Wert festgelegt werden, sonst gibt es einen Fehler. Willst du eine Zahl und einen Text in irgendeiner Form zusammenbringen, musst du die Werte erst konvertieren. Das ist statische Typisierung. Das bringt bei (sehr) großen Programmen mehr Sicherheit, die Entwicklung ist aber aufwendiger.

Entwickler führen immer wieder lange Diskussionen, ob die dynamische oder die strenge Typisierung der Weg zum Glück sind. Das braucht dich aber nicht zu kümmern.

Falls du es genauer wissen willst: Interpretiert oder kompiliert

Mit Programmen, wie du sie schreibst, kann ein Computer noch nicht viel anfangen – sie müssen erst in sogenannte *Maschinensprache* übersetzt werden. Manche Sprachen werden *interpretiert*, manche Sprachen werden *kompiliert*. Der Unterschied ist einfach: Mit Sprachen, die kompiliert werden, können direkt ausführbare Programme generiert werden. Unter Windows sind das die klassischen *.exe*-Dateien, die mit einem Doppelklick gestartet werden. Interpreter-Sprachen werden jedes Mal aufs Neue aus dem Quellcode (also der Textdatei, in der du dein Programm geschrieben hast) übersetzt und dann ausgeführt. Man hat keine (echten) ausführbaren Dateien, sondern benötigt immer einen *Interpreter* bzw. eine sogenannte *Laufzeitumgebung* für die Umsetzung und Ausführung. Für JavaScript übernimmt der Browser diese Aufgabe: Er hat einen solchen JavaScript-Interpreter an Bord.

Eine klassische Compilersprache ist C/C++. Interpretersprachen sind PHP, Python, Ruby und natürlich JavaScript. Und es gibt es Sprachen, die zwar kompiliert werden – in sogenannten *Bytecode* –, aber erst bei der Ausführung des Programms in Maschinensprache interpretiert werden. Dazu gehören Java, C# oder auch VB.NET.

Früher war es einfach: Kompilierte Programme waren viel schneller. Es war gar nicht sinnvoll, Programme **nicht** zu kompilieren. Heute hat sich das geändert. Die Prozessoren sind derart schnell, dass sie sich meistens sowieso langweilen und eine Warteschleife nach der anderen drehen. Muss ein Programm vor dem Start erst noch übersetzt werden? Was soll's, der Prozessor macht das nebenbei mit. Im Moment der Übersetzung kann das Programm unter Umständen sogar »just-in-time« noch einmal etwas besser optimiert werden. Interpretierte Sprachen gelten als flexibler, die Entwicklungszeit ist kürzer. Auch sind diese Sprachen weniger streng. Der Nachteil: Man muss immer einen Interpreter oder eine entsprechende Laufzeitumgebung haben – im Falle von JavaScript problemlos, da jeder Browser das zur Verfügung stellt. Ihre Berechtigung haben alle Programmiersprachen, und ein »das ist das Beste« gibt es – wie so oft – gar nicht.

Für Interessierte: Die Geschichte

Anfangs wurde JavaScript nur für kleine, sogar sehr kleine Aufgaben verwendet: die Überprüfung von Formulareingaben oder die Ausgabe von Meldungen und Warnhinweisen. Und tatsächlich fristete JavaScript anfangs ein Schattendasein als langsames und hässliches Entlein.

Es war einmal eine dunkle Zeit

Das war die Zeit der Browserkriege. Ohne dabei in die neuere Geschichtsschreibung einsteigen zu wollen: Die Firmen Netscape und Microsoft stritten dereinst erbittert um die Vorherrschaft im Internet und die Nutzerzahlen ihrer Browser *Netscape Navigator* und *Internet Explorer*. Netscape führte JavaScript ein, um Webseiten flexibler zu gestalten. Als Retourkutsche brachte Microsoft VBScript ins Spiel. Natürlich war alles inkompatibel miteinander. Da sich aber recht früh abgezeichnete, dass niemand an JavaScript vorbeikam, hatte auch Microsoft JavaScript in seinen Browsern integriert. Leider mit genügend Eigenheiten und Besonderheiten, um doch wieder etwas Eigenes zu haben. Das führte dazu, dass Entwickler diese Besonderheiten bei den jeweiligen Browsern mit sogenannten »Browserweichen« berücksichtigen mussten. Für die eigenen Programme führte das an einigen Stellen zu doppeltem Code mit besonderen Anpassungen. Das war nervig, das war unschön, und es trug natürlich nicht gerade dazu bei, den Ruf von JavaScript zu verbessern.

Und irgendwann wurde es hell, aber so was von

Das sollte aber nicht immer so bleiben. JavaScript wurde **schneller**, viel schneller – rasend schnell. Die Browser, die JavaScript in den Webseiten ausführen, erreichen heute Geschwindigkeiten, die im Vergleich zu früher unglaublich erscheinen. Komplexe Oberflächen, Animationen, dreidimensionale Darstellungen werden rasend schnell ausgeführt. JavaScript wurde auch **genormt** – unter dem seltsam klingenden Namen ECMAScript bzw. ECMA-262. Was langweilig und öde klingt, ist für Entwickler eine super Sache: Kein Hersteller eines Browsers kann es sich noch leisten, diesen Standard zu missachten, um sein eigenes Süppchen zu kochen.

Und dann kamen schließlich die **Frameworks**, die JavaScript für Entwickler endgültig vom hässlichen Entlein zum strahlend weißen Schwan mutieren ließen: Frameworks (das sind so etwas wie fertige Programmsammlungen für wiederholt auftretende Aufgaben) wie jQuery oder Angular sorgen dafür, dass die Entwicklung noch schneller geht und die (geringen) Unterschiede zwischen den Browsern kaum noch erwähnenswert sind.

JavaScript ist heute eine der weitverbreitetsten und am meisten verwendeten Programmiersprachen. Kein Wunder, denn JavaScript ist **praktisch überall**: Jeder Browser kann JavaScript ausführen, und Browser sind bekannterweise auf jedem PC, Mac, iPhone, Smartphone oder Tablet vorhanden. Selbst auf Servern kommt JavaScript als Node.js zum Einsatz.

JavaScript und Java – nicht einmal verwandt

JavaScript und Java sind übrigens weder verwandt noch verschwägert. Erst recht ist Java nicht der große Bruder. Als JavaScript in den 90er Jahren bei Netscape entwickelt wurde, hieß es noch *LiveScript*. Zu dieser Zeit war Java von der Firma Sun Microsystems eine ganz heiße Sache. An diesen Erfolg wollte man sich (auch im Rahmen einer Kooperation mit Sun) hängen und wählte einen bewusst ähnlichen Namen: **JavaScript**, kurz JS. Eine gewisse Verwandtschaft haben beide Sprachen aber dennoch: Sie haben als gemeinsamen Ursprung die Sprache C bzw. C++.

So (oder ähnlich) sieht eine Schleife aus, die 10-mal durchlaufen wird:

10-mal

```
for ( i=0; i<10; i++ )
```

von hier ...

```
{
    //Hier passiert etwas
```

... bis hier

```
}
```

Alle Programmiersprachen, die sich an der Schreibweise der (fast schon uralten) Sprache C orientieren, sehen ähnlich aus. Natürlich gibt es auch andere Sprachen, zum Beispiel BASIC und seine »Verwandten«:

```
FOR i = 1 TO 10 STEP 1
   REM Hier passiert etwas
NEXT i
```

Man kann sich natürlich trefflich darüber streiten, welche **Syntax** (so nennt man die Schreibweisen und Regeln der Programmiersprachen) schöner oder besser ist – und tatsächlich wird auch immer wieder darüber gestritten. Ein guter Entwickler sollte aber mehrere Sprachen kennen und vorbehaltlos damit umgehen können.

Die Wahl der Waffen: Editor, Entwicklungsumgebung oder IDE?

Ähnlich sieht es bei der Frage aus, womit du deine JavaScript-Programme schreibst. In fast jeder Programmiersprache wird der sogenannte Quellcode in recht einfache Textdateien geschrieben.

Was war noch mal der Quellcode?

Quellcode sind die in einer Programmiersprache geschriebenen Befehle, die zusammen ein Programm ausmachen (vereinfacht gesagt). Das sieht zum Beispiel so aus:

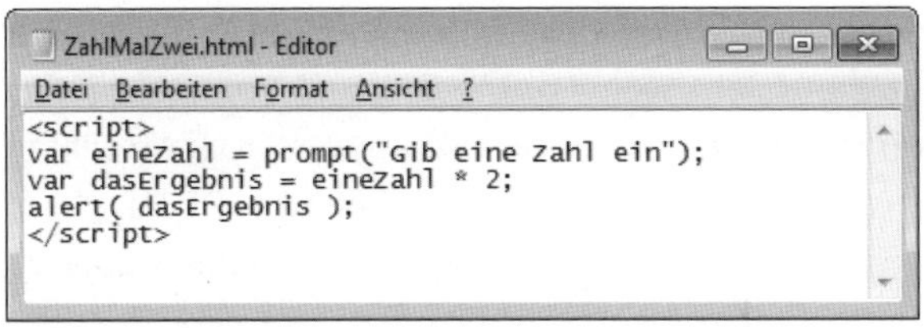

ZahlMalZwei.html - Editor

Datei Bearbeiten Format Ansicht ?

```
<script>
var eineZahl = prompt("Gib eine Zahl ein");
var dasErgebnis = eineZahl * 2;
alert( dasErgebnis );
</script>
```

Abbildung 1 Ein einfaches Programm in JavaScript als Quellcode – du kannst alle Befehle sehen und lesen.

Das ist ein einfaches Programm in JavaScript, das nach einer Zahl fragt, sie mit 2 multipliziert und das Ergebnis in einem kleinen Fenster ausgibt. Quellcode wird in ganz einfachen Textdateien gespeichert. Die meisten Programmiersprachen benutzen dafür jeweils eigene Dateiendungen. Bei PHP zum Beispiel *dateiname.php*, bei Java ist es *dateiname.java* und bei JavaScript *dateiname.html* oder *dateiname.js*. Diese Dateien sind die Grundlage für jedes laufende Programm. Bei manchen Programmiersprachen wird dieser Quellcode in ausführbare Programmdateien (in sogenannte *Maschinensprache*) übersetzt und dauerhaft gespeichert (kompiliert). Bei manchen Programmiersprachen ist der Quellcode immer auch das Programm, das ausgeführt (interpretiert) wird. Dazu gehört auch JavaScript.

Wichtig ist: Du brauchst einen Texteditor, um deine Programme bzw. den Quellcode zu schreiben und zu bearbeiten. Für den Anfang reicht ein ganz einfaches Exemplar. So ein Editor ist – genauso wie ein Browser – auf jedem Rechner vorhanden (von Smartphones und Tablets einmal abgesehen). Unter Linux kann das *Leafpad*, auf einem Mac *TextEdit* und unter Windows *Editor* oder *Notepad* sein. Allen Editoren gemeinsam ist, dass es sich um standardmäßig vorhandene Programme handelt; einfache und vor allem leicht zu bedienende Programme.

Was du **nicht verwenden** solltest, sind **Textverarbeitungsprogramme** wie *Microsoft Word, LibreOffice Writer* oder *Write*. Der Quellcode muss in einfache Textdateien geschrieben werden. Es dürfen **keine Formatierungen** wie fett, kursiv, Schriftgrößen oder Schriftarten in der Datei vorhanden sein. Passt du beim Speichern nicht auf, werden diese Merkmale mitgespeichert. Versucht der Computer nun, das zu lesen, kann er mit diesen zusätzlichen Informationen nichts anfangen – im Gegenteil, er »stolpert« darüber und kann gar nicht mehr weiterarbeiten.

Editoren, IDEs und ein zauberhafter Geany

Natürlich gibt es auch spezielle Editoren, die mehr als nur die absoluten Grundfunktionen bieten. Programmierer arbeiten oft mit komplexen Entwicklungsumgebungen, sogenannten IDEs (Integrated Development Environment). Dabei handelt es sich um recht komplizierte Programme, die dafür sehr viele Funktionen und Komfort bieten. Gerade für den Anfang kann es aber frustrierend sein, gleichzeitig das Programmieren an sich, eine Programmiersprache **und** die Bedienung einer komplexen IDE lernen zu wollen. Du solltest deshalb anfangs einen ganz einfachen Editor verwenden oder zu einem einfach zu bedienenden (besseren) Editor wie Geany greifen.

Geany ist ein leistungsfähiger Texteditor, den du von der Site *https://www.geany.org* kostenlos herunterladen kannst. Geany ist für Linux, Mac und natürlich auch Windows verfügbar. Es spielt also keine Rolle, was für einen Rechner du zur Verfügung hast.

Abbildung 2 Gestatten? Geany. Recht schick für einen einfachen Text-Editor

Geany herunterladen und installieren

Geany kannst Du auch auf der Webseite zum Buch herunterladen: *https://www.rheinwerk-verlag.de/4217*.

Scrolle etwas herunter bis zum Kasten MATERIALIEN ZUM BUCH mit der Schaltfläche ZU DEN MATERIALIEN. Dort findest du die für dich richtige Datei und eine kurze Anleitung, um Geany zu installieren – je nachdem, ob du einen Rechner mit Windows, einen Mac oder Linux benutzt.

Geany ist fast so leicht zu bedienen wie ein einfacher Editor. Die zahlreichen zusätzlichen Funktionen sind recht unaufdringlich, die Menüs nicht überladen. Verstellen kannst du auch nicht allzu viel – es sei denn, du gibst dir richtig Mühe. Geany ist natürlich auch in Deutsch verfügbar. Das ist in der Welt der Editoren und Entwicklungsumgebungen nicht selbstverständlich. Ach, schnell (sehr schnell) ist Geany übrigens auch.

Viele Entwickler, arbeiten übrigens mit einer großen IDE und haben für alles, was »mal eben schnell« erledigt werden muss, noch einen einfachen Editor in Verwendung. Manchmal ist man mit diesen Editoren schon fertig, bevor die oft doch etwas träge IDE überhaupt gestartet ist und die jeweilige Datei geladen hat. Geany ist so ein treuer Begleiter, der dich auch zukünftig begleiten könnte.

Where's the beef?

So sieht eine Webseite mit JavaScript im Windows-Editor aus:

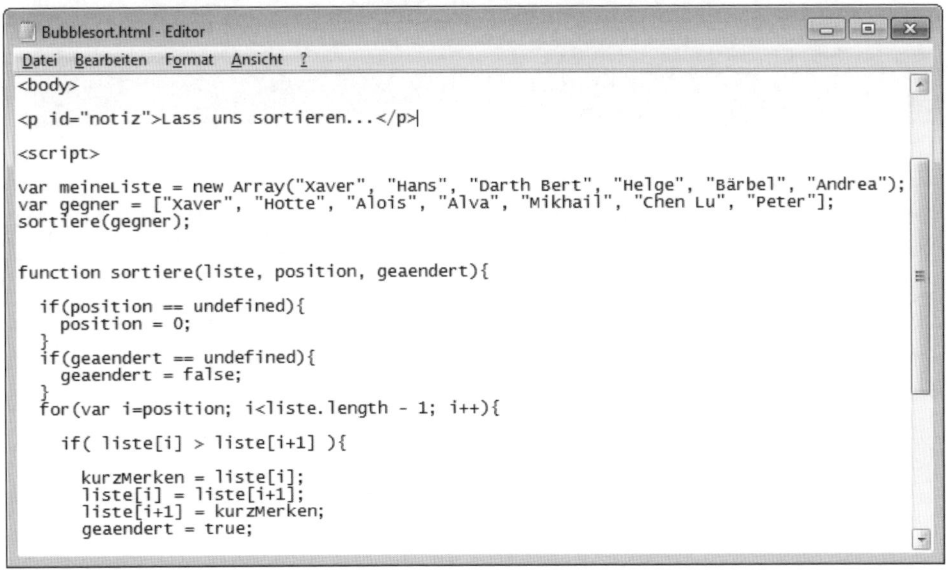

```
Bubblesort.html - Editor
Datei  Bearbeiten  Format  Ansicht  ?
<body>

<p id="notiz">Lass uns sortieren...</p>

<script>

var meineListe = new Array("Xaver", "Hans", "Darth Bert", "Helge", "Bärbel", "Andrea");
var gegner = ["Xaver", "Hotte", "Alois", "Alva", "Mikhail", "Chen Lu", "Peter"];
sortiere(gegner);


function sortiere(liste, position, geaendert){

  if(position == undefined){
    position = 0;
  }
  if(geaendert == undefined){
    geaendert = false;
  }
  for(var i=position; i<liste.length - 1; i++){

    if( liste[i] > liste[i+1] ){

      kurzMerken = liste[i];
      liste[i] = liste[i+1];
      liste[i+1] = kurzMerken;
      geaendert = true;
```

Abbildung 3 Eine ganz einfache Seite mit ganz einfachem JavaScript in einem ganz einfachen Standard-Editor

Und so wie in Abbildung 4 sieht die gleiche Seite mit Geany aus.

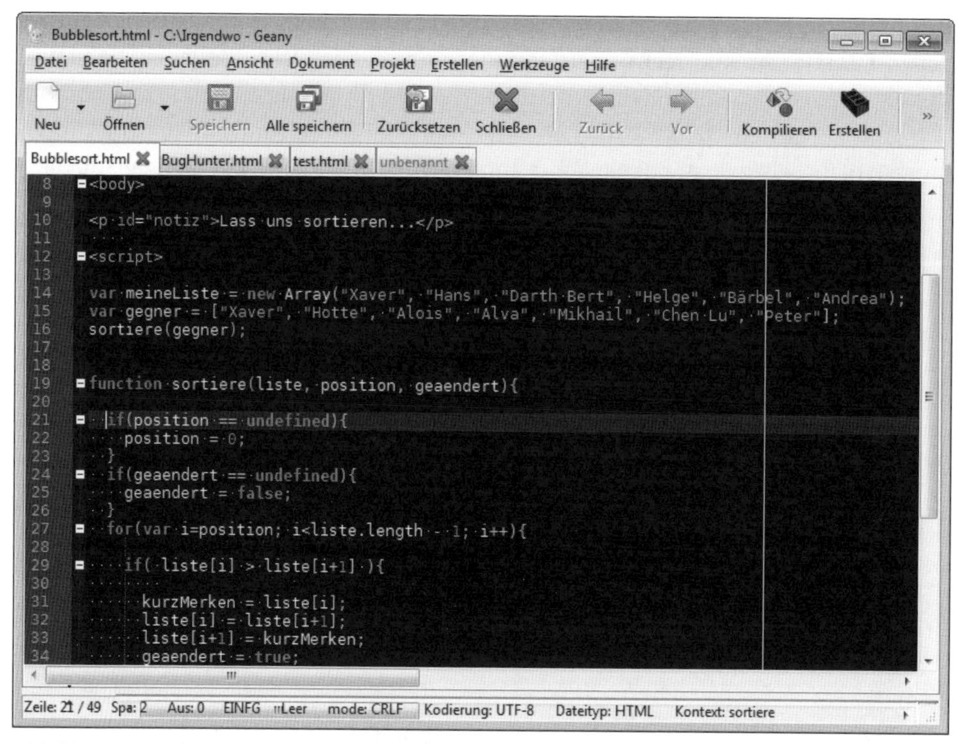

Abbildung 4 Immer noch die gleiche, einfache Seite mit einfachem JavaScript, hier extra mit einem auffälligem Farbschema, aus der großen Auswahl von Geany.

Für Abbildung 4 habe ich bewusst diesen etwas abschreckenden, aber prägnant schwarzen Hintergrund gewählt. Tatsächlich gibt es eine Vielzahl von **Farbschemata**, aus denen du dir eine passendere Darstellung auswählen kannst.

Davon abgesehen bietet Geany eine Vielzahl an Funktionen:

- Das Interessanteste ist sicherlich die farbliche Darstellung des Quellcodes. Das nennt man *Syntax-Highlighting*. Befehle der Sprache, Variable und Sonderzeichen werden jeweils in einer anderen Farbe präsentiert. Der Code ist übersichtlicher, und Schreibfehler sind schnell zu erkennen (falsch geschriebene Befehle werden nämlich erst gar nicht farblich markiert). Dabei erkennt Geany eine Vielzahl von Programmiersprachen automatisch an der Dateiendung und verwendet eine korrekte Darstellung.
- Du kannst **beliebig viele Dateien** gleichzeitig geöffnet haben und mit Hilfe von Karteireitern über dem Textfenster aufrufen.
- Geany beherrscht *Code Folding*. Das heißt, zusammengehörende Programmteile erkennt Geany problemlos. Und über kleine quadratische Kästchen am Rand kannst

du diese Teile zusammenklappen und auch wieder aufklappen. Damit wird auch das längste Programm wieder **übersichtlich**.

- Über fertige *Plugins* lässt sich Geany um weitere Fähigkeiten erweitern. Bei der normalen Installation ist bereits ein ganzer Schwung gleich mit dabei – ein Dateibrowser beispielsweise, und sogar HTML-Sonderzeichen kannst du dir dank eines Plugins automatisch einfügen lassen.
- Eine Webseite mit JavaScript kannst du mit einem Klick auf das Icon AUSFÜHREN direkt im Browser öffnen lassen. Einfacher geht es kaum.
- Geany kann aber noch **wesentlich mehr**, ein Versuch lohnt sich auf jeden Fall.

Aber keine Sorge: Auch mit einem ganz einfachen Editor wirst du alles machen können und das Programmieren in JavaScript erlernen.

Gibt es sonst noch was?

Wie gesagt gibt es gibt eine Vielzahl sehr guter Editoren für jedes Betriebssystem. Eines der wenigen Programme, die für Windows, Linux und Mac verfügbar sind, ist das recht neue *Visual Studio Code* von Microsoft. Dieser (wie Geany kostenfrei verfügbare) Editor ist einfach zu bedienen, bietet aber zahlreiche Funktionen und eine Menge praktischer Gimmicks. Kryptische Farbangaben im HTML-Code werden beispielsweise mit einem passenden Farbkästchen im Quelltext dargestellt. Syntax-Highlighting und Code Folding kennt Visual Studio Code natürlich auch.

```
DasFallendeHandy.html - Irgendwo
EXPLORER
GEÖFFNETE EDITOREN  1 NICH...
  DasFallendeHandy.html
IRGENDWO

DasFallendeHandy.html
1  <html>
2  <head>
3      <meta charset="utf-8"/>
4      <title>Galileo und die Formeln</title>
5  </head>
6  <body style="background: #af0e20"
7  <p>Dies ist nur unser ganz, ganz beliebiger Text im HTML.</p>
8  <script>
9
10
11    alert( Math.sqrt( 2 * prompt("Gib die Höhe ein", "Höhe in Metern") / 9.81 ) );
12
13 </script>
14 </body>
15 </html>
16

0  0    Zeile 16, Spalte 1  Leerzeichen: 4  UTF-8  CRLF  HTML
```

Abbildung 5 Schwarz ist das neue Weiß: Du findest Visual Studio Code zum Herunterladen unter »https://code.visualstudio.com«.

Welchen PC-Boliden brauche ich zur Entwicklung?

Jeder halbwegs aktuelle PC mit einer aktuellen Version von Windows oder Linux ist für die Entwicklung geeignet – genauso natürlich ein Mac. Wenn der Rechner für die normalen Alltagsaufgaben schnell genug ist, dann genügt er mit Sicherheit für die Entwicklung mit JavaScript. Sogar mit einem Tablet oder einem Smartphone wäre das Erlernen von JavaScript (und das Programmieren) möglich. Du brauchst allerdings eine App, die dir als Texteditor dient. Dafür eine Empfehlung zu geben, ist etwas problematisch, da sich erfahrungsgemäß hier recht schnell etwas ändern kann. Eine empfohlene App ist unter Umständen mit Erscheinen dieses Buches gar nicht mehr verfügbar. Zum Vergleich ist Geany seit 2005 erhältlich und wird wohl auch noch anno 2020 aktuell sein.

So einfach kann der Einstieg sein

Willst du anfangen zu programmieren, brauchst du also nur **dieses Buch**, einen **Computer** und das grundlegende Wissen, wie du an einem Computer Texte schreibst, editierst, speicherst und wieder öffnest. **Keine Installationsorgien**, keine Probleme mit Rechten bei der Ausführung (oder einer notwendigen Installation). Und du musst dich nicht in irgendwelche Frameworks oder Entwicklungsumgebungen einarbeiten, bevor du überhaupt nur eine Zeile Code schreiben kannst. Einfacher geht es nicht.

Die Codebeispiele in diesem Buch

Den Code für die Spiele aus diesem Buch kannst du auf dieser Webseite herunterladen: *https://www.rheinwerk-verlag.de/4217*. Scrolle etwas herunter zu den MATERIALIEN ZUM BUCH; über die Schaltfläche geht es zum Download.

Im Buch sind die Programme oft nicht am Stück abgedruckt, sondern Codezeilen und Erklärungen wechseln sich ab. Falls du sie lieber am Stück anschauen möchtest, nimm dir den heruntergeladenen Code vor. Um Programmieren zu lernen, ist es davon abgesehen von Vorteil, Programme selbst zu einzutippen.

Noch ein paar Weisheiten auf den Weg

Du wirst es mit Sicherheit auch erleben: mehr oder (oft) weniger ernsthafte Diskussionen über die Programmierung. Und natürlich wird immer der eine oder andere dabei sein, der dich überzeugen will, dass seine Programmiersprache, sein Editor oder seine Programmiertechnik eben doch die bessere, schnellere oder schönere ist.

Programmieren ist Pragmatismus

Zum Programmieren gehört eine gehörige Portion Pragmatismus. Oder um es anders zu sagen: Schönheit löst keine Probleme. Wenn eine Lösung in der Programmierung funktioniert – und sie keine wesentlichen Nachteile mit sich bringt –, dann ist sie in Ordnung. Das bedeutet natürlich nicht, dass man unsauber oder schlampig programmieren darf oder sollte – es heißt nur, dass eine funktionierende Lösung eine gute Lösung ist und durchaus von gewohnten Lösungen abweichen darf.

Das KISS-Prinzip – Keep It Simple, Stupid

Die amerikanische Navy hat es sich in den 60er Jahren zum erfolgreichen Grundsatz gemacht, der in ähnlicher Form auch in der Programmierung Anwendung findet: Eine einfache Lösung ist einer komplexen, umständlichen Lösung vorzuziehen – KISS (*Keep It Simple, Stupid*). Das hat einen ganz plausiblen Grund: Einfacher Code hat meist weniger versteckte Fehler, ist einfacher zu lesen und einfacher zu warten. Die Kunst besteht nicht darin, komplexe, schwer lesbare Programme zu schreiben, um den Kollegen zu zeigen, wo der syntaktische Hammer hängt. Gute Programmierer schaffen es, schwierige Aufgaben mit einfachen, gut lesbaren Programmen zu lösen – das ist die wahre Kunst.

Welche Sprache ist die beste?

Die Frage, welche Programmiersprache die beste ist, ist zwar nicht so alt wie die Menschheit, aber sicherlich so alt wie die Programmierung. Keine Programmiersprache ist für alle Anwendungsfälle gleichermaßen geeignet. C# oder Java eignen sich für umfangreiche Business-Software. PHP und JavaScript sind Sprachen, mit denen du sehr schnell entwickeln kannst. Für viele kleinere Programme und Anwendungen im Web, für ausgefeilte Oberflächen im Browser ist JavaScript aber alternativlos – es gibt keine andere Sprache, mit der Weboberflächen im Browser auch nur ansatzweise realisiert werden können. JavaScript ist hier der röhrende Platzhirsch.

Aber lass uns anfangen. Wir starten mit Webseiten und etwas HTML: Das ist das notwendige Zuhause von JavaScript.

Kapitel 1

HTML

Die Heimat von JavaScript

Webseiten bestehen aus HTML. Und das ist die Heimat unserer Programmiersprache JavaScript. Aber was ist HTML eigentlich, und wofür brauchst du es? Das erfährst du hier in einer rasanten Einführung.

In diesem Kapitel ...

... wirst du HTML kennenlernen – der Stoff, aus dem Webseiten und das World Wide Web gemacht sind. Was ist HTML, welche Befehle und Anweisungen gibt es, mit denen Webseiten geschrieben werden? Du erfährst ein (ganz klein) wenig über die Geschichte von HTML und schreibst deine erste eigene Webseite auf deinem Computer.

Irgendwann begann das Internet zu existieren – so lange ist das noch gar nicht her. Die Älteren unter uns können sich tatsächlich noch an die Zeit erinnern, als es keine Websites, kein Streaming, kein Instagram und keine WhatsApp gab. Und in der »Frühzeit« des Internets gab es anfangs noch nicht einmal Webseiten – bis Ende der 80er Jahre jemand namens Timothy Berners-Lee auf die Idee kam, Texte über das Internet bereitzustellen. Und nicht nur einfach Texte (denn das gab es schon). Nein, die Texte sollten formatiert sein – also Absätze haben, fett oder kursiv sein. Ausgerichtet sein (z. B. zentriert). Es sollte unterschiedliche Überschriften und sogar Listen geben. Und (das war das Geniale) es sollten beliebige Verknüpfungen zu anderen Dokumenten und Dateien möglich sein: Dokumente und Dateien auf dem gleichen Server genauso wie Elemente, die irgendwo im Internet gespeichert sind. Revolutionär! Heute gibt es kaum etwas Selbstverständlicheres, als auf einen Link zu klicken.

Timothy hatte einfach eine gute Idee – und die Umsetzung war genial einfach: Man nehme normale Textdateien, die man auf **jedem Computer** mit einem beliebigen Text-Editor bearbeiten kann. In diese einfachen Dateien wird der Text geschrieben. Alle Formatierungen werden **in den Text** geschrieben – in Form kurzer Befehle, die mit spitzen Klammern < > gekennzeichnet werden. Wenn etwas fett sein soll, dann lautet der Befehl einfach `<b>` für »bold« (fett). Es gibt Überschriften in unterschiedlichen Größen – der Befehl dafür lautet `h` für »heading« (Überschrift) – `<h1>` ist die erste, größte Überschrift, und `<h6>` ist schon fast niedlich klein. Und wenn etwas wie Programmcode aussehen soll, dann geht das mit `<code>`.

Die Befehle: Tags

So ein Befehl, *Tag* genannt, hat immer einen **Anfang** und (mit wenigen Ausnahmen) auch ein **Ende**. Dazwischen steht der Inhalt.

Der Anfang heißt *öffnendes Tag*. Das Ende heißt *schließendes Tag* und besteht immer aus dem Namen des Tags, dem ein / vorangestellt wird. Der Inhalt steht dazwischen, man sagt dazu: Der Inhalt steht steht *im* Tag. Für unser dickes <b> sieht das so aus:

Mit <b> wird der Fettdruck »angeschaltet«, mit dem schließenden Tag </b> wird er wieder ausgeschaltet. Alles, was dahinter steht, ist nicht mehr fett.

Mit dem öffnenden Tag beginnt also die jeweilige Eigenschaft, und mit dem zweiten, schließenden Tag endet sie. Jedes Tag wird mit sogenannten spitzen Klammern geschrieben < >. Innerhalb dieser spitzen Klammern steht der (klein geschriebene) Name des Tags. Das schließende Tag sieht fast gleich aus, es bekommt nur einen zusätzlichen Schrägstrich /. Unterschiedliche Tags dürfen auch **ineinandergeschachtelt** werden. Zum Beispiel b für fett und u für unterstrichen:

<u>	Ganz	<b>	wichtiger	</b>	Text	</u>
unter-strichen Anfang		von hier …		… bis hier fett		unterstri-chen Ende

Das sieht dann in etwa so aus:

<u>Ganz **wichtiger** Text</u>

Abbildung 1.1 Fett und unterstrichen verschachtelt

Tags sollten **nicht über Kreuz** geschrieben werden, da das den Browser dann manchmal doch etwas verwirren und zu komischen Effekten führen kann. So also nicht:

```
<u> dünn, <b> sehr </u> dick, </b> dünn
```

u auf — b auf — **Fehler!** — b zu

Der Fehler: Das Tag <u> darf noch nicht geschlossen werden. Schließe erst das innere <b>.

Der Schlüssel zum Erfolg

Das ist es **im Wesentlichen**, was HTML ausmacht. Das Prinzip ist eingängig, und auch die Befehle sind nicht schwer. Du kannst das sehr gut an einem Beispiel sehen:

Wir nehmen einfach **diesen Absatz** samt Überschrift und schreiben ihn als `HTML`.

```
<h4>Der Schlüssel zum Erfolg</h4>
<p>Das ist es <b>im Wesentlichen</b>, was HTML ausmacht:
   Das Prinzip ist eingängig, und auch die Befehle sind nicht schwer.
   Du kannst das sehr gut an einem Beispiel sehen:</p>
<p>Wir nehmen einfach <b>diesen Absatz</b> und schreiben
   ihn als <code>HTML</code>.</p>
```

Innerhalb einer **Webseite** sähe unser Absatz dann so aus:

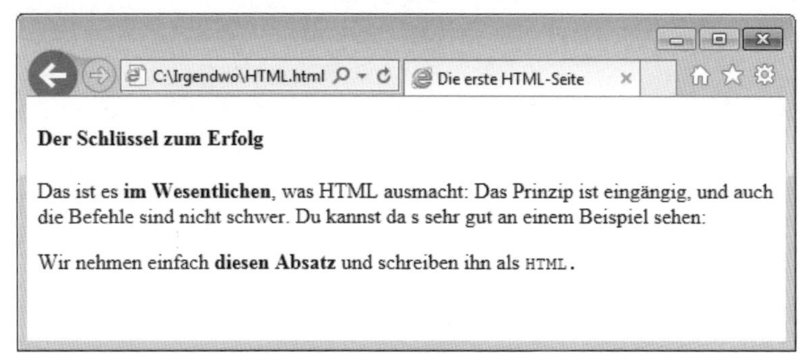

Abbildung 1.2 So stellt sich das im Browser dar. Für die erste vollständige Webseite fehlt jetzt nur noch der passende Rahmen.

Jede Webseite hat einen festgelegten Rahmen. Ein paar Formalitäten, ein klein wenig »Drumherum«, müssen eben doch sein.

(K)ein feierlicher Rahmen

Jede Webseite hat eine grundlegende Struktur, die sich immer wiederholt. Das ist notwendig, da eine Webseite nicht nur formatierten Text und Bilder, sondern weitere Informationen enthalten kann, die nicht sichtbar sind und auch gar nicht sichtbar sein sollen. Das ist unter anderem unser JavaScript. Schließlich muss der Browser auch wissen, was er da von irgendwoher bekommt und wie er mit dem empfangenen Inhalt umgehen soll.

So sieht das Grundgerüst einer einfachen Webseite aus:

	`<!DOCTYPE html>`
Anfang der HTML-Seite	`<html>`
Anfang des Headers	`<head>`

Tags für den Titel der Seite ...	`<title>`
	`Das Grundgerüst einer Webseite`
	`</title>`

... und den Zeichensatz	`<meta charset="UTF-8">`
Ende des Headers	`</head>`

Body – dieser Teil wird angezeigt.	`<body>`
	`Hier steht der eigentliche`
	`Inhalt deiner Webseite.`
	`</body>`

Ende der HTML-Seite	`</html>`

Das musst du nicht auswendig lernen. Es genügt, wenn du es dir als Vorlage speicherst oder es dir über eine Suchmaschine so aus dem Internet holst.

Und was bedeuten diese Tags?

Schauen wir uns das am Beispiel einer einfachen Webseite an:

```
<!DOCTYPE html>
```

Das ist für den Browser die Information, dass es sich um eine Webseite nach **HTML 5** handelt. Für ältere Versionen von HTML ist diese Zeile länger und viel kryptischer (ein Beispiel dafür spare ich mir). Für HTML 5 hat man das alles auf diese kurze Info zusammengestrichen.

```
<html>
```

Das ist der **Anfang** der gesamten Webseite, in der alle sichtbaren und unsichtbaren Teile untergebracht sind.

```
<head>
```

Hier kannst du »unsichtbare« Informationen unterbringen, auch sogenannte *Meta-Informationen*. Stell dir das so vor wie technische Leistungsdaten der Webseite. Bei einem Auto wären das Angaben wie PS, Fahrgestellnummer, Benzin oder Diesel. Für eine Webseite können das Informationen wie Titel, Schlagwörter, Informationen für Suchmaschinen oder Weiterleitungen sein.

```
  <title>Die erste HTML-Seite</title>
```

Das ist er auch schon: Der **Titel**. Er wird im Tab des Browsers angezeigt. Speicherst du ein Lesezeichen für eine Seite, wird dieser Titel verwendet. Die Einrückung (egal, ob mit Leerzeichen oder Tabulator) spielt für die Webseite keine Rolle – das dient nur der besseren Übersichtlichkeit für dich bei der Bearbeitung im Text-Editor.

```
  <meta charset="UTF-8">
```

Dies ist eine echte **Meta-Information**. Sie stellt (in aller Kürze) sicher, dass Umlaute und Sonderzeichen in deiner Webseite korrekt dargestellt werden. Leider ist es nämlich nicht selbstverständlich, dass »ä«, »ö«, »ü« oder »ß« richtig angezeigt werden. An dieser Stelle soll es uns aber genügen, dieses Meta-Tag so wie gezeigt einzusetzen. Je nach Computersystem kann es sogar sein, dass du dieses Meta-Tag gar nicht benötigst.

```
</head>
```

Hier **endet** der *Header*, also der unsichtbare Bereich, in dem die Informationen über die Webseite untergebracht sind. Auch ohne <head> funktioniert die Webseite übrigens. Unsichtbar heißt dabei nicht, dass man diese Inhalte gar nicht sehen kann – sie werden nur nicht direkt in der Webseite angezeigt.

```
<body>
```

Hier beginnt der **sichtbare Teil** der Webseite. Alles, was jetzt kommt, ist im Browser zu sehen:

```
<h4>Der Schlüssel zum Erfolg</h4>
<p>Das ist es im <b>Wesentlichen</b>,
   was HTML ausmacht:
   Das Prinzip ist eingängig, und ...</p>
```

Das ist der Inhalt deiner Webseite – so, wie du es oben bereits gesehen hast.

```
</body>
```

Hier endet der sichtbare Teil im Browser.

```
</html>
```

Hier endet die Webseite. Wie das aussieht, hast du ja bereits in Abbildung 1.2 gesehen.

Bitte nicht beachten!

Einrückungen, also Leerzeichen oder Tabulatoren, spielen im HTML-Code **keine Rolle**. Genauso wie **Zeilenumbrüche** (wenn du also mit [↵] eine neue Zeile schreibst). Nur ein einziges Leerzeichen zwischen zwei Wörtern wird berücksichtigt. Schreibst du mehrere Leerzeichen, wird trotzdem immer nur eines im Browser angezeigt. Ähnlich ist es bei Zeilenumbrüchen: Sie werden überhaupt nicht bei der Darstellung im Browser berücksichtigt. Nur wenn ein Zeilenumbruch zwischen zwei Wörtern steht, wird er wie ein Leerzeichen interpretiert – aber eben auch nur, falls kein anderes Leerzeichen da ist.

Es spielt also keine Rolle, wie du die Tags oder deinen Absatz im HTML-Code schreibst:

<p>Ich bin nur mal so ein Text.<p>	<p>Ich bin nur mal so ein Text .<p>	<p> Ich bin nur mal so ein Text. </p>

Das Ergebnis sieht für alle drei p-Tags gleich aus:

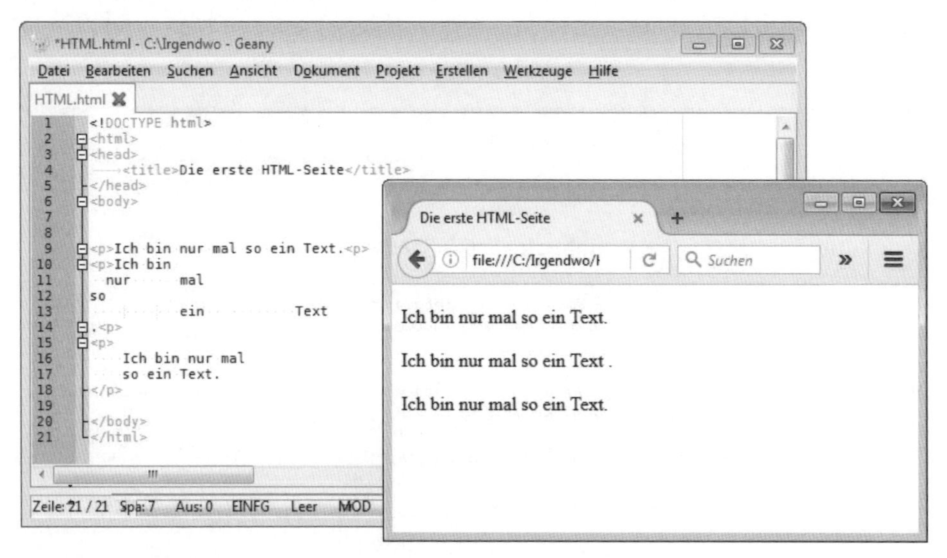

Abbildung 1.3 Der Browser achtet gar nicht auf Leerzeichen oder Zeilenumbrüche – dafür gibt es » « und Tags wie »<p></p>«, »
«.

Das ist doch ein Fehler? Da ist doch was kaputt?

Nein. Denn wenn du eine Webseite in einem Editor schreibst, kannst du alles so schreiben, dass es für dich (im Editor) übersichtlich bleibt.

Das ist sehr hilfreich, denn auch heute noch werden Webseiten direkt mit Text-Editoren bearbeitet. Der Browser ignoriert im **Quelltext** alle für ihn unnötigen Zeichen. Wenn du also im Text einen Abstand haben willst, schreibst du die Absätze in das Tag `<p></p>`. Reicht ein einfacher Zeilenumbruch, dann machst du das mit einem `<br>`. Willst du mehr als ein Leerzeichen darstellen, schreibst du für jedes Leerzeichen ein **` `**. Das **`&...;`** ist eine besondere Schreibweise, mit der einzelne Sonderzeichen in HTML geschrieben werden können. `nbsp` steht übrigens für »**n**on-**b**reaking **sp**ace«, ein Leerzeichen, bei dem der Browser keinen automatischen Zeilenumbruch macht.

Was ist eigentlich Quelltext?

Der **Quelltext** ist das Originalprogramm, so wie du es in der jeweiligen Sprache, hier HTML, geschrieben hast. Aus dem Quelltext erzeugt der Browser die Webseite so, wie du sie siehst.

Bevor es losgeht – eine Übersicht

Du hast jetzt einen kurzen Überblick bekommen, wie eine Webseite aufgebaut ist. Du weißt, was ein Tag ist. Bevor du jetzt deine erste Webseite schreibst, bekommst du noch eine kleine Hilfe in Form einer einfachen Tabelle mit verschiedenen Tags, die dir häufiger begegnen werden.

`<i>...</i>`	kursiv (*italic*)
`<b>...</b>`	fett (*bold*)
`<u> ... </u>`	unterstrichen (*underlined*)
`<p> ... </p>`	Absatz (*paragraph*). Text wird von dem Tag umschlossen. Jeden Absatz solltest du in ein eigenes Tag schreiben.
` `	Zeilenumbruch (*break*). Es gibt hier kein schließendes Tag. Kann auch so geschrieben werden: ` ` oder ` ` – braucht aber niemand.
`<h1> ... </h1>`	Eine große, fette Überschrift (*heading*). Danach folgt automatisch ein Abstand.
`<h2> ... </h2>` bis `<h6> ... </h6>`	die kleineren Ableger des großen, mächtigen `<h1>`
`<hr>`	Trennlinie (*horizontal rule*). Hat wie ` ` kein schließendes Tag.
`<ol>` `<li> ... </li>` `<li> ... </li>` `</ol>`	Eine Liste mit nummerierten Elementen (*ordered list*). Jedes Element hat ein eigenes Tag `<li>`, das aber nicht unbedingt geschlossen werden muss.
`<ul>` `<li> ... </li>` `<li> ... </li>` `</ul>`	Eine unnummerierte Liste (*unordered list*). Das `<li>` funktioniert genauso wie bei der nummerierten Liste.

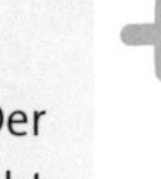

Falls du es genauer wissen willst: HTML ist fehlertolerant

HTML ist **robust**, und Browser, die Webseiten darstellen, nehmen vieles recht locker. Der Browser macht aus dem, was er bekommt, immer das Beste – na ja, zumindest versucht er es. Machst du einen Fehler, wirst du keinen erhobenen Zeigefinger sehen, keine Fehlermeldung, und auch das Internet wird nicht implodieren (zumindest nicht wegen deines Fehlers).

Schreibst du Tags über Kreuz, dann versucht der Browser, das trotzdem richtig zu interpretieren. Schreibst du Namen oder Eigenschaften der Tags groß oder sogar gemischt groß und klein, dann kann der Browser auch damit umgehen.

Schreibst du ein Tag falsch, dann stellt er es einfach nicht dar. Schreibst du ein schließendes Tag falsch, dann ignoriert der Browser auch diesen Fehler – nur wird die geöffnete Eigenschaft immer weiter fortgesetzt. Trifft ein Browser auf ein Tag, das er nicht kennt (HTML wird ja noch immer weiterentwickelt), dann ignoriert er es einfach.

Deine erste Webseite

Du erstellst jetzt eine einfache Webseite. Kurz soll sie sein. Stell dir vor, du möchtest eine kurze Anleitung für ein Spiel schreiben. Dann könnte das (fertig und recht einfach gestaltet) so aussehen:

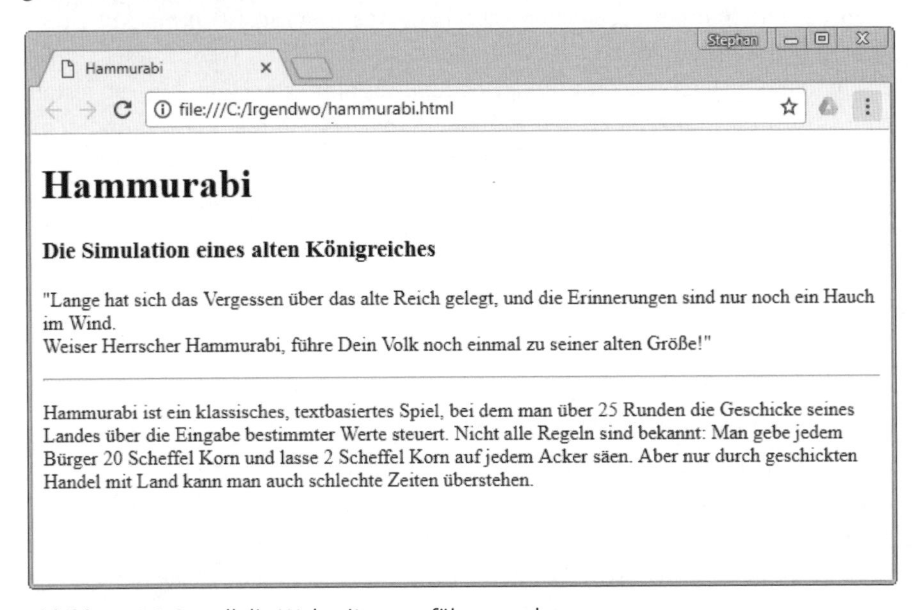

Abbildung 1.4 So soll die Webseite ungefähr aussehen.

Um das selbst auszuprobieren, startest du einen **Editor**. Unter Windows könnte das der Editor oder Notepad sein. Auf einem Mac ist das TextEdit.

Tipp für Mac-Nutzer: TextEdit und der Textmodus

Das Programm **TextEdit** auf dem **Mac** ist eigentlich schon eine kleine Textverarbeitung für formatierte Texte (so wie Briefe zum Beispiel). Für die Programmierung solltest du TextEdit in den **Textmodus** umschalten, um das Programm als reinen Texteditor zu nutzen. Sonst arbeitet TextEdit wie eine Textverarbeitung und codiert alles so, dass der Browser später nicht viel damit anfangen kann. Wähle über die Menüleiste FORMAT einfach IN REINEN TEXT UMWANDELN aus. Genauso solltest du in den EINSTELLUNGEN unter ÖFFNEN UND SICHERN anhaken, dass HTML-DATEIEN ALS HTML-CODE angezeigt werden – sonst bekommst du keine Tags zu sehen, wenn du deine bereits gespeicherte HTML-Datei wieder öffnest. Das ist wie gesagt nur eine Besonderheit bei TextEdit auf dem Mac.

Text-Editoren sind bei jedem Computer und Betriebssystem vorhanden, da sie aber nicht ganz so häufig verwendet werden, musst du vielleicht etwas danach suchen. Unter Windows versteckt sich der Editor beispielsweise im Programm-Ordner ZUBEHÖR.

Du startest also einen Editor deiner Wahl und kannst sofort anfangen zu schreiben. Wenn du fertig bist – aber ruhig auch zwischendurch –, speicherst du alles unter einem passenden Namen ab. Webseiten werden meist **ohne** Umlaute, Leerzeichen oder Sonderzeichen im Dateinamen gespeichert. Die passende Endung ist *.html*. Mit dieser Endung weiß dein Computer, dass er bei einem Doppelklick den Webbrowser startet, der die Seite dann anzeigt. Das könnte an deinem Computer auch anders eingestellt sein, dann kannst du immer noch den Browser deiner Wahl direkt starten und deine Datei von Hand (bzw. mit der Maus) in das Browserfenster ziehen.

Idealerweise speicherst du deine Dateien dort, wo du sie auch wiederfindest.

Wie gehst du vor, um deine erste Seite zu erstellen?

1. Erst das **Grundgerüst**: kopiert oder abgeschrieben. Schreib zum ersten Ausprobieren erst einmal irgendwas in das body-Tag. So etwas Sinnvolles wie »Test« oder »Hallo« reicht durchaus für das erste Speichern und Ausprobieren.
2. Speichere das Ganze unter einem eingängigen Dateinamen wie *meineSeite.html* – am besten dort, wo du es schnell findest. Das kann **anfangs** durchaus der Desktop bzw. der Schreibtisch direkt sein. Das sollte aber kein Dauerzustand werden. Spätestens wenn du mehr als eine Handvoll Dateien hast, solltest du dir einen eigenen Ordner anlegen. Den Editor kannst du übrigens bei allen Schritten immer **geöffnet** lassen.

3. Öffne deine Webseite in einem Browser. Siehst du deinen Probetext, dann ist alles in Ordnung. Falls nicht, dann schau dir deine Webseite noch einmal im Editor an. Sind alle Tags richtig geschrieben? Sind alle Tags korrekt geschlossen, und haben die schließenden Tags ein / an der richtigen Stelle?
4. Wird alles im Browser korrekt dargestellt? Dann fang an, den eigentlichen Text im Editor in deine Seite zu schreiben, einfach innerhalb von `<body>`. Wie du es am besten machst, hängt von deiner persönlichen Arbeitsweise ab. Eine Möglichkeit für den Anfang ist es, erst alles ohne Tags zu schreiben. Ist der Text fertig, fügst du die Tags an den passenden Stellen ein.
5. Nach jeder Änderung speicherst du deine Webseite im Text-Editor. Nicht unter einem anderen Namen, sondern immer unter dem gleichen Namen (also einfach **Speichern** bzw. **Sichern**). Im Browser brauchst du die Seite dann nur noch zu **aktualisieren**, entweder über das Menü des Browsers oder mit [F5] bzw. mit der [cmd]-Taste und [R] auf dem Mac. Damit »holt« sich der Browser die Datei erneut und stellt sie ganz frisch dar. Der Browser zeigt sonst stur die alte Version deiner Webseite an, während du verzweifelt Änderung um Änderung machst, aber keinen Unterschied siehst.

Und so kann es dann fertig als HTML aussehen:

```
<!DOCTYPE html>
<html>
<head>
    <title>Hammurabi</title>
    <meta charset="UTF-8">
</head>
<body>
<h1>Hammurabi</h1>

<h3>Die Simulation eines alten Königreiches</h3>

<p>"Lange hat sich das Vergessen über das alte Reich gelegt,
   und die Erinnerungen sind nur noch ein Hauch im Wind.
   <br>
   Weiser Herrscher Hammurabi, führe Dein Volk noch einmal
   zu seiner alten Größe!"</p>
<hr>
<p>Hammurabi ist ein klassisches, textbasiertes Spiel, bei dem man über 25 Runden
   die Geschicke seines Landes über die Eingabe bestimmter Werte steuert.
   Nicht alle Regeln sind bekannt: Man gebe jedem Bürger 20 Scheffel Korn und
```

```
  lasse 2 Scheffel Korn auf jedem Acker säen. Aber nur durch geschickten
  Handel mit Land kann man auch schlechte Zeiten überstehen.</p>
</body>
</html>
```

Falls du es genauer wissen willst: Fehler versauen den ganzen Tag

HTML ist fehlertolerant und sieht über Fehler großzügig hinweg. Leider heißt das nicht, dass alle möglichen Fehler ohne Auswirkungen bleiben. Folgende Seite würde im Browser gar nicht dargestellt:

```
<!DOCTYPE html>
<html>
<head> <title>Hammurabi<title> </head>
<body>
Hallo
</body>
</html>
```

Bevor sich die Spannung jetzt ins Unerträgliche steigert, wollen wir die Lösung bringen (aber vielleicht hast du es ja bereits gesehen): Das Tag **`<title>`** wird nicht geschlossen. In dem zweiten, schließenden Tag fehlt ein simples **/**. Die meisten Browser interpretieren das an dieser Stelle leider falsch (na ja, sie kommen zu einem ungünstigen Ergebnis) und stellen nur eine weiße, leere Seite dar: Als würde die ganze Webseite zu einem zweiten `title` gehören, der dazu auch noch gar nicht dargestellt wird.

Keine Sorge, nur wenige Fehler wirken sich derart fatal aus. Im Normalfall ist mehr Text fett als beabsichtigt, ein Absatz oder vielleicht ein Bild wird nicht (oder nicht richtig) dargestellt. Fehlersuche hat immer etwas von akribischer Detektivarbeit: Du solltest dann alles auf Schreibfehler durchsuchen – die Fehlerquelle Nummer 1.

Was kann HTML – und was kann es nicht?

- Mit HTML legst du fest, **als was** die Elemente deiner Webseite behandelt werden sollen – also das, was du eben gesehen hast: die Unterteilung in Absätze; die Festlegung, was fett oder kursiv ist.
- Was HTML **nicht festlegt**, ist, **wie** etwas exakt im Browser dargestellt wird: Wie groß ist eine Überschrift `<h1>`, oder wie groß sind die Abstände zwischen den Absätzen? Wie groß ist ein normaler Text, und wie fett ist eigentlich fett? Vor HTML 5 konnte man das noch machen. Jetzt übernimmt das CSS.

- HTML ist auch **keine Programmiersprache**. HTML kann keine Entscheidungen treffen oder Berechnungen durchführen. HTML ist statisch, fest. Aber das ist überhaupt kein Problem – denn genau dafür gibt es JavaScript.

Was war gleich noch mal CSS?

CSS, **Cascading Style Sheets**, übernimmt alles, was mit dem **konkreten Aussehen**, dem Design zu tun hat. Da HTML immer umfangreicher wurde, entschloss man sich, den Teil, der sich mit dem Design beschäftigt, aus HTML 5 zu entfernen und alles in die Hand von CSS zu legen. Damit wurde HTML 5 sogar wieder etwas einfacher. Mit CSS können die Festlegungen, **wie** etwas aussieht, innerhalb der Webseite oder genauso (und besser) in zentralen Dateien abgelegt werden. Auf diese zentralen Dateien können alle Webseiten zugreifen. Änderungen können dann zentral an einer Stelle erfolgen.

Und so kann CSS aussehen:

Angaben für p-Tags:

```
p {
```

Hintergrund, Text, Schriftart

```
  background-color: blue;
  color: white;
  font-family: sans-serif;
```

Ende

```
}
```

Alles, was sich in den geschweiften Klammern { } befindet, bezieht sich auf das angegebene Element, also **alle** Tags `<p>`. In den Klammern wird die Hintergrundfarbe, `background-color`, aller Absätze auf Blau, `blue`, gesetzt. Mit `color` wird die Schriftfarbe auf Weiß, `white`, gesetzt. Und als Schriftart, `font-family`, wird eine serifenlose Schrift wie Arial oder Helvetica verwendet. *Serifen* sind die kleinen Zacken und Schnörkel in der Schrift.

Tags tieferlegen und verchromen: Attribute

Tags können auch so etwas wie Erweiterungen haben, sogenannte *Attribute*. Hier ein paar einfache Beispiel, die du gleich in deiner fertigen Seite ausprobieren kannst:

```
<h1 title="Ein Klassiker, auch bekannt unter dem Namen Hamurabi"></h1>
```

Mit `title` als Attribut kannst du einen Text angeben, der angezeigt wird, wenn die Maus über den Text bewegt wird. Natürlich funktioniert dieses Attribut nicht nur bei Texten, sondern auch bei Bildern oder anderen Elementen.

Attribute sind immer ähnlich aufgebaut: Bei dem öffnenden Tag (und **nur dort**) wird der Name eines Attributes angegeben, gefolgt von einem =-Zeichen und einem Wert, der in Anführungszeichen steht:

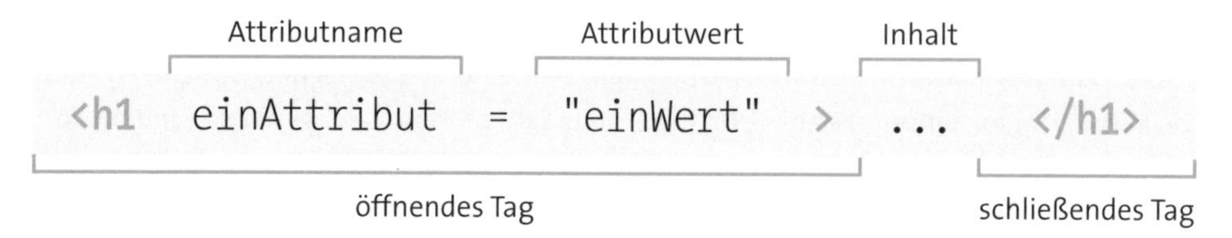

Früher, etwa in den vergangenen Zeiten von HTML 4, wurde über solche Attribute auch das Aussehen festgelegt. Das funktioniert in den Browsern zwar noch, sollte aber eigentlich nicht mehr gemacht werden. So wurde früher beispielsweise Text rechtsbündig ausgerichtet:

```
<p align="right">Ein Inhalt</p>
```

Heiße Schmuggelware CSS

Dafür wird jetzt CSS verwendet. Und man hat einen sehr pragmatischen Weg gewählt, CSS auch direkt in HTML zu verwenden. CSS kannst du über Attribute in HTML einbauen und damit jedes Tag so richtig pimpen und tieferlegen:

```
<h3 style="background: blue;">Die Simulation eines alten Königreiches</h3>
```

So setzt du den Hintergrund, `background`, eines Elements auf Blau, `blue`.

Anders als bei einem einfachen Attribut ist bei CSS **als Wert** nicht nur ein einzelnes Element angegeben. Der Wert ist eine **komplette CSS-Zuweisung**:

Ein Schlüsselwort, hier `background`, ein dazugehöriger Wert, getrennt durch einen **Doppelpunkt**. Abgeschlossen ist das mit einem **Semikolon**. Und alles steht wieder innerhalb von **Anführungszeichen**. Das Ganze wird wiederum als Wert zu dem Attribut `style` angegeben.

Das ist etwas geschummelt, sicherlich. Aber doch so elegant geschummelt, dass es (irgendwie) in das bestehende Konzept der Attribute passt, ohne das bereits vorhandene Rad neu zu erfinden.

Du kannst sogar mehrere CSS-Anweisungen als Wert zu `style` angeben. Probier doch einmal Folgendes in deiner Webseite aus:

```
<h3 style="color: white; border: 5px solid black; background: blue;
padding: 5px;">Die Simulation eines alten Königreiches</h3>
```

Neben der Hintergrund- und der Textfarbe werden hier ein schwarzer Rand, `border: 5px solid black;` und ein Abstand der Schrift zum Rand mit einer Breite von 5 Pixeln gesetzt.

Abbildung 1.5 So sieht die gleiche Seite mit gepimpten Tags aus – sicher noch alles andere als schön, aber zumindest nicht mehr langweilig.

Und nicht vergessen: ändern, speichern, neu laden

Bei allem, was du machst, denk daran, nach Änderungen im Text-Editor deine Datei zu speichern und die Webseite erneut im Browser aufzurufen oder zu aktualisieren. Das hat schon so manchen unnötig zur Verzweiflung getrieben. Denk auch daran, dass du den Editor während der ganzen Zeit geöffnet lassen kannst.

Falls du es genauer wissen willst: Ein Zwischenspiel namens XHTML

HTML wird ständig weiterentwickelt. Zuständig dafür ist das World Wide Web Consortium (W3C) unter der Führung von Tim Berners-Lee, dem Erfinder von HTML.

Im Jahr 2000 stellte das W3C einen neuen Standard, **XHTML**, vor und handelte ihn als **den** heißen Nachfolger von HTML. Mit XHTML sollte alles besser werden: Man hatte strengere Regeln bei der Umsetzung von Webseiten. Die Fehlertoleranz von HTML war mit XHTML Geschichte. Dokumente konnten besser validiert und Webseiten somit sicherer von Programmen ausgelesen werden. XHTML setzte mehr Fachwissen voraus, man konnte nicht mehr »einfach so mal« eine Webseite schreiben. Viele Insider und Profis der Szene bejubelten den strengeren Nachfolger von HTML.

XHTML konnte sich trotz aller Begeisterung der Fachkreise nicht im Alltag durchsetzen. Kaum jemand wollte den strengen, lernintensiven Nachfolger haben. Denn XHTML hatte so ziemlich auf alles verzichtet, was HTML zum großen Erfolg gemacht hatte: Es war nicht einfach, es war nicht übersichtlich, es machte keinen Spaß, damit zu arbeiten.

Schließlich erkannte man das auch von offizieller Seite. XHTML wurde offiziell zu Grabe getragen, und mit HTML 5 wurde eine neue leistungsstarke Version von HTML geschaffen, die kompatibel mit den vorigen Versionen war, gleiche Vorteile bot und teilweise sogar einfacher und übersichtlicher wurde. HTML 5 ist ein Erfolgsmodell.

Kapitel 2

Hallo Welt

Willkommen in der Welt der Programmierung

Du wirst jetzt deine ersten Programme schreiben, kurz und übersichtlich. Ein Anfang und absoluter Klassiker ist die Ausgabe von »Hallo Welt«. Diese einfache Ausgabe wird immer wieder gerne für die ersten »Gehversuche« verwendet. Und so manche Karriere als Programmierer hat genau damit begonnen.

In diesem Kapitel ...

... legst du den Grundstein für deine Kenntnisse in der Programmiersprache JavaScript. Du lernst die Syntax – quasi die Schreibregeln – und wirst deine ersten Befehle schreiben. Du arbeitest mit Variablen, die dir als kleine Notizzettel für Werte dienen. Du wirst Vergleiche durchführen (man spricht auch gerne von *Vergleichsoperationen*). Mit Hilfe von Schleifen wirst du ein Spiel schreiben, das über mehrere Runden läuft.

HTML hast du ja bereits kennengelernt. Mit HTML teilst du dem Computer mit, was er auf einer Webseite darstellen soll, wie es angeordnet ist und (mit Hilfe von CSS) wie es in etwa aussehen soll. Das alles geht prima mit HTML. Aber HTML ist keine Programmiersprache. Du kannst mit HTML nichts berechnen. Genauso wenig kannst du mit HTML Entscheidungen treffen. Dafür war HTML auch nie vorgesehen.

Aber wäre es nicht besser, alles mit HTML machen zu können?

Nun, ein Wal ist ein prima Schwimmer. Aber zum Fliegen ist er nicht so gut geeignet. Das kriegen Vögel besser hin – sie sind kleiner, leichter und haben einen ganz anderen Körperbau. Ach, und Federn haben sie auch. Die sind beim Fliegen ganz hilfreich, während sie unter Wasser nicht ganz so praktisch sind.

Genauso verhält es sich mit **HTML** und **JavaScript**. HTML ist der Spezialist, der Inhalte aufnimmt und den Aufbau der Webseite festlegt. Aber für **Dynamik und Berechnungen** haben wir **JavaScript**. Klein, schnell und präzise. So wie sich ein Wal und ein Vogel unterscheiden, genauso unterscheiden sich HTML und JavaScript. JavaScript sieht nicht nur anders aus, sondern verlangt auch eine wesentlich genauere Arbeitsweise.

Wenn ein Wal mal nicht auf den Meter genau steuert, geht er davon nicht unter. Bei einer Landung auf einem Ast muss ein Vogel exakt auf Punkt steuern – sonst hat er ein Problem.

So kommen Programme in die Webseite

In HTML arbeitest du mit Tags. Wörter und ganze Texte schreibst du innerhalb von Tags, die festlegen, wie diese Texte formatiert und angeordnet werden. Und damit der Browser weiß, dass an einer bestimmten Stelle JavaScript zum Einsatz kommen soll, gibt es dieses Tag:

<script>	...	</script>
öffnendes Tag	Platz für JavaScript	schließendes Tag

Was sich innerhalb dieses Tags befindet, wird für die Darstellung der Webseite erst einmal gar **nicht berücksichtigt**. Der Browser übergibt den Inhalt dieses Tags an den **JavaScript-Interpreter**. Der Inhalt, das können eine oder mehrere JavaScript-Anweisungen oder umfangreiche Programme sein. Das Tag darf natürlich auch leer sein – nur wird dann erwartungsgemäß nicht viel passieren. Und es darf auch mehrfach in der Webseite vorkommen – das wirst du später sehen und auch selbst verwenden.

Falls du es genauer wissen willst: Der JavaScript-Interpreter

Der JavaScript-**Interpreter** ist ein besonderes Programm innerhalb des Browsers. Er analysiert und übersetzt die Anweisungen im `script`-Tag so, dass der Computer sie versteht. Mit JavaScript direkt, also dem Quellcode, könnte er nämlich gar nichts anfangen. Erst der Interpreter übersetzt Zeile für Zeile in sogenannte Maschinensprache, die der Computer verstehen und ausführen kann.

Damit der Computer korrekt arbeiten kann, musst du die **Regeln** von JavaScript genau einhalten. Dazu gehört, dass keine HTML-Tags oder normalen Texte innerhalb des `script`-Tags stehen dürfen. Natürlich kannst du Texte als Teil von Anweisungen verwenden. Und sogar speziell gekennzeichnete Kommentare sind in JavaScript erlaubt. Aber alles muss ohne Fehler geschrieben sein, sonst versteht der Computer gar nichts oder, was noch schlimmer sein kann, versteht etwas Falsches.

Falls du es genauer wissen willst: Wilde Variationen des »script«-Tags

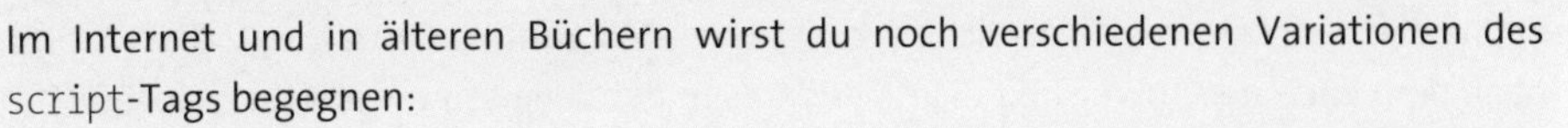

Im Internet und in älteren Büchern wirst du noch verschiedenen Variationen des script-Tags begegnen:

<script type="text/javascript"> teilt dem Browser explizit mit, dass jetzt JavaScript folgt. Hier könnte beispielsweise auch "text/ecmascript" angegeben werden. ECMA-Script ist der hochoffizielle Standard, der JavaScript zugrunde liegt. Da man seit HTML 5 davon ausgeht, dass hier sowieso JavaScript steht, kannst du dir diese unnötige Schreibarbeit sparen.

Eine andere Variante, nämlich **<script language="JavaScript">**, gilt als veraltet. In der Anfangszeit des Internets und bei den ersten Browsern gab es unterschiedliche, konkurrierende Sprachen. Übrig geblieben ist aber nur JavaScript. Ein Browser kann problemlos mit dem Tag in dieser Form umgehen – er benötigt diese zusätzlichen Informationen aber nicht.

Und wie sieht JavaScript aus?

Programme bestehen meist aus zahlreichen einzelnen Anweisungen. Damit immer klar ist, wo die eine Anweisung zu Ende ist und wo die nächste beginnt, steht **am Ende ein Semikolon**. Das ist nicht schick, aber eindeutig.

Einige Schlüsselwörter und Anweisungen werden vollständig klein geschrieben. Manche haben einen großen Anfangsbuchstaben, und einige haben große Anfangsbuchstaben für jedes Wort (wenn sie denn aus mehreren Wörtern bestehen). Wichtig ist, dass du Anweisungen **so schreibst, wie sie vorgegeben sind**. Das nennt man *case sensitive*, und es sieht beispielsweise so aus: `alert();` oder `charAt();` oder `Math.sin();`

Das ist also erst einmal wichtig:

- Ein Semikolon markiert das Ende einer Anweisung.
- In einer Zeile können mehrere Anweisungen stehen – natürlich getrennt durch ein Semikolon.
- Du musst auf die richtige Schreibweise achten; auch ob etwas groß- oder kleingeschrieben ist, macht einen Unterschied.

Du wirst zahlreiche Anweisungen kennenlernen. Aber keine Sorge, du musst sie **nicht auswendig lernen**. Je mehr du mit JavaScript arbeitest, desto leichter wird es dir fallen, die unterschiedlichsten Befehle zu verwenden. Fangen wir einfach an.

Statt von »Anweisungen« wird auch manchmal von »Befehlen« gesprochen. Das Wort »Befehle« gehört (sehr genau genommen) zu sogenannten maschinennahen Sprachen wie Assembler. Oft werden die Begriffe aber ganz einfach synonym verwendet.

Falls du es genauer wissen willst: Das dunkle Geheimnis des ;

Tatsächlich ist JavaScript gar nicht sooo streng. Das Semikolon darf entfallen, wenn nach dem Ende der Anweisung nichts anderes in der Zeile folgt – von Leerzeichen einmal abgesehen. In den meisten Sprachen, die eine ähnliche Syntax wie JavaScript haben, ist das Semikolon aber Pflicht. Deshalb sind wir hier ausnahmsweise einmal strenger als JavaScript und verwenden grundsätzlich das Semikolon.

Ein kleines Meldungsfenster – der Einstieg

Mit der Anweisung `alert` lässt du ein kleines Fenster aufpoppen, in dem ein beliebiger Text steht:

```
alert  (  "Hallo Welt"  )  ;
```

Name — Text in Anführungszeichen — Semikolon

alert ist der **Name der Anweisung** – auch als **Schlüsselwort** bezeichnet –, den sich der Entwickler der Sprache so ausgedacht hat; er wird kleingeschrieben. Es hätte natürlich auch »message« oder »meldungsfenster« heißen können, aber dem Entwickler schien »alert«, englisch für *Warnung*, wohl passender. Wie bei den meisten Programmiersprachen ist Englisch die sprachliche Grundlage.

```
alert(...)
```

Zu der Anweisung gehören **runde Klammern.** In diese Klammern schreibst du einen Text, der dann von `alert` in einem Meldungsfenster ausgegeben wird. Es würde auch mit einer einfachen Zahl ohne Anführungszeichen funktionieren: `alert( 42 );`.

```
"Hallo Welt, dies ist ein beliebiger Text"
```

Anders als in HTML musst du Texte immer in **Anführungszeichen** schreiben. Vergisst du das, kann der JavaScript-Interpreter das nicht mehr verstehen. Er glaubt, es müsse sich um eine weitere Anweisung wie `alert` oder um eine Variable handeln. Er findet aber nichts Passendes und gibt auf – das Programm wird nicht ausgeführt oder macht etwas Falsches. Du darfst auch **keine typographischen Anführungszeichen** verwenden, wie sie von den meisten Textverarbeitungen gesetzt werden. Also nicht » «, sondern nur " ".

Das ist mit Text-Editoren aber kein Problem, sie benutzen sowieso nur die richtigen Zeichen.

```
...;
```

Jede Anweisung wird **mit einem Semikolon abgeschlossen**, so wie hier.

Du glaubst, das sei wenig eingängig? Bei der Android-Entwicklung mit Java heißt eine vergleichbare Anweisung tatsächlich »Toast« und ist wesentlich komplexer:

```
Toast.makeText(
    getApplicationContext(), "Hallo Welt", Toast.LENGTH_SHORT
).show();
```

Für einen erfahrenen Entwickler ist so etwas kein Problem, für den Anfang ist der JavaScript-Befehl `alert("Hallo Welt");` aber doch etwas verständlicher.

Und so kommt das JavaScript in die Webseite

So wie ein Kuchen eine Backform oder ein Backblech benötigt, so braucht unser JavaScript eine Webseite, die für den richtigen Halt und Rahmen sorgt.

So kann eine einfache HTML Seite aussehen, in der unser JavaScript ausgeführt werden soll:

der formale »Rahmen« der Webseite

```
<!DOCTYPE html>
<html>
<head>
  <title>Meine erste Seite mit
  JavaScript</title>
  <meta charset="utf-8">
</head>
<body>
```

ein Absatz

```
<p>Ein erster Versuch.</p>
```

Ankündigung: JavaScript	`<script>`
Anweisung in JavaScript	`alert("Hallo Welt");`
Ende des JavaScripts	`</script>`
»Rahmen« der Webseite	`</body>` `</html>`

Die Texte im `title` und auf der Seite könntest du weglassen, um dir Schreibarbeit zu ersparen. Du kannst sie aber auch **beliebig ändern**. Mit dem `meta`-Tag und der Angabe `charset` kannst du Abhilfe schaffen, falls Sonderzeichen nicht korrekt angezeigt werden.

Falls du es genauer wissen willst: »meta« und die Sache mit den Umlauten

Umlaute sind ja eigentlich eine rein deutsche Sache, aber so ziemlich jede Sprache hat ihre besonderen Zeichen. Und da Computer und besonders Speicher früher sehr teuer waren, fielen solche »speziellen« Sachen etwas unter »ferner liefen«. Das hat (unglaublicherweise) Auswirkungen bis zum heutigen Tag. Das kann dazu führen, dass Sonderzeichen wie »ä«, »ö«, »ü« oder auch ein »ß« in deiner Webseite nicht richtig dargestellt werden. Oft klappt das ohne Probleme, da die Server und Browser flexibler geworden sind. Aber falls Sonderzeichen doch nicht richtig dargestellt werden, kannst du versuchen, dem Browser mit einem Hinweis auf die Sprünge zu helfen. Ohne zu tief in diese Thematik einsteigen zu wollen, kannst du im `head` angeben, wie der Browser mit den Sonderzeichen deiner Webseite umgehen soll:

Mit der Angabe `<meta charset="ISO-8859-1">` wird speziell auf deutsche Zeichen umgestellt, während `<meta charset="utf-8">` (sehr vereinfacht ausgedrückt) noch allgemeiner arbeitet und noch mehr Zeichen (und internationale Zeichensätze) versteht.

Von Leerzeichen und Leerzeilen

Wie bei HTML spielen **Leerzeichen, Tabulatoren und genauso Leerzeilen** in JavaScript **praktisch keine Rolle**. Dadurch kannst du alles so schreiben, wie es für dich übersichtlicher ist. Du könntest auch alles in eine Zeile schreiben:

```
<script>alert("Hallo Welt");</script>
```

Natürlich würde es auch so gehen, etwas großzügiger:

```
<script>
    alert (
        "Hallo Welt"
    ) ;
</script>
```

Vorsichtig musst du aber bei **Namen und Bezeichnungen** von JavaScript sein: Würdest du »Alert« oder »a lert« schreiben, würde der Befehl nicht mehr erkannt – es käme zu einem Fehler, und es würde kein Meldungsfenster erscheinen.

Du musst also bei Namen und Bezeichnungen sehr genau arbeiten, während du die Formatierung mit Hilfe von Einrückungen oder Leerzeichen fast beliebig handhaben kannst.

Nur noch speichern und im Browser öffnen ...

Nachdem du alles im Editor deiner Wahl geschrieben hast, musst du es nur noch als Webseite mit einem beliebigen Dateinamen **abspeichern**. Wichtig ist, dass du als **Dateiendung** *.htm* oder besser *.html* verwendest. Dann kannst du die Datei nämlich mit einem Doppelklick im Browser öffnen. Über die Dateiendung weiß dein Computer, was er mit der Datei machen soll. Welchen Browser oder welches Programm er **tatsächlich** verwendet, hängt von den Einstellungen deines Computers ab. Klappt das aus irgendeinem Grund nicht, kannst du die Datei auch **in den geöffneten Browser ziehen**, damit wird deine Seite genauso geöffnet und dargestellt.

Arbeitest du mit dem vorgestellten Editor **Geany**, dann brauchst du nur auf den Button AUSFÜHREN zu klicken, und (nicht ganz) wie von Geisterhand, aber doch etwas bequemer, öffnet Geany den Browser und übergibt ihm deine Webseite. Änderungen musst du nicht einmal speichern, das passiert automatisch.

Das ist ein Vorteil von solchen Editoren (die natürlich noch wesentlich mehr können).

Wie in Abbildung 2.1 (oder ähnlich, je nach Browser und Betriebssystem) sieht es dann aus, wenn deine Webseite mit deinem ersten JavaScript aufgerufen wird.

Abbildung 2.1 Herzlichen Glückwunsch! Dein erstes, einfaches Programm

Solange du die **Meldung** im Fenster **nicht bestätigst** (wodurch es sich schließen würde), kannst du in dem Browserfenster nichts anderes machen. Das ist normal, denn dieses Fenster möchte – durchaus etwas penetrant – die Aufmerksamkeit auf sich lenken.

Wenn du den Internet Explorer verwendest, kannst du eine **Warnmeldung** bezüglich der Ausführung von Skripten und ActiveX beruhigt bestätigen. Das ändert nichts am Computer, es geht nur um deine aktuelle, eigene Webseite. Du brauchst keinen Schadcode oder Viren zu fürchten – höchstens die eigenen Tippfehler.

Herzlichen Glückwunsch! Du hast gerade dein erstes Programm zum Laufen gebracht!

Tipp: So kannst du Fehler vermeiden

Innerhalb des `script`-Tags darf kein normaler Text stehen, **auch keine einzelnen Zeichen**! Nicht einmal HTML-Tags sind dort erlaubt. Alle JavaScript-Anweisungen müssen exakt so geschrieben werden, wie es vorgegeben ist. Hältst du dich nicht daran oder übersiehst etwas, kommt es zu einem Fehler, und das JavaScript innerhalb **dieses Tags** wird nicht weiter ausgeführt. Wenn so etwas passiert, schau dir deine Seite und die Befehle auf Fehler oder **Vertipper** hin an. Meist findest du den Fehler ganz schnell, und alles funktioniert wieder. Natürlich darfst du nach Änderungen das Speichern und Neuladen nicht vergessen.

Da geht noch was – ändern, speichern, neu laden

Auch deinen JavaScript-Code kannst du natürlich beliebig ändern. Du kannst sogar einen zweiten oder dritten `alert`-Befehl hinzufügen! Schreibe die **Änderungen mit einem Editor** in deine Datei, **speichere** und lade die Webseite **im Browser neu**. Dazu öffnest du die

Datei entweder erneut im Browser oder, wenn du die Datei schon geöffnet hast, drückst die Taste [F5] (bzw. die [cmd]-Taste und [R] auf dem Mac) – dann lädt der Browser die bereits zuvor geöffnete Datei noch einmal.

Probier es einfach aus!

Wenn du noch keinen eigenen Ordner für deine JavaScript-Werke hast, könnte jetzt ein guter Zeitpunkt sein, einen anzulegen.

Das Handy fällt nicht weit vom Stamm. Der gute alte Galileo und warum auch Formeln Spaß machen

Ein Programm lebt nicht allein von einem `alert`. Deshalb wollen gleich weitermachen und den Computer das machen lassen, was er richtig gut kann – rechnen.

Sie sind überall. Sie verfolgen dich. Und du wirst ihnen nicht entrinnen.

Nein, es geht nicht um gruselige Monster aus einem schlechten Film. Es geht um mathematische Formeln, die dir in der Programmierung immer wieder begegnen werden. Während in der Schulzeit und während der Ausbildung solche **Formeln** durchaus für ein gewisses **Gruseln** sorgen können, ist die Lage bei der Programmierung sehr entspannt. Denn der Computer übernimmt hier fast alle Arbeiten, die langweilig und fehlerträchtig sind.

Zwar werden die Formeln auch so nicht zum überragenden Spaßfaktor, aber schließlich sind sie oft ein ganz zentraler Teil deiner Programme. Die dafür verwendeten Befehle und Programmiertechniken sind grundlegend und wichtig – schauen wir uns das genauer an.

Nehmen wir dafür Beispiele, die so richtig **aus dem Leben gegriffen sind**. Zum Beispiel die Frage, wie lange es dauert, bis ein **Handy** aus einer festgelegten Höhe von, sagen wir, 15 Metern **auf dem Boden aufschlägt**. Wer noch in der Schule ist oder es jemals war, wird sich an den guten alten Galileo erinnern, der mit seinen Beobachtungen jedem Schüler die Formeln für den freien Fall beschert hat.

In unserem konkreten Fall sieht die benötigte Formel so aus:

$$\sqrt{\frac{(2 \times \text{Höhe})}{g}}$$

Der Wert `g` steht dabei für die Fallbeschleunigung nach der einfachen Regel: **Alles fällt nach unten** und wird dabei **immer schneller**. Bekannterweise beträgt der Wert `g` auf der Erde 9,81 m/s^2. Auf dem Mond liegt dieser Wert aufgrund der geringeren Schwerkraft bei

1,62 m/s², auf dem Mars bei 3,69 m/s². Ungemütlich wird es dagegen auf dem riesigen Jupiter mit 24,79 m/s². Das sähe demnach (etwas vereinfacht) für Mutter Erde so aus:

$$\sqrt{\frac{(2 \times 15)}{9{,}81}}$$

Das ist nichts Schwieriges. In jedem guten Mathebuch und auf vielen Webseiten kannst du diese und ähnliche Formeln nachschlagen.

Wie schreibe ich »√« in JavaScript?

Das größte Problem ist in unserem Fall die Wurzel. Im Gegensatz zu Taschenrechnern gibt es für mathematische Funktionen **keine entsprechenden Zeichen** auf der Tastatur – ein altes Problem in der Programmierung. Deshalb verwendet man in Programmiersprachen geschriebene Befehle. Der Befehl für die Wurzel einer Zahl lautet `Math.sqrt`, genau genommen `Math.sqrt()`, denn wie bei `alert` gehören die Klammern zu dem Befehl. Dazwischen steht der Wert, aus dem die Wurzel gezogen werden soll.

`Math` ist übrigens so etwas wie die Heimat für alle möglichen mathematischen Funktionen und wird dir noch häufiger begegnen. **`sqrt`** steht für »square root«, englisch für *Quadratwurzel*.

Anweisung: Wurzel ...

... aus

```
Math.sqrt    (    2 * 15 / 9.81    )
```

Klammer

Klammer

`Math.sqrt` ist die Anweisung für die Quadratwurzel. Die Klammern gehören fest zu dem Befehl. Der Inhalt der Klammern – falls es nicht sowieso eine einfache Zahl ist – wird erst berechnet, danach wird aus diesem Ergebnis die Wurzel gezogen.

```
2 * 15 / 9.81
```

Bei den Grundrechenarten gibt es wenig Überraschendes. Lediglich das **Dezimalkomma** ist in der Programmierung **ein Dezimalpunkt**. Deshalb schreiben wir 9.81 und nicht 9,81 – auch das ist der englischsprachigen Herkunft geschuldet.

Achtung: Dezimalpunkt

Kommazahlen musst du dementsprechend auch in JavaScript immer mit einem Punkt anstelle des Kommas schreiben – sowohl im Programm als auch bei den Eingaben.

Wohin mit dem Ergebnis?

Wenn du diese Berechnung so in das `script`-Tag schreiben würdest, würde dir auffallen, dass gar **nichts passiert**. Denn der Computer macht genau das, was du ihm gesagt hast – nicht weniger, vor allem aber auch nicht mehr: Du hast ihm gesagt, er soll ein paar Berechnungen durchführen und aus dem Ergebnis die Wurzel ziehen. Exakt das macht er – mit einer unglaublichen Geschwindigkeit und Präzision.

Dann nimmt er das Ergebnis und vergisst es.

Wie jetzt? Ehrlich? Er vergisst es einfach?

Ja. Denn du hast ihm nicht gesagt, dass er das Ergebnis ausgeben oder es sich für einen späteren Zeitpunkt merken soll.

Computer sind doof?

Nun, trotz aller Rechenleistung machen sie (nur) genau das, was Ihnen gesagt wird. Und das ist die Kunst der Programmierung: dem Computer genau mitzuteilen, was er tun soll.

Was ist zu tun? In unserem Fall sag ihm einfach, dass er das Ergebnis in einem Meldungsfenster ausgeben soll. Dazu schreibst du deine Berechnung in ein `alert`. Und zwar dorthin, wo du vorher den Text »Hallo Welt« geschrieben hattest. JavaScript rechnet dann alles aus und gibt das Ergebnis im Meldungsfenster aus.

Alles vor (und nach) dem `script`-Tag spare ich mir in der Darstellung aus Platzgründen.

Ankündigung: JavaScript

```
<script>
```

Unser JavaScript

```
alert( Math.sqrt( 2 * 15 / 9.81 ) );
```

JavaScript Ende

```
</script>
```

Ein Tipp vielleicht? Deshalb hat »Math.sqrt« hier kein Semikolon

Das **Semikolon schließt Anweisungen** ab. Unser `Math.sqrt` ist hier aber keine eigenständige Anweisung, sondern Teil einer anderen Anweisung – eben von `alert`. Ein Semikolon würde hier sogar zu einem **Fehler** führen. Stünde die Berechnung für sich allein, wäre es hingegen eine vollständige Anweisung mit einem eigenen Semikolon – selbst wenn der Computer das Ergebnis sofort wieder vergäße.

Das Ergebnis erhältst du, nachdem du die Seite gespeichert und im Browser geöffnet (oder aktualisiert hast). Dabei ist es egal, ob du deine bisherige Webseite veränderst oder eine ganz neue Datei verwendest, die du unter einem beliebigen Namen (aber mit der Endung *.html*) speicherst:

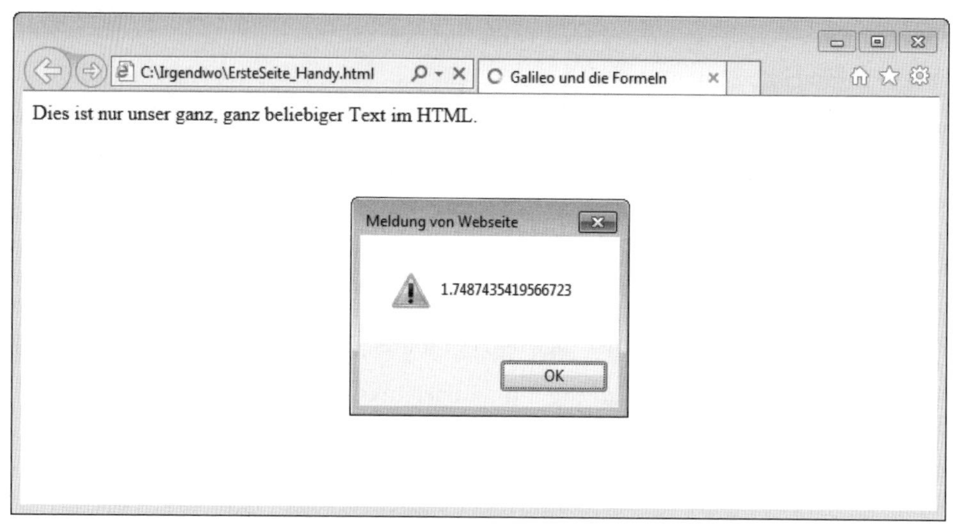

Abbildung 2.2 Auf der Erde bleiben dir etwa 1,7 Sekunden Zeit, bis dein Handy aus einer Höhe von 15 Metern auf den Boden fällt. Zeit, einmal tief durchzuatmen oder ein erschrecktes »Nein!« zu rufen.

Jetzt kannst du problemlos jeden Wert verändern, um zu sehen, was passiert – wenn du eine andere Höhe wählst oder dich auf einem anderen Planeten befindest. Du speicherst die Änderungen und rufst die Seite im Browser erneut auf.

Das ist aber schon etwas mühsam?!

Ja. Und deshalb werden wir das etwas vereinfachen. Der Computer soll dich jedes Mal fragen, aus welcher Höhe das Handy fällt (oder fallen gelassen wird). Dafür kennt JavaScript ein anderes, ähnliches Meldungsfenster, das einen Text ausgibt und gleich nach einem Wert fragt: `prompt()`.

Im Unterschied zu `alert()` kannst du bei `prompt()`sogar zwei Texte angeben. Der erste Text wird im Meldungsfenster angezeigt – ganz so, wie du es von `alert()` kennst. Der zweite Text ist **optional** (du musst ihn also nicht angeben) und erscheint als Hinweis **im Eingabefeld**. Damit kannst du Hinweise für die Eingabe geben. Das sieht dann so aus:

```
prompt ( "Gib die Höhe ein." , "Höhe in Metern" );
```

Befehl — erster Text — zweiter Text

`prompt` ist der eigentliche Befehl. Die Klammern gehören (wie bei `alert` oder `Math.sqrt`) zu dem Befehl.

```
"Gib die Höhe ein."
```

Der erste Text wird, wie bei `alert()`, im Meldungsfenster ausgegeben.

```
"Höhe in Metern"
```

Der zweite Text erscheint als Hinweis im Eingabefeld. Beide Texte sind jeweils von Anführungszeichen umschlossen, das kennst du ja schon. Getrennt werden die beiden Texte durch ein **Komma**.

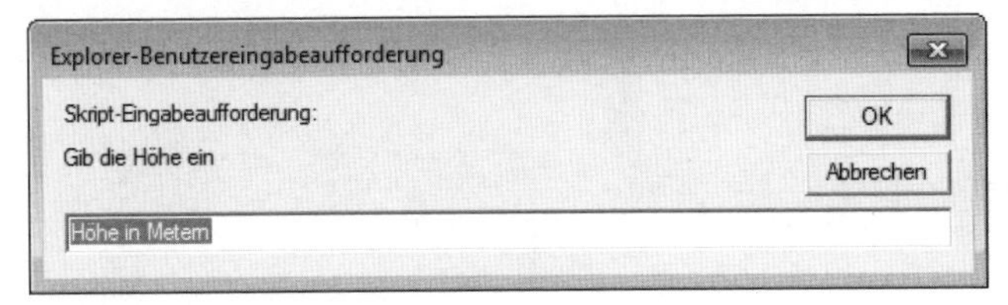

Abbildung 2.3 »prompt()« sieht dem Fenster von »alert« nicht nur ähnlich, sondern ist es auch. Als Bonus ist ein Eingabefeld vorhanden. Darin wird der zweite Text als (hoffentlich) hilfreicher Hinweis ausgegeben.

Falls du es genauer wissen willst: Das Komma als Trennmittel

Das **Komma** hat an vielen Stellen in JavaScript die Aufgabe, unterschiedliche **Werte voneinander zu trennen**, etwa in Listen oder wie hier, um mehrere Werte an einen Befehl zu übergeben. Das Komma wird dir also mit dieser wichtigen Funktion noch häufiger begegnen.

Das alte Problem der Vergesslichkeit

Verwendest du prompt() wie oben gezeigt, erscheint das Meldungsfenster wie erwartet. Das Fenster wartet auf deine Eingabe und die Betätigung des OK-Buttons. **Dann nimmt der Computer deine Eingabe und vergisst sie ganz schnell.**

Ah, das alte Problem. Was tun?

Du könntest prompt() direkt **in** die bisherige Formel schreiben – anstelle des bisher verwendeten Wertes von 15 (Metern). Dann würde die Eingabe an dieser Stelle verwendet.

Das sähe so aus:

```
alert( Math.sqrt( 2 * prompt("Gib die Höhe ein", "Höhe in Metern") / 9.81 ) );
```

Das gesamte prompt() schreibst du also anstelle des bisherigen Wertes **15** in die bestehende Anweisung. Da prompt() hier Bestandteil einer anderen Anweisung ist, steht kein Semikolon hinter dem prompt().

Probier es bitte einmal aus. Du wirst sehen, es funktioniert wunderbar!

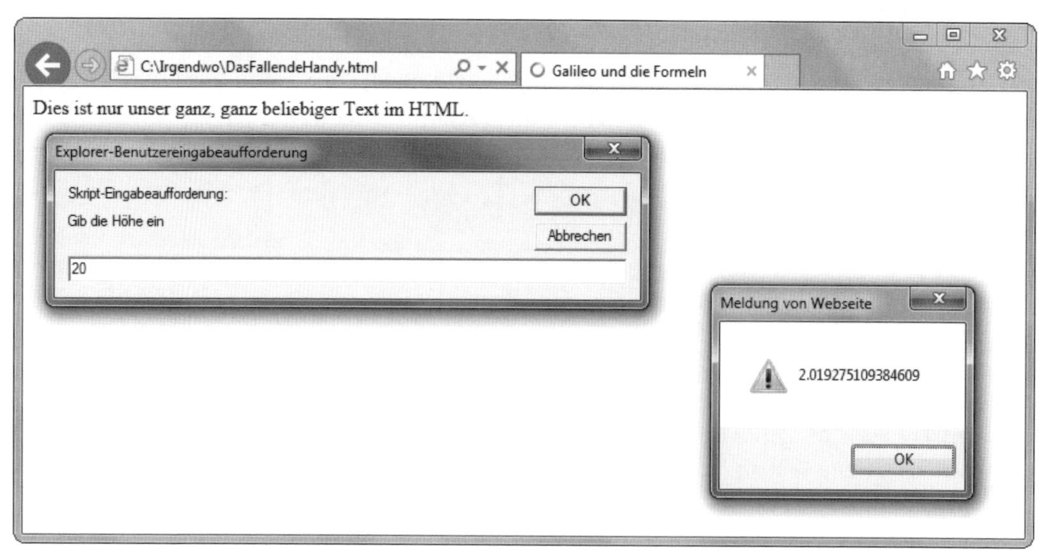

Abbildung 2.4 So ungefähr kann es aussehen. Du gibst einen Wert in das Fenster ein und erhältst dein Ergebnis in einem neuen Fenster. Die Fenster erscheinen natürlich nacheinander, anders als in dieser Bildmontage.

Jedes Mal, wenn die Seite neu aufgerufen wird, fragt dich der Computer mit einem Meldungsfenster nach der Höhe und gibt dann das Ergebnis aus. Genauso kannst du die Seite **neu laden**, und dein Programm wird erneut ausgeführt.

Wie du dem Computer sagst, dass er das automatisch mehrmals hintereinander machen soll, dazu kommen wir gleich.

Allheilmittel gegen Vergesslichkeit – die Variablen

Problematisch bei der obigen Lösung ist, dass dein Programmcode bereits jetzt **unübersichtlich** wird. Würdest du auch noch einen zweiten Wert, z. B. die Beschleunigung von 9,81, auf diese Art variabel halten, würde es sogar noch wilder:

```
alert( Math.sqrt( 2 * prompt("Gib die Höhe ein", "Höhe in Metern")  /
  prompt("Welcher Planet?", "Gib die Beschleunigung ein") ) );
```

Auch wenn das so funktioniert: **Übersichtlich sieht anders aus**. Die eigentliche Formel und damit der Sinn dieser einen Zeile sind kaum noch zu erkennen. Und je komplexer Anweisungen aufgebaut werden, desto schneller schleichen sich Fehler ein, und desto schwieriger wird es, Programme zu lesen.

Wie gut, dass es Variable gibt

Soll der Computer etwas nicht gleich wieder vergessen (und das macht er grundsätzlich und mit Vorliebe), musst du ihm mitteilen, dass er sich diesen **Wert merken** soll. Und noch wichtiger: Du musst Ihm sagen, **wo** er sich das merken (bzw. bei Computern sagt man »speichern«) soll.

Hier kommen die *Variablen* ins Spiel. Variable sind hier nicht ganz so, wie man sie aus der reinen Mathematik kennt: Dort stehen sie meist als Unbekannte innerhalb einer Formel und müssen in geheimnisvoll anmutenden Arbeitsschritten zu einem echten Wert aufgelöst werden. **Variable in der Programmierung sind einfacher**. Variable sind **Platzhalter für Werte**. Nicht abstrakt, sondern **ganz konkret**. Wie eine Schachtel, in der etwas abgelegt wird, oder eine Haftnotiz, die du an den Monitor klebst, um dir eine wichtige Telefonnummer oder einen Termin zu merken.

Damit ein Wert in einer Variablen gespeichert werden kann, musst du dir einen passenden **Namen** für sie ausdenken, bevor du ihr den Wert zuweist.

Der Wert einer Variablen kann eine feste Zahl, ein Text und sogar das Ergebnis einer komplexen Berechnung sein. Im Fall einer Berechnung rechnet der Computer alles für dich aus und speichert dann das Ergebnis in der Variablen. Genauso kannst du das mit unserem `prompt()` machen: Hier wird zwar nichts berechnet, aber deine Eingabe aus dem `prompt()` wird der Variablen zugewiesen (also darin gespeichert). Hat eine Variable einen Wert erhalten, dann kann dieser Wert **beliebig oft** abgefragt und verwendet werden. Erst wenn das Programm beendet wird, gehen die Variablen und die darin gespeicherten Werte wieder verloren.

Variable sind die (gar nicht so) kleinen, dienstbaren Helfer, die klaglos die überaus wichtige Arbeit übernehmen, Werte zu speichern und auch beliebig oft wieder auszugeben.

So speicherst du einen Wert in einer Variablen

Mit dieser *Zuweisung* speicherst du den Wert aus dem `prompt` in der Variablen `dieHoehe`:

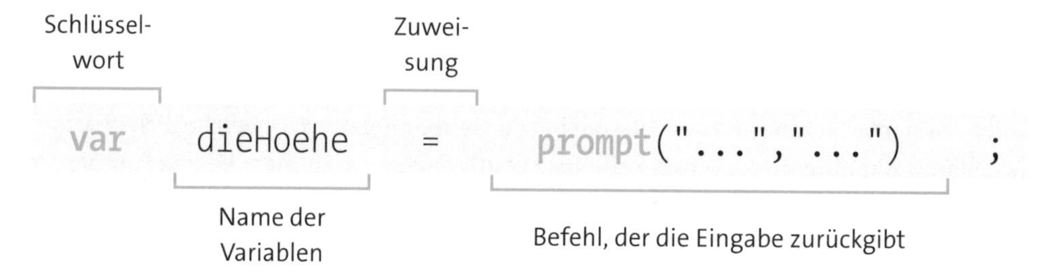

`var` ist das *Schlüsselwort* für eine neue Variable: `var` wird nur bei der ersten Verwendung einer Variablen eingesetzt. Es geht aber nichts kaputt, wenn du es an einer anderen Stelle noch einmal benutzt. Diesen Vorgang, bei dem eine Variable zum ersten Mal verwendet und mit `var` eingeführt wird, nennt man *Deklaration*.

```
dieHoehe
```

`dieHoehe` ist der *Name* deiner Variablen. Du musst ein paar Regeln beachten, wenn du einen Namen vergibst. Die Namen sollten zwar nicht allzu lang sein, du musst sie ja öfter schreiben, aber man sollte sich darunter etwas vorstellen können. Und da ist `dieHoehe` einfach prägnanter als nur ein `h`.

Das »Gleich«-Zeichen `=` ist hier nicht mathematisch zu verstehen, sondern ist eine *Zuweisung*. Die Bedeutung ist »bekommt den Wert«. Die Programmzeile bedeutet also »die Variable `dieHoehe` bekommt den Wert, der von `prompt` kommt«.

Das ist eine vollständige Anweisung, deshalb gönnen wir uns hier ruhigen Gewissens ein Semikolon am Ende. Ohne den HTML-Code vor und nach dem `script`-Tag sieht unser Code jetzt so aus:

JavaScript Anfang	`<script>`
Die Eingabe in der neuen Variablen speichern.	`var dieHoehe = prompt("Gib die Höhe ein", "Höhe in Metern");`
Wurzel berechnen und ausgeben	`alert( Math.sqrt( 2 * dieHoehe / 9.81 ) );`
JavaScript Ende	`</script>`

Könnte ich die Berechnung in dem »alert« nicht genauso in einer eigenen Variablen speichern?

Natürlich, das geht sogar wunderbar:

```
var dieHoehe = prompt("Gib die Höhe ein", "Höhe in Metern");
var dieFallDauer = Math.sqrt( 2 * dieHoehe /
  9.81 );
alert( dieFallDauer );
```

So wird dein Programmcode übersichtlicher. Du kannst (und solltest) ruhig neue Variablen verwenden, wenn es sinnvoll ist. Das Programm wird dadurch nicht langsamer. Die Computer sind heute derart schnell, dass es praktisch keinen Unterschied mehr macht, ob du ein paar Variablen mehr oder weniger verwendest.

Falls du es genauer wissen willst: Warum Code schön sein soll

Wirklich schön (in einem ästhetischen Sinn) wird Programmcode wohl nie werden. Aber es ist wichtig, dass Code **gut lesbar ist**. Dazu gehören sinnvolle Formatierungen (also spare bitte **nie** an Leerzeichen oder Leerzeilen) genau wie sinnvolle Bezeichnungen:

Nach überraschend – manchmal erschreckend – kurzer Zeit weißt du selbst kaum noch, warum du eine Variable `EntfzZl` genannt hast. `dieEntfernungZumZiel` ist da doch schon etwas besser zu verstehen.

Und es ist tatsächlich so, dass du deinen Programmcode immer wieder lesen musst: Sei es, weil du einen Fehler suchst, etwas im Code verändern möchtest oder bestehenden Code an anderer Stelle wiederverwenden willst.

Es ist erschreckend leicht, unübersichtliche Programme zu schreiben. Die Kunst ist es aber, Programme zu schreiben, die gut lesbar sind.

Falls du es genauer wissen willst: Die Bedeutung von »var«

`var` muss übrigens nicht zwingend verwendet werden. Du kannst Variable auch jederzeit »einfach so« deklarieren, indem du ihnen einfach einen Wert zuweist. Wofür braucht man dann also das `var` eigentlich?

Zum einen ist die Verwendung eines Schlüsselwortes auch immer eine Art von Dokumentation: Dadurch wird dein Quelltext besser lesbar und übersichtlicher.

Zum anderen hat, wie du etwas später noch sehen wirst, `var` innerhalb sogenannter *Funktionen* (das sind Programmteile, die einen eigenen Namen erhalten und über diesen Namen aufgerufen werden können) eine besondere Funktion: Variable ohne `var` sind **globale Variable**, können also überall auf deiner Seite verwendet werden. Die mit `var` definierten Variablen sind sogenannte **lokale Variable** und gelten nur innerhalb ihrer eigenen Funktionen. Was nach einer Einschränkung klingt, macht das Programmieren viel sicherer und einfacher. Du vermeidest es nämlich, namensgleiche Variable in verschiedenen Funktionen zu überschreiben oder plötzlich mit falschen Werten zu arbeiten, die noch aus einer anderen Verwendung stammen. Die Verwendung von `var` ist also guter Programmierstil, und wenn du anfängst, mit Funktionen zu arbeiten, macht es dein Programm auch robuster gegen Fehler.

Ein paar Regeln für Variable

- Die Namen dürfen aus Buchstaben (`abcABC...`), Zahlen (`123...`), dem Unterstrich (`_`) und dem Dollarzeichen (`$`) bestehen. Andere Sonderzeichen wie `%&.,;` oder auch das Leerzeichen sind **nicht erlaubt**.
- Sie müssen mit einem Buchstaben, einem `$` oder einem Unterstrich **beginnen**. Sie dürfen also nicht mit einer Zahl beginnen.
- Variablennamen sind **case sensitive**. Ein »X« ist eben kein »U«, und ein »Hallo« ist kein »hallo« und auch kein »HALLO«.

Sehen wir uns einmal an, wie du eine Variable richtig benennst und wie du ihr korrekt Werte zuweist.

Falsch. FALSCH! FAAALSCH!!!

```
var 1wert = 10;
```

Ein Variablenname darf **nicht mit einer Zahl** beginnen. Genauso falsch wären auch Variablennamen wie `§Paragraph` oder `ein wichtiger Wert` oder `wert(los)`. Hier sind **verbotene Sonderzeichen** verwendet worden: ein §, ein Leerzeichen oder Klammern.

```
var woerter = Hallo Welt;
```

Texte, die einer Variablen zugewiesen werden, müssen immer in einfache oder besser doppelte **Anführungszeichen** geschrieben werden. So, wie es hier steht, vermutet der JavaScript-Interpreter, `Hallo Welt` müsse eine andere Variable sein, genauer gesagt der erste Teil, `Hallo` – mit dem zweiten Teil, `Welt`, könnte er gar nichts mehr anfangen. Die vermeintliche Variable `Hallo` wurde aber nicht mit `var` deklariert, und ihr wurde auch sonst kein Wert zugewiesen. JavaScript vermutet deshalb (nicht ganz zu Unrecht), dass etwas nicht stimmt, und bricht an dieser Stelle ab.

Richtige Variable

```
var $einWert = 10;
```

`$einWert` ist sicher **kein schöner Name** (in PHP beginnen übrigens alle Variablennamen mit einem $), aber er ist erlaubt! – Genauso wie `_andererWert` oder `Restaurant10vorne` oder sogar `_42`.

```
var meinWert = 128 + $einWert;
```

Auch das ist korrekt. Eine Zuweisung kann aus einer **Berechnung** bestehen, die beliebig viele (gültige) Variable enthält. Der Interpreter rechnet alles aus und weist **das Ergebnis** unserer neuen Variablen `meinWert` zu.

```
meinWert = meinWert + 10;
```

Sogar das funktioniert: Die **Variable selbst** kann Teil der Berechnung sein, die der Variablen zugewiesen wird. JavaScript setzt einfach ihren **aktuellen Wert** an diese Stelle. Das kann natürlich nur funktionieren, wenn die Variable in diesem Moment bereits einen Wert hat – der darf sogar 0 sein.

Das Ergebnis dieser Berechnung wird dann unserer Variablen zugewiesen. So etwas ist besonders hilfreich, wenn du mit Werten weiterrechnen willst – wenn du zum Beispiel immer etwas dazurechnest.

Falls du es genauer wissen willst:
Bevor eine Variable Teil einer Berechnung sein darf

Wenn du eine Variable lesen möchtest, wenn sie also **Teil einer Berechnung** sein soll oder du sie mit einem alert **ausgeben** willst, dann sollte sie bereits einen **Wert** haben. Wobei auch 0 als Zahl vollkommen in Ordnung ist.

Versuchst du, eine Variable zu lesen oder als Teil einer Berechnung zu verwenden, **bevor** sie selbst einen Wert erhalten hat, dann ist das Ergebnis bei einer mathematischen Berechnung immer `NaN` – »Not a Number« (gestelzt übersetzt so etwas wie »Nicht mal ne Zahl«). Will heißen: Irgendetwas ist da ziemlich schiefgelaufen.

Im Leben einer Variablen gibt es zwei kritische Zustände:

1. **Sie ist noch gar nicht deklariert und hat somit auch keinen Wert.**

   ```
   alert( michKenntNochKeiner );
   ```

   In diesem Fall kommt es zu einem **Fehler**, und JavaScript **bricht ab**. Das passiert manchmal, wenn du dich bei einem **Variablennamen vertippst**. Das klingt ärgerlich, verhindert aber sogar schlimmere Fehler, die ansonsten auftreten könnten.

2. **Sie ist mit »var« deklariert, hat aber noch keinen Wert.**

   Eine Variable, die mit **`var meinVariable;`** deklariert wurde, ist vorhanden, hat aber automatisch den Wert **undefined**. Das ist die Art von JavaScript, zu sagen: »Hey, ich hab gar keinen Wert, nicht mal für eine Null hat's gereicht.« In einer Berechnung führt das als Ergebnis zu dem oben genannten `NaN` – denn zwischen lauter Zahlen taucht ja plötzlich dieses **undefined** auf. Da kann keine Berechnung klappen.

   Reine Theorie? Das passiert doch nie? Leider doch. Wenn du eine **Variable zum Mitzählen oder Hochzählen** verwendest, ist das Folgende ein beliebter Fehler:

   ```
   var ichZaehleMit = ichZaehleMit + 1;
   ```

   Hier wird in die Berechnung der aktuelle Wert unserer Variablen eingesetzt, und der ist **in diesem Moment** noch **undefined**. Die ganze Berechnung funktioniert also nicht. Aber so funktioniert es:

   ```
   var ichZaehlMit = 0;
   ichZaehlMit = ichZaehlMit + 1;
   ```

   So klappt es schließlich, denn auch JavaScript weiß endlich, was es machen soll.

Von Handyweitwurf zum ersten Spiel

Spinnen wir unser Beispiel mit dem Handy noch etwas weiter. Mit einer Situation – direkt aus dem Leben gegriffen: Auf dem Tisch liegt ein Handy. Es klingelt; sicher ein unglaublich wichtiger Anruf, sonst würde es ja nicht klingeln. Die Person, der das Handy gehört, ist aber gerade – sagen wir – 50 Meter entfernt.

Mit welchem Winkel und welcher Kraft musst du das Handy werfen, um genau 50 Meter weit zu kommen?

Eine interessante und durchaus nicht ganz ernstzunehmende Frage als Basis für ein erstes kleines Spiel. Schließlich ist für jedes Spiel **die Idee**, die Geschichte, die als Hintergrund verwendet wird, fast genauso wichtig wie das Programm selbst: Eine Formel für den sogenannten »schrägen Wurf« lockt niemanden hinter dem Ofen vor. Ein Handyweitwurf ist zumindest etwas origineller. Wenn sich dann sogar ein durchgeknallter Roboter, ein nach Menschenfleisch hungerndes Monster oder ein feindliches Alien langsam nähert und du es nur mit gezielten Steinwürfen ausschalten kannst – dann klingt das doch etwas interessanter als der **»schräge Wurf« in der Ebene**.

Mit der Formel kommt der Spaß

Die Formel für einen sogenannten »schrägen Wurf« findest du in der einschlägigen mathematischen Literatur. Solltest du einen solchen mathematikbelasteten Schmöker nicht als leichte Hausliteratur zur Hand haben, wirst du natürlich auch im Internet fündig:

$$\text{Wurfweite} = \frac{(v0)^2 \times \sin(2 \times \alpha)}{g}$$

Dabei ist **v0** die **Anfangsgeschwindigkeit**, mit der das Geschoss – in unserem Fall das Handy – geworfen (oder abgeschossen) wird. **?** ist der Wurf-**Winkel**, und **g** repräsentiert die **Einflusskräfte** unserer guten alten Erde. Mag das in einer Mathestunde mit Herleitung, Umformung und ständigem Hin-und-her-Rechnen eher langweilig sein: In der Programmierung musst du lediglich diese fertige Formel in deinen Code schreiben – ab da übernimmt der Computer und rechnet alles aus.

Jetzt schreiben wir das in JavaScript

Überlegen wir uns erst einmal, welche **Werte** wir **in Variablen** ablegen sollten – das ist ein guter Anfang und sorgt für mehr Übersichtlichkeit. Überleg dir einfach, welche Werte du brauchst und woher sie kommen:

Während g (zumindest für die Erde) mit etwa 9,81 m/s^2 **immer gleich** ist, können die Geschwindigkeit und der Winkel immer anders sein; diese Werte willst du selbst eingeben. Alle drei Werte sollen (auch wegen der besseren Übersichtlichkeit) in Variablen abgelegt werden. Für JavaScript bedeutet das: g wird in einer einfachen Zuweisung festgelegt, für die anderen Variablen verwendest du wieder **prompt**, um darüber die Werte einzugeben.

```
var g = 9.81;
```

g ist als Bezeichnung etwas knapp, da aber tatsächlich von »g« als der Fallbeschleunigung gesprochen wird, ist das durchaus in Ordnung. Der **Punkt anstelle des Kommas** im deutschen »9,81« ist der englischen Herkunft von JavaScript geschuldet – das kennst du ja schon.

```
var v0 = prompt("Gib die Anfangsgeschwindigkeit ein", "v0");
```

Auch hier ist der Name v0 zwar kurz – aber als Bezeichnung durchaus gängig. Die Eingabe von prompt wird durch die Zuweisung mit = von JavaScript in der Variablen abgespeichert. Der erste Text ist die Ausgabe im Meldungsfenster. Der zweite (optionale) Text ist der Hinweis im Eingabefeld.

```
var derWinkel = prompt("Gib den Wurfwinkel ein", "zwischen 1 und 90");
```

Hier gönnen wir uns einen aussagekräftigeren Namen. »Winkel« oder »winkel« würde aber genauso reichen.

Da stimmt etwas nicht: Wie aus Grad das Bogenmaß wird, und warum

Eine der für Anfänger eher **dunklen Seiten von JavaScript** (und anderer Programmiersprachen) ist die Tatsache, dass die mathematischen Funktionen von JavaScript mit dem *Bogenmaß*, also Radiant, statt mit Grad rechnen. Das ist ungefähr so (ärgerlich) wie die Sache mit dem Dezimalpunkt. Wir müssen also entweder die Eingabe im Bogenmaß machen (aber das wollen wir nicht wirklich), oder wir rechnen unsere eingegebenen **Grad** in **Bogenmaß** um.

Dein natürliches mathematisches Grundverständnis sagt dir sicherlich, dass ein Grad als Bogenmaß `Pi / 180` entspricht.

Ansonsten mach es in solchen Fällen wie ich: Such im Internet danach.

Du musst also den eingegebenen **Winkel umwandeln**. Da du die Eingabe in weiser Voraussicht in einer Variablen gespeichert hast, kannst du jetzt problemlos mit dieser Variablen weiterarbeiten und diese Berechnung durchführen:

```
derWinkel    =  derWinkel * (Math.PI / 180)   ;
```


Da du die Variable schon hast, brauchst du sie nicht noch einmal mit `var` zu deklarieren. Du veränderst ihren Wert, indem du ihr den Wert der folgenden Berechnung zuweist:

```
derWinkel * (Math.PI / 180);
```

Um das zu berechnen, ersetzt JavaScript die Variable `derWinkel` durch den aktuellen Wert.

Um Pi zu erhalten, greifst du auf die mathematischen Fähigkeiten von JavaScript zurück. Mit **`Math.PI`** erhältst du den genauen Wert Pi, den du nur noch durch 180 teilen musst: `(Math.PI / 180);`

Die Klammer kannst du dir sparen, es ist aber vielleicht etwas übersichtlicher. Und ja, du könntest auch den Wert der Klammer direkt berechnen und verwenden, aber dann hättest du eine ziemlich lange Zahl: `0.017453292519943295`. Sei in diesem Fall also ruhig faul, und lass das den Computer berechnen.

Hätte ich auch eine neue Variable nehmen können?

Natürlich. Du hättest auch eine **neue Variable** verwenden können:

```
var modifizierterWinkel = derWinkel * (Math.PI / 180);
```

Das ist sinnvoll, wenn du den ursprünglichen Wert in `derWinkel` noch an anderer Stelle gebrauchen könntest. Wenn du aber mit einem Wert immer weiterrechnest, kannst du das ruhig mit der gleichen Variablen machen.

Des Pudels Kern – die eigentliche Berechnung

Wir sind schon fast fertig. Was jetzt noch fehlt, ist die **Berechnung der Wurfweite**. Und natürlich wollen wir das Ergebnis auch noch ausgeben. Nichts leichter als das:

```
var wurfweite = (  (v0 * v0) * Math.sin( 2 * derWinkel )  ) / g;
```

Wir gönnen uns hier eine **neue Variable** namens `wurfweite`, der wir das Ergebnis unserer Formel `( (v0 * v0) * Math.sin( 2 * derWinkel) ) / g;` zuweisen.

Um `v0` hoch zwei zu nehmen, multiplizieren wir die Variable einfach mit sich selbst. Bei der Berechnung des Sinus-Wertes von `2 * derWinkel` hilft uns wieder die eingebaute Bibliothek `Math` mit der Funktion `sin`. Wir teilen noch alles durch `g`, und fertig ist das Ergebnis.

Das klingt vielleicht kompliziert – aber du machst eigentlich nichts anderes, als die im Internet gefundene Formel in JavaScript neu zu formulieren. Auf einige Klammern könnten wir problemlos verzichten, behalten sie aber wieder wegen der besseren Übersichtlichkeit. Mit `alert` lassen wir uns das **Ergebnis ausgeben**:

```
alert(wurfweite);
```

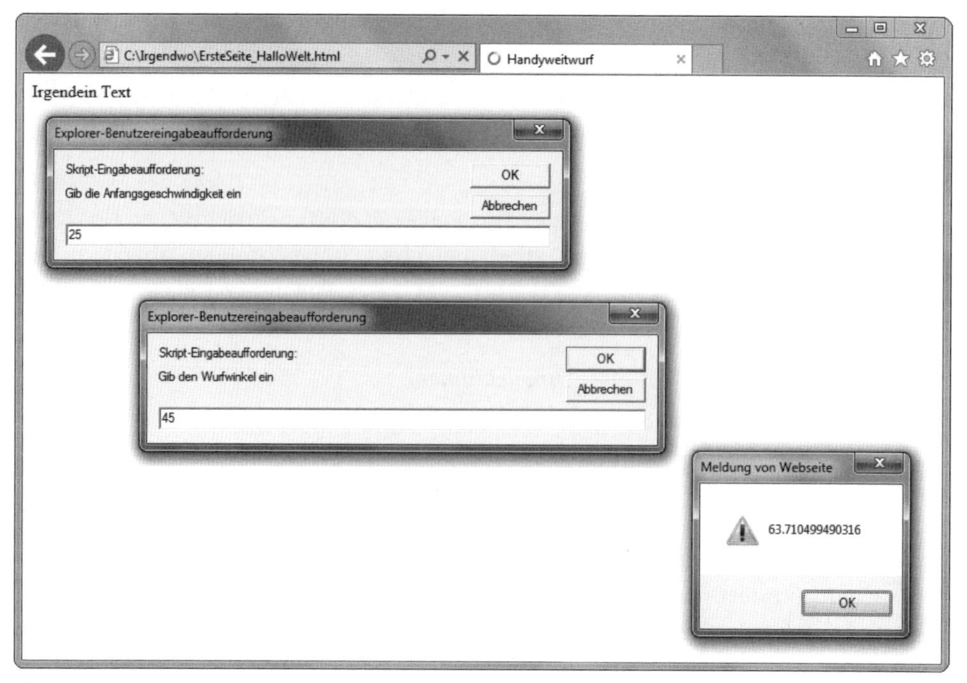

Abbildung 2.5 So sieht das Programm dann aus. Aus Platzgründen wieder als Collage des Ablaufs

Sieht das nicht etwas blöd aus mit der langen Zahl?

Es ist tatsächlich **unschön**, dass unser Ergebnis derart viele **Nachkommastellen** hat. Eigentlich interessiert uns nur der auf ganze Meter gerundete Wert: Alles unter `.5` soll abgerundet werden, sonst runden wir auf. Das nennt man übrigens *kaufmännisches Runden*. Klingt nicht unbedingt toll, ist aber sehr praktisch. JavaScript stellt uns dafür mit `Math.round()` die notwendige Funktion zur Verfügung.

Da das Ergebnis in einer Variablen gespeichert ist, kannst du das Runden in einem eigenen Arbeitsschritt erledigen; das ist übersichtlicher, als es direkt in der Berechnung zu machen:

```
var wurfweite = ( (v0 * v0) * Math.sin( 2 * derWinkel) ) / g;
```

Die Berechnung bleibt unverändert. Und das ist auch ganz gut so, denn sie ist schon lang genug.

```
wurfweite = Math.round( wurfweite );
```

In einem zweiten Schritt lassen wir den gerundeten Wert berechnen und weisen ihn wieder unserer Variablen zu. Damit ist der Wert dauerhaft verändert. Alternativ wäre es auch möglich, **nur bei der Ausgabe** zu runden:

```
alert( Math.round( wurfweite) );
```

Auch so würde der gerundete Wert **angezeigt**. Die Variable würde dadurch aber **nicht verändert**. Der gerundete Wert wird angezeigt, aber nicht mehr der Variablen zugewiesen, und geht so nach der Ausgabe wieder im Nirwana verloren.

Sehen wir uns das Programm einmal vollständig an:

```
<script>
var g = 9.81;
var v0 = prompt("Gib die Anfangsgeschwindigkeit ein", "v0");
var derWinkel = prompt("Gib den Wurfwinkel ein", "Winkel");
derWinkel = derWinkel * (Math.PI / 180);

var wurfweite = ( (v0 * v0) * Math.sin( 2 * derWinkel) ) / g;
wurfweite = Math.round(wurfweite);

alert(wurfweite);
</script>
```

Du kannst das Programm jederzeit speichern und ausprobieren.

Falls du es genauer wissen willst: Irgendwas hoch irgendwas

Wenn du etwas hoch 2 (oder mehr) rechnen willst, gibt es verschiedene Möglichkeiten. Die einfachste ist, den Wert entsprechend oft mit sich selbst zu multiplizieren. Solange der Exponent 2 oder 3 ist, mag das gehen – irgendwann wird das aber doch etwas **unübersichtlich**.

Mit Hilfe der eingebauten Bibliothek `Math` kannst du etwas komfortabler Potenzen bilden. Das sieht dann so aus: **`Math.pow(x,y)`**, wobei `x` die Zahl ist, die mit `y` potenziert wird. Konkret in unserem Fall: `Math.pow( v0, 2 )`.

Lasst die Spiele beginnen

So mag das Programm durchaus schon interessant sein, ein **Spiel** haben wir damit aber **noch nicht**. Immerhin: Wir haben eine Formel und ein grundlegendes Programm – daraus lässt sich ohne allzu großen Aufwand ein einfaches Spiel basteln. **Was brauchen wir dazu noch?**

Eine Idee? Eine Idee – ein Szenario!

Die Grundlage eines jeden guten Spiels ist eine **Idee**, eine packende Beschreibung. Kommen wir auf unser blutrünstiges Monster zurück, das du nur mit gezielten Würfen ausschalten kannst? Und du hast nur drei Versuche? Vielleicht auch noch ein spannender, einleitender Text auf der Seite?

Zufall kann auch schön sein

Die Entfernung zum Monster darf natürlich **nicht immer gleich** sein. Wir brauchen also einen zufälligen Wert. Mit `Math.random()` erhalten wir eine Zufallszahl zwischen 0 und 1. Das ist noch nicht das, was wir brauchen, aber ein guter Anfang.

Drei Versuche sollt ihr sein!

Aller guten Dinge sind drei – sagt man zumindest. Also legen wir fest, dass **drei Würfe** hintereinander gemacht werden.

Die erste Schleife geht auch ohne Schnürsenkel

Wir haben festgelegt, dass der Spieler **dreimal** werfen darf. Wir könnten den bestehenden Programmcode in den entscheidenden Teilen natürlich kopieren und dreimal einfügen, spätestens wenn wir aber noch mehr Versuche zulassen wollen, wird das unübersichtlich – und einen **Orden als Programmierer** bekommt man auf diesem Weg sicherlich nicht.

Du musst den Teil deines Programms, der mehrfach ausgeführt werden soll, erst einmal festlegen und dann angeben, wie oft er ausgeführt werden soll. Einen passenden Befehl dafür bekommst du natürlich auch: Dafür gibt es die **klassische »for«-Schleife**. Steinalt, aber immer wieder gut:

Schleifenkopf: 2-mal ...

```
for( var zaehler = 1; zaehler <= 3;
  zaehler++ )
```

geschweifte Klammer auf ...

```
{
```

... dies hier erledigen, bitte

```
//alles, was mehrfach gemacht werden soll
```

... und zu

```
}
```

Die klassische `for`-Schleife hat eine Variable, hier `i`, die so lange verändert wird, wie eine angegebene Bedingung erfüllt ist. Meist wird die Variable einfach bis zu einem angegebenen Wert **hochgezählt**. Diese Anweisung steht oben im *Schleifenkopf*:

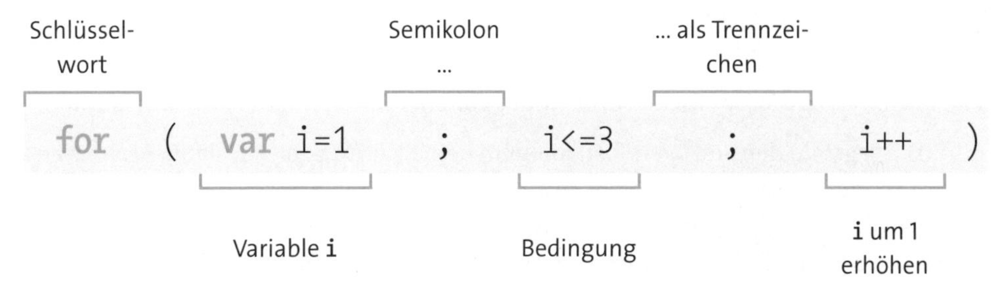

Alles, was innerhalb der geschweiften Klammern steht, wird Runde für Runde so lange ausgeführt, wie die *Bedingung* zutrifft. Erst wenn die Bedingung nicht mehr erfüllt wird, geht es **nach** der geschweiften Klammer weiter.

Was sollen die beiden »//«?

Sie kennzeichnen Kommentare. Du darfst in deinen Programmcode ja weder HTML noch irgendwelche Texte schreiben. Aber, erinnere dich: Dafür hat man **Kommentare**. Alles, was nach diesen beiden Zeichen folgt, wird nicht beachtet – bis zum Ende dieser Zeile. Weder vom JavaScript-Interpreter, noch wird es auf der Webseite dargestellt. In der Quelltextansicht des Browsers, und natürlich im Editor, kannst du (und auch jeder andere) aber sehen, was hier steht.

Die Kommentarfunktion ist auch sehr praktisch, wenn du etwas ausprobieren möchtest und eine oder mehrere Zeilen nicht ausgeführt werden sollen; das nennt man sogar *auskommentieren*.

Ein detaillierter Blick in unsere Schleife

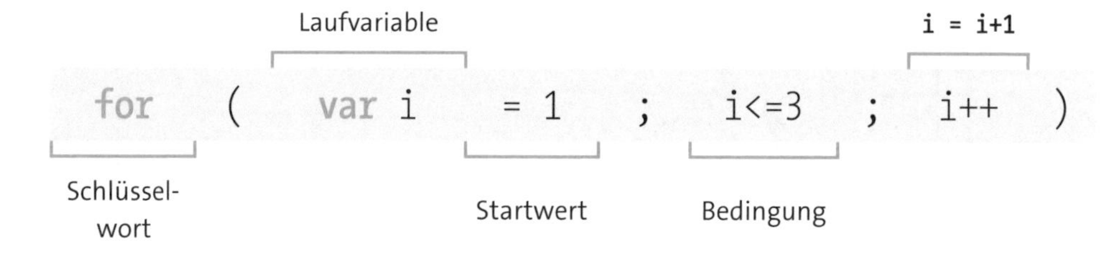

for ist das ist das Schlüsselwort für unsere Schleife. Die `for`-Schleife ist eine sogenannte klassische *Zählschleife*.

Innerhalb der runden Klammern geschieht alles, was zum Abzählen in der Schleife notwendig ist. Erst brauchst du eine sogenannte *Laufvariable* – das ist genau genommen eine ganz normale Variable. Man nennt sie so, weil mit ihr tatsächlich ein Bereich »von – bis« durchlaufen wird. Meist nimmt man eine neue Variable, wie hier. Für drei Runden wäre unsere Bedingung `i<=3` übrigens genauso richtig wie `i<4`.

i ist die übrigens **die** klassische Bezeichnung für eine Laufvariable – das hat Tradition.

Als Erstes legst du den *Startwert* fest, mit dem deine Laufvariable »losläuft«. Der zweite Teil, getrennt mit einem Semikolon, bestimmt, wie lange die Schleife durchlaufen wird. So lange die **Bedingung zutrifft**, wird die Schleife erneut durchlaufen. Im letzten Teil wird festgelegt, wie sich nach jedem Durchlauf die **Laufvariable verändert**. `i++` ist dabei eine festgelegte (und sehr praktische Kurzform) für `i = i + 1`. Bei jedem Durchlauf erhöht sich hier unsere Laufvariable also um 1.

Alles, was sich in den geschweiften Klammern befindet, wird bei jedem Durchlauf ausgeführt – solange die angegebene Bedingung zutrifft. Danach geht es **hinter** der geschweiften Klammer weiter.

Jetzt musst du dir nur noch überlegen, welchen Teil deines Programms du **in** und welchen Teil du **vor oder hinter** die Klammer bzw. die Schleife setzt. Das kann dann so aussehen:

```
<script>
var g = 9.81;

for( var i=1; i<4; i++ ){

    var v0 = prompt("Gib die Anfangsgeschwindigkeit ein", "v0");
    var derWinkel = prompt("Gib den Wurfwinkel ein", "Winkel");
    derWinkel = derWinkel * (Math.PI / 180);

    var wurfweite = ( (v0 * v0) * Math.sin( 2 * derWinkel) ) / g;
    wurfweite = Math.round(wurfweite);

    alert(wurfweite);
}
</script>
```

Da sich die Variable g nicht mehr ändert, kannst du sie problemlos **vor** die for-Schleife setzen. Eigentlich könntest du die gesamten **Deklarationen** vor der Schleife machen.

Dann Ergebnis wäre wie folgt:

```
<script>
var g = 9.81, v0, derWinkel, wurfweite, i;

for( i=1; i<4; i++ ){
    v0 = prompt("Gib die Anfangsgeschwindigkeit ein", "v0");
    derWinkel = prompt("Gib den Wurfwinkel ein", "Winkel");
    derWinkel = derWinkel * (Math.PI / 180);

    wurfweite = ( (v0 * v0) * Math.sin( 2 * derWinkel) ) / g;
    wurfweite = Math.round(wurfweite);

    alert(wurfweite);
}
</script>
```

Kein allzu großer Unterschied, aber vielleicht etwas eleganter? Es ist tatsächlich erlaubt, Deklarationen zusammenzufassen. Du schreibst nur einmal das Schlüsselwort var und gibst danach alle Variablen mit einem Komma getrennt an. Sogar Zuweisungen können hier bereits erfolgen.

Waren da hinten nicht gerade noch der Bernd und die Alfi? Dort, wo jetzt das Monster steht?

Spätestens nach dem zweiten Spiel hat man heraus, wie man werfen muss, um 50 Meter zu schaffen. Die **Entfernung** soll also bei jedem Spiel durch den Computer **neu festgelegt** werden.

Mit Math.random() erhalten wir einen zufälligen Wert zwischen 0 und 1. Das ist ein Anfang, aber für unseren Zweck nicht ausreichend. Um einen sinnvollen Wert zwischen 10 und 100 zu erhalten, müssen wir also noch etwas rechnen (lassen). Knobeln wir kurz.

Hast du einen Tipp?

Du kannst die Zufallszahl mit 90 multiplizieren, dann erhältst du einen Wert zwischen 0 und 90 – leider auch wieder mit einem unschönen Rattenschwanz hinter dem Komma. Dann rechnest du noch 10 dazu. So erhältst du einen Wert zwischen 10 und 100:

```
var entfernungZumMonster = Math.random() * 90 + 10;
```

In einem weiteren Schritt rundest du den Wert noch. Das könntest du auch gleich in der ersten Anweisung machen. So ist es aber übersichtlicher:

```
entfernungZumMonster = Math.round( entfernungZumMonster );
```

Und schließlich musst du auch noch wissen, **wo das Monster steht**:

```
alert( entfernungZumMonster );
```

Sinnvollerweise schreibst du das alles **vor** deine Schleife – sonst ändert sich die Entfernung bei jedem Schleifendurchlauf und damit vor jedem neuen Wurf.

Aber ich muss immer selbst schauen, ob ich getroffen habe?

Ja, das ist richtig. Aber du kannst dem Computer noch sagen, dass er dir anzeigen soll, ob du getroffen hast.

Wenn schon, denn schon – Vergleiche mit »if«

Du lässt den Computer die Entfernung zum Monster mit deiner Wurfweite **vergleichen**. Da beide Zahlen auf ganze Meter gerundet sind, kann der Computer sehr gut ermitteln, ob beide Werte gleich sind, du also getroffen hast. Dafür gibt es einen anderen Klassiker – die **»if«-Anweisung**:

```
if( wurfweite == entfernungZumMonster ){
    alert( "Du hast das Monster getroffen!" );
}
```

Schauen wir uns wieder genauer an, was das bedeutet:

```
if( wurfweite == entfernungZumMonster ){ }
```

Das ist das Schlüsselwort für unsere neue Anweisung. In der runden Klammer findet immer **ein Vergleich** statt. Ist das Ergebnis dieses Vergleichs richtig, also **wahr**, dann (und nur dann!) wird alles ausgeführt, was in der geschweiften Klammer steht. Und zwar genau ein Mal.

```
if( wurfweite == entfernungZumMonster ){ }
```

Das ist ein Vergleich zweier Werte. Da die Zuweisung in der Programmierung mit einem = erfolgt, musste man sich etwas anderes überlegen und kam auf die mehr oder weniger brillante Idee, für einen Vergleich statt einem = eben **zwei** == zu nehmen. Wie so oft sieht das nicht schön aus, aber es funktioniert, und es ist so seltsam, dass man sich das eigentlich ganz gut merken kann.

In der geschweiften Klammer lässt du dann mit `alert` ausgeben, dass du getroffen hast. Und so sieht alles zusammen aus:

```
<script>
var g = 9.81, v0, derWinkel, wurfweite, i;

var entfernungZumMonster = Math.random() * 90 + 10;
entfernungZumMonster = Math.round( entfernungZumMonster );
alert( entfernungZumMonster );

for( i=1; i<4; i++ ){
    v0 = prompt("Gib die Anfangsgeschwindigkeit ein", "v0");
    derWinkel = prompt("Gib den Wurfwinkel ein", "Winkel");
    derWinkel = derWinkel * (Math.PI / 180);
```

```
    wurfweite = ( (v0 * v0) * Math.sin( 2 * derWinkel) ) / g;
    wurfweite = Math.round(wurfweite);

    alert(wurfweite);
    if( wurfweite == entfernungZumMonster ){
        alert( "Du hast das Monster getroffen!" );
    }
}
</script>
```

Probier es aus! Viel Spaß bei der Monsterjagd!

Abbildung 2.6 Herzlichen Glückwunsch – das Programm läuft, und du hast getroffen!

Was du sonst noch machen kannst

So hast du dein erstes Spiel – und hast in diesem Kapitel eine **Menge gelernt** und **unterschiedliche Anweisungen** verwendet. Natürlich kannst du das Programm immer weiter verbessern. Wenn du getroffen hast, brauchst du keinen weiteren Wurf: In der `if`-Anweisung könntest du dann der Laufvariablen `i` den Wert 4 (oder höher) zuweisen – das ist erlaubt, die Schleife würde dadurch nicht noch einmal durchlaufen.

Natürlich wirst du noch andere Anweisungen kennenlernen, mit denen du das Programm noch weiter verbessern kannst. Auch die **Ausgabe** könntest du verbessern: Du musst nicht jedes Mal ein eigenes `alert` verwenden; du kannst nicht nur einen Text **oder** Variable ausgeben, sondern **beides kombinieren**. So zum Beispiel:

```
alert( "Das Monster ist " + entfernungZumMonster + " Meter entfernt" );
```

oder

```
alert( "Du hast " + wurfweite + " m weit geworfen"  );
```

Mit einem + als Verbindungszeichen verknüpfst du Texte, Werte und Variable miteinander zu einer Ausgabe. Probier es einfach aus.

Falls es mal nicht klappt

Wenn du das Programm eingegeben und gespeichert hast, aber es einfach nicht laufen will, schau dir deinen Quelltext in Ruhe noch einmal an. Stimmen die Bezeichnungen der Variablen? Befinden sich nicht erlaubte Zeichen innerhalb des `script`-Tags? Hast du nach der letzten Änderung die Datei gespeichert und im Browser neu geladen?

Falls es dann immer noch nicht funktioniert, kann dir dein Browser weiterhelfen. Jeder Browser verfügt über sogenannte **Entwicklertools**, die dir bei der Fehlersuche helfen. Der Aufruf und das Aussehen variieren dabei (natürlich mal wieder) von Browser zu Browser. Im Firefox, Chrome oder Safari rufst du diese Tools über `Strg` + `⇧` bzw. auf deinem Mac über `alt` + `cmd` + `i` auf. Genauso geht es unter Windows grundsätzlich (und beim Internet-Explorer bzw. Edge) mit `F12`. Bei den Entwicklertools gibt es wiederum mehrere (Kartei-)Reiter, bei denen du KONSOLE bzw. CONSOLE auswählst. Darin wird dir jeder Fehler, jede Warnung angezeigt. Die Konsole meldet dir dann die aktuellen Fehler. Tippst du in dieser Konsolenmeldung auf die angegebene Zeilennummer, wird dir sogar die entsprechende Stelle angezeigt.

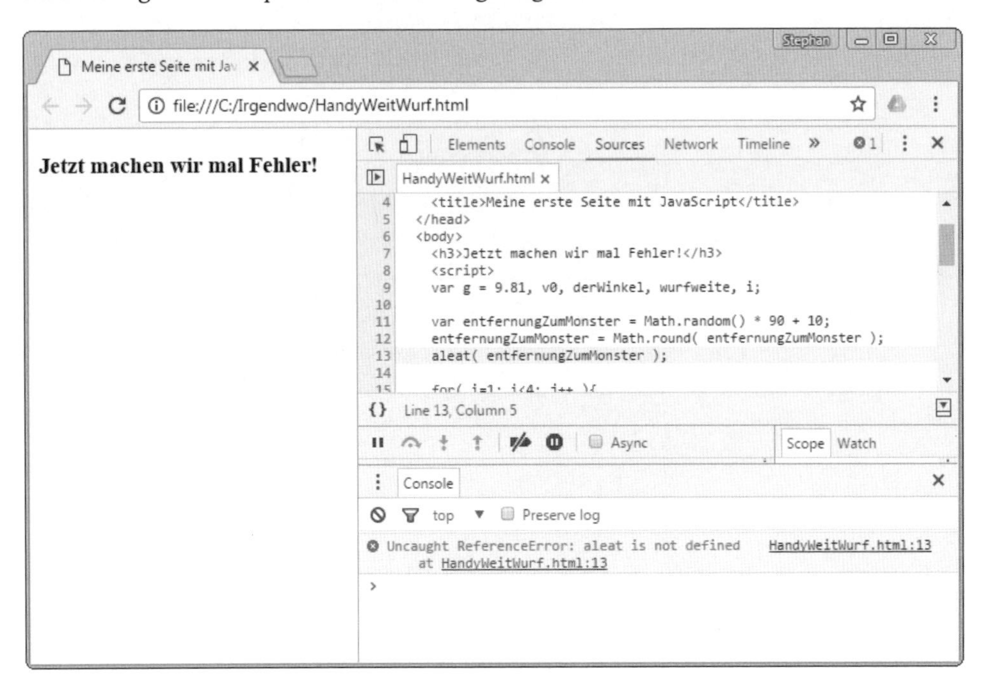

Abbildung 2.7 Da machen sogar Fehler Spaß. In der sogenannten Konsole verlieren Fehler ihren Schrecken.

Gibt es noch weitere Fehler, werden sie erst angezeigt, wenn das Programm dorthin kommt – der erste Fehler also beseitigt wurde. Mit einem Klick auf das kleine Kreuz schließt du die Konsole wieder.

Wir sehen uns gleich im nächsten Kapitel, wo du mehr darüber erfährst, wie du vorgehst, um Programme von der Idee zum Code zu entwickeln. Dank der Konsole sicher ohne Fehler.

Kapitel 3

Zufall, Spaß und Logik

Wie man Programme schreibt

Dem Computer Regeln beizubringen, ist gar nicht so schwer. Klassiker wie »Zahlen raten« oder »Schere, Stein, Papier« lassen sich rasch programmieren – wenn du weißt, wie du richtig anfängst. Auch wenn es Klassiker sind: Sie machen eine Menge Spaß – umso mehr, wenn du sie selbst programmieren, verändern und erweitern kannst.

In diesem Kapitel ...

... wirst du mit deinem Wissen aus dem ersten Kapitel zwei neue Spiele schreiben. Du wirst neue Funktionen und Schleifen von JavaScript kennenlernen. Aber eigentlich geht es in diesem Kapitel darum, wie du vorgehen kannst, um Programme zu schreiben. Du brauchst dazu nicht das Reißbrett deiner Vorfahren aus dem dunklen Keller zu holen, aber etwas Überlegung und vielleicht ein paar Notizen sind oft der beste Anfang. Schließlich schauen wir uns an, wie du selbstgebastelte Formeln so richtig auf Herz und Nieren prüfen lässt – denn die Arbeit soll ja der Computer machen.

Du hast die allerwichtigsten Regeln und Grundlagen von JavaScript kennengelernt. Du kennst einige Anweisungen und hast erfolgreich dein erstes Spiel programmiert. Das **Schwierigste** hast du also eigentlich schon hinter dir. Was jetzt kommt, ist eigentlich nur noch der Teil, der Spaß macht: Du schreibst immer ausgefeiltere Programme und Spiele.

Fangen wir dieses Kapitel mit einem einfachen Spiel an – »Zahlen raten«. Natürlich bleibt es nicht bei der ganz einfachen Variante. Schließlich willst du ja auch knobeln und basteln. Dafür ist so ein Spiel wie »Zahlen raten« prima geeignet. Und natürlich werden wir uns noch ein paar neue Anweisungen und Möglichkeiten von JavaScript ansehen.

Aber wie fange ich an? Wie schreibe ich ein Programm? Wie komme ich darauf, was ich als Erstes, als Zweites und sonst noch alles machen muss?

Zahlenraten

Bevor du die erste Zeile Code schreibst, solltest du dir überlegen, was du in dem Programm eigentlich machen möchtest. Überleg dir also erst einmal ohne Programmcode, **was** im Programm **passieren soll**.

Die erste Überlegung – ganz einfach ausgedrückt

Der Computer soll sich also eine Zahl ausdenken. Du darfst dann raten, und der Computer sagt dir, ob dein Tipp richtig war.

Das ist eine erste, **kurze Überlegung**. Wenn du jetzt sofort anfängst zu programmieren, dann kann das ein ziemlich großes Durcheinander werden – mit vielen Änderungen in der Art: »Ach ja, das brauche ich ja auch noch, und das, und dies ...«.

Vor der praktischen Umsetzung solltest du dir ruhig etwas genauer überlegen, was alles passieren soll: So als würdest du es jemandem beschreiben, der das einfache »Zahlen raten« nicht kennt – genauso ist es ja schließlich auch, der Computer kennt das Spiel erst einmal nicht.

Ein neuer Versuch – ein klein wenig genauer

So könnte die Beschreibung aussehen:

Der Computer soll sich eine Zahl zwischen 1 und 100 ausdenken, der Wert nach oben könnte später aber noch variieren. Es soll eine ganze Zahl sein, positiv ist sie ja sowieso. Der Computer soll uns dann nach einer Zahl fragen. Nach jedem Versuch soll er dem Spieler einen Hinweis geben, ob die Zahl zu groß oder zu klein ist. Die Anzahl der Versuche soll er dabei gleich mitzählen.

Hat der Spieler richtig geraten, soll der Computer das sagen, und das Spiel ist beendet. Wir möchten dann noch wissen, wie viele Versuche der Spieler gebraucht hat.

Ist die Zahl falsch, soll der Computer erneut fragen.

Was haben wir hier gemacht? Ein Programm geschrieben!

Genau genommen haben wir hier bereits unser Programm geschrieben, bzw. wir haben es **in unserer Sprache aufgeschrieben**. Jetzt musst du das nur noch in JavaScript »übersetzen« und aufschreiben.

Du siehst, zwischen der ersten, sehr einfachen Version und der zweiten, genaueren Version ist ein großer Unterschied. Würdest du versuchen, die erste Variante umzusetzen, müsstest du dir nachträglich eine Menge überlegen und es dann in dein Programm einbauen – gerade so entstehen viele Fehler, und du bräuchtest wesentlich länger, als würdest du etwas mehr Zeit in die Überlegung **vor** der Programmierung stecken. Das geht auch guten Programmierern so: Je besser die Überlegungen vorher sind, **desto schneller und einfacher lässt sich das Programm schreiben**. Auch die beste Panik hat noch nie eine gute Planung ersetzen können.

Die Anleitung haben wir – bauen wir unser Programm

Wir beginnen mit den **Variablen**. Da wir die Variablen vor der ersten Verwendung *deklarieren* müssen, ist es sinnvoll, sie hier auch gleich aufzuschreiben. Einigen Variablen können wir direkt einen Wert geben. Schaue einfach in den Text – dort findest du alles, was du an Variablen brauchst. Unsere Überlegungen sind praktisch der Bauplan für unser Programm. Du glaubst es nicht? Schauen wir es uns an:

Überlegung	Variable
Der Computer soll sich eine **Zahl** zwischen 1 und 100 **ausdenken**, der **Wert nach oben** könnte später aber noch **variieren**. Es soll natürlich eine ganze Zahl sein, positiv ist sie ja sowieso.	`var ausgedachteZahl;` `var obereGrenze = 100;`
Der Computer soll uns dann nach einer **Zahl fragen**.	`var gerateneZahl;`
Nach jedem Versuch soll er dem Spieler einen Hinweis geben, ob die Zahl zu groß oder zu klein ist.	
Die **Anzahl der Versuche** soll er dabei gleich mitzählen.	`var anzahlDerVersuche = 0;`
Hat der Spieler richtig geraten, soll der Computer uns das sagen, und das Spiel ist beendet.	
Wir möchten dann noch wissen, wie viele Versuche der Spieler gebraucht hat.	
Ist die Zahl falsch, soll der Computer uns erneut fragen.	

Jede Variable, die wir verwenden, müssen wir **deklarieren**. Damit wird die Variable im Programm **eingeführt**. Und wenn wir einen Wert schon kennen, können wir ihn bei der Deklaration der Variablen auch gleich zuweisen, so wie wir es bei der Obergrenze obereGrenze mit dem Wert 100 machen. Die Anzahl der Versuche anzahlDerVersuche setzen wir gleich auf den Anfangswert 0. Den anderen Variablen brauchen wir keinen Wert zuzuweisen, das passiert im Programm: durch Eingaben mit prompt oder andere Zuweisungen im Programm. Also haben wir schon einmal Folgendes:

```
var ausgedachteZahl;
var obereGrenze = 100;
var gerateneZahl;
var anzahlDerVersuche = 0;
```

Natürlich könntest du die Deklaration(en) auch in einer Zeile vornehmen, einmal var, dreimal Komma und unser Semikolon am Ende – echtes Sparen sieht allerdings anders aus. Aber das ist auch eine Frage des persönlichen Geschmacks. Leerzeichen und Zeilen kosten heutzutage ja kaum noch etwas.

```
var ausgedachteZahl, obereGrenze = 100, gerateneZahl, anzahlDerVersuche = 0;
```

Von der Beschreibung zum Programm

Schauen wir uns die Beschreibung jetzt daraufhin an, was wir direkt in JavaScript-Anweisungen umsetzen können. Einen Anfang haben wir ja schon mit unseren Variablen gemacht.

Falls bei den Anweisungen etwas Unbekanntes dabei ist, mach dir darüber keine Gedanken: Die Anweisungen – auch neue – sehen wir uns gleich genauer an. Wenn du etwas geübt bist, wirst du so etwas einfach »herunterschreiben« können.

Überlegung	Code
Der Computer soll sich eine **Zahl zwischen 1 und 100 ausdenken**, der Wert nach oben könnte später aber noch variieren. Es soll natürlich eine **ganze Zahl sein**, positiv ist sie ja sowieso.	`ausgedachteZahl = Math.random() * obereGrenze;` `ausgedachteZahl = Math.round(ausgedachteZahl + 0.5);`

Überlegung	Code
Der Computer soll uns dann nach einer **Zahl fragen**.	`erateneZahl = prompt("Rate bitte", "Eine Zahl bis " + obereGrenze);`
Nach jedem Versuch soll er dem Spieler einen Hinweis geben, ob die **Zahl zu groß oder zu klein** ist.	`if( erateneZahl > ausgedachteZahl ){ alert("Deine Zahl ist zu gross"); } if( erateneZahl < ausgedachteZahl ){ alert("Deine Zahl ist zu klein"); }`
Die **Anzahl der Versuche** soll er dabei gleich **mitzählen**.	`anzahlDerVersuche = anzahlDerVersuche + 1;`
Hat der Spieler **richtig geraten**, soll der Computer uns das **sagen**, und das Spiel ist beendet.	`if( erateneZahl == ausgedachteZahl ){ alert("Richtig geraten!"); }`
Wir möchten dann noch wissen, **wie viele Versuche** der Spieler gebraucht hat.	`alert( "Du hast " + anzahlDerVersuche + "Mal geraten");`
Ist die Zahl falsch, soll der Computer uns erneut fragen.	

Das ist schon (fast) das vollständige Programm. Nur **irgendeine Schleife** fehlt, um uns erneut raten zu lassen – so lange, bis wir das richtige Ergebnis getroffen haben.

Was macht der Programmcode denn da?

Schauen wir uns den Programmcode wieder etwas genauer an:

```
ausgedachteZahl = Math.random() * obereGrenze;
ausgedachteZahl = Math.round( ausgedachteZahl + 0.5 );
```

Wir lassen uns von `Math.random` eine Zufallszahl erzeugen, diese liegt immer zwischen 0 und 1. Das reicht uns natürlich nicht, deshalb multiplizieren wir sie mit der gewünschten **Obergrenze**. So kommen wir dem gewünschten Bereich von 1 bis 100 ein ganzes Stück näher. Das Ergebnis ist aber wieder eine nervig lange Fließkommazahl (zwischen 0 und 99,999...). Wir runden deshalb wieder mit `Math.round` und weisen das Ergebnis erneut unserer Variablen zu.

Warum wird noch + 0.5 gerechnet?

Durch das **kaufmännische Runden** von `Math.round` könnten wir eine 0 bekommen: Ist die Zufallszahl nämlich kleiner als 0,5, wird durch das Runden eine 0 daraus. Da wir keine 0 wollen, machen wir einen kleinen Kunstgriff: Wir sorgen dafür, dass die Zahl immer größer als 0,5 ist, indem wir 0,5 addieren. Dadurch wird unsere Zufallszahl niemals null. Das Ergebnis liegt nach dem Runden immer in einem Bereich von 1 bis 100.

Jetzt soll uns der Computer nach einer Zahl fragen

```
gerateneZahl =
  prompt("Rate bitte eine Zahl", "Eine Zahl bis " + obereGrenze);
```

Das `prompt` fragt uns nach einer Zahl. Unsere Eingabe wird der Variablen `gerateneZahl` zugewiesen, und wir können den Wert später beliebig verwenden. Im zweiten, optionalen Text unseres `prompt` machen wir etwas Besonderes: Mit dem **+** »bauen« wir einen Text und eine Variable zusammen. Aus dem festen Text und der Variablen `obereGrenze` wird so ein ganzer Text, den `alert` ausgeben kann. Das ist schicker, als immer ausschließlich einen Text oder eine Zahl auszugeben.

Zu groß, zu klein – wie wäre es mit einem kleinen Tipp?

Jetzt soll uns der Computer sagen, ob unsere Zahl zu groß oder zu klein ist. Dazu muss unsere geratene Zahl mit der Zahl des Computers **verglichen** werden.

Wir nutzen den Befehl `if` dafür, der so etwas wie der Godfather für alle Arten von Vergleichen ist. Ist unsere Bedingung, also unser Vergleich, in der runden Klammer ( ) richtig – trifft also zu –, dann wird der Inhalt der geschweiften Klammer ausgeführt. Falls nicht, geht es sofort **hinter** der geschweiften Klammer weiter, als wäre nichts geschehen:

```
if( gerateneZahl > ausgedachteZahl ){
    alert("Deine Zahl ist zu gross");
}
```

Ist unser Zahl größer als **>** die Zahl des Computers? Dann gib uns das mit einem `alert` aus.

```
if( gerateneZahl < ausgedachteZahl ){
    alert("Deine Zahl ist zu klein");
}
```

Ist unsere Zahl hingegen zu klein **<**, dann wird im zweiten `if` ein anderer passender Text ausgegeben. Den Text musst du natürlich nicht sklavisch übernehmen, sondern du kannst dir eigene Formulierungen ausdenken.

```
anzahlDerVersuche = anzahlDerVersuche + 1;
```

Schließlich wollten wir mitzählen, wie viele Versuche wir benötigen. Dazu addieren wir bei jedem Versuch **einfach eine 1** zu unserer Variablen `anzahlDerVersuche`. Natürlich kannst du wieder die bekannte **Kurzform** schreiben:

```
anzahlDerVersuche++;
```

Da man in der Programmierung sehr oft einen Wert um 1 erhöht, war irgendjemand einmal so freundlich (oder so schreibfaul), diese Kurzform einzuführen, die es heute in den meisten Programmiersprachen gibt, natürlich auch mit zwei **--**, um `1` von einer Variablen abzuziehen.

Was Variable mit Frankenstein zu tun haben

Erinnere dich: Damit eine Variable Teil einer Berechnung sein kann, muss sie nicht nur deklariert worden sein – ihr muss auch ein gültiger Wert zugewiesen sein; da genügt sogar eine 0. Ansonsten könnten wir ein ungültiges Ergebnis bekommen. Eine Variable, die deklariert wurde, aber noch keinen Wert erhalten hat, hat immer einen Wert namens **undefined**. Und damit kann **nicht gerechnet** oder gearbeitet werden.

Stell es dir vor wie bei der Geschichte von **Frankenstein** – du hast mit der Deklaration ein Wesen erschaffen, aber erst durch die Blitze des Sturms (die Zuweisung eines Wertes) wird es **zum Leben erweckt**. Vorher ist es zwar da, hat aber kein Leben, kann nicht gehen, nicht sprechen. **Erst die Zuweisung** haucht einer Variablen Leben ein. Vorher hat sie in der Welt der Lebenden, also rechts von dem = (oder überhaupt innerhalb einer Berechnung), nichts zu suchen.

Schließlich wollen wir wissen, wie viele Versuche wir bisher hatten:

```
alert("Du hast " + anzahlDerVersuche + " Mal geraten");
```

Ja, wurde denn richtig geraten?

Jetzt soll uns der Computer mitteilen, ob unsere Zahl **richtig** ist. Dazu vergleichen wir unsere geratene Zahl mit der Zahl des Computers.

```
if( grateneZahl == ausgedachteZahl ){
    alert("Richtig geraten!");
}
```

Stimmen unsere geratene Zahl und die Zahl des Computers überein, dann erfahren wir das hier. Während Vergleiche mit größer als > und kleiner als < recht eindeutig sind, ist der Vergleich mit == eine **beliebte Fehlerquelle**, da man oft und gerne nur = schreibt. Das einfache = steht aber immer für eine **Zuweisung**. Achte also immer darauf, ob du etwas **zuweisen** = oder **vergleichen** == möchtest. Auch darfst du im Vergleich **== kein Leerzeichen** zwischen die beiden Ist-Zeichen schreiben – beide gehören **fest und unzertrennlich** zusammen.

Noch hat unser Erfolg oder Misserfolg keinen weiteren Einfluss auf das Programm – auch wird kein neuer Versuch gestartet, wenn du falschliegst. Kein Problem, das kommt jetzt.

Falls du es genauer wissen willst: Was passiert eigentlich, wenn du a = b in einem Vergleich schreibst statt a == b?

Schreibst du bei dem Vergleich aus Versehen `versuch = ergebnis`, dann kommt es nicht zu einem Fehler, obwohl man das vielleicht erwarten würde. Im Gegenteil tut JavaScript so, als wäre das Ergebnis dieses (falschen) Vergleichs richtig. Bei `if` würde der Inhalt der geschweiften Klammer ausgeführt, im Falle von `while` oder `do-while` würde die Schleife immer wieder ausgeführt. Das hat einen Grund:

Wird einer Variablen ein Wert zugewiesen, dann überprüft JavaScript, ob diese Zuweisung auch funktioniert hat. Wenn das funktioniert (was es natürlich tut), dann gibt diese Zuweisung eine entsprechende Rückmeldung: Die lautet »es hat geklappt« bzw. **»es ist wahr«**. Jetzt könnte man sagen, es wäre doch besser, wenn JavaScript das erkennt und das gar nicht zulässt. Nun, es gibt tatsächlich Fälle, in denen so eine Rückmeldung durchaus sinnvoll ist. Eine nervige Fehlerquelle ist es aber allemal.

»Hey, mach's noch mal« – Schleifen mit »do-while«

Wenn du das Programm jedes Mal neu starten würdest (indem du die Seite im Browser neu lädst), wäre das nicht nur sehr umständlich, sondern auch unsinnig: Das Programm würde sich jedes Mal eine neue Zahl ausdenken.

Es gibt also bestimmte Teile im Programm, die nur einmal ausgeführt werden sollen, und Teile, die immer wieder ausgeführt werden müssen. Mit einfachen Worten kann man das für unser Programm ungefähr so schreiben:

1. Lege alles fest – Zufallszahl, Variablen etc.
2. Frage nach einer Zahl, vergleiche sie, und gib das Ergebnis aus.
3. Wenn es richtig ist, sag das, und beende das Spiel.

Mit etwas Überlegung kommst du recht schnell darauf, dass nur das, was zu **Punkt 2** gehört, **wiederholt** werden muss. Alles, was unter 1. oder unter 3. fällt, ist jeweils eine einmalige Sache. Nun gut, Punkt 3 könnte Teil einer Bedingung oder Überprüfung für eine Schleife sein.

Was tun?

Eine Zählschleife `for`, wie du sie bereits kennengelernt hast, passt gut, wenn du die Anzahl der Versuche schon kennst. Um so oft weiterzumachen, bis es einen Erfolg gibt – ohne zu wissen, wie oft das sein wird –, hat JavaScript etwas Besseres auf Lager:

Die »do-while«-Schleife

Die `do-while`-Schleife macht genau das, wie man auch mit nicht ganz so brillanten Englischkenntnissen vermuten würde: Etwas wird wiederholt, **solange** eine angegebene Bedingung erfüllt ist. Ist oder wird die Bedingung falsch, dann endet die Schleife sofort. Das sieht dann in etwa so aus (mit Texten, die wir später noch durch Code ersetzen):

Lege alles fest, Zufallszahl, Variablen etc., was nicht in der Schleife wiederholt werden muss

```
do{
```

Frage nach einer Zahl, vergleiche sie, und gib das Ergebnis aus.

```
}while( gerateneZahl != ausgedachteZahl );
```

Wenn es richtig ist, sag das, und beende das Spiel.

Die `do-while`-Schleife erscheint anfangs etwas ungewöhnlich, aber zum Glück nicht gewöhnungsbedürftig:

Nach dem Schlüsselwort `do` folgt eine geschweifte Klammer, in der beliebig viel (oder auch wenig) Programmcode stehen kann. Dieser Code wird in **jedem Fall** mindestens einmal durchlaufen. Erst nach dem auszuführenden Code in der Klammer kommt nach dem Schlüsselwort `while` eine runde Klammer, in der unser Vergleich stattfindet. Und solange (daher auch der Name `while`) die Bedingung darin zutrifft, wird unsere Schleife noch einmal durchlaufen. Erst wenn die Bedingung bei dem `while` nicht mehr zutrifft, wird die Schleife verlassen.

Da wir erneut raten wollen, wenn unsere geratene Zahl falsch ist (also **ungleich** der Zahl des Computers), lautet die Bedingung:
`grateneZahl != ausgedachteZahl`

Falls du es genauer wissen willst: Katastrophen, die gar keine sind

Mit Schleifen kannst du bestimmte Teile deines Programms mehrfach ausführen lassen. Kommt es in der Bedingung der Schleife zu einem Fehler (indem du beispielsweise den Vergleich falsch, mit nur einem = schreibst, also etwa `klein = gross`), dann kann es tatsächlich passieren, dass eine Schleife ohne Ende immer wieder durchlaufen wird. Es gibt da kein Netz oder doppelten Boden – das Programm läuft immer weiter. Ein echtes Problem ist das aber nicht – du kannst den Browser einfach schließen. Da geht nichts kaputt, und der Computer nimmt auch nach Stunden keinen Schaden. Ausprobieren ist durchaus erlaubt – Zeit für einen gemütlichen Kaffee.

Über Bedingungen: Größer, kleiner – und über das ominöse !=

In vielen Fällen nutzt man für Entscheidungen in der Programmierung **Vergleiche**. Vergleiche, in denen überprüft wird, ob zwei oder mehr Elemente (Variable, feste Werte oder ganze Berechnungen) gleich sind `==`, ein Element größer als das andere ist (mit `>` oder entsprechend `<`) oder die Elemente eben ungleich sind.

Und so wie `==` für **gleich** steht, ist `!=` der Ausdruck für **ungleich**. Das wird sicher keinen Preis für Schönheit und Ästhetik gewinnen, wenn du aber weißt, dass in der Programmierung das `!` grundsätzlich für eine **Verneinung**, eben ein **Nicht**, steht, dann entbehrt das zumindest in der Programmierung auch nicht einer gewissen Logik.

Das fertige Programm

Was du jetzt noch machen musst, ist, die vorhandenen Teile korrekt zusammenzufügen.

- Am Anfang stehen die Deklaration der Variablen und das Festlegen einer Zufallszahl.
- Dann folgt der Beginn der `do-while`-Schleife und darin alles, was zum eigentlichen Raten gehört.

- Jetzt folgt das Ende der Schleife.
- Zu guter Letzt erfolgt die finale Ausgabe, wie oft du geraten hast.

Das kann, wenn du alle bisherigen Teile zusammenfügst, so aussehen:

```
<script>
//Die Deklaration der Variablen
var ausgedachteZahl;
var obereGrenze = 100;
varırateneZahl;
var anzahlDerVersuche = 0;

//Der Computer denkt sich eine Zufallszahl aus
ausgedachteZahl = Math.random() * obereGrenze;
ausgedachteZahl = Math.round(ausgedachteZahl + 0.5);

//Der Anfang der do-while-Schleife
do{
    //Hier findet - in der Schleife - das Raten statt
    gerateneZahl = prompt("Rate bitte", "Eine Zahl bis " + obereGrenze);

    if( gerateneZahl > ausgedachteZahl ){
    alert("Deine Zahl ist zu gross");
    }
    if(
    gerateneZahl < ausgedachteZahl ){
    alert("Deine Zahl ist zu klein");
    }
    anzahlDerVersuche = anzahlDerVersuche + 1;
//das Ende der Schleife: ist deine geratene Zahl ungleich
//der ausgedachten Zahl, geht es oben nach dem 'do' erneut los
}while(gerateneZahl != ausgedachteZahl);

//Die Ausgabe am Ende des Spiels
if( gerateneZahl == ausgedachteZahl ){
    alert("Richtig geraten!");
}
alert("Du hast " + anzahlDerVersuche + " Mal geraten");
</script>
```

Wir haben uns alle Teile bereits angesehen. Neu hinzugekommen sind nur die **Kommentare**, die dir etwas durch den Code helfen sollen. Alles, was in einer Zeile hinter zwei // steht, wird nicht beachtet, das hatten wir ja schon. Über die Quelltextansicht des Browsers können diese Kommentare übrigens von jedem gelesen werden. Deshalb solltest du dir immer (ziemlich) gut überlegen, wie du dich da in schriftlicher Form verewigst.

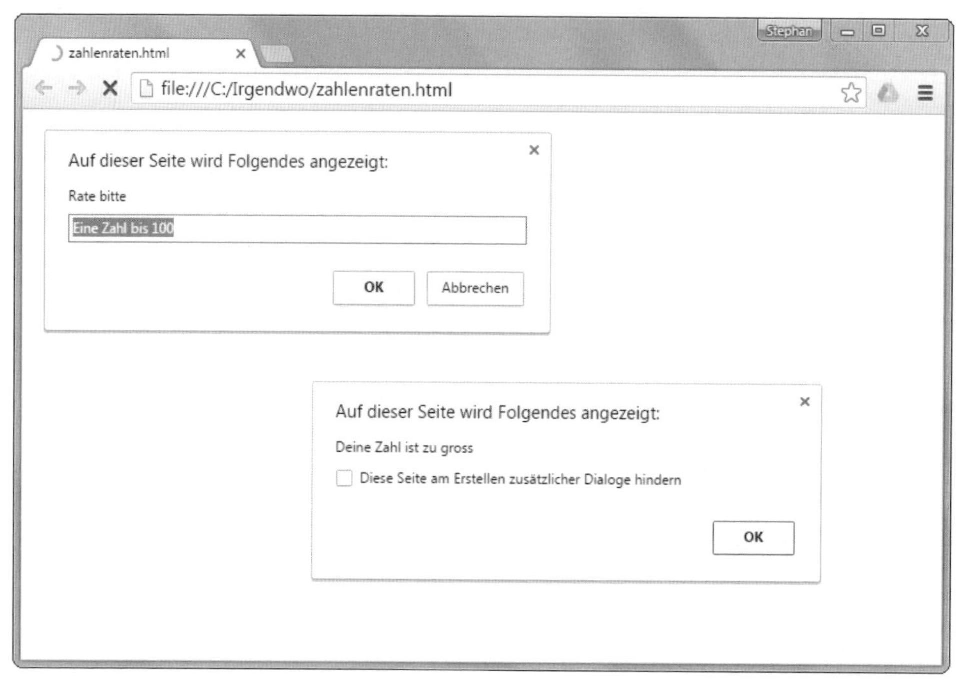

Abbildung 3.1 So kann es aussehen. Wundere dich auch hier nicht: Die beiden »alert«-Boxen habe ich für die Darstellung wieder zusammengeschummelt.

Übrigens, es gibt auch immer einen ganz anderen Weg

Falls du eine eigene Lösung hast, die etwas abweicht, dann ist das vollkommen in Ordnung – vorausgesetzt, das Programm funktioniert so, wie es soll.

Bei den wenigsten Aufgaben, die man mit einem Programm lösen kann, gibt es nur eine einzige mögliche Lösung. Es ist auch oft schwer zu sagen, ein bestimmter Lösungsweg sei besser als ein anderer. Beispielsweise die Ausgabe mit `alert` am Ende des Programms: Sie bräuchte an dieser Stelle eigentlich gar kein `if` mehr. Die `do-while`-Schleife kann ja nur verlassen werden, wenn das Ergebnis richtig ist. Falls du aber vorhättest, noch etwas weiterzubasteln und vielleicht die Anzahl der Versuche einzuschränken, wäre es sinnvoll, die Überprüfung mit `if` beizubehalten. Und wenn du die Ausgabe in die Schleife zu den anderen Ausgaben (bzw. zu den `if`-Bedingungen) schreiben würdest, müsstest du das `if` natürlich auch so lassen.

Wie könnte ich denn die Anzahl der Versuche begrenzen?

Das ist einfach. Du zählst ja mit der Variablen `anzahlDerVersuche`, wie oft geraten wurde, und weißt, wie viele Versuche es aktuell sind. Es ist problemlos möglich, im `while` mehr als eine Bedingung zu überprüfen. Wenn du 10 Versuche zulassen willst, könnte die benötigte Bedingung so aussehen:

```
anzahlDerVersuche < 11
```

Oder wieder mit dem gleichen Ergebnis (denn in beiden Fällen ist 10 gültig, 11 aber nicht mehr):

```
anzahlDerVersuche <= 10
```

Du musst diese Bedingung nur zu der anderen Bedingung der `do-while`-Schleife hinzufügen. Da ist es gut, zu wissen, dass du Bedingungen ganz leicht miteinander verknüpfen kannst. Dafür brauchst du keine Kenntnisse der Mathematik, die denen eines Mathematikprofessors würdig wären. Umso hilfreicher ist es – wie bisher auch –, erst einmal in normaler Sprache auszudrücken, was denn erreicht werden soll.

Mache »alles« …	`do{` `  //hier passiert alles`
… so lange, wie …	`}while(`
die geratene Zahl nicht die ausgedachte Zahl ist	`arateneZahl != ausgedachteZahl`
und	`&&`

die Anzahl der Versuche kleiner als 10 ist	`anzahlDerVersuche < 10`
Pst!*	`)`

(* Pst! Nicht vergessen, die runde Klammer von unserem `while` wieder zu schließen.)

Wenn mehrere Bedingungen berücksichtigt werden sollen, können sie häufig problemlos **gemeinsam** überprüft werden. In unserem Fall müssen beide Bedingungen zutreffen. Solange die eine (»noch nicht erraten«) **und** die andere (»noch Versuche übrig«) zutrifft (also beide treffen noch zu), kannst du weiterspielen – ansonsten soll das Spiel beendet werden. Das wird sprachlich mit einem »**und**« ausgedrückt – **in JavaScript** heißt das schlicht, aber wenig schön **&&**.

Umgangssprachlich könnte man versucht sein, die beiden Bedingungen mit einem »Oder«, also einem ||, zu verknüpfen, das würde aber nicht zu dem »so lange, wie« passen – dann müssten nämlich beide Bedingungen falsch sein, damit die Schleife endet. Solange eine Bedingung wahr ist, ergibt der gesamte Ausdruck mit einem »Oder« ein »Wahr«. Probier es einfach einmal aus.

Trifft (jetzt mit &&) eine der Bedingungen nicht mehr zu (oder beide), dann wird die `do-while`-Schleife verlassen, und der Rest des Programms wird ausgeführt. Natürlich könntest du in diesem Rest auch noch eine Ausgabe basteln für den Fall, dass der Spieler (also du) verloren hat und die Zahl nicht erraten konnte.

Als Tipp dafür:

```
if( gerateneZahl != ausgedachteZahl ){
    alert("Du konntest die Zahl nicht erraten!");
}
```

Schere, Stein, Papier

»Schere, Stein, Papier« ist ein altes Spiel, bei dem sich zwei Personen jeweils ein Symbol aussuchen und es dann gleichzeitig anzeigen (oder nennen). Haben beide Spieler das gleiche Symbol, ist die Runde unentschieden. Ansonsten gelten folgende Regeln:

- Schere schneidet Papier – und gewinnt damit die Runde.
- Papier wickelt Stein ein – und gewinnt damit die Runde.
- Stein wiederum schleift die Schere und gewinnt.

Damit haben wir die Spielregeln für »Schere, Stein, Papier« niedergeschrieben. Jetzt müssen wir uns überlegen, wie unser Programm um dieses Spiel herum aussehen soll. Dabei müssen wir festlegen, wie viele Runden wir spielen wollen und welche Kriterien für einen Sieg (über mehrere gespielte Runden) gelten sollen.

Also bestimmen wir einfach, dass die Anzahl der Runden unbegrenzt sein soll. Gewinnt ein Spieler aber dreimal (insgesamt, also nicht unbedingt in Folge), dann ist das Spiel zu Ende, und der Sieger steht fest.

Und wie programmiert man das jetzt?

Mach es wie in unserem vorigen Programm: Überleg dir mit deinen eigenen Worten, was das Programm machen soll.

Computer schummeln nicht

Der Computer denkt sich zu Beginn jeder Runde aus, was er macht. Dann gibst du ein, was du wählst. Es wird dann verglichen, wer die Runde gewonnen hat. Haben beide das gleiche Symbol, ist die Runde unentschieden. Schere gewinnt gegen Papier, Papier gewinnt gegen Stein, und Stein gewinnt gegen die Schere. Hat einer dreimal gewonnen, wird das Spiel beendet. Dann wird ausgegeben, wer wie oft gewonnen hat.

Da der Computer übrigens wirklich nur das macht, was du ihm sagst (oder was du programmierst), kann er nicht einmal schummeln – und das, obwohl er gleichzeitig Spieler und Schiedsrichter ist und alle Daten kennt (und damit ja auch deine Eingaben).

Die Variablen festlegen

Fangen wir wieder mit unseren **Variablen** an.

Überlegung	Variable
Der Computer denkt sich zu Beginn jeder Runde aus, was er macht.	`var symbolComputer;`
Dann gibst du ein, was du wählst.	`var symbolSpieler;`

Überlegung	Variable

Es wird dann verglichen, wer die Runde gewonnen hat. Haben beide das gleiche Symbol, ist die Runde unentschieden. Schere gewinnt gegen Papier, Papier gewinnt gegen Stein, und Stein gewinnt gegen die Schere.	`var anzahlRunden = 0;`
	`var gewinneComputer = 0;`
	`var gewinneSpieler = 0;`

Hat einer dreimal gewonnen, wird das Spiel beendet.	`var gewinnBedingung = 3;`
Dann wird ausgegeben, wer wie oft gewonnen hat.	

Was können wir daraus in JavaScript machen?

Wie bisher wollen wir aus unserer Beschreibung unser Programm erstellen. So langsam wird das alles etwas umfangreicher. Und da Faulheit bei Programmierern tatsächlich eine positive Tugend ist, sparen wir uns gleich eine Menge Arbeit: Wir schreiben unser Programm und stellen unseren beschreibenden Text **als Kommentar** vor den jeweiligen Programmteil. Wichtige Teile des Programms schauen wir uns danach wieder etwas detaillierter an.

```
<script>
// Fangen wir wieder mit unseren Variablen an
var symbolComputer;
var symbolSpieler;
var anzahlRunden = 0;
var gewinneComputer = 0;
var gewinneSpieler = 0;
var gewinnBedingung = 3;

do{
    //Der Computer denkt sich zu Beginn jeder Runde aus, was er macht.
    ausgedachteZahl = Math.random() * 3;
    ausgedachteZahl = Math.round(ausgedachteZahl + 0.5);

    if(ausgedachteZahl == 1){ symbolComputer = "Schere" };
    if(ausgedachteZahl == 2){ symbolComputer = "Stein"  };
    if(ausgedachteZahl == 3){ symbolComputer = "Papier" };
```

```
    //Dann gibst du ein, was du wählst.
    wahlSpieler =
prompt("Gib deine Wahl ein", "Schere ist 1, Stein ist 2, Papier ist 3");

    if(wahlSpieler == 1){ symbolSpieler = "Schere" };
    if(wahlSpieler == 2){ symbolSpieler = "Stein"  };
    if(wahlSpieler == 3){ symbolSpieler = "Papier" };

    //Es wird dann verglichen, wer die Runde gewonnen hat.

    //Haben beide das gleiche Symbol, ist die Runde unentschieden.
    if(symbolComputer == symbolSpieler ) { alert("Unentschieden"); }

    //Schere gewinnt gegen Papier, Papier gewinnt gegen Stein,
    //und Stein gewinnt gegen die Schere.

    if(symbolComputer == "Schere" && symbolSpieler == "Stein"  ) {
        gewinneSpieler++;
        alert("Du gewinnst gegen Schere");
    }
    if(symbolComputer == "Schere" && symbolSpieler == "Papier" ) {
        gewinneComputer++;
        alert("Computer gewinnt mit Schere");
    }
    if(symbolComputer == "Stein" && symbolSpieler == "Schere"  ) {
        gewinneComputer++;
        alert("Computer gewinnt mit Stein");
    }
    if(symbolComputer == "Stein" && symbolSpieler == "Papier"  ){
        gewinneSpieler++; alert("Du gewinnst gegen Stein");
    }
    if(symbolComputer == "Papier" && symbolSpieler == "Stein"  ){
        gewinneComputer++; alert("Computer gewinnt mit Papier");
    }
    if(symbolComputer == "Papier" && symbolSpieler == "Schere" ){
        gewinneSpieler++; alert("Du gewinnst gegen Papier");
    }

    //Hat einer drei Mal gewonnen, wird das Spiel beendet.
    anzahlRunden++;
}while ( gewinneSpieler < 3 && gewinneComputer < 3 )
```

```
//Dann wird ausgegeben, wer wie oft gewonnen hat.
if(gewinneSpieler >= 3){
    alert("Du hast das Spiel gewonnen. Super!" );
}else{
    alert("Der Computer war besser und hat das Spiel gewonnen!");
}
alert(gewinneSpieler + " zu " + gewinneComputer);
</script>
```

Ui – das ist ja wirklich schon eine ganze Menge Code!

Lass dich davon nicht abschrecken. Natürlich werden unsere Programme immer **umfangreicher**. Je mehr Entscheidungen zu treffen sind, desto mehr muss auch programmiert werden. Aber du schreibst Programme (es sei denn, sie dienen zum Lernen) ja auch nicht für den einmaligen Gebrauch. Im Gegenteil, viele Programme sind oft jahrelang im Einsatz – na ja, »Zahlen raten« vielleicht nicht unbedingt.

Dem Computer ist es dabei egal, ob es ein paar Dutzend Zeilen mehr sind. Eigentlich ist es dem Computer sogar egal, wenn es ein paar Hundert Zeilen mehr werden.

Jetzt in aller Ruhe

```
// Fangen wir wieder mit unseren Variablen an
var symbolComputer;
var symbolSpieler;
var anzahlRunden = 0;
var gewinneComputer = 0;
var gewinneSpieler = 0;
var gewinnBedingung = 3;
```

Die **Deklaration** der Variablen stellt keine Besonderheit dar. Achte nur darauf, sinnvolle, möglichst sprechende Bezeichnungen zu verwenden. Und natürlich ist es normal, dass Variable erst beim Programmieren »entdeckt« werden. Da braucht man eben hier noch eine Variable und da noch eine.

Es ist übrigens nicht so, dass alle Variablen immer im Kopf definiert werden (also ganz oben im Programm). Im Gegenteil: Je länger das Programm ist, desto mehr verteilt sich das. Variable werden oft dort definiert (deklariert), wo man sie tatsächlich braucht.

```
do{
```

Beginn der do-while-Schleife. Alles ab hier wird in jeder Runde aufs Neue ausgeführt.

```
    //Der Computer denkt sich zu Beginn jeder Runde aus, was er macht.
    ausgedachteZahl = Math.random() * 3;
    ausgedachteZahl = Math.round(ausgedachteZahl + 0.5);
```

Es gibt drei Möglichkeiten für den Computer, also lassen wir uns eine (ganzzahlige) Zufallszahl von 1 bis 3 erzeugen. Leider kann der Computer nicht einfach Schere, Stein oder Papier direkt für sich wählen.

```
    if(ausgedachteZahl == 1){ symbolComputer = "Schere" };
    if(ausgedachteZahl == 2){ symbolComputer = "Stein"  };
    if(ausgedachteZahl == 3){ symbolComputer = "Papier" };
```

Die tatsächliche Auswahl machen wir hier mit unserer gerade erzeugten Zufallszahl ausgedachteZahl. Eine 1 ist die Schere, 2 ist Stein, und 3 ist Papier. Diese Wahl speichern wir als richtigen Text in einer Variablen.

```
    //Dann gebe ich ein, was ich wähle.
    wahlSpieler =
 prompt("Gib deine Wahl ein", "Schere ist 1, Stein ist 2, Papier ist 3");

    if(wahlSpieler == 1){ symbolSpieler = "Schere" };
    if(wahlSpieler == 2){ symbolSpieler = "Stein"  };
    if(wahlSpieler == 3){ symbolSpieler = "Papier" };
```

Der Computer wählt über eine Zufallszahl – du über die Eingabe einer Zahl von 1 bis 3. Natürlich könntest du deine Wahl auch direkt als Wort eingeben lassen – aber das wäre doch etwas viel Tipperei für das Spiel. Also verlangen wir eine Eingabe von 1 bis 3, setzen das in Text um und speichern diese Wahl als Text in einer neuen Variablen.

```
    //Es wird dann verglichen, wer die Runde gewonnen hat.

    //Haben beide das gleiche Symbol, ist die Runde unentschieden.
    if(symbolComputer == symbolSpieler ) { alert("Unentschieden"); }
```

Denk wieder daran: Benutze bei einem Vergleich zweimal das =-Zeichen, also ==. Ansonsten müssen wir hier nichts machen, wenn beide das Gleiche gewählt haben. Nicht einmal gezählt werden muss das.

```
        //Schere gewinnt gegen Papier, Papier gewinnt gegen Stein,
        //und Stein gewinnt gegen die Schere.

    if(symbolComputer == "Schere" && symbolSpieler == "Stein"  ) {
        gewinneSpieler++;
        alert("Du gewinnst gegen Schere");
    }
```

Hier wird festgestellt (und mit `alert` ausgegeben), wer die aktuelle Runde gewonnen hat. Man vergleicht dazu tatsächlich jede mögliche Kombination – hier Computer/Schere gegen Spieler/Stein in einem eigenen `if` – und führt dann die notwendigen Aktionen aus. Hier wird jeder Gewinn für den Gewinner gezählt.

```
    if(symbolComputer == "Schere" && symbolSpieler == "Papier" ) {
        gewinneComputer++;
        alert("Computer gewinnt mit Schere");
    }
    if(symbolComputer == "Stein" && symbolSpieler == "Schere"  ) {
        gewinneComputer++; alert("Computer gewinnt mit Stein");
    }
    if(symbolComputer == "Stein" && symbolSpieler == "Papier"  ){
        gewinneSpieler++; alert("Du gewinnst gegen Stein");
    }
    if(symbolComputer == "Papier" && symbolSpieler == "Stein"  ){
        gewinneComputer++; alert("Computer gewinnt mit Papier");
    }
    if(symbolComputer == "Papier" && symbolSpieler == "Schere" ){
        gewinneSpieler++; alert("Du gewinnst gegen Papier");
    }
```

Das sind natürlich eine Menge Möglichkeiten, und du solltest keine Kombination auslassen – sonst funktioniert das Spiel nicht richtig. Du kannst das recht zügig mit Copy & Paste erledigen, wenn du gut aufpasst, dass du keinen Fehler machst. Alles, was du kopierst, musst du dann richtig ändern und an die jeweilige Bedingung anpassen.

Das schönste Copy & Paste macht keinen Spaß, wenn du notwendige Änderungen vergisst und deshalb das Programm nicht richtig läuft.

```
    //Hat einer dreimal gewonnen, wird das Spiel beendet.
    anzahlRunden++;
}while ( gewinneSpieler < 3 && gewinneComputer < 3 )
```

Da wir am Ende des Spiels wissen wollen, wie viele Runden tatsächlich gespielt wurden, zählen wir jedes Mal unsere Variable anzahlRunden mit ++ um 1 hoch. Im while überprüfen wir, ob beide Spieler immer noch weniger als 3 Siege haben. Solange das der Fall ist (und das kann bei vielen unentschieden gespielten Runden etwas länger dauern), beginnt oben bei dem do eine neue Runde. Ansonsten geht es einfach **nach** (oder hinter) dem while weiter.

```
//Dann wird ausgegeben, wer wie oft gewonnen hat.
if(gewinneSpieler >= 3){
    alert("Du hast das Spiel gewonnen. Super!" );
}else{
    alert("Der Computer war besser und hat das Spiel gewonnen!");
}
```

Wenn du als Spieler 3 oder mehr Siege für dich verbuchen kannst, dann wird das in dem if festgestellt: Du hast gewonnen, und das Ganze wird (leider ohne Fanfare) mit einem **alert** verkündet. Als Bedingung wäre übrigens gewinneSpieler == 3 oder gewinneSpieler > 2 genauso brauchbar. Eigentlich sind alle Möglichkeiten in Ordnung und werden auch oft so oder ähnlich verwendet.

»else« – keine schöne Maid, eher ein »ansonsten« für alle (anderen) Fälle

Neu ist das **else** – das so viel wie **ansonsten** bedeutet. In unserem konkreten Fall gibt es ja tatsächlich nur zwei Möglichkeiten: Du hast gewonnen – **ansonsten** eben der Computer. Du könntest zwei unabhängige if-Bedingungen schreiben oder viel einfacher ein einziges if mit einem **else** verwenden. Damit werden alle Möglichkeiten abdeckt. Du hast gewonnen – ansonsten wird der Computer ohne weitere Überprüfung zum Sieger erklärt. Das passiert dann in der geschweiften Klammer { }, die dem else folgt.

```
alert(gewinneSpieler + " zu " + gewinneComputer);
```

Danach folgt noch eine einfache Ausgabe, wie oft du gewonnen hast und wie oft der Computer.

Das »if« und das »else«

In einem if wird eine **Bedingung** überprüft. Ist das Ergebnis dieser Bedingung **nicht wahr** (also **falsch**), dann führt der Computer das Programm nach dem Ende des if-Konstrukts weiter aus. Alles, was in den geschweiften Klammern { } von if steht, wird nur abgearbeitet, wenn die Bedingung wahr ist.

Es gibt aber in der Programmierung (fast wie im richtigen Leben) Situationen, in denen nur **entweder** das eine **oder** das andere zutrifft: Wenn du zum Beispiel herausfinden willst, ob ein Schachspieler Schwarz oder Weiß spielt, dann brauchst du nur zu überprüfen, ob er Weiß spielt. Ist das nicht der Fall, **kann es ja nur Schwarz sein**. Rot oder Grün gibt es beim Schach schließlich nicht.

```
if( wahl == "Weiß"){
    //tue etwas, wenn der Spieler Weiß hat
}else{
    //dann spielt er Schwarz
}
```

Ist die Bedingung im `if` falsch, tritt »Fall else« ein. Es wird alles in den geschweiften Klammern { } **hinter** dem `else` ausgeführt.

Die Möglichkeit, dass jemand einfach für alle Ewigkeiten vor beiden Türen stehen bleibt, würde damit natürlich nicht überprüft. Beim Einsatz von `else` solltest du dir also immer überlegen, ob du wirklich damit arbeiten oder du lieber eine genauere Überprüfung mit mehreren `if`-Bedingungen durchführen solltest.

Gäbe es in unserem Programm auch die Möglichkeit eines Unentschieden, müssten wir das in drei unterschiedlichen `if`-Konstrukten überprüfen. So aber genügt eine Überprüfung: mit einem `if` und dem ungeprüften `else` für die einzig vorhandene Alternative. Viel Spaß beim Spielen!

Falls du es genauer wissen willst: Schreibweisen von Variablen

Es ist nicht festgelegt, wie du Namen von Variablen, von eigenen Funktionen oder Objekten schreiben musst (Funktionen und Objekte erläutere ich später und erwähne sie nur der Vollständigkeit halber hier schon).

Es gibt die unterschiedlichsten Empfehlungen und Meinungen darüber. Egal, welcher Konvention (also grundlegenden Empfehlung) du folgst – du solltest es einheitlich handhaben. Falsch geschriebene Variablennamen sind eine beliebte Fehlerquelle. Hast du einen einheitlichen Stil – den auch noch möglichst viele andere verwenden –, dann vermeidest du Fehler und eine ganze Menge Nervereien. Schreibst du alle Namen *CamelCase*, also den ersten Buchstaben eines Teilwortes immer groß, dann ist das zum einen optisch leichter zu erkennen, zum anderen musst du (oder andere) nicht immer wieder aufs Neue rätseln, wie denn dieser oder jener Name geschrieben wurde. Bei Variablen ist es eine besondere Konvention, den ersten Buchstaben (im Gegensatz zu Funktionen, Klassen und Objekten) kleinzuschreiben.

- **Schlecht lesbar:**
  `daswichtigeergebnis = derunterstewert + DEROBERSTEWERT;`
- **Besser, viel besser:**
  `dasWichtigeErgebnis = derUntersteWert + derObersteWert;`

Außerdem weiß so jeder: Das sind Variable; keine Funktionen, keine Objekte, Klassen oder sonst etwas. Eben Variable wie du und ich.

Sag mal, stimmt die Formel so? Formeln, Bauchgefühle, Tests

Es ist normal, dass du Formeln schreibst oder aus dem Internet übernimmst und sie für deine Zwecke veränderst. Aber woher weißt du, ob deine Formel auch wirklich das macht, was du benötigst (oder vermutest)? Ist vielleicht ein Fehler in deiner Überlegung oder in der Umsetzung? Was ist, wenn doch andere Werte geliefert werden?

Nicht jeder hat selbst die mathematischen Fähigkeiten eines Stephen Hawkins oder wenigstens einen Mathematiklehrer im Schrank, um das sicher beurteilen zu können. Was machst du also, wenn du wissen möchtest, ob Berechnungen tatsächlich korrekte Werte zurückliefern? Eben so, wie du es erwartest?

Ganz konkret im Fall unserer **Zufallszahlen**: Wie kannst du sichergehen, dass sich nicht doch Zahlen aus einem unerwünschten Bereich einschleichen? Vielleicht kommt doch die eine oder andere Null heraus, oder es gibt Werte über 100 – jenseits der angegebenen Höchstgrenze? Die Antwort ist ganz einfach: testen, testen, testen und ruhig auch mal ausprobieren.

Das klingt ja echt spannend. Und wie oft soll ich das Programm laufen lassen?

Lass das doch einfach den Computer machen!

In unserem Fall ist das sogar **besonders einfach**. Die Formel für unsere Zufallszahlen erwartet keine veränderlichen Werte oder Eingaben. Du musst dir also nicht auch noch überlegen, wie du irgendwelche Eingaben simulieren könntest. Die Formel berechnet mit festgelegten Parametern eine Zufallszahl. Du musst nur die Formel ausführen und das **Ergebnis überprüfen** – oder noch besser überprüfen lassen. Dazu programmierst du eine Schleife, die, sagen wir, eine gute Million Mal durchlaufen wird, das geht ziemlich schnell (im Ernst). Und das sollte auch reichen, um etwaige Ausreißer zu erkennen. In dieser Schleife berechnest du immer wieder mit der Formel eine Zufallszahl und überprüfst das Ergebnis. Jeden Ausreißer lässt du **mitzählen**: Ist die Zahl zu klein, zählst du das in einer Variable mit. Liegt sie oberhalb der angegebenen Grenze, zählst du das genauso in einer eigenen Variablen mit.

Und wenn das alles in der Schleife eine Million Mal gemacht wurde, lässt du dir das Ergebnis präsentieren.

Das geht ganz einfach:

```
<script>
//Das sind die Variablen, die du zum Zaehlen der Ausreisser benoetigst
var unterDerGrenze = 0;
var ueberDerGrenze = 0;

//Die Schleife, die imposante 1000000 Mal durchlaufen wird
for( var i=0; i<1000000; i++){
    //unsere Zufallszahl
    zufallsZahl = Math.round( (Math.random() * 100) + 0.5 );
    //Kleiner als 0? Dann wird das gezaehlt
    if(zufallsZahl < 1){
        unterDerGrenze++;
    }
    //Groesser als 100, auch das wird natuerlich gezaehlt
    if(zufallsZahl > 100){
        ueberDerGrenze++;
    }
}
//Diesmal kein alert: Wir geben es am Ende in der Webseite aus
document.write("<h1>Zu klein:" + unterDerGrenze + " zu gross:
" + ueberDerGrenze + "</h1>");
</script>
```

Und das Ergebnis sieht dann so aus:

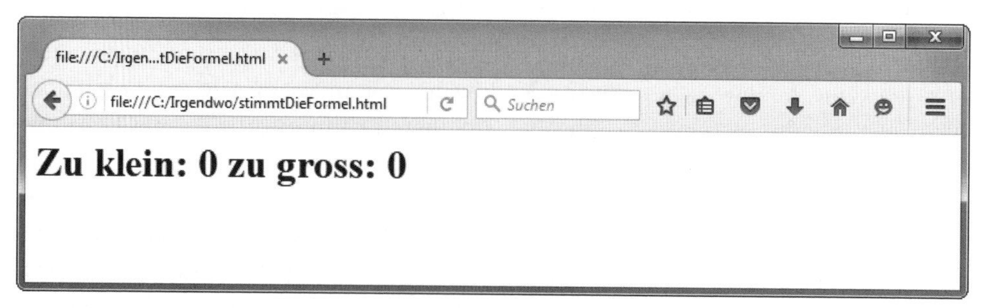

Abbildung 3.2 Eine Million Zufallszahlen können nicht lügen. Besser kann es nicht sein – die Ausgabe in der Webseite zeigt uns, dass alle Ergebnisse im angegebenen Bereich liegen!

Neu in unserem Programm ist nur die Ausgabe mit `document.write()`. Wir nehmen hier kein `alert`, sondern geben unser Ergebnis mit diesem Befehl direkt in der Webseite aus. Die Ausgabe in dieser Form hat aber einen **kleinen Nachteil**: Der Browser gibt den Inhalt der Seite (und damit alles von unserem `document.write()`) erst aus, wenn das **JavaScript beendet** ist. Im Gegensatz zu unserem `alert`, das jederzeit aktiv wird, auch wenn das Programm noch läuft.

Du kannst übrigens auch **beliebige andere** Werte mitzählen lassen. Zum Beispiel um zu sehen, wie oft die 1, die 100 oder ein beliebiger anderer Wert aus dem angegebenen Wertebereich als Zufallszahl »erwürfelt« wird:

```
if(zufallsZahl = 100){
    kontrollWert++;
}
```

Das fügst du einfach in die Schleife ein, hinter die Berechnung der Zufallszahl.

```
var kontrollWert = 0;
```

Du darfst nicht natürlich **nicht vergessen**, die Variable vorher zu deklarieren und ihr einen **gültigen Wert** zuzuweisen – sonst könntest du auch nicht bei jedem Treffer ihren Wert um 1 erhöhen. `undefined` ist keine gute Basis für Additionen.

Kapitel 4

CodeBreaker

Knack den Code von Mr. JS

Du hast jetzt schon einige Programme geschrieben und eine Menge Befehle kennengelernt. Mit diesem Wissen machst du jetzt den Computer zum gerissenen Superhirn, dessen Codes vom Spieler in kürzester Zeit geknackt werden müssen. Und da der Mensch nicht nur von Luft und fertigen Programmen leben will, wirst du das fertige Programm danach noch weiter verbessern.

In diesem Kapitel ...

... wirst du einige Abwandlungen und Besonderheiten der bereits bekannten Anweisungen kennenlernen. Es gibt nicht nur `if` und ein zugehöriges `else` – mit einem `else if` kann dein Programm noch komplexere Entscheidungen fällen. Du lernst Funktionen kennen, mit denen du Teile deines Programms aufteilen und einfach und beliebig oft wiederverwenden kannst. Und du beginnst auch, dein Programm mit Hilfe von HTML (und CSS) etwas hübscher zu machen. Denn HTML, das sind nicht nur schnöde Webseiten, sondern das ist auch die grafische Oberfläche für JavaScript.

Kennst du Spiele wie »Mastermind«? Oder »Superhirn«? Nenn es einfach »CodeBreaker«. Jemand denkt sich eine **mehrstellige Zahl** oder einen Code aus, der mit farbigen Stiftchen verdeckt abgelegt wird. Der Spieler (oder der Gegner, wie man es auch sehen möchte) muss nun diesen **Code erraten**, der vom mysteriösen »Mister JS« erstellt wurde. Und auch wenn unser Mister JavaScript eigentlich gar nicht so mysteriös ist, wird es gar nicht so leicht, den geheimen Code zu knacken.

Schweiß tropfte von seiner Stirn. Er musste den Code knacken und das Rätsel lösen – koste es, was es wolle. Diese Sache war zu wichtig. Mit zitternden Händen tippte er den Code auf der Tastatur und wartete auf das Ergebnis: Na, das sieht doch nicht schlecht aus. Rasend schnell tippte er eine neue, leicht veränderte Kombination von Zahlen. Er musste den Computer besiegen – und zwar schnell.

Bleiben wir bei den Zahlen: Der Code ist also mehrstellig, und jede Stelle kann eine Zahl von 1 bis 9 sein – ganz klassisch wie in einem Agentenfilm. Die Null lassen wir einfach außen vor; schließlich ist es so schon schwer genug, das Rätsel zu lösen.

Du gibst also einen Tipp ab – rätst einfach. Der geheimnisvolle Rätselgeber sagt dir nun, wie viele Zahlen du richtig hast und wie viele Zahlen zwar in dem Code vorkommen, aber **an einer falschen Stelle** stehen. Hast du alle Zahlen richtig **und** an der richtigen Stelle, ist das Rätsel gelöst. Idealerweise natürlich möglichst schnell.

Hast du bei einem vierstelligen Code beispielsweise 3 – 8 – 5 – 9 ausprobiert und ist **keine Zahl** davon an der richtigen Stelle und kommt keine Zahl davon überhaupt in dem Code vor, dann weißt du bereits, dass du diese Zahlen **komplett streichen** kannst. Erfährst du bei einem Tipp von 1 – 4 – 2 – 7, dass alle Zahlen richtig sind, aber keine an der richtigen Stelle, dann musst du die Zahlen komplett umstellen: So lange, bis alle Stellen richtig sind und du den Code geknackt hast. Herzlichen Glückwunsch!

Lass uns den ersten Schritt für die Programmierung machen: Beschreiben wir, was gemacht werden soll.

- *Der Computer denkt sich einen Code aus. Damit es nicht zu schwer wird, sollen es **drei Stellen** mit Zahlen von **1 bis 9** sein.*
- *Wir raten dann eine Zahl.*
- *Der Computer soll uns jetzt ausgeben, wie viele unserer Zahlen an der richtigen Stelle sind und wie viele unserer Zahlen in dem unbekannten Code (an falscher Stelle) vorkommen.*
- *Solange wir den Code nicht vollständig geknackt haben, wollen wir erneut raten.*

Die geheime Zahl

Eine nicht ganz unwichtige Frage, die wir uns selbst beantworten müssen: Wollen wir als geheimen Code **drei einzelne Zahlen** (und damit drei einzelne Stellen und Variable) haben? Oder nehmen wir **eine große Zahl** (also eine Variable), die dann ebenso viele Stellen hat? Im Zweifelsfall (das lehrt die Erfahrung) ist es oft besser, Informationen möglichst **klein und einfach** zu halten – also jede Stelle für sich selbst zu erzeugen und in einer eigenen Variablen abzuspeichern.

Natürlich wäre es nicht falsch, eine große Zahl mit entsprechend vielen Stellen im Programm zu verwenden. In der Programmierung gibt es oft verschiedene Lösungen für ein Problem oder eine Aufgabe. Und es ist schwer zu sagen, was besser oder schlechter wäre. Hast du bereits eine andere, ähnliche Lösung aus einem anderen Programm, die du als funktionierende Vorlage nehmen kannst, dann solltest du das ruhig machen. Überlegst du dir, das Programm später zu erweitern, dann kann es sinnvoll sein, eine vermeintlich schwierigere (oder umständlichere) Lösung zu wählen. Das sind Erfahrungen, die du ganz schnell machen wirst – umso schneller, je mehr du programmierst.

Für eine Lösung müssen wir uns entscheiden: Wir nehmen die etwas einfachere mit mehreren einzelnen Zahlen und jeweils einer eigenen Variablen für jede Stelle des Codes.

Einfache Lösungen

Es ist in der Programmierung nicht verpönt, einfache Lösungen zu wählen. Gerade einfache Lösungen sind oft die besseren. Es zählt mehr, wie schnell etwas umgesetzt und auch von anderen Programmierern gelesen und verstanden werden kann.

Anders sieht es mit der Zahl aus, die als **Tipp abgegeben** werden soll. Hier ist es tatsächlich sinnvoller (vor allem bequemer), mit nur einer (mehrstelligen) Zahl zu arbeiten – so kann der Spieler seinen Tipp mit einer einzigen Eingabe abgeben. Andernfalls müsste er die Eingabe dreimal machen und bestätigen – das wäre vielleicht einfacher zu programmieren, »benutzerfreundlich« sieht aber anders aus.

Fangen wir an und nehmen als Grundlage für unser Programm wieder unsere Beschreibung, die wir wieder direkt in JavaScript umsetzen.

Von der Beschreibung zum Programm

Der Computer denkt sich also einen Code aus. Damit es nicht zu schwer wird, sollen es (erst einmal) drei Stellen mit Zahlen von 1 bis 9 sein.

Wir brauchen also drei Zufallszahlen, die wir jeweils in einer eigenen Variablen speichern. Das kann für Zahlen von 1 bis 9 dann so aussehen:

```
var zahl1 = Math.round( Math.random() * 9 + 0.5);
var zahl2 = Math.round( Math.random() * 9 + 0.5);
var zahl3 = Math.round( Math.random() * 9 + 0.5);
```

Wir haben wieder unsere klassische Funktion `Math.round` für Zufallszahlen, die wir wieder etwas aufbohren. Da wir in dem Spiel die Zufallszahlen nur einmalig, am Anfang, festlegen, können wir die Deklaration mit `var` direkt hier machen. Auch in diesem Fall gilt natürlich: Anders machen ist ausdrücklich erlaubt (zumindest, solange es funktioniert).

Wir raten dann eine Zahl.

```
var meinVersuch = prompt("Gib einen Tipp ab", "Zahl von 111 bis 999");
```

Wir machen die Deklaration direkt bei der Verwendung und fragen mit einem `prompt` den Tipp des Spielers ab. Natürlich könnten wir die Deklaration getrennt und nur einmal machen – außerhalb der späteren Schleife. Das sähe dann so aus:

```
var meinVersuch;
//Hier fängt irgendeine Schleife an, und noch einiges an Code ist hier
meinVersuch = prompt("Gib einen Tipp ab", "Zahl von 111 bis 999");
```

Wenn du es genauer wissen willst – »var« vor oder in der Schleife?

Werden Variable (wie hier) in Schleifen verwendet, kannst du dich (zu Recht) fragen, ob die Deklaration mit `var` getrennt **vor** der Schleife oder **in** der Schleife erfolgen sollte – direkt bei der ersten Verwendung. Eindeutige Antwort: Es spielt eigentlich keine Rolle. Die Deklaration erfolgt in jedem Fall nur einmal – es ist egal, ob `var` einmalig im Code vorkommt oder innerhalb einer Schleife immer wieder mit durchlaufen wird. Der JavaScript-Interpreter ist so intelligent, dass er das problemlos erkennt und sich unnötige Arbeit spart. Allein durch eine erneute Deklaration mit `var` (ohne eine Zuweisung) ändert sich eine Variable deshalb auch nicht mehr.

Der Computer soll uns dann ausgeben, wie viele unserer Zahlen an der richtigen Stelle sind und wie viele unserer Zahlen überhaupt in dem unbekannten Code vorkommen.

So eine Prüfung auf Übereinstimmung der Zahlen ist nicht schwer, wird aber etwas umfangreicher. Schließlich muss der Computer genau wissen, was er machen soll. Und die Antwort auf unsere Rateversuche sollte ja auch korrekt sein.

Zuerst benötigen wir zwei Variable, in denen wir das Ergebnis der aktuellen Runde speichern. Irgendwo muss der Computer ja speichern, wie viele Zahlen richtig sind.

```
var richtigeStelle = 0;
var richtigeZahl = 0;
```

Wir müssen in jeder Runde erneut prüfen, wie viele Zahlen an der richtigen Stelle sind und wie viele der angegebenen Zahlen richtig, aber an der falschen Stelle sind. Deshalb deklarieren wir die Zahlen und setzen sie bei jedem Durchlauf durch die Zuweisung mit `0` auch wieder zurück. Ansonsten würde das Ergebnis doch »etwas« verfälscht, wenn unsere Variablen noch Werte aus der Runde davor hätten. Die dazugehörige Logik kommt gleich – erst brauchen wir ja einen aktuellen Tipp in Form der Eingabe des Spielers.

Wenn du es genauer wissen willst: implizite und explizite Deklaration

Ja, sie sind kein Mythos – es gibt sie tatsächlich: die **Fachbegriffe**. Manche werden dir häufiger begegnen, so dass ich ab und zu einige besprechen möchte.

Variable können in JavaScript *implizit* und *explizit* deklariert werden. Was seltsam und kompliziert nach Nerd-Sprech klingt, ist einfach: Machst du **selbst** die Deklaration mit `var`, dann ist das *explizit*. Deklarierst du eine Variable **nicht**, dann kümmert sich der Interpreter von JavaScript **stillschweigend** darum, wenn du dieser Variablen einen Wert zuweist. Das nennt man dann *implizite Deklaration*.

Das ist so wie die Bestellung einer Kugel Eis: Auch wenn du nichts sagst, bekommst du eine Waffel zu der Eiskugel – auch **ohne explizit** darum zu bitten (ja, das Beispiel hinkt natürlich etwas, schließlich könntest du auch einen Becher bekommen).

Zahlen spalten einfach gemacht

Der Spieler gibt seinen Tipp – seine drei Zahlen – als **eine Zahl mit drei Stellen** ein. So muten wir ihm nicht zu, alle Zahlen einzeln einzugeben und abzuschicken. So eine nervige Kleinigkeit kann bei einem längeren Spiel schnell den Spaß verderben.

Nur, irgendwie müssen wir jetzt die **einzelnen Stellen** aus der eingegebenen Zahl in der Variablen `meinVersuch` herausbekommen. Wir müssen sie ja mit den einzelnen Zahlen (und Stellen) im Code vergleichen.

Einfache Lösung mit Hausmitteln

Wir könnten die einzelnen Stellen mit Hilfe komplizierter mathematischer Verfahren aus der ganzen Zahl herausrechnen. Oder aber wir sehen uns an, was JavaScript zu bieten hat. Und JavaScript hat tatsächlich einige sehr mächtige Funktionen und Möglichkeiten für die Arbeit mit Texten.

Moment, ich gebe doch eine Zahl ein und keinen Text!

Alles, was über `prompt` eingegeben wird, ist für JavaScript erst einmal ein Text. Selbst wenn der Inhalt eine Zahl ist – aus der Sicht von JavaScript ist eben auch das (erst einmal) ein Text. Was sich jetzt seltsam anhören mag, ist ein großer Vorteil: JavaScript bietet sehr viele Funktionen, mit denen gerade Text bearbeitet werden kann. So können wir sehr einfach Zeichen an einer angegebenen Stelle abfragen.

Der Befehl dazu heißt **`charAt`**, was so viel bedeutet wie **das Zeichen an Stelle** (wobei in den Klammern die gewünschte Stelle als Zahl angegeben wird). Du lernst damit auch eine neue Schreibweise kennen. Dieser Befehl wird nämlich mit einem Punkt an die jeweilige Variable angehängt:

```
var eineVariableMitText = "HALLO";
alert( eineVariableMitText.charAt(1) );
```

Das Ergebnis sieht so aus:

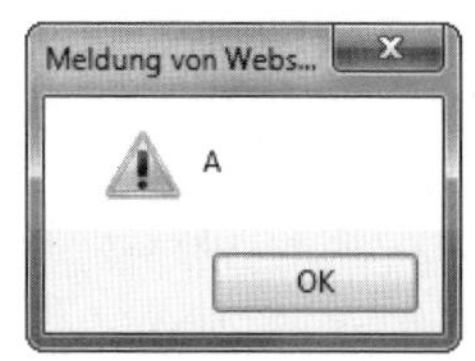

Abbildung 4.1 Moment, ein A? Sollte das nicht ein H sein?
Nein, denn für den Computer ist die erste Stelle immer 0, nicht 1.

Falls du es genauer wissen willst: 0 ist die neue 1

Nein, neu ist das nicht. Bei Elementen, die der Computer **selbst nummeriert**, beginnt diese Nummerierung **in der Regel mit 0** – nicht mit 1. Die erste Stelle – zumindest, wenn der Computer das Sagen hat – ist also immer die Stelle 0. Deshalb liefert der Befehl `eineVariableMitText.charAt(1)` den zweiten Buchstaben zurück. Willst du den ersten Buchstaben, gibst du also einfach die `0` an: `eineVariableMitText.charAt(0)`. Das erscheint (aus menschlicher Sicht) nicht unbedingt logisch – ist es eigentlich auch gar nicht. Aus Sicht des Computers ist es aber einfach ökonomischer, die 0 nicht unbenutzt zu lassen, es soll ja nichts umkommen.

Jetzt weißt du also, wie du **eine bestimmte Stelle** aus der Eingabe herausbekommst:

1. `meinVersuch.charAt(0)` für die erste Stelle
2. `meinVersuch.charAt(1)` für die zweite Stelle
3. `meinVersuch.charAt(2)` für die dritte Stelle

Auf diese Art kannst du **jede Stelle** und damit jede Zahl des eingegebenen Tipps herausfinden und in einer Ausgabe mit `alert`, in einer Zuweisung oder in einem Vergleich verwenden.

Du kannst diese Anweisungen exakt so jedes Mal im Programm verwenden, wenn du eine der Stellen benötigst. Du könntest dir aber auch **alle** Stellen einmal holen und in **eigenen Variablen speichern**. Das macht für das Programm (und den Computer) keinen nennenswerten Unterschied. Das Programm wird dadurch aber besser lesbar. Deshalb werden wir das machen.

Wir holen uns einmalig die einzelnen Stellen des eingegeben Tipps und speichern sie jeweils in eigenen Variablen ab:

```
var tipp1 = meinVersuch.charAt(0);
var tipp2 = meinVersuch.charAt(1);
var tipp3 = meinVersuch.charAt(2);
```

Wie erfolgreich war das Raten?

Wir haben jetzt alle Zahlen zur Verfügung. Zeit, sich zu überlegen, wie wir eine Prüfung machen können: Was ist an der richtigen Stelle, und was ist zwar an falscher Stelle, aber als Zahl richtig? Schwierig daran wird, sicherzustellen, dass Zahlen nicht mehrfach gewertet werden.

Du kannst auf jeden Fall die erste Stelle des geheimen Codes, also `zahl1`, mit der **ersten Stelle** aus deinem **Tipp,** `tipp1`, (oder auch mit `meinVersuch.charAt(0)`) vergleichen. Stimmen beide überein, vermerkst du eine richtige Stelle, indem du die Variable `richtigeStelle` um eins hochzählst:

```
if( tipp1 == zahl1 ){
  richtigeStelle++;
}
```

Nach dem gleichen Muster könntest du für die beiden anderen Stellen vorgehen.

Problematisch wird die Sache mit der Überprüfung, ob eine Zahl an einer falschen Stelle sitzt. Grundsätzlich ist so eine Prüfung ja relativ einfach: Du brauchst dafür nur nachzusehen, ob die Zahl jeweils an den beiden anderen Stellen vorkommt und damit **zwar vorkommt, aber nicht an der richtigen Stelle**. Das kannst du in der Variablen `richtigeZahl` vermerken.

Das ist an sich leicht zu programmieren:

```
if ( tipp1 == zahl2 ){
        richtigeZahl++;
}
if ( tipp1 == zahl3 ){
        richtigeZahl++;
}
```

Das müsstest du für die anderen Zahlen mit den jeweils anderen Stellen genauso machen.

Nur der Teufel steckt so tief im Detail – und Programmierer: »else if«

Die obige Lösung hat ein kleines, aber **höllisches Problem**: Deine Tipps können mehrfach gezählt werden. Ist der Code beispielsweise 747 und die erste Zahl deines Tipps 7, dann würde in diesem Fall **einmal** für die richtige Stelle und **zusätzlich** für eine richtige Zahl an falscher Stelle gezählt. Das würde jeden Spieler verwirren.

Wäre der **Code 277**, dann würde deine 7 **zweimal** als richtige Zahl an der falschen Stelle gewertet werden. Hättest du als Tipp für diesen Code 727 angegeben, hättest du dadurch (für alle Zahlen ausgewertet) eine Zahl an richtiger Stelle und immerhin **4 richtige Zahlen an falscher Stelle** – eine ganz imposanter Wert bei nur drei Stellen.

Was kann ich also machen?

Keine Zahl deines Tipps darf mehrfach gewertet werden.

Du musst also zum einen sicherstellen, dass für eine Zahl, die an der richtigen Stelle ist, nicht weitergesucht wird.

Zweitens darf eine Zahl an falscher Stelle nur einmal gezählt werden. Bei einem **Tipp** von **712** und dem **Code 977** würden ja ansonsten als Ergebnis 2 richtige Zahlen an falscher Stelle ausgegeben. Das wäre irreführend.

Drittens solltest du sicherstellen, dass eine Stelle, an der schon eine richtige Zahl gefunden wurde, nicht noch einmal gewertet wird. Bei einem **Tipp** von **177** und einem **Code** von **237** würde ja sonst eine 7 als richtige Zahl an falscher Stelle und die andere 7 als an richtiger Stelle gewertet.

Wie immer in der Programmierung gibt es mehrere Lösungen. Die einfachste Lösung hast du mit `else` und etwas zusätzlicher Logik bei der Überprüfung. Das einfache `else` hast du ja bereits kennengelernt: Mit `else` legst du fest, was passieren soll, wenn die Bedingung im davorstehenden `if` nicht zutrifft. Aber `else` kann **nicht nur allein**, sondern auch zusammen mit einem weiteren `if` in Erscheinung treten.

»else if« – ein starkes »ansonsten« mit einer weiteren Bedingung

Wie sieht das in unserem konkreten Fall aus?

Wenn deine erste Zahl mit der ersten Stelle des Codes übereinstimmt, dann soll das als richtige Stelle gezählt werden. Ansonsten (und nur ansonsten) soll überprüft werden, ob die Zahl an der zweiten oder dritten Stelle vorkommt – um dann einmalig als richtige Zahl an falscher Stelle gezählt zu werden.

Setzen wir das alles in JavaScript um. Hier für die erste Zahl:

Wenn …,

```
if( tipp1 == zahl1 )
```

dann soll …

```
{
  richtigeStelle++;
}
```

Ansonsten (und nur ansonsten!) soll geprüft werden, ob …

```
else if ( tipp1 == zahl2
  || tipp1 == zahl3 )
```

um **dann** (und nur dann!) …

```
{
  richtigeZahl++;
}
```

Das erste, ursprüngliche `if` ist unverändert. Nur steht hinter der geschweiften Klammer jetzt noch ein **else** (das hast du ja schon kennengelernt) und dabei ein komplettes `if` mit einer eigenen Bedingung.

Der dahinter folgende Teil in geschweiften Klammern { } wird nur ausgeführt, wenn die **erste Bedingung nicht zutrifft** und wenn die **Bedingung hinter dem zweiten if zutrifft**.

Sehen wir uns noch die Bedingung bei dem zweiten `if` an:

```
if ( tipp1 == zahl2 || tipp1 == zahl3 )
```

Die beiden »Striche || stehen für ein "Oder". Wir überprüfen damit, ob unsere erste Zahl an der zweiten **oder** dritten Stelle des Codes zu finden ist. Dabei ist es in unserem Fall egal, ob sie an der zweiten oder dritten Stelle gefunden wird – **oder an beiden**: Die folgende geschweifte Klammer wird nur einmal ausgeführt, wenn irgendetwas oder alles davon zutrifft.

Um die beiden Striche || für das »Oder« in einer Bedingung zu schreiben, musst du bei einem Windows-Rechner die Taste `Alt` drücken und halten und dann auf die Taste mit `>` und `<` tippen. Auf dem Mac sind es die Tasten `alt` und `7`.

Könnte ich das nicht auch mit einem weiteren »else if« machen?

Natürlich, das würde genauso gut funktionieren:

```
if( tipp1 == zahl1 ){
    richtigeStelle++;
}else if ( tipp1 == zahl2 ){
    richtigeZahl++;
}else if ( tipp1 == zahl3 ){
    richtigeZahl++;
}
```

Da in beiden Fällen im `else if` das Gleiche passiert (die Variable `richtigeZahl` wird um eins erhöht), ist es durchaus sinnvoll, alles mit einem **oder**, ||, zusammenzufassen.

Falls du es genauer wissen willst: »else« und »else if«

Das `else`, also unser **ansonsten**, ist ziemlich **ausschließlich**: Wenn die Bedingung in dem ersten `if` zutrifft, dann wird das, was zum `else` gehört, **nicht mehr ausgeführt**. Ganz genauso funktioniert das bei einem `else if`. Egal, was vielleicht in der Bedingung des zweiten `if` stehen mag, es wird dann überhaupt nicht mehr berücksichtigt.

Ach ja: In einigen Sprachen gibt es eine alternative Schreibweise von `else if` – nämlich **`elseif`**. Dort sind die beiden Schlüsselwörter zusammengeschrieben. JavaScript kennt und erlaubt hingegen nur die eine, getrennte Schreibweise.

Was jetzt noch fehlt – die anderen Zahlen, eine Ausgabe und 'ne tolle Schleife

Jetzt musst du noch die **zweite** und **dritte** Zahl deines Tipps überprüfen. Das ist nicht schwer, genau genommen musst du nur das gesamtes »Konstrukt« mit `if` und `else if` kopieren, zweimal wieder einfügen und die Variable `tipp1` passend in `tipp2` und `tipp3` umbenennen. **Aber Vorsicht:** Gerade beim vermeintlich so schnellen Arbeiten mit Copy & Paste passieren schnell nervige Flüchtigkeitsfehler. Du übersiehst eine Kleinigkeit, es kommt zu keiner Fehlermeldung, aber irgendetwas stimmt beim Ergebnis nicht. Also schau bitte genau nach, ob du alle notwendigen Umbenennungen richtig vorgenommen hast.

So sieht unser Programm bis jetzt aus:

```
//Der Computer denkt sich einen Code aus. Damit es nicht zu schwer wird,
//sollen es drei Stellen mit Zahlen von 1 bis 9 sein.
var zahl1 = Math.round( Math.random() * 9 + 0.5);
var zahl2 = Math.round( Math.random() * 9 + 0.5);
var zahl3 = Math.round( Math.random() * 9 + 0.5);
```

Hier wäre genau richtige Stelle für den **Beginn einer Schleife**: Nachdem der Computer sich eine Zahl ausgedacht hat und bevor wir unseren Tipp abgeben.

```
    //Wir raten dann eine Zahl
    var meinVersuch = prompt("Gib einen Tipp ab", "Zahl von 111 bis 999");
    var tipp1 = meinVersuch.charAt(0);
    var tipp2 = meinVersuch.charAt(1);
    var tipp3 = meinVersuch.charAt(2);

    //Der Computer soll uns dann ausgeben, wie viele unserer Zahlen
    //an der richtigen Stelle sind und wie viele unserer Zahlen ueberhaupt
    //in dem unbekannten Code vorkommen.

    var richtigeStelle = 0;
    var richtigeZahl = 0;

    //Das == sind zwei Ist-Zeichen ohne Leerzeichen dazwischen
    if( tipp1 == zahl1 ){
        richtigeStelle++;
    }else if ( tipp1 == zahl2 || tipp1 == zahl3 ){
        richtigeZahl++;
    }

    if( tipp2 == zahl2 ){
        richtigeStelle++;
    }else if ( tipp2 == zahl1 || tipp2 == zahl3 ){
        richtigeZahl++;
    }
```

```
if( tipp3 == zahl3 ){
    richtigeStelle++;
}else if ( tipp3 == zahl1 || tipp3 == zahl2 ){
    richtigeZahl++;
}
```

Nachdem wir oben unseren Tipp abgegeben haben und der Computer überprüft hat, wie wir damit liegen, wäre **hier** die richtige Stelle für eine **Ausgabe**. Und auch das Ende der Schleife – mit einer passenden Bedingung – wäre an dieser Stelle goldrichtig. Wenn der Code geknackt wurde, sollte an dieser Stelle die Schleife verlassen werden, und es sollte natürlich auch noch eine entsprechende Ausgabe zum Spielende erfolgen.

Dann wollen wir mal den Rest machen

So könnte unsere Schleife dazu aussehen:

```
do{

    //hier kommt alles hin,
    //was immer wieder gemacht werden soll

}while( richtigeStelle < 3 )
```

Die Bedingung ist recht einfach. Solange, `while`, nicht alle Stellen des Codes richtig getippt wurden, geht es oben (bei dem `do`) noch einmal von vorn los. Eine `while`-Schleife wird ja immer wieder durchlaufen, solange (bzw. während) eine angegebene Bedingung zutrifft. Anfangs mag es nicht ganz leicht sein, solch eine Bedingung richtig zu formulieren. Mit der Zeit bekommst du ein gutes Gefühl dafür – das nennt man manchmal auch Erfahrung.

```
alert("Du hast gewonnen. Super!");
```

Am **Ende des Spiels** wollen wir noch eine Ausgabe machen, um den Sieg gebührend zu feiern – ein einfaches `alert` soll an dieser Stelle genügen.

Jetzt das ganze Programm **in einem Stück**. Um etwas Platz zu sparen, entfallen hier die Kommentare, die du im weiter oben dargestellten Code findest.

```
<script>
var zahl1 = Math.round( Math.random() * 9 + 0.5);
var zahl2 = Math.round( Math.random() * 9 + 0.5);
var zahl3 = Math.round( Math.random() * 9 + 0.5);

do{
    var meinVersuch = prompt("Gib einen Tipp ab", "Zahl von 111 bis 999");
    var tipp1 = meinVersuch.charAt(0);
    var tipp2 = meinVersuch.charAt(1);
    var tipp3 = meinVersuch.charAt(2);

    var richtigeStelle = 0;
    var richtigeZahl = 0;

    if( tipp1 == zahl1 ){
        richtigeStelle++;
    }else if ( tipp1 == zahl2 || tipp1 == zahl3 ){
        richtigeZahl++;
    }

    if( tipp2 == zahl2 ){
        richtigeStelle++;
    }else if ( tipp2 == zahl1 || tipp2 == zahl3 ){
        richtigeZahl++;
    }

    if( tipp3 == zahl3 ){
        richtigeStelle++;
    }else if ( tipp3 == zahl1 || tipp3 == zahl2 ){
        richtigeZahl++;
    }

    alert( richtigeStelle + " Zahlen an der richtigen Stelle, " +
        richtigeZahl + " Zahlen kommen im Code vor" );

}while( richtigeStelle < 3 )
alert("Du hast gewonnen. Super!");

</script>
```

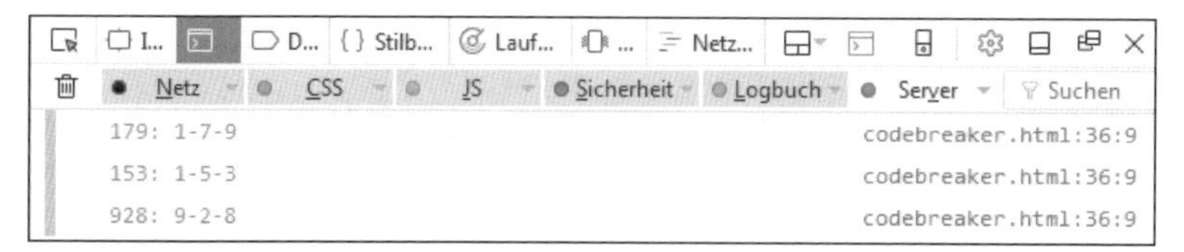

Abbildung 4.2 In drei Runden wurde 179, 153 und 928 eingegeben und korrekt in die Variablen »tipp1«, »tipp2« und »tipp3« aufgeteilt. Es scheint ja zu funktionieren!

Falls du es genauer wissen willst: Kontrolle über die Konsole

Das soll es tatsächlich geben: Dein Programm läuft zwar, macht aber irgendwie nicht so richtig, was es eigentlich soll? Kein Problem, denn der Browser gibt dir über die **Konsole** der integrierten Entwicklertools Hinweise auf mögliche (oder echte) Fehler. Und falls das Programm zwar fehlerfrei läuft – nur eben nicht so, wie du es vorgesehen hast –, dann ist es Zeit, sich die Variablen und ihre Werte einmal genauer anzusehen. Sind die Zufallszahlen wirklich so, wie du es erwartest? Stimmt die bearbeitete Eingabe? Und was kommt bei den diversen Wertevergleichen? Du kannst dir die Werte natürlich mit `alert()` ausgeben lassen, das ist aber nur für einzelne Werte sinnvoll. Ständig öffnen sich neue Fenster und müssen bestätigt werden. Einfacher ist die Ausgabe mit **`console.log()`**. Das funktioniert exakt so wie bei `alert`: In der Klammer übergibst du einen Wert, eine Berechnung oder auch einen Vergleich. Nur öffnet sich nicht jedes Mal ein Fenster, das geschlossen werden müsste – die Ausgabe erfolgt nebenbei in der Konsole. Ist die Konsole nicht geöffnet, hat dies keinen Einfluss auf dein Programm. Öffnest du die Konsole, wird dir das Ergebnis im Konsolenfenster angezeigt – ohne eine entnervende Klick-Orgie, gerade bei Schleifen.

So könntest du dir beispielsweise deine Eingabe und die daraus erzeugten einzelnen Stellen ausgeben lassen:

```
console.log( meinVersuch + ": " + tipp1 + "-" +
  tipp2 + "-" + tipp3 );
```

Das muss sinnvollerweise natürlich hinter der Eingabe und der Berechnung der einzelnen Stellen stehen. Auch kannst du jeden benötigten (oder gerade interessanten) Wert einzeln mit `console.log();` ausgeben lassen, das geht genauso gut.

Tunen, tieferlegen, lackieren und Locken eindrehen

Jetzt haben wir unser Programm. Es sollte funktionieren und fehlerfrei arbeiten. Aber das genügt uns nicht. Denn bei jedem Programm gibt es auch nach einer ersten lauffähigen Version **noch genug zu tun**. Und eigentlich ist so eine erste lauffähige Version auch immer nur der Anfang, denn dann kommt die Kür.

Aufgaben

In diesem Abschnitt geht es darum, was du **noch besser machen kannst**.

Einige der Aufgaben kannst du ohne weiteres Wissen lösen, zu einigen Aufgaben werden wir noch ein paar Dinge in JavaScript besprechen. Ich werde dir dabei nur ein paar Tipps und Hinweise geben. Den Rest schaffst du allein, das bekommst du hin.

Also: Was kannst du noch verbessern?

- Zähl die gespielten Runden, und begrenze das Spiel auf eine festgelegte Anzahl von Runden.
- Ermögliche ein vorzeitiges Beenden des Spiels. In diesem Fall verliert der Spieler, erfährt aber den geheimen Code.
- Das Spiel soll einen Einleitungstext erhalten und erst durch einen Klick des Spielers gestartet werden.

Zähl die gespielten Runden, und begrenze das Spiel auf eine festgelegte Anzahl von Runden

Um etwas zu zählen, brauchst du eine Variable, die du nicht nur deklarierst, sondern auch **initialisiert** hast: Du musst ihr also **einen ersten Wert** geben – sinnvollerweise 0, um hochzuzählen. Du erinnerst dich: Erst wenn eine Variable einen Wert hat, kann sie selbst Teil einer Berechnung werden (darf also rechts von einem = stehen). Ansonsten ist ihr Wert `undefined`, und du bekommst als Ergebnis bei jeder Berechnung mit dieser Variablen nur einen abstrusen Wert `NaN` (»Not a Number« – das ist keine Zahl) als Ergebnis der jeweiligen Berechnung. Auch JavaScript kann streng sein ...

Dann solltest du noch aufpassen, **wo** du die Variable auf 0 setzt – wenn du es in der Schleife machst, wird sie bei jedem Durchlauf wieder auf 0 zurückgesetzt; Zählen geht anders.

```
var meinZaehler = 0;
// Beginn der Schleife
    meinZaehler = meinZaehler + 1;

    //oder (beides wäre etwas zu viel des Guten)

    meinZaehler++;
//Ende der Schleife
```

Natürlich kannst du auch in jeder Runde ausgeben, wie viele Runden bereits gespielt wurden. Das könnte dann so aussehen, wenn du es in die bestehende Ausgabe einbaust:

```
alert( meinZaehler + ".Runde: " + richtigeStelle +
    " Zahlen an der richtigen Stelle, " + richtigeZahl +
    " Zahlen kommen im Code vor" );
```

Wenn du die Runden nicht nur rein informativ mitzählen möchtest, kannst du das Spiel nach einer bestimmten **Zahl von Runden als verloren** beenden.

Der Spieler hat zu lange gebraucht – die Falle des mysteriösen Mister JS schnappt zu ...

Du musst in diesem Fall dafür sorgen, dass die **Schleife verlassen wird**. Auch die fest programmierte Ausgabe für den Gewinn ergibt dann keinen Sinn mehr.

Füge zuerst eine entsprechende Bedingung zu dem `while` hinzu, eine Bedingung, die zutrifft (also wahr ist), solange das Spiel in die nächste Runde gehen soll. In JavaScript »gedacht«, könnte das lauten: Mach diesen Teil so lange, wie die Anzahl der richtigen Stellen kleiner als 3 ist **und** die Anzahl der Runden kleiner als (beispielsweise) 12 ist.

```
do{
    //hier passiert alles Mögliche
}while( richtigeStelle < 3 && meinZaehler < 12 )
```

Bis jetzt war es immer klar: Wenn Die Schleife verlassen wurde, dann hatte der Spieler den Code geknackt **und gewonnen**. Darauf können wir uns nicht mehr verlassen – denn jetzt kann der Spieler das Spiel auch verloren haben.

```
//Wir sind hier hinter der Schleife
if( richtigeStelle == 3 && meinZaehler < 12 ) {
    alert("Du hast gewonnen. Super!");
}else{
    alert("Du konntest den Code nicht rechtzeitig knacken!\nDer mysteriöse
          Mr. JS hat gewonnen");
}
```

Mit einem `if` und einem zugehörigen `else` schaffst du das alles ohne Probleme. Da es nur **zwei Möglichkeiten** gibt, müssen wir nur eine Bedingung schreiben, die den Sieg überprüft, und können alle anderen Möglichkeiten mit dem `else` behandeln.

Vielleicht ist dir das **\n** im Text unseres `alert` aufgefallen? Der **Text** in einem `alert` wird manchmal recht lang. Irgendwann (und meist an einer unpassenden Stelle) wird langer

Text von manchen Browsern automatisch in eine neue Zeile umgebrochen. Im Gegensatz zu anderen Anweisungen darfst du **keinen Umbruch im Text** machen. So etwas (mit einem echten Zeilenumbruch im Quelltext) geht also **nicht**:

```
alert('So eine Zeile kann schon ziemlich lang werden. ↵
   Und ohne Zeilenumbruch sieht das dann schon etwas schräg aus.');
```

Mit **\n** legst du selbst fest, wann ein Umbruch im Fenster von `alert` auf jeden Fall erfolgen soll. Etwas Kosmetik schadet doch nie.

Wenn's dann doch mal reicht – das Spiel selbst beenden

Manchmal steckt einfach der **Wurm drin**. Man glaubt, alles versucht zu haben, und es will einfach nicht klappen – keine Angst, ich meine nicht das Programmieren: Wir wollen im Spiel eine *Abbruchbedingung* einbauen, falls der Spieler verzweifelt **aufgeben** will. Wird ein bestimmter Wert eingegeben, soll dies als ein »Ich will aufhören, ich gebe auf« gewertet werden. Wir könnten Werte festlegen, die als Aufgabe (im Sinne von »aufgeben«) gewertet würden, zum Beispiel alles, was kleiner als 111 oder größer als 999 ist. Du könntest jetzt versucht sein, das auf die Schnelle als Bedingung so zu schreiben:

```
meinVersuch < 111 || meinVersuch > 999
```

`while` arbeitet aber so, dass es in die nächste Runde geht, wenn die angegebenen Bedingungen **stimmen**. Du musst es also genau umgekehrt formulieren:

```
meinVersuch >= 111 && meinVersuch <= 999
```

So lange das zutrifft, die Zahl also zwischen 111 und 999 (einschließlich) liegt, solange **geht es weiter**. Ist der eingegebene Wert kleiner (oder größer), **endet das Spiel**.

So könntest du es dann in die `do-while`-Schleife einbauen:

```
do{
   //hier passiert alles Mögliche
}while(richtigeStelle < 3 && meinVersuch >= 111 && meinVersuch <= 999)
```

Das ist schon etwas lang, und es besteht die (recht konkrete) Gefahr, dass es unübersichtlich wird. Die Lösung: Du kannst Bedingungen auch vorher – also vor der `while`-Schleife – ausführen lassen und das **Ergebnis** einfach in einer **Variablen ablegen**. Diese Variable baust du dann – quasi ersatzweise – in die Bedingung der `while`-Schleife ein.

```
do{

    //hier passiert alles Mögliche

var nichtAufgegeben = meinVersuch >= 111 && meinVersuch <= 999;
}while(richtigeStelle < 3 && nichtAufgegeben)
```

Der Vorteil liegt sowohl klar auf der Hand als auch gut **sichtbar im Programmcode**: Es ist übersichtlicher, **viel übersichtlicher**. Nützlicher Nebeneffekt: Es ist oft nicht leicht, die unterschiedlichsten Bedingungen, die wiederum mit || (also »oder«) und && (»und«) verknüpft sind, korrekt zusammenzufügen. Teilst du solche komplexen Bedingungen aber auf und schreibst sie in eigene Variable, hast du solche Probleme gar nicht.

Nicht vergessen – wie war denn jetzt der Code?

Wenn das **Spiel beendet wird**, soll dem Spieler am Spielende angezeigt werden, wie der bis dahin geheime Code ausgesehen hat, an dem der Spieler (hoffentlich nicht du) fast verzweifelt ist:

```
alert("Die Lösung war " + zahl1 +" "+ zahl2 +" "+ zahl3);
```

Ein paar Zeilen als Einleitung

Das Spiel soll auch einen **Einleitungstext** erhalten und erst durch einen Klick des Spielers gestartet werden.

Der Einleitungstext ist schnell gemacht – ganz einfach in der Webseite, im HTML-Code. Dafür müssen wir JavaScript nicht bemühen. Schwieriger ist es, einen ansprechenden Text zu schreiben, der den Spieler motiviert, das Spiel zu spielen. Du kannst versuchen, auch mit wenig Text eine kurze Geschichte zu erzählen – vielleicht ist der Spieler ein Geheimagent, der sich auf seine Einsätze vorbereitet:

```
<h1>CodeBreaker</h1>
<p>Dies ist das Trainingsprogramm für Geheimagenten.
   Es bereitet dich auf deine Einsätze vor und bringt dir bei,
   Geheimcodes zu entschlüsseln.</p>
<p>Gib dein Bestes, um den geheimnisvollen Mr. JS zu besiegen!</p>
```

So ist das gleich richtig in HTML geschrieben. Mehr kannst du natürlich gerne machen. Pass bitte auf, dass du das HTML und das JavaScript nicht vermischst.

JavaScript über Klicks auf HTML-Elemente aufrufen

Der Spieler soll das Programm jetzt **selbst starten** – nicht durch das Öffnen der Webseite, sondern gezielt durch einen **Klick** auf ein bestimmtes Element im HTML-Code, innerhalb der Webseite. HTML und JavaScript arbeiten hier zum Glück gut zusammen. Das Element kann ein Text oder auch eine Grafik sein. Wir nehmen einen **Text**: den Namen unseres Programms und der Optik wegen ein schickes, passendes **Symbol** dazu. Wir haben ja nicht nur die normalen Zahlen und Buchstaben, sondern auch etliche Sonderzeichen, die uns dank **Unicode** zur Verfügung stehen. Das Ganze versehen wir noch mit einer stattlichen Größe, etwas Farbe und einem malerischen Schatten.

Im HTML-Code, also außerhalb unseres `script`-Tags, schreiben wir einen knackigen Titel und dazu ein passendes **Symbol**, ein Schloss mit einem Schlüssel:

```
<p style="font-size:42pt;color: black; text-shadow:
grey 0.05em 0.05em 0.1em;">CodeBreaker...&#128272;</p>
```

Wenn dir das Grau als Schatten zu langweilig ist, versuch es doch einmal mit Rot, **`text-shadow:red`**.

Was bedeutet das »🔐«, und was war noch mal Unicode?

Unicode ist ein **Standard**, der alle möglichen und unmöglichen **Zeichen** enthält. Geordnet nach Art und Sprache sind dort die verschiedensten Zeichensätze festgehalten. Jedes Zeichen hat eine eindeutige Nummer, die im HTML-Code in der obigen Form geschrieben werden kann. Was es alles gibt, findest du in entsprechenden Listen im Internet. Suche einfach einmal im Internet nach »Unicode-Liste«.

Leider sind nicht alle Zeichen aus dem Unicode auch direkt im Browser verfügbar. Das hängt damit zusammen, dass zwar alle Zeichen definiert sind, aber nur für einen relativ **kleinen Teil darstellbare Zeichen** im Browser vorgehalten werden. Natürlich könnte man auch passende Schriften nachladen, aber wir haben ja schon etwas Passendes:

Abbildung 4.3 So sieht es dann aus – fast noch etwas zu dezent. Aber es ist ja Platz für ein paar auffälligere Farben: Rot ist auch einen Versuch wert.

Wer mit einem Mac arbeitet, bei dem ist das Ganze sogar von Haus aus gleich etwas schicker.

CodeBreaker...

Abbildung 4.4 Tatsächlich noch etwas schicker – die Darstellung der gleichen Seite auf einem Mac.

**Falls du es genauer wissen willst:
Das Erbe von C und komische Tastenkombinationen**

Wie viele erfolgreiche Programmiersprachen orientiert sich JavaScript an der C-Syntax. C ist eine sehr erfolgreiche Programmiersprache, die in den 70er Jahren entstand. Den spektakulären Namen C hat die Sprache, weil sie Nachfolger einer Programmiersprache namens B war (ehrlich!). C ist extrem schnell. Noch heute wird C eingesetzt, wenn Programme besonders schnell ablaufen müssen oder die verwendeten Rechner nur eine geringe Rechenleistung haben (kleine mobile Geräte oder Einplatinencomputer).

Wer in einer Sprache mit C-Syntax programmiert, freut sich immer wieder über die **teils abstrusen Tastenkombinationen** und Verrenkungen, die notwendig sind, um ständig solche Zeichen wie { } oder || zu tippen. Vielleicht kommt sogar die Frage auf, warum ausgerechnet diese Art von Syntax so erfolgreich ist. Die Antwort ist ganz einfach:

Wer auf einer **amerikanischen** oder englischen **Tastatur** schreibt – und das machen die meisten Erfinder von Programmiersprachen –, kann all diese schönen Zeichen entweder direkt oder mit der [⇧]-Taste verwenden. Dort, wo sich unsere Umlaute befinden, sind die Klammern [[]/[]] und [{]/[}]. Das häufig verwendete Semikolon ; kann direkt getippt werden – dort, wo bei uns das [Ö] sitzt.

Die **Verbindung** zwischen **HTML** und **JavaScript** ist sehr eng, was wir jetzt zum ersten Mal richtig nutzen werden: Es ist problemlos möglich, JavaScript direkt aus dem HTML zu starten – zum Beispiel **durch einen Klick** auf einen Text. So muss JavaScript nicht zwangsläufig beim Öffnen der Seite ausgeführt werden, sondern kann artig warten, bis es über einen **eigenen Namen aufgerufen** wird.

Was müssen wir dazu machen?

Wir müssen nur einem **von uns bestimmten Element** im HTML-Code sagen, dass es bei einem **Klick** JavaScript aufrufen soll. Natürlich müssen wir in diesem Aufruf auch angeben, **was** denn gestartet werden soll. Wir nehmen als Element in HTML einfach ein `div`, ein recht neutrales Element, das für solche Spielereien wie gemacht ist. Ein `div` selbst hat nämlich praktisch gar keine eigenen Eigenschaften – es ist so etwas wie ein Container für Eigenschaften oder um andere Tags zusammenzufassen. So ein `div` setzen wir also um unseren Text, der dadurch genauso **klickbar wird**. Denn die Eigenschaften eines Tags (und dazu gehört das »Anklickbarsein«) vererben sich auf das, was sich innerhalb dieses Tags befindet – andere Tags und deren Inhalte eingeschlossen.

Der Befehl im Tag lautet **onclick** und hat als Wert den **Namen einer** von dir festgelegten *Funktion* (den Begriff erkläre ich gleich). Das musst du in das Tag wie ein Attribut bzw. eine Eigenschaft einbauen, etwa wie folgt:

```
<div onclick="codeBreaker();">
    <p style="font-size:42pt; color:black; text-shadow:
grey 0.05em 0.05em 0.1em;">CodeBreaker...&#128272;</p>
</div>
```

Du könntest den Aufruf auch direkt in das verwendete Tag <p ...> setzen, aber wir wollen es ja auch etwas **übersichtlich** halten – und da ist ein eigenes Tag ganz hilfreich. Schließlich sind die Kosten für ein paar zusätzliche Zeilen Quelltext nicht besonders hoch.

Aber was passiert da eigentlich?

JavaScript kann über sogenannte *Ereignisse* gestartet werden. JavaScript kennt einige Ereignisse, wie das **Anklicken mit der Maus**, das **Drücken einer Taste** oder das **Absenden eines Formulars**. Sogar das Laden oder das Verlassen der Webseite sind Ereignisse.

Vereinfacht kannst du dir das so vorstellen: Nachdem eine Webseite geöffnet wurde, passt der **Browser** die ganze Zeit auf, ob irgendeines dieser **Ereignisse eintritt** oder durch irgendeine Aktion *ausgelöst* wird. Wenn das passiert, führt der Browser die Befehle (oder die Funktion) die zu diesem Ereignis hinterlegt sind einfach aus. Du musst nur die Anweisung im HTML-Code geben, den Rest macht der Browser.

Und wo finde ich diese Funktion namens »codeBreaker«?

Das ist jetzt deine Aufgabe. **Du selbst** kannst in deinem Programm jederzeit beliebige Funktionen schreiben und ihnen (fast) beliebige Namen geben. In diesen Funktionen kannst du alles Mögliche programmieren.

Funktionen?

Funktionen – besonders dick und saugfähig

Nun, eigentlich sind *Funktionen* weder dick noch saugfähig. Aber sie sind tatsächlich unglaublich praktisch, und man braucht sie für alles Mögliche und Unmögliche.

Während Variable dafür verwendet werden, Werte zu speichern, können **Funktionen** ganze **Programmteile aufnehmen**. So wie du den Wert einer Variablen jederzeit aufrufen kannst, kannst du den Programmcode einer Funktion jederzeit über deren Namen aufrufen.

Eine Funktion zu schreiben ist recht einfach. Wenn **bisher** etwas im Programm passieren sollte, hast du das als entsprechende Anweisungen direkt geschrieben – einfach so in das `script`-Tag. Nehmen wir als kurzes Beispiel die Ausgabe unserer Zufallszahl von 1 bis 9 mit einem `alert`:

```
alert( Math.round( Math.random() * 9 + 0.5) );
```

So etwas in der Art kennst du ja schon. Wenn du diese Ausgabe jetzt dreimal an unterschiedlichen Stellen bräuchtest, müsstest du das **dreimal schreiben** – oder eben per Copy & Paste kopieren. Das ist aufwendig, erzeugt viel Code, und wenn du hier etwas ändern musst, musst du das an jeder Stelle machen. Das ist kein Problem, aber nicht umsonst ist gesunde Faulheit eine sehr geschätzte Eigenschaft bei Programmierern.

Und so kommt jetzt die Magie der *Funktionen* ins Spiel:

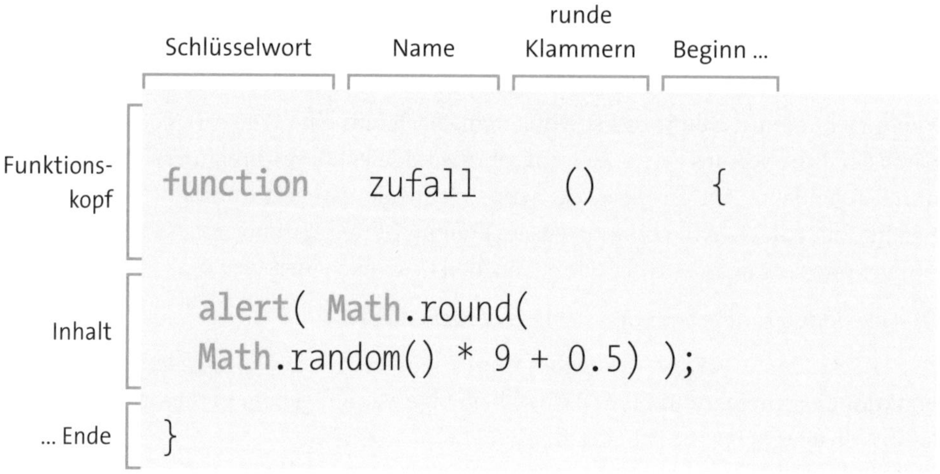

```
function   zufall   ()   {
  alert( Math.round(
  Math.random() * 9 + 0.5) );
}
```

`function` ist das Schlüsselwort. JavaScript weiß dadurch: Hier wird eine Funktion definiert. Und das Wort **nach** dem Schlüsselwort `function` ist der **Name der Funktion**. Diesen Namen legst du selbst fest. Hier gelten ähnliche Namensregeln wie bei Variablen: keine Zahlen am Anfang, keine Leerzeichen usw. Der Name darf natürlich auch kein bereits vorhandenes Schlüsselwort von JavaScript sein – du könntest deine Funktion also zum Beispiel nicht alert nennen. JavaScript besteht hier auf seinen älteren Rechten und es käme zu einem Fehler. Die runden Klammern gehören zur Funktion, später wirst du darüber auch Werte **an Funktionen übergeben**.

Zwischen die geschweiften Klammern schreibst du den Inhalt, also alles, was die Funktion machen soll. Eigentlich ganz einfach. Das Besondere ist auch: Wenn du das alles so geschrieben hast – passiert erst einmal gar nichts. Die Funktion wird tatsächlich nur definiert: Sie ist vorhanden, nicht mehr und nicht weniger. Sie **lauert** in Hab-acht-Stellung **auf ihren Auftritt**. Brauchst du deinen Code jetzt irgendwo im Programm, dann rufst du so deine Funktion auf:

```
zufall();
```

Einfach der Name (natürlich ohne das Schlüsselwort function) und dahinter die (leeren) runden Klammern und dahinter (ja, optional) ein Semikolon.

Es funktioniert ein bisschen wie bei einer Variablen: Der aktuelle Wert (bei einer Funktion eben der hinterlegte Programmcode) wird an dieser Stelle verwendet oder dort quasi »eingesetzt«. So, wie eine Variable der Platzhalter für einen Wert ist, ist eine Funktion damit der Platzhalter für Programmcode – vereinfacht ausgedrückt.

Über den Namen wird also der Inhalt der Funktion an dieser Stelle abgerufen. **Beliebig oft** und überall, wo du es möchtest.

Und wie geht das jetzt bei unserem Programm?

Das funktioniert so einfach wie in unserem Beispiel mit alert. Wir haben etwas mehr Code – nämlich unser gesamtes Programm.

```
<div onClick="codeBreaker();">
    <p style="font-size:42pt;color: red; text-shadow:
 red 0.05em 0.05em 0.15em">&#9200;</p>
</div>
<script>
function codeBreaker(){

//hier ist das gesamte Programm

}
</script>
```

Die Änderungen sind eigentlich minimal. Es kommt eine Funktion dazu, und das Programm wird – so, wie es ist – in die Funktion verschoben.

Und jetzt alles

```
<html>
    <head>
        <meta charset="utf-8">
    </head>
<body>

<h1>CodeBreaker</h1>
<p>Dies ist das Trainingsprogramm f&uuml;r Geheimagenten.
       Es bereitet dich auf deine Eins&auml;tze vor und bringt dir bei,
       Geheimcodes zu entschl&uuml;sseln.</p>
<p>Gib dein Bestes, um den geheimnisvollen Mr. JS zu besiegen!</p>

<div onClick="codeBreaker();">
    <p style="font-size:42pt; color:black; text-shadow:
grey 0.05em 0.05em 0.1em;">CodeBreaker...&#128272;</p>
</div>
<script>
function codeBreaker(){

var zahl1 = Math.round( Math.random() * 9 + 0.5);
var zahl2 = Math.round( Math.random() * 9 + 0.5);
var zahl3 = Math.round( Math.random() * 9 + 0.5);
var meinZaehler = 0;

do{
    meinZaehler = meinZaehler + 1;

    var meinVersuch = prompt("Gib einen Tipp ab", "Zahl von 111 bis 999");
    var tipp1 = meinVersuch.charAt(0);
    var tipp2 = meinVersuch.charAt(1);
    var tipp3 = meinVersuch.charAt(2);

    var richtigeStelle = 0;
    var richtigeZahl = 0;

    if( tipp1 == zahl1 ){
        richtigeStelle++;
    }else if ( tipp1 == zahl2 || tipp1 == zahl3 ){
        richtigeZahl++;
```

```
    }

    if( tipp2 == zahl2 ){
        richtigeStelle++;
    }else if ( tipp2 == zahl1 || tipp2 == zahl3 ){
        richtigeZahl++;
    }

    if( tipp3 == zahl3 ){
        richtigeStelle++;
    }else if ( tipp3 == zahl1 || tipp3 == zahl2 ){
        richtigeZahl++;
    }

    alert( meinZaehler + ".Runde: " + richtigeStelle +
        " Zahlen an der richtigen Stelle, " + richtigeZahl +
        " Zahlen kommen im Code vor" );

var nichtAufgegeben = meinVersuch >= 111 && meinVersuch <= 999;
}while( richtigeStelle < 3 && nichtAufgegeben && meinZaehler < 12 )

if( richtigeStelle == 3 && meinZaehler < 12 ) {
    alert("Du hast gewonnen. Super!");
}
if( meinZaehler >= 12 ) {
    alert("Du konntest den Code nicht rechtzeitig knacken!\nDer mysteriöse
          Mr. JS hat gewonnen");
}
if( nichtAufgegeben == false )
    alert("Du hast aufgegeben. Die Lösung ist " +
    zahl1 +" "+ zahl2 +" "+ zahl3);
}
</script>
</body>
</html>
```

Das Programm in (s)einer endgültigen Form. Mit allen **Verbesserungen**, die ich vorgeschlagen hatte.

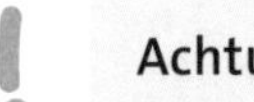

Achtung: Keine Zeilenumbrüche

Jeder Text in JavaScript, insbesondere innerhalb von `alert`, muss für sich in einer Zeile stehen – ganz im Gegensatz zu Texten in HTML. Ein echter Zeilenumbruch in einem Text ist nicht erlaubt und führt zu einem Fehler.

Das Folgende löst also einen **Fehler** aus, da in den Texten ein Zeilenumbruch steht (erkennbar hier im Buch am X):

```
alert( meinZaehler + ".Runde: " + richtigeStelle + " Zahlen an X
   der richtigen Stelle, " + richtigeZahl + " Zahlen kommen X
   im Code vor" );
```

So geht es:

```
alert( meinZaehler + ".Runde: " + richtigeStelle +
   " Zahlen an der richtigen Stelle, " + richtigeZahl +
   " Zahlen kommen im Code vor" );
```

Eine Möglichkeit gibt es aber trotzdem, Texte über mehrere Zeilen zu schreiben: Du musst am Ende der jeweiligen Zeile (im Text selbst) ein »\« einfügen:

```
alert( meinZaehler + ".Runde: " + richtigeStelle + " Zahlen an \
der richtigen Stelle, " + richtigeZahl + " Zahlen kommen \
im Code vor" );
```

Auf diese Art darfst Du auch **Texte umbrechen**. Leider kommen einige Editoren bei der Darstellung etwas durcheinander, und besonders übersichtlich ist das auch nicht (Du musst dann mit den Einrückungen aufpassen, die dann Teil des Textes werden). Deshalb werden wir diese Möglichkeit nicht weiter nutzen – erlaubt ist es jedenfalls.

Wie immer speicherst du die Änderungen im Text-Editor und lädst danach die Seite im Browser neu. Klickst du jetzt auf den Titel oder das Symbol daneben, dann startet dein Programm.

Wie immer gibt es noch mehr Möglichkeiten, das Programm zu verbessern, es schöner und eleganter zu machen: mit etwas Farbe, ein bisschen mehr Text und Formatierungen. Schließlich kannst du das Programm noch auf einen **4-stelligen Code erweitern**. Wäre es vielleicht auch ganz schick, wenn jede Zahl nur einmal im gesuchten Code vorkäme? Und wenn die Eingabe noch besser überprüft würde? Es gibt immer viel zu tun – viel Spaß beim Ausprobieren.

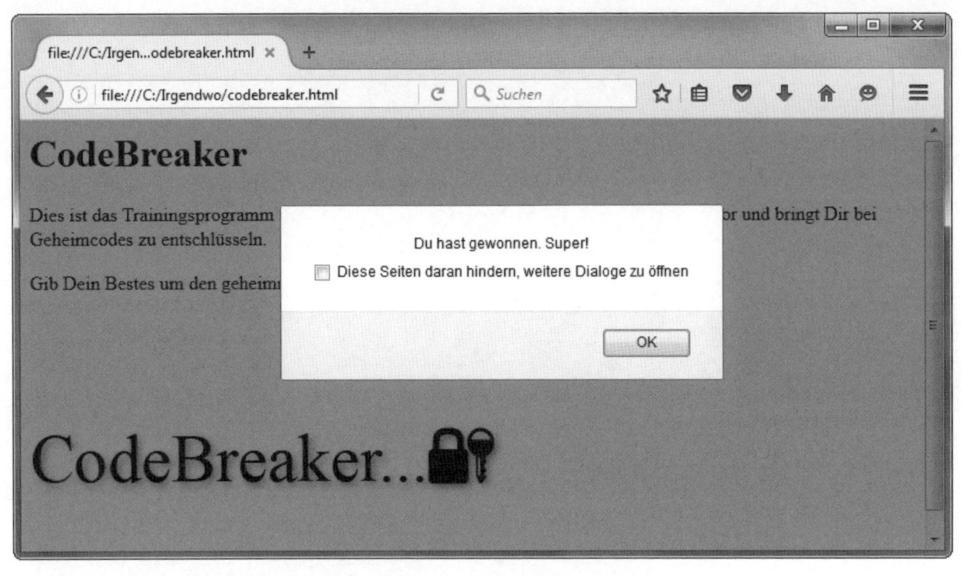

Abbildung 4.5 Viel Spaß beim Ausprobieren und Verbessern!

Kapitel 5

Bubbles, Blasen und Arrays

Sortierverfahren

»Sortierverfahren«, das klingt verdächtig langweilig. Ist es aber nicht, da der Computer den mühsamen Teil übernimmt und ich dir Schritt für Schritt zeigen werde, was da passiert.

Wenn du es so möchtest, sind in diesem Kapitel sogar drei Überraschungen enthalten: Du wirst lernen, was ein Sortieralgorithmus ist und wie du einen Algorithmus in einem Programm umsetzen kannst. Vorher erfährst du noch etwas über die wunderbare Welt der Arrays. Das sind Variable, die ganzen Herden von Daten eine Heimat geben können. Und schließlich wirst du dein Programm zu einer Funktion umfunktionieren, die nicht nur auf Klicks reagiert, sondern zeitgesteuert abläuft.

In diesem Kapitel ...

... wirst du Arrays kennenlernen und damit arbeiten. Arrays sind Variable, die nicht nur einen einzelnen Wert, sondern gleich ganze Listen aufnehmen und komfortabel verwalten können. Da Werte in Arrays oft ungeordnet sind, man sie aber oft sortiert benötigt, wirst du Sortieralgorithmen: eine wichtige Aufgabe, gerade wenn du Spiele programmieren oder eine Ausgabe optimieren möchtest. Natürlich bietet JavaScript auch fest eingebaute Sortierfunktionen. Aber manchmal genügen selbst diese Funktionen nicht, und du musst selbst programmieren – das Wissen dafür bekommst du hier.

Wir werden unser Programm wie bisher in »menschlicher Sprache« formulieren und dann in JavaScript umsetzen. Diesmal wollen wir es aber etwas allgemeiner halten, und du selbst wirst die einzelnen Elemente zusammenfügen – das wird dir jetzt aber schon recht leicht fallen.

Damit das Zuschauen auch wirklich Spaß macht, wirst du neue Arten der Ausgabe kennenlernen. Ganz nebenbei erfährst du, wie du zeitgesteuert Programme bzw. Funktionen aufrufen und steuern kannst.

Erst einmal alles fürs Sortieren

Um Werte zu sortieren, brauchst du erst einmal einen passenden Ort, wo du diese Werte sammeln und aufbewahren kannst. Du brauchst ein *Array*, das nicht nur einen Wert, sondern eine ganze Reihe von Werten aufnehmen kann.

Oft müssen Daten oder Ergebnisse sortiert werden, bevor sie sinnvoll ausgegeben werden können. Dafür gibt es sogenannte *Sortieralgorithmen*. Wer in der Schule Informati kunterricht hatte, wird sich bestimmt noch daran erinnern. Wer in der glücklichen Situation ist, das noch vor sich zu haben (oder vielleicht gerade mittendrin ist), bekommt hier bereits das dafür notwendige Wissen.

Arrays – die Vereinsmeier unter den Variablen

Was macht eine Fußball- oder eine Hockeymannschaft aus? Ganz einfach: Sie versuchen alle, den Ball (oder Puck) in das gleiche Tor zu schießen. Damit aber auch unbedarfte Zuschauer nicht nur an der Laufrichtung erkennen, für wen sie jubeln dürfen, tragen alle Spieler einer Mannschaft ein Trikot in der gleichen Farbe, mit dem Namen oder dem Symbol des Vereins.

Tore schießen wollen wir nicht, aber das mit der Trikotfarbe oder der Zugehörigkeit zu einem Verein ist eine ganz gute Sache: Um unsere Werte sortieren zu können, müssen unsere Werte – also unsere Spieler – erkennbar dem gleichen Verein angehören.

Eine normale Variable kann nur **einen Wert** aufnehmen. Eben das klassische Element für Individualsportarten, um bei unserem Beispiel zu bleiben: ein Tennisspieler, ein Jogger oder ein Fahrradfahrer. Sollen hingegen verschiedene Werte gemeinsam gespeichert und bearbeitet werden, dann brauchen wir ein Array, das (beliebig) viele Elemente aufnehmen kann. Das Array ist quasi der **Vereinsmeier unter den Variablen**.

Bei unseren klassischen Variablen sieht das ja so aus:

```
var derTennisSpieler = "Klaus";
```

Eben der Klassiker für **Individualsportarten**: die einfache Variable, die **einen**, fast beliebigen, Wert annehmen kann.

Dagegen der neue Star am Variablenhimmel: das *Array*, das nicht nur einen, sondern mehrere, beliebige Werte aufnehmen kann. Die einzelnen Werte werden nacheinander in die eckigen Klammern geschrieben. Getrennt werden sie jeweils durch ein Komma.

Name des Arrays — Werte im Array

```
var dieMannschaft = [ "Hans", "Grete" ];
```


Das Leerzeichen nach dem Komma ist keine Pflicht, mehr Lesbarkeit hat aber noch nie geschadet. Nach dem letzten Element sollte **kein weiteres Komma** geschrieben werden. In einigen Browsern kann das zu unerwarteten Effekten führen – manchmal auch Fehler genannt. Aus den bekannten (berüchtigten) Platzgründen sparen wir uns eine vollständige Mannschaft, vielleicht sind ja einige verhindert oder kommen noch nach.

Zahlen sollten so geschrieben werden, wie sie sind. Wer sich mehr Arbeit machen möchte, kann Zahlen aber auch wie Texte schreiben. Texte werden – wie üblich – in einfache oder doppelte Anführungszeichen gesetzt. Denk bitte daran: Du darfst für jedes Wort andere Anführungszeichen verwenden, das jeweilige Wort darf aber immer nur von einer (gleichen) Art von Anführungszeichen umschlossen werden. Und natürlich dürfen in einem Array (beliebig viele) Zahlen und Texte gemeinsam stehen – die vertragen sich ohne Probleme sehr gut miteinander.

```
var gemischtesAllerlei =
  [42, 'Hans', 13, 7, "Dieter", 42, "Peter"];
```

Ein friedliches Nebeneinander der unterschiedlichsten Werte. Werte dürfen sogar mehrfach vorkommen, ohne sich zu überschreiben. Für ein Array ist das kein Problem.

Falls du es genauer wissen willst: Auch so kannst du Arrays schreiben

Es gibt noch eine zweite Möglichkeit, Arrays anzulegen: mit den Schlüsselwörtern `new`, `Array` und runden Klammern. Das sieht dann so aus:

```
var dieMannschaft = new Array("Hans", "Dieter", "Peter");
```

Das Schlüsselwort `new` ist auch in anderen Programmiersprachen bekannt: Es ist ein zentrales Zauberwort der *objektorientierten Programmierung*. Damit erschaffst du ein neues Objekt von der Art `Array`. Will heißen: In JavaScript gibt es so etwas wie eine **fest eingebaute Vorlage** oder Schablone namens `Array`, die eben als Muster für Arrays dient und schon eine ganze Menge an Fähigkeiten mitliefert. Mit dem Schlüsselwort `new` wird aus dieser Vorlage ein neues Array erschaffen. Achte bitte auf die **runden** Klammern, denn `Array` wird in diesem Fall mit `new` – ähnlich wie eine Funktion – aufgerufen. Unsere Mitspieler sind dabei die Werte, die den Funktion übergeben werden – das kennst du ja schon in ähnlicher Form von `alert()` oder `prompt()`.

Werte lesen, schreiben und auch wieder vergessen

Jetzt geht es darum, wie du mit Arrays arbeitest. Du hast einige Namen in unserem Array namens dieMannschaft. Aber wie bekommst du die Werte wieder aus dem Array heraus, oder wie kannst du dir die einzelnen Elemente anzeigen lassen?

Du könntest den gesamten Inhalt eines Arrays natürlich mit alert oder console.log (eben in der Konsole) ausgeben lassen, ganz so, als würde es sich um eine einfache Variable handeln. Interessanter ist die Frage, wie du sinnvoll auf **einzelne Werte** zugreifst. Jedes Element, jeder Wert eines Arrays, bekommt automatisch eine eindeutige, fortlaufende Nummer. Über diese Nummer kannst du jeden Wert mit einer (zugegeben etwas technisch anmutenden) Syntax auslesen, einer anderen Variablen zuordnen oder sogar direkt als Teil einer Berechnung verwenden:

```
alert( dieMannschaft[1] );
einSpieler = "Stürmer " + dieMannschaft[1];
```

Das Ergebnis ist Dieter – nicht etwa Hans, denn auch bei Arrays fängt der Computer mit 0 an zu zählen – und der Inhalt von einSpieler ist "Stürmer Dieter".

Gibst du eine Nummer an, die gar nicht in dem Array vorhanden ist (versuchst du also, auf eine leere Stelle zuzugreifen), dann gibt JavaScript den immer gleichen Wert undefined zurück. Das ist so etwas wie ein Warnhinweis, dass irgendetwas nicht so ganz richtig gelaufen ist, der Fehler aber nicht so schwerwiegend ist, dass abgebrochen werden müsste.

Einen Wert ändern

Ähnlich funktioniert es, wenn du in einem Array einen Wert ändern möchtest. Unser Spieler 1, Dieter, soll ausgetauscht werden durch Jean-Luc. Das geht ganz einfach:

```
dieMannschaft[1] = "Jean Luc";
```

Schon ist die Mannschaft neu aufgestellt, was du dir mit einer vollständigen Ausgabe via alert bestätigen lassen kannst. Der alte Wert geht dabei übrigens für immer ins ewige Nirwana der Daten.

Falls du es genauer wissen willst: Werte schreiben, lesen, löschen

push, pop und shift – ein Array lebt nicht nur von festen Daten. Natürlich möchtest du bei einem Array nicht nur bestehende Elemente bzw. Werte überschreiben, sondern auch neue Daten **hinzufügen** und genauso wieder **entfernen**.

Um ein Element **hinzufügen,** gibt es die Methode push, die fest in jedes Array »eingebaut« ist: Da jedes Array in JavaScript aus einer internen Vorlage »gebaut« wird, verfügt auch dein Array darüber. Das neue Element wird mit push an das Ende des Arrays geschrieben.

Das sieht dann so aus:

```
dieMannschaft.push("Billy the Kid");
```

Mit push wird nicht nur ein neues Element **angehängt**, es wird auch die neue Anzahl der Elemente zurückgegeben. Mit alert könntest du dir das ausgeben lassen oder einer Variablen zuweisen – kannst du machen, musst du aber natürlich nicht.

Das Ende von Billy the Kid: Ein Element aus dem Array zu **entfernen**, geht ähnlich einfach. Es gibt nicht nur eine, sondern gleich zwei Methoden, den Daten den Garaus zu machen und sie dabei noch ein letztes Mal zu lesen: mit pull und shift.

pull ist das direkte Gegenstück zu push. Es holt das Element **am Ende** des Arrays heraus und löscht es gleichzeitig. Zum Glück wird der Wert des Elements mit dem Befehl auch zurückgegeben, und so könntest du es mit alert ausgeben oder einer Variablen zuweisen:

```
alert( dieMannschaft.pull() );
var vomPlatzGestellt = dieMannschaft.pull();
```

Egal, wie du es machst, das war es dann mit Billy the Kid – ein kurzer Auftritt.

shift funktioniert ganz ähnlich. Nur holt es nicht das letzte, sondern das **erste Element** aus unserem Array:

```
var ehemalsErsterSpieler = dieMannschaft.shift();
```

In unserem ersten Beispiel wäre es damit um Hans geschehen, und Dieter würde an die erste Stelle des Arrays rücken.

Damit weißt du erst einmal das Allerwichtigste über das Array. Die eine oder andere Kleinigkeit wird noch im Laufe dieses Buches folgen, aber wie immer kommen jetzt nur noch die leichten Sachen.

The sort must go on ... oder so ähnlich

Kommen wir zurück zu unserem aktuellen Star: Warum das Sortieren und sogenannte *Sortieralgorithmen* so immens wichtig sind, ist schnell erklärt und vermutlich recht einleuchtend: Möchtest du eine Liste (zum Beispiel ein Array, wie wir es mit unserer Mannschaft haben) **geordnet anzeigen lassen**, muss diese Liste sortiert werden. Nun ist es nicht so, dass JavaScript das nicht vorgesehen hätte. Es gibt tatsächlich eine Methode, mit der jedes Array einfach sortiert werden kann: `dieMannschaft.sort();`.

Warum hast du das nicht gleich gesagt? Dann können wir uns das doch sparen?

Zum Training. Viele (gute) Programme sind entstanden, weil jemand es einfach machen wollte. Bei unserem Sortieralgorithmus geht es nicht nur darum, schnöde Listen zu sortieren. Es geht um die Fähigkeit, komplexe Algorithmen und Regeln nicht nur zu verstehen, sondern sie auch in eine Programmiersprache übertragen zu können. So eine Art Gesellenstück in der Programmierung. Und schließlich auch ...weil es geht! Einer der wichtigsten Gründe in der Programmierung.

Bubblesort – der nicht so ganz heilige Gral der abstrakten Rechenvorgänge

Das Thema Sortieren ist zwar nicht der heilige Gral der Programmierung, aber es ist wichtig, sich mit abstrakten Rechenvorgängen zu beschäftigen. Und wer in der Schule oder Ausbildung mit dem Thema »Sortieralgorithmen« konfrontiert wird, hat einen besseren Start in den Tag, wenn er das Thema zumindest einmal streifen konnte. Auch ist Sortierung nicht gleich Sortierung – immer wieder gibt es komplexe Sonderfälle, für die man dann doch wieder selbst Hand anlegen muss: Wenn bestimmte Elemente gesondert behandelt werden müssen oder nicht in das einfache Raster einer alphabetischen oder numerischen Sortierung passen wollen. Fertige Sortierfunktionen präsentieren außerdem nur fertige Ergebnisse – eine schrittweise Darstellung ist damit nicht möglich.

Es gibt unterschiedliche Sortieralgorithmen. *Bubblesort* ist nicht der leistungsfähigste, aber wohl der bekannteste. Nicht zuletzt, weil Bubblesort sehr anschaulich und dadurch schulmäßig der am häufigsten verwendete Algorithmus ist.

In der zu sortierenden Liste werden nacheinander **alle benachbarten Stellen miteinander verglichen** und jeweils gegeneinander ausgetauscht – zumindest, wenn sie noch nicht in der richtigen Reihenfolge sind. Meist reicht ein einzelner Durchgang nicht aus. Solange die Liste nicht fertig sortiert ist, geht es wieder von vorn los.

Die Werte »laufen« dabei von Stelle zu Stelle, bis sie ihre endgültige Position erreicht haben – oder um bei dem Bild der Blasen (von Bubblesort) zu bleiben: Sie steigen **wie eine Luftblase im Wasser** immer weiter auf, bis sie ihre richtige Position in der Liste erreicht haben. In einer Runde kann eine Zahl so von unten nach oben aufsteigen. Eben wie eine Luftblase, die nach oben steigt.

Bubblesort ohne Computer

Schauen wir uns das für eine Liste mit Zahlen an. Wir nehmen ganz zufällig die Zahlen 42, 9 und 1. Die Liste soll aufsteigend sortiert werden, die kleinsten Elemente kommen also zuerst, die großen Elemente sollen ans Ende.

Erster Durchgang – 42, 9, 1

Erster Schritt: Die erste und zweite Stelle der Liste 42, 9, 1 werden verglichen.

`42 verglichen mit 9 ergibt neu: 9, 42, 1`

42 ist größer als 9, die beiden Zahlen werden also getauscht. Unsere Liste verändert sich.

Zweiter Schritt: Die zweite und dritte Stelle (der bereits veränderten Liste) werden verglichen. Die 42, die im ersten Schritt an die zweite Stelle gerutscht war, wird mit der 1 verglichen, und wir stellen fest: Wir müssen beide Zahlen tauschen. Wieder verändert sich unsere Liste:

`42 verglichen mit 1 ergibt neu: 9, 1, 42`

Alle Stellen unserer Liste sind jetzt **einmal durchlaufen**, und wir haben sogar mehr als eine Änderung gehabt: Die 42 ist in einem Durchgang ganz nach oben gestiegen. Die Liste ist aber noch nicht fertig sortiert, wie du gleich sehen wirst.

Zweiter Durchgang – 9, 1, 42

Erster Schritt: Die erste und zweite Stelle werden wieder verglichen.

`9 verglichen mit 1 ergibt neu: 1, 9, 42`

Zweiter Schritt: Die zweite und dritte Stelle der neu geordneten Liste werden verglichen.

`9 verglichen mit 42 bleibt bei: 1, 9, 42`

Wieder haben wir alle Stellen unserer Liste durchlaufen, und wir hatten wieder eine Änderung.

Mit einem Blick auf die Liste sehen wir: Wir sind fertig, hier kann nichts mehr verändert werden. Die Liste ist fertig sortiert. Und deshalb macht unser Computer jetzt die nächste Runde!

Wie? Noch eine Runde? Wir sind doch fertig!?

Ja, das kannst du mit einem Blick auf die Liste feststellen. Du schaust dir nacheinander alle Elemente der Liste noch einmal an und siehst: *Fertig!* Und genau das muss der Computer auch machen – in einer weiteren Runde. Anders ausgedrückt: Erst wenn es bei einem Durchgang keine einzige Veränderung mehr gibt – erst dann ist die Liste fertig sortiert.

Also noch eine Runde, dritter Durchgang – 1, 9, 42

Erster Schritt: erste und zweite Stelle werden verglichen

1 verglichen mit 9 `bleibt bei: 1, 9, 42`

Zweiter Schritt: zweite und dritte Stelle werden verglichen

9 verglichen mit 42 `bleibt bei: 1, 9, 42`

Wir haben keine Veränderung: Hurra, fertig!

Bubblesort ist nicht umsonst in der Lehre und beim schulmäßigen Erlernen der Programmierung ein gutes und vor allem anschauliches Beispiel, um sich mit der Programmierung von Algorithmen zu beschäftigen: Man sieht sprichwörtlich, was sich da tut.

Fangen wir an, und beschreiben wir, was unser Programm leisten soll. Mit Hilfe dieser Beschreibung programmieren wir dann alles in JavaScript. Dieses Mal werden wir es etwas kniffliger machen: Wir sehen uns die einzelnen Teile des Programms gemeinsam an – und du wirst alles korrekt zusammensetzen.

Bubblesort mit Computer

Wir haben eine ungeordnete Liste mit den Namen unserer Mannschaftsmitglieder. Die Namen sollen nach dem Bubblesort-Verfahren alphabetisch sortiert werden: In einem Durchgang sollen alle jeweils benachbarten Stellen verglichen und gegebenenfalls getauscht werden. Immer wenn es in diesem Durchgang einen oder mehrere Tauschvorgänge gegeben hat, soll ein weiterer Durchgang folgen.

Als ob das noch nicht reichen würde, machen wir in einem zweiten Teil sogar noch etwas weiter: Das Programm soll als Funktion geschrieben werden und damit in sich abgeschlossen sein. Die Liste mit unserer Mannschaft soll in die Funktion übergeben werden. Die Funktion soll die fertig sortierte Liste zurückgeben.

Damit wir sehen können, ob und wie die Sortierung funktioniert, soll der gesamte Vorgang in der Funktion zeilenweise ausgegeben werden.

Ready to rumble

Den Kern unseres Programms haben wir mit unserer obigen Beschreibung – jetzt müssen wir das unserem Computer mit Hilfe von JavaScript nur noch mundgerecht präsentieren.

Wir haben eine ungeordnete Liste mit den Namen unserer Mannschaft:

```
var liste =
 new Array("Xaver", "Hans", "Darth Berti", "Helge", "Bärbel", "Andrea");
```

Genauso richtig und etwas kürzer wäre es, die Liste so zu schreiben:

```
var liste = ["Xaver", "Hans", "Darth Berti", "Helge", "Bärbel", "Andrea"];
```

Diese Namen sollen jetzt nach dem Bubblesort-Verfahren alphabetisch sortiert werden. Dafür können wir eine Schleife verwenden, mit der wir alle Positionen der Liste (unseres Arrays) vom Anfang bis zum Ende durchlaufen. Da die Anzahl der Schleifendurchläufe durch die Anzahl der Elemente festgelegt ist und nicht von irgendwelchen Bedingungen abhängt, bietet sich die `for`-Schleife an:

```
for(var i=0; i<liste.length - 1; i++){

    //Hier kommt alles hinein, was unser Bubblesort ausmacht

}
```

Mit `liste.length` erfahren wir, wie viele Elemente unsere Liste enthält. Um jede Stelle zu erreichen, müssen wir ja bei 0 anfangen.

Da das letzte Element kein folgendes Element mehr hat (was nicht ganz überraschend ist) und bereits mit dem vorigen Element verglichen wird, läuft die Schleife nur, solange `i < liste.length` und nicht etwa `i <= liste.length`.

Jetzt gibt's was in die Schleife

Wir benötigen natürlich noch etwas Inhalt für unsere Schleife, noch etwas Logik – das Vergleichen und Tauschen der Elemente. Jedes Mal, wenn unsere for-Schleife durchlaufen wird, muss ein Wert mit dem direkten Nachbarn verglichen werden. Ist der erste Wert größer, dann sollen die Werte getauscht werden. So wandern die kleineren Werte nach links und die größeren Wert nach rechts. Sind die Werte gleich, muss nichts gemacht werden.

```
if( liste[i] > liste[i+1] ){

    kurzMerken = liste[i];
    liste[i] = liste[i+1];
    liste[i+1] = kurzMerken;

}
```

Falls du es genauer wissen willst: So geht tauschen NICHT

Um zwischen zwei Variablen die Werte zu tauschen, genügt es leider nicht, nacheinander zwei entsprechende Zuweisungen zu machen. So könnte man es vermuten, was aber leider falsch ist:

```
// FALSCH!
liste[i] = liste[i+1];
liste[i+1] = liste[i];
```

Nach dem ersten Tausch ist der Wert von `liste[i]` **überschrieben** und für immer ins Nirwana entschwunden. Beide Variablen hätten am Ende nur den einen Wert von `liste[i+1]`. Also müssen wir uns bei einem Tausch einen der Werte kurz merken, um ihn vor dem Überschreiben zu retten. Genau dafür brauchen wir unsere Variable `kurzMerken` – dort wird der Wert »gerettet«, der sonst nach der ersten Zuweisung verloren wäre.

Seltsam, aber wahr! Während es immer neue Funktionen und Programmiertechniken gibt, ist diese fast schon archaische Art des Tauschens über eine Hilfsvariable auch heute noch notwendig.

Wenn es in diesem Durchgang einen oder mehrere Tauschvorgänge gegeben hat, soll ein weiterer Durchgang folgen.

```
geaendert = true;
```

Wir müssen uns ja irgendwie merken, wenn es einen oder mehrere Tauschvorgänge gegeben hat, wir also noch einen weiteren Durchlauf machen müssen. Wir nehmen dafür eine passend benannte Variable, die im Falle einer Veränderung (innerhalb von `if`) einen entsprechenden Wert erhält.

Es ist übrigens in Schleifen immer wichtig, im Auge zu behalten, welche Werte Variable haben, die für eine Kontrolle verwendet werden. Und oft ist es notwendig, sie an der richtigen Stellen wieder auf einen sinnvollen Urzustand zu setzen: So müssen wir unsere Variable `geaendert` an der passenden Stelle wieder auf einen neutralen Wert zurücksetzen. Wir machen das natürlich nicht mitten in der Schleife (das wäre ja mitten im Durchgang). Wir müssen es **vor oder nach** dem vollständigen Durchlauf machen. Sinnvollerweise erledigen wir es vor dem Durchlauf, so machen wir das in einem Aufwasch mit der Deklaration.

```
var geaendert = false;
```

Die Sache mit »true« und »false«

`true` und `false` sind übrigens zwei ganz besondere Werte. Sie stehen (wie man erwarten könnte) für »wahr« und »falsch« bzw. für 1 und 0. Sie sind aber keine Zahlen und auch kein Text. Deshalb werden sie auch nicht wie Text in Anführungszeichen geschrieben. Es sind festgelegte Werte, die neben Texten und Zahlen als eigener Typ von Daten existieren, nämlich als sogenannte **Wahrheitswerte**.

Falls du es genauer wissen willst: Auch Vergessen ist ganz wichtig

In den Top 10 der beliebtesten Fehlermöglichkeiten sind Variable, die alte Werte mit sich herumschleppen, ganz oben angesiedelt. Gerade in Schleifen (und besonders in ineinandergeschachtelten Schleifen) führen Werte aus vergangenen Runden immer wieder zu merkwürdigen Ergebnissen: Es gibt keine Fehler, die zu einem Abbruch führen würden, das Programm läuft weiter, macht aber nicht das, was erwartet wird.

Ein anschauliches Beispiel findest du in unserem aktuellen Programm mit der Variablen `geaendert`: Gibt es eine Veränderung, wird die Variable auf `true` gesetzt. Das bleibt während dieser Runde bzw. diesem Durchlauf so – was ja auch korrekt ist. Problematisch wird es aber bei einem weiteren Durchlauf. Wird unsere Variable nicht wieder zurückgesetzt, beispielsweise mit `geaendert = false;`, würde sie den einmal gesetzten Wert `true` für immer behalten. Und da jedes Mal ein neuer Durchlauf gestartet wird, wenn es eine Veränderung gab (also `geaendert` noch `true` ist), würde Bubblesort für alle Ewigkeit vor sich hin arbeiten.

Genauso gefährlich ist das beliebte »Recyceln« bereits verwendeter Variabler, ohne sie auf einen neutralen Wert zurückzusetzen. Wer beispielsweise eine Variable `zaehler` an mehreren Stellen verwendet, sollte sicherstellen, dass sie bei jeder neuen Verwendung auf 0 gesetzt wird, um nicht Werte aus einer zuvor durchlaufenen Schleife zu haben.

Ein Durchgang macht noch keine fertige Liste

Falls es Tauschvorgänge gegeben hat, soll ein weiterer Durchgang folgen:

```
do{
    var geaendert = false;
    //hier kommt alles hinein, was zu unserem Durchgang gehört
}while( geaendert == true );
```

Das ist wie gemacht für eine `do-while`-Schleife. Und als einzig sinnvolle Bedingung überprüfen wir unsere Variable `geaendert`. Ist sie auf `true` gesetzt, dann gab es eine Veränderung, und die Schleife soll noch einmal durchlaufen werden. Da wir hier mit einem *Wahrheitswert* arbeiten (`geaendert` ist ja `true` oder `false`), kannst du auch direkt die Variable verwenden – ganz ohne Vergleich:

```
do{
    var geaendert = false;
    //hier kommt alles hinein, was zu unserem Durchgang gehört
}while( geaendert );
```

Denn ob das Ergebnis von `geaendert == true` wahr ergibt oder ob `geaendert` schon von allein wahr ist, spielt keine Rolle! Die Bedingung ist in beiden Fällen wahr (`true`) und damit erfüllt.

Falls du es genauer wissen willst: Natürlich gehen auch andere Werte

Als Bedingung würde es natürlich auch funktionieren, wenn du anstelle von `true` umgekehrt `false` festgelegt hättest. Auch ein fester Wert als String wie `geaendert = "getauscht";` würde funktionieren. Natürlich müsstest du dann auch diesen Wert in der Bedingung der `do-while`-Schleife verwenden:

```
do{
    //hier kommt alles hinein, was zu unserem Durchgang gehört
}while( geaendert == "getauscht" );
```

Damit du es nicht vergisst, solltest du das Zurücksetzen der Variable `geaendert` gleich einbauen. Aber wo? Direkt vor dem Ende der `do-while`-Schleife geht es nicht – dann würde direkt vor der Überprüfung in der `do-while`-Schleife der Wert gelöscht, einen kleinen, aber entscheidenden Moment zu früh. Vor der `do-while`-Schleife? Hier würde die Variable bei allen Durchgängen gar nicht mehr erreicht und im Programm gar nicht mehr zurückgesetzt werden. Es bleibt also nur eine Stelle, direkt im Kopf der `do-while`-Schleife:

```
do{
   var geaendert = false;
   //hier kommt alles hinein, was zu unserem Durchgang gehört
}while( geaendert == true );
```

Mit etwas Übung fällt es leicht, für so etwas die richtige Stelle zu finden. Anfangs kann das mit etwas Grübelei verbunden sein, aber Programmierung ist eben auch Übung und Ausprobieren.

Eine Ausgabe muss her!

Es ist an der Zeit, unser Programm zusammenzufügen und einfach einmal laufen zu lassen. Denn auch die allerschönste Theorie wird irgendwann langweilig. Je mehr du ungeprüft am Programm bastelst, desto schwieriger wird es, in dem immer länger werdenden Code Fehler zu finden. Also bauen wir alles zusammen und schauen einmal, was passiert.

Wenn du das Programm korrekt zusammenschreibst und startest, fehlt noch eine Ausgabe. Natürlich ist `alert` nicht *state of the art*, aber eine schöne Ausgabe wollen wir im folgenden Teil basteln. Daher soll uns dies als Ausgabe am Ende genügen:

```
alert(liste);
```

Damit wird die korrekt sortierte Liste in einem Stück ausgegeben.

Alle Teile des Puzzles – unsortiert

```
//Unser Array - irgendwas wollen wir ja auch sortieren
var liste = ["Xaver", "Hans", "Darth Berti", "Helge", "Bärbel", "Andrea"];

//Alles, was wir für einen Durchgang brauchen
for(var i=0; i<liste.length - 1; i++){
```

```
    //Hier kommt alles hinein, was unser Bubblesort ausmacht

}

//Das Betriebsgeheimnis: das Innerste von Bubblesort
if( liste[i] > liste[i+1] ){

  kurzMerken = liste[i];
  liste[i] = liste[i+1];
  liste[i+1] = kurzMerken;
}

//Der Status: es gab eine Veränderung
geaendert = true;

//Ein Durchgang allein macht noch kein Bubblesort, solange es eine
//Veränderung gab, soll ein neuer Durchgang gemacht werden.
do{
    var geaendert = false;
    //hier kommt alles hinein, was zu unserem Durchgang gehört
}while( geaendert == true );

alert(liste);
```

Deine **Aufgabe** ist es jetzt, alles korrekt **zusammenzufügen**. Spicken ist natürlich ausdrücklich erlaubt. Je mehr Erfahrung du hast, desto leichter wird dir das fallen, und schließlich wird dir das wie von selbst von der Hand gehen.

Das fertige Puzzle

```
<!DOCTYPE html>
<html>
<head>
    <meta charset="utf-8">
    <title>Bubblesort</title>
</head>
<body>
<script>
var liste = ["Xaver", "Hans", "Darth Berti", "Helge", "Bärbel", "Andrea"];
```

```
do{
    var geaendert = false;
    for(var i=0; i<liste.length - 1; i++){

        if( liste[i] > liste[i+1] ){

          kurzMerken = liste[i];
          liste[i] = liste[i+1];
          liste[i+1] = kurzMerken;

          geaendert = true;
        }
    }
}while( geaendert == true );
alert(liste);
</script>
</body>
</html>
```

Die Kommentare habe ich hier weggelassen, dafür habe ich das notwendige HTML mit aufgenommen. Speichere jetzt nur noch alles unter einem passenden Namen wie *bubblesort.html*, und öffne es im Browser – fertig.

Feinschliff

Du hast jetzt ein funktionsfähiges Programm und darin einen komplexeren Algorithmus umgesetzt. Jetzt ist Zeit für etwas Feinschliff:

- Der Sortieralgorithmus soll in eine **Funktion** geschrieben werden.
- Jede **Veränderung** beim Sortieren, jeder Schritt, soll sofort ausgegeben werden. Das Ganze soll Schritt für Schritt erfolgen – das Zauberwort lautet **zeitgesteuert**.
- So langsam wollen wir `alert` zwar nicht aufs Altenteil schieben, aber doch mehr mit der Webseite arbeiten, um dort Inhalte darzustellen und zu verändern.

Als Erstes: Wir machen eine Funktion aus unserem Bubblesort

Wir hatten ja bereits festgelegt, was unser Programm noch können soll:

Das Programm soll als Funktion geschrieben werden und damit in sich abgeschlossen sein. Die Liste mit unserer Mannschaft soll in die Funktion übergeben werden. Die Funktion soll die fertig sortierte Liste zurückgeben.

Es ist natürlich kein Selbstzweck, das Programm in eine Funktion zu packen. Wie du noch sehen wirst, kann ein laufendes Programm die Webseite, das HTML, so ohne weiteres nicht dynamisch verändern. Änderungen in der Webseite werden erst ausgeführt, wenn das Programm tatsächlich beendet wurde. Aber wir möchten ja eine dynamische Ausgabe der Veränderungen. Und das kriegen wir im HTML-Code mit Hilfe einer Funktion hin, die einfach beendet und dann zeitgesteuert neu gestartet wird:

Damit wir sehen können, ob und wie die Sortierung funktioniert, soll der gesamte Vorgang in der Funktion zeilenweise dokumentiert werden.

Um auch den Vorteil von Funktionen besser sehen zu können, wollen wir gleich **zwei Listen** sortieren. Denn darum geht es auch bei Funktionen – Programmteile sind als Funktionen nicht nur übersichtlicher, sie können auch problemlos **mehrfach** verwendet werden: Hättest du keine Funktion zur Verfügung, müsstest du alle zu sortierenden Listen mit einer Schleife in deinem Programm abarbeiten. Geradezu kriminell komplex würde alles, wenn du verschiedene Listen (bzw. Arrays) nicht zentral an einer Stelle bearbeiten könntest, sondern sie von unterschiedlichen Stellen im Programm aufrufen müsstest. Dann müsstest du den gesamten Programmcode immer dorthin kopieren (und anpassen), wo du ihn gerade im Programm benötigst.

Und das heißt ganz praktisch und ganz konkret?

Stell dir vor, es gäbe nicht den Befehl `alert` (der ja auch eine Funktion ist, nur eben fest in JavaScript eingebaut ist). Du müsstest jedes Mal alles mit JavaScript aufs Neue ins Programm schreiben und bräuchtest dafür 5 bis 6 Zeilen mehr. Das Programm würde umfangreicher und unübersichtlicher.

Zwei Listen sollt ihr sein

Gehen wir einmal davon aus, dass auch die gegnerische Mannschaft eingetroffen ist und sortiert werden möchte. Dann brauchen wir neben unserer eigenen Mannschaft ein weiteres Array mit den Namen der gegnerischen Spieler.

```
var liste = ["Xaver", "Hans", "Darth Berti", "Helge", "Bärbel", "Andrea"];
var gegner = ["Hotte", "Alois", "Alva", "Petra", "Chen Lu", "Peter"];
```

Und wenn wir schon ein neues Array namens `gegner` haben, könnten wir unserem bisherigen Array `liste` dann vielleicht auch einen etwas passenderen Namen geben? Also benennen wir das Array kurzerhand in `mannschaft` um.

```
var mannschaft =
    ["Xaver", "Hans", "Darth Berti", "Helge", "Bärbel", "Andrea"];
```

```
var gegner =
    ["Hotte", "Alois", "Alva", "Mikhail", "Chen Lu", "Peter"];
```

Auf diese Art lernst du gleich noch einen weiteren Vorteil von Funktionen kennen: Bei dem bisherigen Programm hättest du mit der Umbenennung von `liste` in `mannschaft` einiges zu tun gehabt. Innerhalb von Bubblesort hast du ja mit der Variablen `liste` gearbeitet und müsstest sie jetzt überall in `mannschaft` umbenennen. Mit Hilfe von Funktionen ist das gar nicht mehr nötig, wie ich dir gleich zeigen werde. Ganz zu schweigen davon, dass du (wie du ebenfalls gleich sehen wirst) dir keine Gedanken darüber machen musst, wie du das zweite, ganz anders benannte Array in dein Bubblesort bringst.

Mehr als nur Feinheiten – du und deine Funktion

Eine Funktion ist praktisch. Du kannst damit nicht nur Programmteile mehrfach im Programm verwenden. So wie bei `alert` kannst du auch Werte in die Funktion übergeben. Werte, mit denen die Funktion dann arbeiten kann.

Wie mache ich das bei meinen eigenen Funktionen?

Die Magie liegt in den runden Klammern der Funktion – beim Aufruf und genauso bei der Definition der Funktion. In den runden Klammern kannst du beim **Aufruf** Werte oder Variable angeben. Dazu muss in der aufgerufenen Funktion natürlich ein **Gegenpart** vorhanden sein: eine Variable, die den **Wert** entgegennimmt. Damit kannst du in der Funktion weiterarbeiten.

Für eine (noch zu schreibende) eigene Funktion namens `sortiere` könnte der **Aufruf**, mit dem unsere Arrays übergeben werden, so aussehen:

```
sortiere(mannschaft);
```

Oder so für unsere zweite Liste:

```
sortiere(gegner);
```

Das war der Aufruf. Natürlich brauchen wir dann auch eine Funktion `sortiere` mit einer Variablen, die wie eine Spinne im Netz auf einen ankommenden Wert lauert – nur sitzt die Variable eben in den runden Klammern der Funktion:

```
function sortiere(liste){
    //hier kommt alles hinein
    return liste;
}
```

Das Grundgerüst kennst du schon: Dem Schlüsselwort `function` folgt der Name der Funktion. Neu ist der Name `liste` innerhalb der runden Klammern. Es handelt sich um eine **neue Variable,** die sich wie eine lauernde Spinne die ankommenden Werte schnappt. Der Name ist beliebig, nur deine Phantasie und der hoffentlich gesunde Menschenverstand setzen hier Grenzen. Das Schlüsselwort `var` ist hier übrigens nicht erlaubt. Es handelt sich nämlich in jedem Fall um eine lokale Variable, die ausschließlich innerhalb der Funktion vorhanden sein wird.

Dort wo jetzt der Kommentar steht, kommt im nächsten Schritt unser Bubblesort hinein. Da wir dort auch schon vorher (natürlich rein zufällig) mit einem Array namens `liste` gearbeitet haben, müssen wir an unserem Bubblesort nicht einmal Änderungen vornehmen, um die Variable `liste` korrekt verwenden zu können.

Mit `return` kannst du deine Funktion **jederzeit** verlassen (nicht nur am Ende so wie hier). Das Programm wird dort fortgesetzt, wo die Funktion zuvor aufgerufen wurde. `return` darf sogar mehrfach in einer Funktion vorkommen. Tatsächlich ist das sehr praktisch, wenn du eine Funktion aus unterschiedlichen Gründen und an unterschiedlichen Stellen verlassen möchtest.

Deinem aufmerksamen Blick wird sicher nicht entgangen sein, dass unsere Variable `liste` neben dem `return` steht. So wie du bei dem Aufruf der Funktion Werte **in die Funktion** übergeben kannst, genauso kann die Funktion einen Wert **zurückgeben**. In unserem Fall ist das wieder unsere Liste, unser Array, das sortiert zurückgegeben wird.

Dieser Rückgabewert kann beim Aufruf mit `alert` ausgegeben oder einer (beliebigen) Variablen zugewiesen werden:

```
alert( sortiere(mannschaft) );
alert( sortiere(gegner) );
```

Oder so:

```
mannschaft = sortiere(mannschaft);
gegner = sortiere(gegner);
```

Warum muss den Variablen »mannschaft« und »gegner« das Ergebnis noch einmal zugewiesen werden?

Wenn du eine Funktion aufrufst und ihr einen Wert übergibst, wird tatsächlich nur der **Wert**, nicht aber die Variable in die Funktion übergeben. Was du innerhalb der Funktion **mit dem Wert** machst, hat **keinen Einfluss** auf deine **ursprüngliche Variable**.

Veränderst du also einen übergebenen Wert in einer Funktion, musst du ihn auch wieder mit Hilfe von `return` zurückgeben und der jeweiligen Variablen zuweisen.

Ist das nicht unnötig umständlich?

Tatsächlich sind die Fälle, in denen man eine automatische Änderung der Variable wirklich brauchen könnte, in der Praxis eher selten. Also passt das im Allgemeinen ganz gut.

Nach den geschweiften Klammern einer Funktion wird übrigens grundsätzlich kein Semikolon gesetzt. Wenn du trotzdem eines setzt (was du aber nicht machen solltest), geht dennoch nichts kaputt.

Setz jetzt bitte das Bubblesort in die Funktion, und schreibe auch gleich die Aufrufe der Funktion in dein Programm.

So kann es aussehen – Spicken ist natürlich wieder erlaubt:

```
<script>
var mannschaft = ["Xaver", "Hans", "Darth Berti", "Helge", "Bärbel", "Andrea"];
var gegner = ["Hotte", "Alois", "Alva", "Mikhail", "Chen Lu", "Peter"];

alert( sortiere(mannschaft) );
alert( sortiere(gegner) );

function sortiere(liste){

  do{
    var geaendert = false;
    for(var i=0; i<liste.length - 1; i++){
      if( liste[i] > liste[i+1] ){
        kurzMerken = liste[i];
        liste[i] = liste[i+1];
        liste[i+1] = kurzMerken;
        geaendert = true;
      }
    }
  }while( geaendert == true );

  return liste;
}
</script>
```

Das bisherige Bubblesort konnte durch den (nicht ganz so zufälligen) Umstand, dass der Parameter auch `liste` heißt, praktisch ohne Änderungen verwendet werden.

Was genau war jetzt noch mal der Vorteil der Funktion?

Du willst mehrere Listen sortieren? Du willst dir aber keine Gedanken machen, wie du die unterschiedlichen Listen (bzw. Arrays) in dein Bubblesort hineinbekommst? Kein Umbenennen, keine wirren Schleifen? Hier hilft dir die Funktion: Du übergibst nur Werte (bzw. hier die Arrays) in die Funktion und bist alle Sorgen los.

Schön und auch noch zeitgesteuert

Du hast Bubblesort zum Laufen gebracht und sogar eine Funktion daraus gemacht. Aber der Mensch lebt bekanntlich nicht nur von Funktionalität allein – schön und etwas ausgefeilt darf es auch sein.

Bisher hast du dich für die Ausgabe darauf beschränkt, mit `alert` zu arbeiten. Während `alert` sehr praktisch ist, können die ständigen Meldungen mit der Zeit nervig werden. Jedes Fenster muss bestätigt werden, die Informationen sind danach auf Nimmerwiedersehen verschwunden. Und zu viele Informationen solltest du auch nicht in ein einzelnes, kleines Meldungsfenster quetschen. Ein Vergleich oder eine Übersicht ist so kaum möglich.

Was liegt näher, als die große, weiße und fast leere Webseite dafür zu nutzen?

Das Ende der weißen Seiten ist nahe

Um etwas in die Webseite schreiben zu können, musst du im HTML-Code deiner Webseite eine geeignete Stelle haben, auf die du überhaupt zugreifen kannst. Du erstellst also zuerst irgendein HTML-Element in der Webseite, beispielsweise ein `<p></p>` mit irgendeinem aufregendem Inhalt wie »Hallo Welt« oder »Bubblesort«.

JavaScript kann nämlich auf alle Elemente der Webseite zugreifen. Am einfachsten geht das, wenn das gewünschte HTML-Element eine ID in Form eines Attributs bekommt: `<p id="ichBinEineId"></p>`

Attribute hast du ja kennengelernt. `id` ist ein HTML-Attribut, das dir in Zukunft oft begegnen wird – denn es ist **das** Element, über das JavaScript am einfachsten auf die Webseite zugreifen und die Inhalte eines Tags verändern kann, zum Beispiel um den enthaltenen Text auszulesen oder (was wir machen werden) ihn zu verändern.

Das könnte dann (verkürzt) so aussehen:

```
<body>
    <p id="notiz">Hallo Welt</p>
```

```
<script>
    //... hier ist das Programm
</script>
</body>
```


Mit JavaScript wirst du gleich einen neuen Inhalt in das Tag schreiben. Dieser Schritt ist zumindest für unser Bubblesort gar nicht notwendig. Und natürlich könntest (und würdest) du den passenden Inhalt auch gleich ins HTML schreiben. Aber es ist eine gute Möglichkeit, zu sehen, wie du Inhalte der Webseite ändern kannst:

```
<body>
    <p id="notiz">Hallo Welt</p>
<script>
    notiz.innerHTML = "Die Ergebnisse von Bubblesort<br>";
    //... hier ist das Programm
</script>
</body>
```

Beim Öffnen der Seite wird dein JavaScript sofort ausgeführt, und der bestehende Text wird sofort überschrieben. Das alles funktioniert mit Hilfe des Attributs `id` und wenig JavaScript.

`notiz.innerHTML` ist übrigens so etwas wie eine Kurzform von `document.getElementById("notiz").innerHTML`. Damit greifst du innerhalb des Dokuments, `document`, (also der Webseite) auf das Element mit der ID `notiz` zu. Genauer gesagt auf das, was sich innerhalb des Tags befindet, `innerHTML`.

Wie sieht das für die Ausgabe von unserem Bubblesort aus?

Du schreibst den Inhalt der Liste (bzw. das Array) einfach in das Tag und damit in die Webseite, und zwar bei jeder Änderung der Liste. Der Programmcode, mit dem du eine Zeile (mit einem Zeilenumbruch in HTML) hinzufügst, sieht so aus:

```
notiz.innerHTML = notiz.innerHTML + "<br>" + liste;
```

Was passiert hier? Unserem Tag mit der `id="notiz"` wird ein neuer Inhalt zugewiesen. Und zwar der bisherige Inhalt, `notiz.innerHTML`, und dazu ein Zeilenumbruch – in HTML als `<br>` geschrieben. Daran wird die aktuelle, veränderte Liste gehängt. Das alles wird mit + zusammengefügt und dem Inhalt des Tags zugewiesen. JavaScript erkennt übrigens, dass es sich nicht um eine mathematische Addition von Zahlen handelt. Texte können schließlich nicht wie Zahlen addiert, sondern nur aneinandergehängt werden. **Fertig ist der neue Inhalt.**

Wo füge ich die Anweisung genau ein?

Es gibt einen Bereich in deinem Programm, der nur durchlaufen wird, wenn es eine Veränderung gibt – also wenn zwei Stellen getauscht werden. Dort kannst du das Programm anweisen, die aktualisierte Liste in das HTML zu schreiben. Du änderst also die Funktion (der Rest bleibt gleich) wie folgt:

```
function sortiere(liste){

  do{
    var geaendert = false;

    for(var i=0; i<liste.length - 1; i++){
      if( liste[i] > liste[i+1] ){
        kurzMerken = liste[i];
        liste[i] = liste[i+1];
        liste[i+1] = kurzMerken;
        //Die Liste wurde veraendert! Ab hier ist
        //die Ausgabe (innerhalb des if) sinnvoll
        geaendert = true;
        notiz.innerHTML = notiz.innerHTML + "<br>" + liste;
      }
    }
  }while( geaendert == true );

  return liste;
}
```

Ob du zuerst die Zuweisung `geaendert = true;` schreibst oder erst die Ausgabe ins HTML, spielt keine Rolle. Wichtig ist nur, dass du die Ausgabe innerhalb des `if`-Kontrukts und erst **nach der Änderung** der Liste setzt.

HTML – das vernachlässigte Stiefkind der Aktualisierung

Wenn du das Programm so startest, wird dir eine merkwürdige Sache auffallen: Zuerst erscheinen die Fenster von `alert`. Die Ausgabe(n) im HTML-Code werden hingegen erst sichtbar, wenn du das letzte `alert` bestätigt hast und dein Programm beendet ist.

Fatale Fehler in der Zeitlinie? Temporale Löcher?

Auch wenn man versucht ist, so etwas bei der Programmierung grundsätzlich nicht auszuschließen, ist die Lösung dieses Rätsels ganz einfach:

Solange ein JavaScript-Programm im Browser ohne Unterbrechung läuft, wird das HTML im Normalfall **nicht aktualisiert**. Dies soll verhindern, dass bei umfangreichen Änderungen die Seite ständig neu aufgebaut werden muss. Der Browser wartet also, bis alles fertig ist, das JavaScript nicht mehr läuft und nicht mehr stören kann. Erst dann wird die Seite mit verändertem Inhalt neu aufgebaut. Die Meldungsfenster von `alert` gehören nicht zum HTML. Sie sind fester Bestandteil von JavaScript – deshalb kannst du sie jederzeit im Programm aufpoppen lassen.

Und was kann ich da machen?

Das Zauberwort ist »Unterbrechung«. Um dynamische Änderungen in die Webseite zu schreiben, musst du das Programm unterbrechen oder beenden. Du musst Bubblesort nach jedem Schritt, besser nach jeder Änderung in der Liste, beenden und mit der aktuellen Liste neu aufrufen.

Aus Gründen der Einfachheit werden wir dafür sogar eine einfachere Version von Bubblesort zum Einsatz bringen – eine Version, die nicht mit festen Durchläufen, sondern etwas einfacher arbeitet: Nach jeder Änderung stoppt das Programm, und es wird zeitgesteuert ein neuer Durchlauf gestartet. Das ist nicht 100 % Bubblesort, aber ausreichend, um eine dynamische Darstellung zu generieren.

Erst einmal das Handwerkszeug – zeitgesteuerte Aufrufe

Du musst Bubblesort also nach jeder Änderung beenden und dann wieder neu starten. Idealerweise zeitgesteuert mit einer kurzen Pause – sonst ist das Programm genauso schnell beendet, wie es gestartet wurde.

JavaScript hat tatsächlich einen Befehl parat, mit dem du Funktionen zeitgesteuert starten kannst. Er lautet `setTimeout` und sieht so aus:

```
setTimeout(NameDerFunktion,ZeitInMillisekunden,
 Parameter);
```

Das sieht nicht schwierig aus – und ist auch nicht. Um unsere eigene Funktion zeitgesteuert nach 2 Sekunden zu starten, sähe der Aufruf so aus:

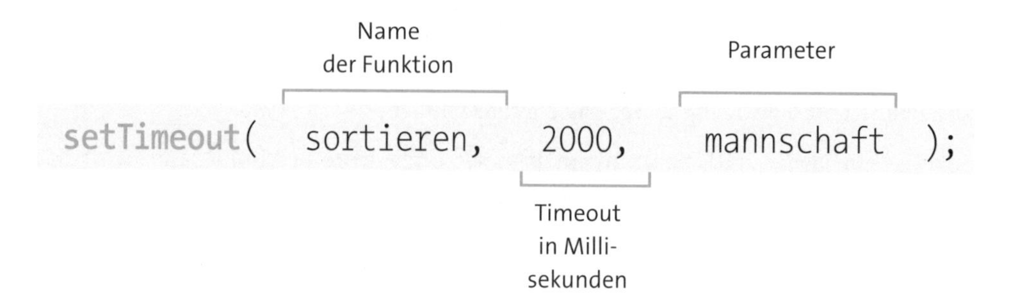

Der Aufruf der gewünschten Funktion innerhalb von `setTimeout` erfolgt etwas untypisch: Es wird **nur der Name** der Funktion `sortiere` angegeben, ohne Klammern oder die darin sonst übergebenen Werte bzw. Parameter.

Die Zahl an der zweiten Stelle repräsentiert die **Millisekunden** (also Tausendstelsekunden), die JavaScript vor dem Start der Funktion verstreichen lässt. Für eine Sekunde musst du also `1000` angegeben. Bei einer Minute wären wir schon bei stattlichen 60.000 Millisekunden. Erst nach der angegebenen Zeit wird die Funktion gestartet.

Der Paramter `mannschaft` ist der Wert, der beim normalen Funktionsaufruf `sortiere(mannschaft);` in den runden Klammern steht. Hier werden also die Parameter (es könnten ja auch mehrere sein) in die Funktion übergeben.

Wichtig: Der zeitgesteuerte Aufruf `setTimeout(sortiere,2000,liste);` ist nichts anderes als der klassische Funktionsaufruf `sortiere(mannschaft);` – nur wird die Funktion eben etwas später gestartet, nicht sofort.

Richtiges temporales Zaubern für Anfänger

Ein zeitgesteuerter Aufruf ist eine tolle Sache, aber wo und wie muss der Aufruf im Programm tatsächlich erfolgen? Verwendest du `setTimeout` lediglich anstelle des normalen Aufrufs, gewinnst du damit nicht viel: Bubblesort würde zeitgesteuert aufgerufen, die übergebene Liste würde **unverändert in einem Rutsch abgearbeitet** – nicht mehr und nicht weniger. Wir aber wollen eine schrittweise, sichtbare Ausgabe der Sortierung. Wir wollen Schritt für Schritt sehen, was sich da bei Bubblesort tut. Dafür muss das laufende Programm unterbrochen oder beendet werden. Jeder Schritt muss für sich selbst gestartet werden. Also mal überlegen – wo kann ein **zeitgesteuerter Aufruf** erfolgen?

Das Programm soll unterbrochen werden, wenn eine Änderung erfolgt. Nur dann kann die Änderung sofort ausgegeben werden. Und genau so eine Stelle haben wir auch.

Dort, wo wir zuletzt die Ausgabe ins HTML eingefügt haben!

Genau, dort haben wir eine Änderung, die wir auch ausgeben wollen – und an dieser Stelle müssen wir das Programm unterbrechen oder es sogar beenden. An dieser Stelle machen wir also unseren zeitgesteuerten Aufruf.

Also kurz überlegen, was das bedeutet: Nachdem eine Änderung in der Liste gemacht wurde, machen wir einen zeitgesteuerten Aufruf und übergeben erneut unsere bis dahin sortierte Liste. Damit kann Bubblesort (oder unser Bubblesort light) an genau dieser Stelle weitermachen.

Damit würde unser Programm aber noch nicht unterbrochen oder beendet – es würde wie bisher zum Ende weiterlaufen, zusätzlich zu unseren neuen zeitgesteuerten Aufrufen. Du musst unsere Funktion also ausdrücklich beenden. Was brauchen wir? Sehen wir uns unsere Funktion einmal mit dem zeitgesteuerten Aufruf an:

```
function sortiere(liste){
  do{
    var geaendert = false;
    for(var i=0; i<liste.length - 1; i++){
      if( liste[i] > liste[i+1] ){
        kurzMerken = liste[i];
        liste[i] = liste[i+1];
        liste[i+1] = kurzMerken;
        geaendert = true;
        notiz.innerHTML = notiz.innerHTML + "<br>" + liste;
        setTimeout(sortiere,2000,liste);
      }
    }
  }while( geaendert == true );
  return liste;
}
```

Wenn wir es uns in Ruhe überlegen, muss das Programm oder die Funktion direkt nach dem `setTimeout` beendet werden. Denn hier wird die Liste zur weiteren Bearbeitung weitergereicht. **Wie im Staffellauf** wird an dieser Stelle der Stab an den nächsten Läufer übergeben – der andere Läufer **darf** von diesem Zeitpunkt an **nicht mehr am Rennen teilnehmen**. Würden **alle Läufer** weiterrennen, gäbe es ein ziemliches Chaos.

Wie beende ich das Programm?

Die einfachste und sauberste Möglichkeit ist ein einfaches `return` an dieser Stelle. Du verlässt die Funktion korrekt, und das Programm wird dort fortgesetzt, wo du die Funktion zuvor aufgerufen hast. Da danach nicht mehr viel kommt, ist unser Programm damit beendet.

Dadurch macht die Rückgabe der Liste mit dem `return` und eine mögliche Ausgabe mit `alert` natürlich keinen Sinn mehr – es ist in dem Moment ja nur eine teilweise sortierte Liste. Streichen wir das also. Wir wollen ja sowieso die **Ausgabe in der Webseite** haben.

Was ist mit der »do-while«-Schleife?

Tatsächlich ist auch die äußere `do-while`-Schleife jetzt nutzlos – jedes Mal, wenn es eine Änderung gegeben hat, wird die Funktion beendet, und eine neue Instanz (also eine eigene, neue Version) wird gestartet. Unsere treue `do-while`-Schleife kommt so gar nicht mehr zum Einsatz. Damit brauchen wir (zumindest in dieser vereinfachten Form) auch unsere Variable `geaendert` nicht mehr – sie kam nur als Bedingung in unserer `do-while`-Schleife zum Einsatz. Brauchen wir die Schleife nicht mehr, brauchen wir auch unsere Variable nicht mehr.

Das bleibt von unserer Funktion übrig:

```
function sortiere(liste){
  for(var i=0; i<liste.length - 1; i++){
    if( liste[i] > liste[i+1] ){
      kurzMerken = liste[i];
      liste[i] = liste[i+1];
      liste[i+1] = kurzMerken;
      notiz.innerHTML = notiz.innerHTML + "<br>" + liste;
      setTimeout(sortiere,1000,liste);
      return;
    }
  }
}
```

Das gibt es auch: Eine Funktion wird **einfacher**. Man muss gerechterweise aber sagen, dass wir dafür einen leicht geänderten Suchalgorithmus haben. Bisher wurde die Liste vollständig in kompletten Durchgängen bearbeitet: Ein großer Wert konnte so in einem Durchgang ganz nach oben durchgetauscht werden – von Position zu Position. Jetzt beginnt der Durchlauf nach einem Tausch wieder beim Anfang der Liste. Natürlich könnten wir das korrigieren, indem wir als zweiten Parameter die aktuelle Position im Durchgang übergeben und als dritten Parameter den Status, ob es Änderungen gegeben hat. Damit würde die Liste an der gleichen Stelle weiterbearbeitet. Das kannst du dir am Ende in der fertigen Lösung ansehen. Für unser Beispiel, in dem es mehr um die **dynamische Ausgabe** geht, reicht uns eine einfachere Version von Bubblesort.

Aber darf man das so einfach?
Ich meine, das ist dann doch kein echtes Bubblesort mehr?!

Wichtig ist das korrekte Ergebnis. Solange es keine Aufgabe ist, in der ein Lösungsweg exakt eingehalten werden muss, solltest du dich in der Umsetzung frei fühlen. Schönheit löst keine Probleme. Wenn du einen besseren oder einfacheren Weg für ein Problem gefunden hast, dann nimm diesen Weg. In der Programmierung geht es um Probleme und deren Lösung. Der Lösungsweg ist ganz dir selbst überlassen, und einfache Lösungen sind erfahrungsgemäß oft die besseren Lösungen.

Und so sieht der komplette Code aus:

```
<!DOCTYPE html>
<html>
<head>
    <meta charset="utf-8">
    <title>Bubblesort</title>
</head>
<body>

<p id="notiz">Hallo Welt</p>

<script>
document.getElementById("notiz").innerHTML =
     "Die Ergebnisse von Bubblesort<br>";

var mannschaft =
    ["Xaver", "Hans", "Darth Berti", "Helge", "Bärbel", "Andrea"];
var gegner =
    ["Hotte", "Alois", "Alva", "Mikhail", "Chen Lu", "Peter"];

sortiere(mannschaft);
sortiere(gegner);

function sortiere(liste){
  for(var i=0; i<liste.length - 1; i++){
    if( liste[i] > liste[i+1] ){
      kurzMerken = liste[i];
      liste[i] = liste[i+1];
      liste[i+1] = kurzMerken;
```

```
            notiz.innerHTML = notiz.innerHTML + "<br>" + liste;
            setTimeout(sortiere,1000,liste);
            return;
        }
    }
}
</script>
</body>
</html>
```

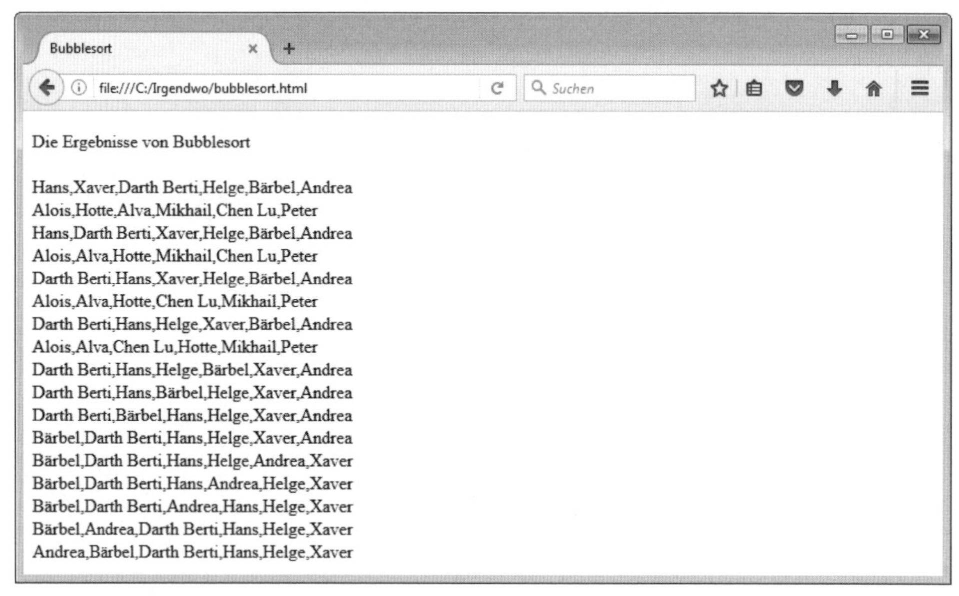

Abbildung 5.1 Siehe da, zwei Listen werden um die Wette sortiert, und es gibt sogar einen eindeutigen Gewinner bei diesem Rennen der Listen.

Etwas schicke Kosmetik

Du hast jetzt eine echte **dynamische Darstellung**. Da ist es sinnvoll, dies auch als Effekt zu nutzen; schreibst du nur die aktuelle Liste in das HTML (ohne Zeilenumbruch und die bestehenden Inhalte), so sieht es aus, als würden sich die Elemente der Liste tatsächlich bewegen:

```
notiz.innerHTML = liste;
```

Dann solltest du aber jeweils nur eine Liste sortieren. Ansonsten wechselt die Darstellung immer zwischen den beiden Listen hin und her.

Falls du es genauer wissen willst:
Lokale Variable und schweigsame Funktionen

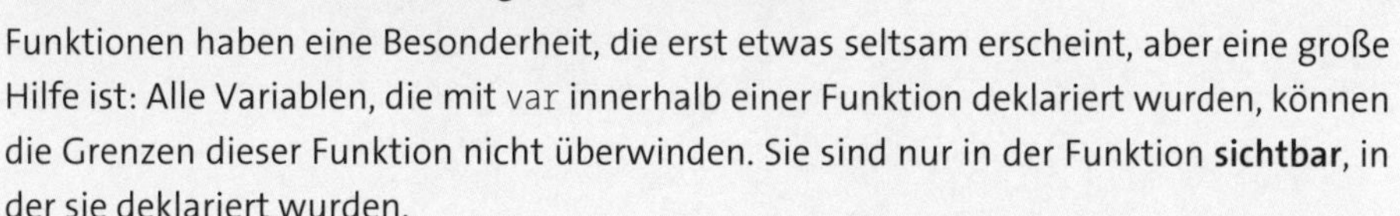

Funktionen haben eine Besonderheit, die erst etwas seltsam erscheint, aber eine große Hilfe ist: Alle Variablen, die mit `var` innerhalb einer Funktion deklariert wurden, können die Grenzen dieser Funktion nicht überwinden. Sie sind nur in der Funktion **sichtbar**, in der sie deklariert wurden.

Wenn du dich jetzt fragst: »Hä?«, dann stellst du genau die richtige Frage.

Es wird in fast allen Tutorials empfohlen, Variable in JavaScript mit `var` zu deklarieren. Es handelt sich dann um sogenannte **lokale Variable.**

Jede Variable, die **innerhalb einer Funktion** mit `var` definiert wurde, ist **außerhalb** der Funktion **nicht vorhanden**. Du brauchst dir dann über gleiche Namen oder alte Werte keine Gedanken mehr zu machen: Eine Variable `wert` oder `zaehler` innerhalb einer Funktion ist eine ganz andere Variable als eine genauso benannte Variable `wert` oder `zaehler` im Hauptteil des Programms oder in einer anderen Funktion. Du kannst nichts überschreiben, du erhältst keine alten Werte. Und es geht sogar noch weiter: Alle lokalen Variablen und Werte einer Funktion verschwinden nach dem Verlassen der Funktion für immer ins Nirvana – ganz so, als hätte es diese Daten und Variablen niemals gegeben.

Eine Ausnahme gibt es aber: Die Variablen, die direkt innerhalb des `script`-Tags definiert wurden (also nicht innerhalb einer Funktion), sind immer und überall verfügbar, egal, ob sie mit oder ohne `var` deklariert wurden. Hier hat `var` – abgesehen vom besseren Stil – gar keine Auswirkungen.

Die volle Funktion für Bubblesort

Nicht nur der Vollständigkeit halber: Willst du Bubblesort als vollständigen Algorithmus mit einer dynamischen Darstellung abbilden, so ist das natürlich auch möglich. Du musst dazu von Aufruf zu Aufruf die **aktuelle Position** und den **Status** der Veränderung übergeben. Das ist hier umgesetzt. Soll auch der bisherige Aufruf `sortiere(mannschaft);` weiter problemlos arbeiten, musst du sicherstellen, dass die in diesem Fall leeren Parameter sinnvolle Werte erhalten und eben nicht `undefined` sind.

```
<!DOCTYPE html>
<html>
<head>
    <meta charset="utf-8">
    <title>Bubblesort</title>
</head>
<body>

<p id="notiz">Hallo Welt</p>

<script>
document.getElementById("notiz").innerHTML =
     "Die Ergebnisse von Bubblesort<br>";

var mannschaft =
    ["Xaver", "Hans", "Darth Berti", "Helge", "Bärbel", "Andrea"];

sortiere(mannschaft);

function sortiere(liste, position, geaendert){

  if(position == undefined){ position = 0; }
  if(geaendert == undefined){ geaendert = false; }
  for(var i=position; i<liste.length-1; i++){

    if( liste[i] > liste[i+1] ){
      kurzMerken = liste[i];
      liste[i] = liste[i+1];
      liste[i+1] = kurzMerken;
      geaendert = true;
      document.getElementById("notiz").innerHTML = liste;
      setTimeout(sortiere, 1000, liste, i, geaendert);
      return;
    }
  }
  //Eine neue Runde
  if(geaendert == true){
    setTimeout(sortiere, 1000, liste, 0, false);
```

```
  }

}
</script>
</body>
</html>
```


Ist ein Durchlauf vollständig und gab es darin eine Änderung, muss ein neuer Aufruf für einen neuen Durchlauf erfolgen. Das ist auch schon der ganze Zauber.

Kapitel 6

Quiz

Raten oder raten lassen

Auch wenn es keine Millionen zu gewinnen gibt – ein Quiz zu programmieren macht fast mehr Spaß, als eines zu spielen. Wenn dann auch noch eine schicke Oberfläche zum Einsatz kommt, bedeutet es gleich doppelten Spaß.

In diesem Kapitel ...

... wirst du nicht nur ein Quiz programmieren. Du wirst arbeiten wie die Profis: Du bekommst das Aussehen des Programms, die Benutzeroberfläche in HTML und CSS, vorgegeben. Natürlich erfährst du, was es damit auf sich hat und wie du selbst den Feinschliff am Aussehen vornehmen kannst. Deine Aufgabe wird darin bestehen, dein Programm so zu schreiben, dass es auf Aktionen an der Oberfläche reagiert und außerdem zeitgesteuert neue Fragen stellt. Mit Hilfe von JavaScript wirst du die Oberfläche bearbeiten, verändern und auf die Eingaben reagieren. Neben ein paar neuen Techniken wirst du diesmal vollständig mit Funktionen arbeiten – und sogar mit *anonymen Funktionen*, die ein ganz interessanter Sonderfall sind.

Selbst wenn du dich nicht für eine Karriere als umjubelter Star-Programmierer entscheiden solltest, lernst du hier eine Arbeitsweise kennen, die in der Entwicklung durchaus üblich ist: Du bekommst das Aussehen – die *Benutzeroberfläche* – vorgegeben und passt dein Programm daran an. Die Benutzeroberfläche, auch kurz *GUI* (Graphical User Interface) genannt, gibt (zumindest optisch) den Rahmen vor, in dem dein Programm ablaufen wird.

In deiner Vorlage kommen keine Grafiken oder Bilder zum Einsatz. Nur reines HTML und ein bisschen CSS sorgen für eine schicke Darstellung. Nicht, dass Grafiken stören würden, aber so kannst du sehen, was du mit HTML und CSS mit wenig Aufwand zaubern kannst. Und das Ergebnis wird sich sehen lassen können.

Kurz zur Erinnerung: HTML soll sich seit HTML 5, der aktuellen Version, gar nicht mehr um das Design kümmern. Mit HTML legst du die Inhalte fest und bestimmst, **von welchem Typ** diese Inhalte in der Seite sind – zum Beispiel Überschriften, normaler Text oder Listen. **Wie** alles aber tatsächlich **aussieht** und wie es dargestellt wird, das ist alles aus HTML gestrichen worden. Hier übernimmt CSS. Natürlich ist der Lernaufwand dadurch nicht geringer (wäre ja auch zu schön), denn HTML ist zwar einfacher geworden, aber dafür musst du dich mit CSS auseinandersetzen. CSS ist aber gestalterisch viel – sehr viel – mächtiger, als es HTML je war. Schatten, runde Formen und sogar pixelgenaue Positionierung von Elementen sind dank CSS kein Zauberwerk mehr.

Ich begnüge mich dennoch mit einer relativ kurzen Einführung in CSS. Wichtig ist es, das Grundprinzip von CSS zu verstehen. Details oder spezielle Anweisungen kannst du jederzeit im Internet nachsehen. Auch findest du dort zahllose Beispiele und Vorlagen, die du verwenden und anpassen kannst. CSS selbst bietet nämlich genügend Stoff für ziemlich umfangreiche Bücher – und das würde unseren Rahmen dann doch sprengen.

So soll dein Quiz aussehen:

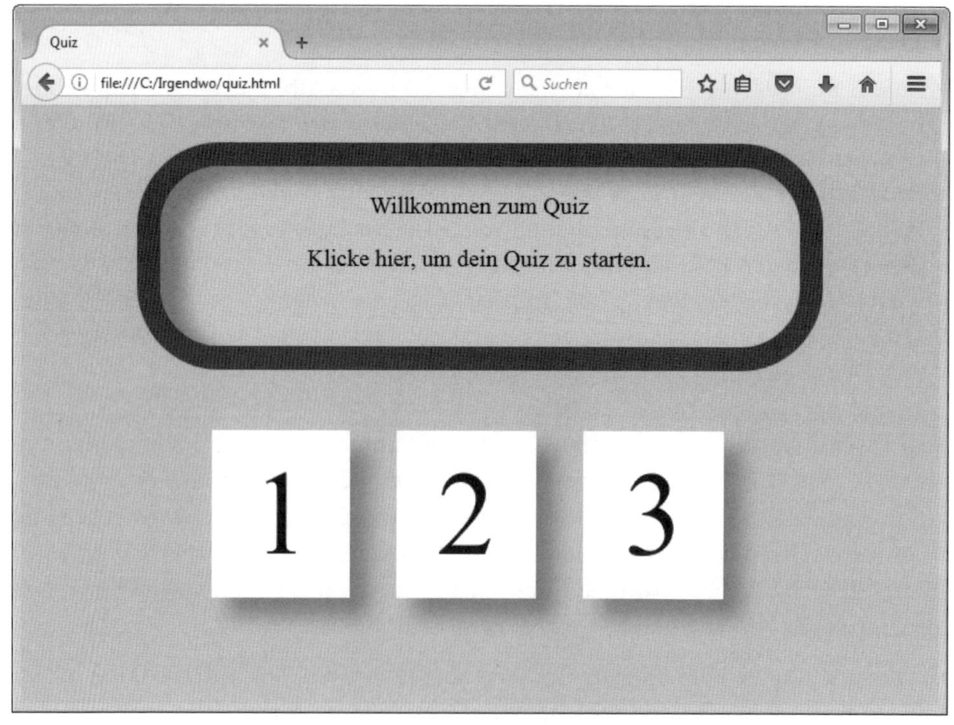

Abbildung 6.1 Nur mit HTML und CSS. Ohne Grafiken. Mit den Farben darfst du gerne spielen.

Und das ist der zugehörige Quellcode, den wir uns gleich noch etwas genauer ansehen wollen:

```
<!DOCTYPE html>
<html>
```

```
<head>
    <title>Quiz</title>
    <meta charset="utf-8">
    <style>
      .auswahl {
        float: left; position: relative;
        background: white;
        height: 120px; width: 100px;
        margin: 20px; padding: 10px;
        font-size: 100px;
        box-shadow: 15px 15px 15px grey;
      }
    </style>
</head>
<body style="background:silver;">

<div onclick="starteNeueRunde();"
    style="font-size:20px;
        background: #C2CFE4; border-radius: 70px;
        width: 550px; height: 150px;
        border: 20px solid #264B87;
        margin: 30px auto;
        text-align: center;
        box-shadow: inset 20px 10px 15px grey;">
    <p id="Frage">Willkommen zum Quiz</p>
    <p id="Antworten">Klicke hier, um dein Quiz zu starten.</p>
</div>
<div style="width: 500px; height: 200px; margin: 1px auto; text-align: center">
    <p id="1" class="auswahl" onclick="tippeButton(this);">1</p>
    <p id="2" class="auswahl" onclick="tippeButton(this);">2</p>
    <p id="3" class="auswahl" onclick="tippeButton(this);">3</p>
</div>

<script></script>
</body>
</html>
```

Betrachten wir das wieder im Detail. Schließlich willst du ja auch wissen, was sich da tut.

```
<!DOCTYPE html>
<html>
<head>
    <title>Quiz</title>
    <meta charset="utf-8">
```

Bis hierhin sieht alles ganz normal aus. Das title-Tag enthält den Titel unserer Webseite, und mit dem Meta-Tag charset stellst du sicher, dass alle Umlaute und Sonderzeichen korrekt dargestellt werden. Jetzt kommt etwas Neues:

```
    <style>
```

Mit dem Tag style wird CSS eingeleitet. Das ist so wie script für JavaScript.

```
    .auswahl {
      float: left; position: relative;
      background: white;
      height: 120px; width: 100px;
      margin: 20px; padding: 10px;
      font-size: 100px;
      box-shadow: 15px 15px 15px grey;
    }
```

Hier ist **CSS**. Neu dabei: Diese Anweisung stehen nicht direkt in der Webseite bei oder in einem Tag. Dadurch gelten diese Anweisung eben auch nicht nur für ein Element oder für ein Tag, sondern können **mehrfach verwendet** werden. Stell dir das wie eine Funktion von JavaScript vor, die du beliebig oft und von beliebigen Stellen aus verwenden kannst. Auch wenn es kein Geheimnis ist, so viel sei schon verraten: Jedes Tag in HTML, das das Attribut class="**auswahl**" erhält, verwendet diese Anweisungen mit der Bezeichnung **.auswahl** (der Punkt gehört tatsächlich dazu). Was diese Anweisungen genau bedeuten, auch das sehen wir uns gleich noch etwas genauer an.

```
    </style>
</head>
<body style="background: silver;">
```

Wieder CSS. Der body bekommt eine Hintergrundfarbe. Und zwar silbern, silver. Oder zumindest etwas, was jemand als silbern bezeichnet hat. Ehrlich gesagt wirkt es eher wie ein normaler Grauton.

```
<div onclick="starteNeueRunde();"
```

Dieses div startet eine JavaScript-Funktion namens starteNeueRunde. Dazu muss nur irgendetwas angeklickt werden, was sich innerhalb dieses div-Tags befindet – inklusive der beiden folgenden Absätze p und ihrer Texte. starteNeueRunde klingt verdächtig nach dem Start einer Fragerunde in unserem Quiz.

```
  style="font-size: 20px;
    background: #C2CFE4; border-radius: 70px;
    width: 550px; height: 150px;
    border: 20px solid #264B87;
    margin: 30px auto;
    text-align: center;
    box-shadow: inset 20px 10px 15px grey;">
```

Und auch dieses div hat eine ziemlich lange CSS-Anweisung. Die Anweisungen, die sich auf Text beziehen, gelten übrigens immer für **alle enthaltenen Texte** – auch wenn diese Texte darin noch von eigenen Tags umgeben sind. Das geht bis dorthin, wo unser div endet.

Warum ist das CSS hier in dem Tag und nicht wie oben im Tag »style«?

Zum einen, um dir die unterschiedlichen Möglichkeiten zu zeigen, CSS in der Seite einzubauen. Zum anderen, weil dieses CSS tatsächlich nur einmal verwendet wird: Kein anderes Element braucht dieses CSS.

```
  <p id="Frage">Willkommen zum Quiz</p>
```

Dieser Absatz, p, hat als Attribut eine id namens Frage. Und richtig: Über solche IDs kann JavaScript wunderbar auf Elemente im HTML-Code zugreifen, beispielsweise um deren Inhalte auszulesen oder zu ändern.

```
    <p id="Antworten">
      Klicke hier, um dein Quiz zu starten.
    </p>
  </div>
```

Hier ist unser div zu Ende. Und nur bis hierhin gelten auch die CSS-Regeln, die in unserem div angegeben sind.

```
  <div style="width: 500px;
      height: 200px; margin: 1px auto;
      text-align: center">
    <p id="1" class="auswahl"
      onclick="tippeButton(this);">1</p>
    <p id="2" class="auswahl"
      onclick="tippeButton(this);">2</p>
    <p id="3" class="auswahl"
      onclick="tippeButton(this);">3</p>
  </div>
```

Sicher sind dir die drei Buttons mit den Zahlen von 1 bis 3 aufgefallen. Hier findest du sie in Form von Absätzen, p-Tags. Das div, das sie umgibt, ist so etwas wie ein Container, der die Buttons zusammenhält und **zentriert**. Letztendlich ist ein div (vereinfacht gesagt) so etwas wie ein etwas neutrales p mit eigentlich keinen eigenen Eigenschaften – bis auf den Umbruch, der nach einem div folgt.

Bei den drei p-Tags siehst du als Attribut die Angabe class="auswahl". Dadurch nutzen diese drei Absätze allesamt die **CSS-Anweisung namens .auswahl**, die du im head gesehen hast: Alles, was dort angegeben ist, wird für diese Tags (und ihren Inhalt) verwendet. Und nicht zu übersehen: Wenn auf einen dieser Buttons geklickt wird, soll eine Funktion namens tippeButton aufgerufen werden. Der Funktion wird ein ominöser **Wert namens this** übergeben.

Falls du es genauer wissen willst: »this«

Ist dir beim Aufruf der Funktion `tippeButton` das **this** aufgefallen, das in die Funktion übergeben wird? **this** ist so eine Art Zauberwort in der Programmierung – genau genommen in dem Teil der objektorientierten Programmierung. Mit `this` ist immer genau das Element oder Objekt gemeint, das in diesem Moment aktiv ist – in unserem Fall das jeweilige Tag `p` mit allem, was dazugehört. So wird quasi das ganze Tag samt Inhalt in die Funktion übergeben. In der Funktion kann dann damit gearbeitet werden. Wir werden das nutzen, um beim Klicken festzustellen, welcher Button geklickt wurde, und können damit sogar das Aussehen dieses Buttons verändern.


```
<script></script>
```

Endlich heimischer Boden: Unser `script`-Tag – hier wird sich alles abspielen, was du für das Quiz in JavaScript schreiben wirst.

```
</body>
</html>
```

Das war es auch schon. Du kannst das mit deinem Editor in eine Datei schreiben und irgendwo unter einem beliebigen Dateinamen mit der Endung *.html* abspeichern; *quiz.html* wäre sicher ganz passend. Öffnest du die Datei dann in einem Browser, sollte alles so aussehen wie in Abbildung 6.1 weiter oben. Natürlich tut sich dann erst einmal nichts weiter – das wird **deine Aufgabe** und die Aufgabe von JavaScript. Bevor es aber losgeht, werfen wir noch einen gemeinsamen Blick auf eine der CSS-Anweisungen.

Tieferlegen und verchromen – alles mit CSS

Schriftart, Größe und Farben konnte man schon zu den Zeiten unserer seligen Urahnen direkt mit HTML festlegen. CSS ist aber flexibler, und du kannst damit wesentlich genauere Angaben machen. Ungeschlagen ist vor allem die Möglichkeit, CSS-Anweisungen mehrfach zu verwenden – so, wie wir es bei den drei Buttons in ihrem `p` gemacht haben. Wir knöpfen uns jetzt einmal das CSS vor, das den abgerundeten Kasten mit den Texten darstellt. Die Reihenfolge oder Sortierung der einzelnen CSS-Anweisungen innerhalb einer `style`-Anweisung spielt übrigens keine Rolle, zumindest solange sich die Anweisungen nicht widersprechen – dann gilt jeweils die zuletzt angegebene Anweisung.

```
style="font-size: 20px;
```

Das **Schlüsselwort**, mit dem CSS eingeleitet wird ist `style`, gefolgt von einem `=` und Anführungszeichen. Die Anführungszeichen umschließen **alle** folgenden CSS-Anweisungen. Mehrere Anweisungen können gemeinsam in eine Zeile oder jede für sich in eine eigene Zeile geschrieben werden und sind immer gleich aufgebaut: ein **Schlüsselwort** wie `font-size` und ein **Doppelpunkt**, dem die **Werte** folgen, abgeschlossen von einem **Semikolon**. Dieser Doppelpunkt ist eine beliebte Fehlerquelle, da man immer wieder versucht ist, ein Ist-Zeichen zu schreiben. Ein Ist-Zeichen haben wir schon beim startenden Schlüsselwort `style=`, und irgendjemand war wohl der Meinung, noch mehr `=`-Zeichen wären etwas zu viel. Deshalb arbeiten wir bei CSS-Anweisungen mit einem Doppelpunkt – ist ja auch ganz schick.

Tipp: Semikolon am Ende

In CC ist das **Semikolon zwingend** als Abschluss nach jeder enthaltenen Anweisung zu setzen.

Deshalb empfehle ich dir, das Semikolon auch in JavaScript immer zu setzen: Die meisten anderen Sprachen sind nicht so flexibel, und du bekommst dort Fehlermeldungen, wenn du (aus der Gewohnheit von JavaScript) das Semikolon weglässt.

`font-size` ist übrigens die **Schriftgröße**, die **alle Texte** haben, die sich innerhalb dieses Tags befinden. Sogar dann, wenn die Texte darin noch von weiteren Tags umgeben sind – es sei denn diese Texte bekommen eine eigene Größe zugewiesen. `px` ist übrigens eine Größenangabe, nämlich Pixel.

```
background: #C2CFE4;
```

Die Hintergrundfarbe wird hier gesetzt. Die Raute, `#`, steht dabei für die Angabe einer Zahl bei Farben im hexadezimalen Format (mehr dazu gleich).

```
width: 550px; height: 150px;
```

Hier setzen wir die Breite und die Höhe in Pixeln. Du kannst diese Werte – wie auch allen anderen – (fast) beliebig verändern und ausprobieren, was passiert.

```
border: 20px solid #264B87;
border-radius: 70px;
```

Unser Objekt, das diese Anweisungen bekommt, hat einen festen, sichtbaren, `solid`, Rahmen mit einer Breite von 20 Pixeln und einem leichten Blauton. Mit `border-radius` kannst du die sichtbaren Ecken unseres Elements **rund** machen. Je größer dieser Wert, desto runder sind die Ecken.

```
margin: 30px auto;
```


`margin` ist ein unsichtbarer Abstand, der zwischen unserem Objekt und den daran angrenzenden anderen Objekten liegt. Damit kannst du dem Objekt ganz einfach etwas »Luft« verschaffen. `margin` kann sogar mehr als nur einen Wert haben: `auto` ist ein (gar nicht so geheimer) Geheimtipp, um etwas zu **zentrieren**. Nimm einfach einmal diesen Wert weg, speichere deine Datei, und schau dir das Ergebnis an.

```
text-align: center;
```

Damit wird der enthaltene Text zentriert.

```
box-shadow: inset 20px 10px 15px grey;
```

`box-shadow` zaubert diesen wunderbaren Schatten. Mit dem Wert `inset` liegt der **Schatten** nicht außen, sondern **innen**. Das gibt ergibt eine plastische Darstellung in die Tiefe. Soll der Schatten nach außen dargestellt werden, lässt du `inset` einfach weg. Die Pixel-Angaben legen fest, wie groß der Schatten ist, wie weit er reicht. `grey` ist die Farbe des Schattens. Das könntest du auch als RGB-Zahlenwert `#808080` schreiben – was natürlich optional ist, es sei denn du willst die Farbe variieren.

Das ist aber eine ganze Menge. Das werde ich doch nie lernen?

CSS ist nicht schwer, aber sehr umfangreich. Es gibt die unterschiedlichsten Schlüsselwörter und Werte (und Einheiten dazu). Aber wie bei HTML genügt es erst einmal, zu verstehen, was sich da tut.

Falls du es genauer wissen willst: Andere Zahlensysteme

Wir haben ein Zahlensystem auf der Basis von 10. Dass wir 10 Finger haben, ist vermutlich nicht ganz unschuldig daran. Stell dir jetzt einmal vor, wir hätten nicht 10, sondern 16 Finger. Abgesehen von anderen Handschuhen hätten wir dann sicherlich auch anderes ein Zahlensystem. Und so zählt man eben beim **hexadezimalen Zahlensystem** (denke immer auch an die 0!):

0 – 1 – 2 – 3 – 4 – 5 – 6 – 7 – 8 – 9 – A – B – C – D – E – F

Da wir leider keine weiteren Zahlen außer 0–9 haben, werden bei diesem Zahlensystem hilfsweise die Buchstaben von A bis F verwendet. Die Großschreibung spielt hier übrigens **keine Rolle**.

Eine 15, dezimal, wäre demnach F oder auch f. Eine 17 wäre hexadezimal 11. Eine 255 wäre dann FF. Die 0 gehört übrigens auch dazu – deshalb ist F 15 und nicht 16.

Warum gibt es dieses Zahlensystem?

Ein Hinweis auf Außerirdische mit 16 Fingern? Außerirdische waren es wohl kaum, aber abgesehen von einem gewissen Nerd-Faktor benötigt man **weniger Stellen**, um Zahlen darzustellen. Da gerade Farben am Computer oft als eine Kombination aus Rot, Gelb und Grün mit Werten von jeweils 0 bis 255 angegeben werden, spart man sich immerhin drei Stellen gegenüber der dezimalen Schreibweise: Rot 255 – Gelb 255 – Grün 255, also 255255255. Hexadezimal ist das ein knackiges #FFFFFF für die Farbe Weiß.

Dreimal darfst du raten

Lass uns das Quiz schreiben. Anders beim Berechnen und bei der Ausgabe einer Formel kann der Ablauf eines Quiz sehr unterschiedlich sein. Du musst dir also erst einmal überlegen, was für eine Art von Quiz du haben möchtest und wie das Quiz ablaufen soll.

Deshalb soll der Ablauf unseres Quiz wenigstens grob vorgegeben sein – ähnlich wie die Oberfläche. Auch das ist in der harten und entbehrungsreichen Realität der Programmierung oft so. Das Aussehen und die Funktionalität – das, was das Programm können muss – sind bereits von höherer (nicht unbedingt berufener) Stelle festgelegt. Als Programmierer versuchst du dann, zu retten, was zu retten ist, und schreibst ein möglichst gutes und flexibles Programm, das dazu passt.

Aus einem Vorrat von Fragen sollen in zufälliger Reihenfolge fünf Fragen gestellt werden. Drei Antworten sind jeweils vorgegeben. Der Spieler hat 3 Sekunden Zeit, sich für eine Antwort zu entscheiden. Er darf nur eine Antwort anklicken. Klickt er rechtzeitig auf die richtige Antwort, erhält er einen Punkt. Gestartet wird das Spiel über einen Klick in den obigen Textbereich. Wenn eine Antwort ausgewählt wurde, darf keine andere Antwort mehr gewählt werden. Neu gestartet wird das Spiel durch ein erneutes Laden der Seite.

Tatsächlich beschreiben diese Vorgaben die ungefähre Funktionsweise – wie du dein Programm aber aufbaust, ist damit nicht vorgegeben. Auch kannst du die Zeit natürlich selbst anpassen. Es bleiben mehr als genug Möglichkeiten, sich eigene Gedanken über den Aufbau zu machen.

Wir wollen nach Möglichkeit alles in Funktionen abbilden. Zum einen wird das Programm dadurch übersichtlicher, zum anderen haben wir kaum eine Wahl, wenn etwas zeitgesteuert ablaufen soll – der zeitgesteuerte Aufruf funktioniert nur mit Funktionen.

Gut, wir haben die Vorgaben – aber was machen wir jetzt?

Wir überlegen uns, was wir brauchen, um unser Programm zu schreiben. Nehmen wir uns die Anforderung, und schauen wir, was wir daraus machen können.

Passend zum Quiz: Rate die Variablen

Was im Quiz passieren soll	Die Variablen dazu

Aus einem Vorrat von Fragen sollen in zufälliger Reihenfolge fünf Fragen gestellt werden.	Das klingt verdächtig nach einem **Array**, in das wir alle Fragen unseres Quiz aufnehmen. Für eine zufällige Reihenfolge gibt es ein paar komplizierte Möglichkeiten – wir werden eine einfache nehmen, die noch dazu super funktioniert. Nennen wir das Array einfach `fragen` und legen es gleich als leeres Array an. Mit Inhalt füllen können wir das Array später oder sogar innerhalb einer Funktion. So ist alles etwas aufgeräumter.
	`var fragen = new Array();`
	Für die Begrenzung auf fünf Fragen (oder Runden) nehmen wir eine klassische Zählvariable:
	`var runden = 0;`

Drei Antworten sind jeweils vorgegeben.	Das passt zu unseren drei Buttons, die wir im unteren Teil der Webseite haben. Wir müssen dafür sorgen, dass bei einem Klick geprüft wird, ob es die richtige Antwort war. Dafür benötigen wir eine Variable, in der wir die vorgegebene, richtige Antwort speichern. Zu jeder Frage gehört eine andere Antwort, deshalb müssen wir die Variable auch noch gar nicht mit einem Wert vorbelegen. `var richtigeAntwort;`

Was im Quiz passieren soll	Die Variablen dazu
Der Spieler hat 3 Sekunden Zeit, sich für eine Antwort zu entscheiden. Er darf nur eine Antwort anklicken.	Zeitgesteuert starten wir immer wieder eine neue Runde – `setTimeout`, womit du zeitgesteuert Funktionen aufrufst, kennst du ja schon. Nach der Eingabe müssen wir alles sperren, bis eine neue Frage kommt. Wir nehmen dafür eine Variable mit einem schicken Wahrheitswert: `var gesperrt = true;`
Klickt er rechtzeitig auf die richtige Antwort, erhält er einen Punkt.	Aha, ein Zähler, der anfangs auf 0 steht und im Erfolgsfall hochgezählt wird. Da falsche Antworten nicht zählen, müssen wir im Falle einer falschen Antwort nichts tun. Da eine Zählvariable vor der ersten Verwendung bereits einen Wert haben muss, setzen wir sie auf 0. `var punkte = 0;`
Gestartet wird das Spiel über einen Klick in den obigen Textbereich.	Dass mit `onclick` in HTML eine Funktion gestartet wird, hast du ja schon gesehen. Du musst nur die Funktion dazu schreiben.
Neu gestartet wird das Spiel durch ein erneutes Laden der Seite.	Wir müssen uns also keine Gedanken darüber machen, wie das Spiel wieder neu gestartet wird – ein einfaches Reload der Seite genügt, um wieder von vorn zu beginnen. Unglaublich, aber wahr: Die Welt kann auch manchmal einfach sein.

Also haben wir schon einmal unsere Variablen:

```
<script>
var fragen = new Array();
var punkte = 0;
var runden = 0;
var gesperrt = true;
var richtigeAntwort;
</script>
```

Wir könnten jetzt auch direkt dahinter unsere Fragen festlegen und unser Array damit »befüllen«. Aber wir wollen alles in Funktionen packen.

Warum eigentlich Funktionen? Bisher hat es doch auch ganz gut geklappt, wenn wir nicht alles mit Funktionen gemacht haben.

Das ist richtig. Und es ist natürlich auch **nicht zwingend**, alles in (oder mit) Funktionen zu machen – abgesehen von den Teilen, die zeitgesteuert als Funktionen aufgerufen werden müssen. Das Arbeiten mit Funktionen hat aber ein paar Vorteile:

- So, wie du Variablen aus der Beschreibung (oder der Idee) deines Programms festlegen kannst, kannst du genauso die Funktionen festlegen und dann nach und nach mit Leben füllen. Damit hast du schon einmal ein Grundgerüst und so etwas wie eine Gliederung für dein Programm.
- Wenn du dir alle notwendigen Funktionen überlegt hast, kannst du sie **nach und nach** mit Leben und dem notwendigen Programmcode füllen. Das geht viel einfacher, als möglichst viel hintereinander wegzuschreiben.
- Die **Reihenfolge ist egal**. Es spielt keine Rolle, in welcher Reihenfolge du deine Funktionen schreibst. Nur die Aufrufe der Funktionen sind wichtig. Du kannst also wesentlich flexibler arbeiten.
- Du findest Fehler schneller, weil du die Fehlerquelle recht genau eingrenzen kannst: Wenn eine Funktion einen Fehler hat, dann funktioniert alles andere trotzdem erst einmal.

Auch ganz passend: Rate die Funktionen

Sehen wir uns an, was wir aus unserer Beschreibung für die Funktionen herauslesen können.

Was im Quiz passieren soll	Die Funktionen dazu
Aus einem Vorrat von Fragen sollen in zufälliger Reihenfolge fünf Fragen gestellt werden.	Funktionen an die Macht! Unsere Fragen sollen über eine Funktion zur Verfügung gestellt werden. Wie wäre es mit: `definiereDieFragen()` Diese Funktion könnten wir gleich beim Starten der Seite aufrufen, denn die Fragen brauchen wir in jedem Fall.
Drei Antworten sind jeweils vorgegeben.	Die möglichen Antworten sollten wir direkt bei den Fragen in unserer Funktion `definiereDieFragen()` festlegen, für sie brauchen wir keine getrennte Funktion.

Was im Quiz passieren soll	Die Funktionen dazu
Der Spieler hat 3 Sekunden Zeit, sich für eine Antwort zu entscheiden. Er darf nur eine Antwort anklicken.	Du musst darauf reagieren, wenn einer der Buttons angeklickt wird. Das passiert in HTML mit `onclick`, und der Name der Funktion ist dort ja auch schon vorgegeben: `tippeButton`. Da in diese Funktion beim Aufruf ein Wert übergeben wird, brauchen wir auch eine Variable in den Klammern, die diesen Wert entgegennimmt.
Klickt er rechtzeitig auf die richtige Antwort, erhält er einen Punkt.	Das können wir sicher in der Funktion `tippeButton()` mit erledigen lassen.
Gestartet wird das Spiel über einen Klick in den obigen Textbereich.	Klar, dafür brauchen wir auf jeden Fall eine Funktion. Wenn wir es geschickt anstellen, können wir diese Funktion zum Starten des Spiels und auch für jede neue Fragerunde verwenden. Der Name dieser Funktion ist bereits im HTML-Code zusammen mit einem `onclick` festgelegt: `starteNeueRunde()`
Neu gestartet wird das Spiel durch ein erneutes Laden der Seite.	Hier brauchen wir nichts weiter zu berücksichtigen.

Neben unseren Variablen haben wir jetzt also alle Funktionen und auch gleich den Aufruf der Funktion `definiereDieFragen`. Schauen wir uns das doch einmal in JavaScript an:

```
<script>
var fragen = new Array();
var punkte = 0;
var runden = 0;
var gesperrt = true;
var richtigeAntwort;

definiereDieFragen();

function tippeButton(gewaehlterKnopf){
}
```

```
function starteNeueRunde(){
}

function definiereDieFragen(){
}
</script>
```

So unglaublich es erscheinen mag – damit haben wir ein vollständiges Programm. Na ja, genau genommen das Gerüst, das wir jetzt mit Leben füllen können (und müssen). Wir haben alle Variablen und alle Funktionen, die uns zum jetzigen Zeitpunkt sinnvoll erscheinen. Natürlich kann noch etwas dazukommen, aber wir haben einen ganz guten Anfang. Sogar einen Aufruf einer unserer Funktionen haben wir schon in Form von `definiereDieFragen()`.

Denke immer daran: Die runden Klammern gehören fest zum Aufruf der Funktion. Und je nachdem, wie die Funktion aufgebaut ist, kannst du (oder musst du) darüber auch Werte in die Funktion übergeben. Fangen wir doch gleich mit dieser Funktion an: Was wollen wir darin machen?

Das Array soll mit allen Quizfragen gefüllt werden, und die Fragen sollen immer wieder neu gemischt werden. Für jede Frage gibt es jeweils drei mögliche Antworten. Und natürlich muss das Programm wissen, welches die richtige Antwort ist.

Fragen, Antworten und die richtige Lösung. Wohin damit?

Wir müssen alle Informationen so bereitstellen, dass wir mit **einfachen Mitteln** darauf zugreifen können – denn kompliziert heißt nicht gut. Eine Möglichkeit wäre es, mehrere Arrays anzulegen. Ein Array für die Fragen, eines für die Antworten und eines, in dem die jeweils richtigen Antworten festgelegt sind. Das klingt nicht nach einer einfachen Lösung und ist auch keine. Deshalb machen wir etwas Einfacheres:

Wieder hilft uns JavaScript mit einer seiner eingebauten Funktionen. Es ist für JavaScript eine der leichtesten Übungen, einen **String** (also einen Text) in verschiedene Teile zu splitten. Dazu musst du nur ein eindeutiges Trennzeichen angeben – das natürlich auch im Text vorhanden sein muss.

Wie sieht eine Frage mit drei Antworten und der Information, welche der drei Antworten die richtige ist, aus? Wohl ungefähr so:

- Wie wurde Twix früher genannt?
- 1) Unix 2) Raider 3) Nockerl
- 2

Das alles basteln wir **zusammen** mit einem beliebigen, aber **eindeutigen Trennzeichen**. Ein Zeichen, von dem wir ausgehen, dass wir es in den Texten von unserem Quiz nicht benötigen – zum Beispiel ein **#**. Dann sähe das so aus:

```
Wie wurde Twix früher genannt?#1) Jupiter 2) Raider 3) Nockerl#2
```

Dann machen wir noch einen richtigen String für JavaScript daraus und weisen ihn unserem Array zu:

```
fragen[0] = "Wie wurde Twix früher genannt?#1) Unix 2) Raider 3) Nockerl#2";
```

Das ist schon alles! Wie leicht du alles wieder trennen kannst, schauen wir uns in der passenden Funktion an.

Wir sollten natürlich mehr als nur eine Frage anlegen. Wir würden uns zwar das Mischen der Fragen sparen, das Quiz würde dann aber schnell sehr langweilig werden.

Also schnell noch ein paar weitere Fragen:

```
fragen[1] = "Wie viele Tage hat der Dezember?#1) 31 2) 42 3) 30#1";
fragen[2] = "Wie nennt man einen männlichen Hund?#
             1) Räude 2) Rüde 3) Rhododendron#2";
fragen[3] = "Wie hoch ist die Gewichtskraft g auf der Erde?#
             1) 9,0081 2) 91,08 3) 9,81#3";
fragen[4] = "Wie hoch ist der Eiffelturm?#1) 324 2) 290 3) 254#1";
fragen[5] = "Wann war die Schlacht bei Issos?#
             1) 333 v.Chr. 2) 333 n.Chr. 3) 973 v.Chr.#1";
```

Wie immer: Denk bitte daran, den Text, der zwischen den Anführungszeichen steht, **nicht** über mehrere Zeilen zu schreiben. Texte müssen in einer einzigen Zeile geschrieben werden. Hier im Buch ist es leider etwas zu eng dafür, und quer wollten wir die Seiten auch nicht bedrucken.

Damit hast du einen Grundstock an Fragen, den du jederzeit beliebig ändern und vor allem erweitern kannst. Bleibt noch die Frage der zufälligen Reihenfolge. Es gibt **verschiedene Ansätze**, die Inhalte solcher Arrays in zufälliger Reihenfolge zu verwenden: Du könntest mit Hilfe einer Zufallszahl immer ein anderes Element herauspicken. Dann könnten Fragen aber mehrfach gestellt werden – es sei denn, du speicherst in einer weiteren Liste, welche Fragen schon gestellt wurden. Eine wesentlich elegantere Methode ist es aber, das Array einfach bei jedem Start neu zu **mischen**.

Dafür verwenden wir die Methode zum Sortieren, die uns JavaScript zur Verfügung stellt: `fragen.sort();`.

Damit wird jedes Array **sortiert** und sofort als neu sortiertes Array **gespeichert** – du brauchst also keine erneute Zuweisung mit = zu machen. Nur, wir wollen die Fragen ja nicht sortiert, sondern **gemischt** haben. Aber auch das ist kein Problem. Wir können `sort` Regeln mitgeben, nach denen es sortieren soll: Du musst nur beispielhaft angeben, wie zwei Werte sortiert werden. Das machst du, indem du in den runden Klammern von `sort` eine besondere Art von Funktion angibst, in denen entsprechende Regeln hinterlegt sind.

Vom richtigen Mischen und von anonymen Funktionen

Wie so oft in der Programmierung kann das Internet sehr hilfreich dabei sein, eine Lösung zu finden. Auch die Information, wie du Arrays mischen kannst, ist schnell gefunden. Da Abschreiben in der Programmierung im Gegensatz zu Prüfungen in Schule und Studium nichts Ehrenrühriges ist, nehmen wir uns das zum Vorbild und sehen uns eine Lösung dafür genauer an – man will ja wissen, was sich da tut.

Eine (fast) fertige Lösung sieht so aus:

```
fragen.sort(
  function(a,b){return Math.random()-0.5;} );
```

Was passiert da?

In den Klammern von `sort` ist eine *anonyme Funktion* angegeben.

Eine anonyme Funktion? Darf das keiner wissen?

Eine *anonyme Funktion* hat keinen eigenen Namen, anders als sonst bei Funktionen üblich. Normalerweise wird eine Funktion irgendwo im Programm definiert und an anderen Stellen über ihren Namen aufgerufen. Es gibt aber Fälle, in denen man zwar die Funktionalität einer Funktion braucht – Werte entgegennehmen, etwas berechnen und einen Wert zurückliefern –, aber trotzdem keine Funktion an anderer Stelle definieren will. Besonders bei **kurzen Funktionen**, die man nur einmal benötigt, kann es sinnvoll sein, eine anonyme Funktion daraus zu machen. Die **Definition** ist nämlich **gleich** dem **Aufruf**. Auch sind einige Funktionen von JavaScript so aufgebaut, dass sie mit anonymen Funktionen arbeiten können, um noch komplexere Aufgaben zu erfüllen. Werfen wir einen Blick auf die einzelnen Teile:

Array

Bitte sortie-ren ...

```
fragen.sort(
```

... und zwar so!

```
  function(a,b){return Math.random()-0.5;}
);
```

fragen ist unser Array mit all unseren Fragen.

Mit sort allein würde das Array ganz normal sortiert – wenn nicht innerhalb der runden Klammern eine anonyme Funktion stünde, die die Sortierung beeinflusst. Am fehlenden Namen ist sie gut als anonyme Funktion erkennbar, es gibt sie nur an dieser Stelle, und sie kann auch nicht von anderer Stelle aufgerufen werden. Klar, wie denn auch, wenn sie keinen Namen hat.

Unsere anonyme Funktion erwartet zwei Werte a und b. Tatsächlich ist das ein bisschen wie ein Spiel mit gezinkten Karten – sort ist nämlich so programmiert, dass es das weiß (und sogar voraussetzt) und alle zu sortierenden Elemente paarweise in diese Funktion schickt. Dafür erwartet sort einen Rückgabewert von der anonymen Funktion:

- Ist der Rückgabewert **kleiner als 0**, dann wird der erste Wert, a, nach links gestellt, der zweite, b, nach rechts.
- Ist der Rückgabewert **0**, dann bleiben die beiden Werte unverändert stehen und werden als gleich angesehen.
- Ist der Rückgabewert **größer als 0**, dann wird b nach links einsortiert und a nach rechts.

sort erwartet also eine Zahl größer oder kleiner 0, um jeweils zwei Werte zu vergleichen. Die anonyme Funktion gibt damit an, **wie** sortiert werden soll. Wir überlisten diese Logik, indem wir einfach eine Zufallszahl zurückgeben, die mit 50 % Wahrscheinlichkeit kleiner als 0 ist. Schon wird unser Array lustig durcheinandergewirbelt – also **gemischt statt sortiert**. Natürlich muss es nicht zwingend ein solcher **Einzeiler** sein. Du könntest auch innerhalb der anonymen Funktion alles ausführlicher machen – erst einen Zufallswert erzeugen, ihn einer Variablen zuweisen und diese Variable mit return zurückliefern:

```
fragen.sort( function(a,b){
    var zufallsZahl = Math.random()-0.5;
    return zufallsZahl ;
} );
```


Andererseits ist »kurz« aber auch manchmal nicht schlecht – gerade in Verbindung mit anonymen Funktionen wird gerne möglichst knapp und ein bisschen mit der heißen Nadel gestrickt.

Nur leicht geschüttelt – nicht gerührt

Die obige Lösung ist noch nicht ganz fertig. In dieser Form wird das Array nur leicht geschüttelt, die Inhalte haben die Tendenz, ungefähr in dem Bereich des Arrays zu bleiben, wo sie sind. Das kann – je nach Anwendung – durchaus ausreichend sein, wir wollen unsere Werte aber etwas zufälliger (vor allem, da wir das bestimmt noch einmal an anderer Stelle verwenden wollen). Die einfachste und schnellste Möglichkeit ist es, das Array mit einer einfachen Schleife **mehrfach** zufällig zu sortieren:

```
for(var i=1; i<9; i++){
    fragen.sort( function(a,b){return Math.random()-0.5;} );
}
```

Das war's auch schon. Damit macht unsere Funktion alles, was wir wollen.

Dies ist übrigens ein gutes Beispiel für **praktische Programmierung**. In der eher mathematisch orientierten Lehre der Informatik würde eine solche Lösung zumindest als nicht sehr elegant angesehen. In der Praxis orientiert man sich mehr am Ergebnis. Wir haben kurzen, aufgeräumten Programmcode, der gut lesbar ist. Wir haben rasch ein gutes Ergebnis entwickelt, und auch die Performance bei der Ausführung stellt kein Problem dar – also eine gute Lösung.

Da unser Array fragen direkt im Programm, im script-Tag, deklariert wurde und somit auch im gesamten Programm zur Verfügung steht, brauchen wir das Array aus unserer Funktion auch nicht zurückzugeben: Wir haben ja die ganze Zeit mit dem Original gearbeitet.

```
function definiereDieFragen(){
  fragen[0] = "Wie wurde Twix früher genannt?#1) Unix 2) Raider 3) Nockerl#2";
  fragen[1] = "Wie viele Tage hat der Dezember?#1) 31 2) 42 3) 30#1";
  fragen[2] = "Wie nennt man einen männlichen Hund?#
              1) Räude 2) Rüde 3) Rhododendron#2";
  fragen[3] = "Wie hoch ist die Gewichtskraft g auf der Erde?#
              1) 9,0081 2) 91,08 3) 9,81#3";
  fragen[4] = "Wie hoch ist der Eiffelturm?#1) 324 2) 290 3) 254#1";
  fragen[5] = "Wann war die Schlacht bei Issos?#
              1) 333 v.Chr. 2) 333 n.Chr. 3) 973 v.Chr.#1";

  for(var i=1; i<9; i++){
    fragen.sort( function(a,b){return Math.random()-0.5;} );
  }
}
```

```
quiz.html
37
38 function definiereDieFragen(){
39
40     fragen[0] = "Wie wurde Twix früher genannt?#1) Unix 2) Raider 3) Nockerl#2";
41     fragen[1] = "Wie viele Tage hat der Dezember?#1) 31 2) 42 3) 30#1";
42     fragen[2] = "Wie nennt man einen männlichen Hund?#1) Räude 2) Rüde 3) Rhododendron#2";
43     fragen[3] = "Wie hoch ist die Gewichtskraft g auf der Erde?#1) 9,0081 2) 91,08 3) 9,81#3";
44     fragen[4] = "Wie hoch ist der Eiffelturm?#1) 324 2) 290 3) 254#1";
45     fragen[5] = "Wann war die Schlacht bei Issos?#1) 333 v.Chr. 2) 333 n.Chr. 3) 973 v.Chr.#1";
46
47     for(var i=1; i<9; i++){
48         fragen.sort( function(a,b){return Math.random()-0.5;} );
49     }
50 }
```

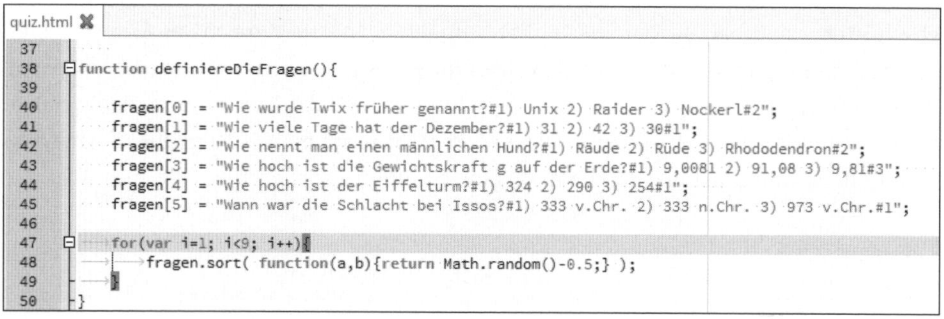

Abbildung 6.2 So stellt sich der Programmcode übrigens in einem Editor wie Geany dar – die unterschiedlichen Elemente werden farblich gekennzeichnet. Zusammengehörende Klammern werden markiert, wenn du mit der Maus darauf klickst. Das kann sehr hilfreich beim Programmieren sein.

Die Sache mit der Henne, dem Ei und dem besten Anfang

Unser Programm läuft nicht linear ab. Es läuft nicht vom einem Start bis zum Ende. Es reagiert auf unterschiedliche **Ereignisse**: Die Seite wird geladen. Buttons oder ganze Bereiche werden geklickt, Funktionen werden zeitgesteuert aufgerufen.

Das ist gar nicht so banal. Du musst lernen, die einzelnen Teile deiner Programme **unabhängig voneinander** zu durchdenken und zu programmieren. Trotzdem gibt es aber immer wieder **Abhängigkeiten**, die zwischen den einzelnen Teilen abgestimmt werden müssen. Das beste Beispiel haben wir jetzt. Wir haben das Grundgerüst mit allen Variablen, haben uns die notwendigen Funktionen ausgedacht und wollen jetzt mit Leben füllen. Aber womit anfangen? Mit dem Start des Spiels? Das wäre sinnvoll. Aber wenn wir noch nicht einmal unseren Buttons das Klicken beigebracht haben? Bringen wir also zuerst die Buttons zum »Klicken«? Genauso sinnvoll. Womit also anfangen? Henne oder Ei?

Für irgendetwas müssen wir uns entscheiden. Bevor wir also eine Münze werfen, beginnen wir einfach mit der Funktion `tippeButton`.

Also gut, zuerst die Funktion »tippeButton«

Auch wenn wir mit einer Funktion beginnen – unsere Funktionen hängen zusammen. In der Funktion `tippeButton` darf sinnvollerweise nur ein Button geklickt werden – alles andere wäre geschummelt. Und vor dem Spielstart sollen die Buttons am besten noch gar nicht klickbar sein. Dafür muss unsere andere Funktion, `starteNeueRunde`, beim Start des Spiels (oder in jeder Runde) alle Buttons freigeben. Zuvor geklickte Buttons müssen dort auch wieder auf den Anfangszustand gesetzt werden.

Wundere dich also nicht, wenn in einer Funktion Dinge programmiert werden, die von Aktionen in anderen Funktionen abhängen; das ist ganz normal.

Also was müssen wir beim Klicken auf unseren Buttons machen? Der Name der Funktion war ja schon im HTML-Code vorgegeben:

```
onclick="tippeButton(this);"
```

Wir reagieren, wenn einer der Buttons angeklickt wird. Unsere Beschreibung gibt einige Hinweise darauf, was unsere Buttons, also eigentlich unsere Funktion, machen sollen:

Er darf nur eine Antwort anklicken. Klickt er rechtzeitig auf die richtige Antwort, erhält er einen Punkt.

Wenn eine Antwort ausgewählt wurde, darf keine andere Antwort mehr gewählt werden.

In diesen wenigen Zeilen haben wir unsere gesamte Funktion beschrieben. So kann das aussehen:

```
function tippeButton(gewaehlterButton){
    if(gesperrt==true){return}
        gesperrt = true;
    if( gewaehlterButton.getAttribute("id") == richtigeAntwort ){
        punkte++;
    }
}
```

Schauen wir uns das wieder genauer an. Erst einmal der »Rumpf« unserer Funktion:

```
function tippeButton(gewaehlterButton){
}
```

Der Aufruf aus dem HTML erfolgt ja mit einem etwas mysteriösen `this` – was nichts anderes ist als der **gesamte Button** im HTML-Code. Und der ist ein `p` mit etwas CSS, einer ID als Attribut und etwas Text in Form von `1`, `2` oder `3`. In unserer Funktion nehmen wir also den Button (das `this`) in einer Variablen `gewaehlterButton` entgegen, um damit weiterzuarbeiten.

```
if(gesperrt==true){return}
    gesperrt = true;
```

Erst überprüfen wir in der Funktion, ob das Klicken überhaupt schon (oder noch) erlaubt ist. Falls gesperrt auf `true` (wahr) gesetzt ist, springen wir mit `return` einfach wieder aus der Funktion – bei einem Klick passiert gar nichts. Schließlich ist das Klicken dann offenbar (noch) nicht erlaubt. Genauso könntest du übrigens Folgendes schreiben:

```
if(gesperrt){return}
```

Im Ergebnis ist `gesperrt` oder `gesperrt == true` genau das Gleiche. In beiden Fällen wird dem `if` ein `true` oder ein `false` zurückgegeben. Und das `if` fällt dann daraufhin die richtige Entscheidung.

```
gesperrt = true;
```

Wenn das Klicken erlaubt ist, dann können wir weitermachen. Da immer nur ein Klick pro Runde erlaubt ist, sorgen wir gleich dafür, dass dieses exklusive Ereignis auch einzigartig bleibt: `gesperrt` wird auf `true` gesetzt. Wenn jetzt noch einmal auf einen der Buttons geklickt wird, sorgt unser `if` dafür, dass die Funktion gleich beim Aufruf wieder verlassen wird.

```
if( gewaehlterButton.getAttribute("id") == richtigeAntwort ){
   punkte++;
}
```

Das Klicken ist offenbar erlaubt, und wir müssen jetzt feststellen, ob die **richtige Antwort** gewählt wurde – also die ID des Buttons mit der (aktuell) richtigen Antwort in richtigeAntwort übereinstimmt. **Hinweis:** Momentan legen wir die richtige Antwort noch nirgends fest (genauso wie das Sperren oder Freischalten der Buttons). Das müssen wir uns also als wichtige **Aufgabe** merken. Das muss nämlich in unserer anderen Funktion – sinnvollerweise zu Beginn jeder Runde – in der Variablen richtigeAntwort festgelegt werden. Wir haben über das this den Button erhalten (du weißt, eigentlich ein p mit Inhalt). Abgelegt haben wir das in unserer Variablen gewaehlterButton. Das **Geniale** bei JavaScript: Haben wir so ein Element aus der Webseite, dann können wir auf alle Eigenschaften, alle Inhalte **zugreifen**. Wir können sie lesen und sogar verändern.

Mit getAttribute("id") erfahren wir also, welche ID (1, 2 oder 3) der angeklickte Button hat – und das vergleichen wir mit der Variablen richtigeAntwort. Klar, diese muss an anderer Stelle mit Inhalt gefüllt werden – sonst klappt der schönste Vergleich ja nicht. Ist die ID des geklickten Buttons gleich der richtigen Antwort, dann zählen wir mit Hilfe von punkte++ einen Punkt dazu!

Übrigens könnten wir auch den Inhalt, also den Text unsers p-Elements, der ja auch 1, 2 oder 3 ist, für einen Vergleich verwenden. Das sähe dann so aus:

```
if(gewaehlterButton.innerHTML == richtigeAntwort ){
    punkte++;
}
```

Das ist Geschmackssache. Da in unserem Fall die ID und der Text jeweils gleich sind, funktioniert beides sehr gut.

Schönheit löst keine Probleme – ist aber ganz schön!

Das wäre es eigentlich für unsere Funktion. Ziemlich doof ist nur: Der Spieler klickt, das Programm macht alles, du siehst aber keine Reaktion – etwas langweilig. Warum verändern wir die Buttons bei einem Klick nicht einfach? Nehmen wir eine andere Farbe, vielleicht **Rot**, wenn falsch geklickt wurde. Und verändern wir vielleicht den Schatten – so dass es aussieht, als wäre der Button eingedrückt? Das geht ganz einfach, denn JavaScript kann auf alle Eigenschaften von HTML (und CSS) zugreifen. Als Erstes sorgen wir dafür, dass der Button so aussieht, als würde er eingedrückt. Dieser Eindruck entsteht, wenn der Schatten von außen nach innen gesetzt wird. Dazu geben wir dem p einfach neue Werte für den Schatten.

```
gewaehlterButton.style.boxShadow =  "10px 10px 20px grey inset";
```

inset ist dafür das Zauberwort. Etwas nervig dabei: **Alle** bisherigen Angaben über die Ausdehnung des Schattens und die Farbe müssen neu gesetzt werden, sonst sind sie einfach weg – und damit der ganze Schatten. Das ist eine Eigenart von boxShadow seitens CSS, weil hier viele Werte in dieses eine Element geschrieben werden.

Einmal Rot bitte – falsche Antwort

Eigentlich genügt es, die Farbe des gedrückten Buttons nur dann zu ändern, wenn die Antwort falsch war. Vielleicht könnte man den Button rot machen:

```
gewaehlterButton.style.background = "#FF0000";
```

Dann könnte unsere fertige Funktion ungefähr so aussehen:

```
function tippeButton(gewaehlterButton){

    //Darf man einen Button drücken?
    if(gesperrt){return}
    gesperrt = true;

    //Ändere den Schatten des gedrückten Buttons, egal ob die
    //Antwort richtig oder falsch ist
    gewaehlterButton.style.boxShadow = "10px 10px 20px grey inset";
    if( gewaehlterButton.getAttribute("id") == richtigeAntwort ){
        punkte++;
    }else{
        //Ist die Antwort falsch, machen wir den Button knallrot
        gewaehlterButton.style.background = "#FF0000";
    }
}
```

Wenn du jetzt die Überprüfung auskommentierst, dann kannst du die Seite schon im Browser aufrufen und das Klicken schon einmal ausprobieren. Da wir keine echte Antwort zum Vergleich haben, werden die gedrückten Buttons natürlich immer rot:

```
    //if(gesperrt){return}
```

Vergiss bitte nicht, nach dem Ausprobieren die Kommentierung, die beiden //, wieder zu entfernen.

Abbildung 6.3 Ganz schick – zumindest ein netter Effekt, selbst wenn man Rot nicht mag. Wenn du die Seite neu lädst, sind alle Buttons wieder wie neu.

Das Quiz starten

Was wir jetzt brauchen, ist (natürlich) der Start unseres Quiz. Wir könnten für den Start und die folgenden Runden jeweils eine eigene Funktion verwenden. Da beide Fälle aber praktisch gleich sind, lohnt sich eine Aufteilung nicht. Es geht beim Programmieren schließlich **nicht** darum, möglichst viel Code zu schreiben – es gilt: Das (funktionierende) Ergebnis zählt, und je weniger Arbeit du dir gemacht hast, desto besser. Was ist zu tun? Rufen wir uns die Beschreibung in Erinnerung:

Es sollen in zufälliger Reihenfolge fünf Fragen gestellt werden.

Für die zufällige Reihenfolge haben wir schon gesorgt. Wir müssen jetzt eine Frage aus dem Array holen und die Frage so in ihre Einzelteile zerlegen, dass wir alle hinterlegen Informationen erhalten:

- die Frage
- die Antworten
- die Nummer der richtigen Frage

Außerdem müssen wir dafür sorgen, dass nach fünf Runden Schluss ist. Eine geeignete Laufvariable haben wir ja schon.

Nach drei Sekunden soll eine neue Frage gestellt werden. Wir müssen auch daran denken, zu Beginn jeder Runde die Sperre herauszunehmen, sonst kann kein Button angeklickt werden. Und wir könnten bei Spielende noch das Ergebnis verkünden.

Ein bisschen ist also noch zu tun. Fangen wir an:

```
function starteNeueRunde(){
```

Unsere Funktion wird ohne Parameter, also ohne die Übergabe irgendeines Wertes, aufgerufen. Wir müssen jetzt nur prüfen, ob das Spiel noch läuft und wir weniger als fünf Runden gespielt haben:

```
  if( runden < 5 ){
    gesperrt = false;
    runden++;
```

Dann schalten wir die Sperre zum Klicken der Buttons aus und zählen gleich die aktuelle Runde mit.

```
    dieFrage = fragen.shift();
```

Mit `shift` erhalten wir das erste Element aus dem Array unserer Fragen. Es wird damit gleichzeitig aus dem Array entfernt. In dieser Runde kann diese Frage also nicht mehr auftauchen – einfach und effektiv.

```
    var frageAufbereitet = dieFrage.split("#");
```

Mit `split` und der Angabe eines (des von uns festgelegten) Trennzeichens `#` zerteilen wir den Text der jeweiligen Frage in drei Teile. JavaScript erzeugt automatisch ein Array und schreibt alle Teile in dieses Array `frageAufbereitet`. JavaScript macht aus dieser Variablen automatisch ein Array, darum musst du dich nicht kümmern.

Aus `"Welcher Gott schleudert Blitze?#1) Hermes 2) Zeus 3) Mars#2";` würden damit drei Teile:

- `frageAufbereitet[0]` wäre `"Welcher Gott schleudert Blitze"`.
- `frageAufbereitet[1]` wäre `"1) Hermes 2) Zeus 3) Mars"`.
- `frageAufbereitet[2]` wäre `"2"`.

Das Trennzeichen verschwindet einfach. Unsere drei Teile müssen wir jetzt in die Webseite bzw. in eine Variable schreiben:

```
document.getElementById("Frage").innerHTML = frageAufbereitet[0];
```

Der erste Teil ist die eigentliche Frage und soll in das oberste Textfeld geschrieben werden. Da das Element im HTML-Code eine eindeutige ID mit der Bezeichnung `Frage` hat, können wir mit `document.getElementById("Frage")` ganz einfach über JavaScript darauf zugreifen. Und mit `.innerHTML` ändern wir den dortigen Text: Wir weisen einfach den Text unserer Frage zu.

```
document.getElementById("Antworten").innerHTML = frageAufbereitet[1];
```

Das Gleiche machen wir mit dem Text der Antworten, die dem Tag mit der ID `Antworten` zugewiesen werden.

```
richtigeAntwort = frageAufbereitet[2];
```

Schließlich speichern wir die richtige Antwort (es ist ja eine Nummer) in unserer Variablen ab. Damit können wir bei einem Klick auf einen der Buttons endlich überprüfen, ob die richtige Antwort angeklickt wurde.

```
setTimeout(starteNeueRunde,3000);
```

Schließlich legen wir fest, dass in 3 Sekunden (oder was immer du festlegst) eine neue Runde gestartet wird – egal, ob der Spieler einen Button geklickt hat oder nicht. Schnell sein ist hier die Devise.

```
}else{
```

Bleibt uns nur noch der Fall, dass bereits fünf Fragen gestellt wurden. In diesem Fall ist das Spiel beendet, und wir müssen nur noch den Punktestand ausgeben:

```
    alert("Das Spiel ist zu Ende. Du hast " + punkte + " Punkte geholt");
  }
}
```

Nicht vergessen – die gedrückten Buttons

Eine Sache bleibt uns noch zu tun: **Buttons**, die gedrückt wurden, müssen natürlich wieder in ihren **Originalzustand** versetzt werden. Zwar kann in jeder Runde nur ein Button gedrückt werden, wir haben uns aber nicht gemerkt (bzw. gespeichert), welcher Button das war. Und nach dem Verlassen der Funktion `tippeButton` ist diese Information unrettbar ins Datennirvana entschwunden. Entweder holen wir das nach, oder aber wir setzen pauschal alle Buttons wieder auf den Ausgangszustand.

Zur Sicherheit setzen wir pauschal alle Buttons zurück. Um die Buttons wieder in den Ausgangszustand zu versetzen, müssen wir ihnen die ursprünglichen Werte für den Hintergrund und den Schatten zuweisen. Das sieht so aus:

```
document.getElementById("1").style.boxShadow = "15px 15px 15px grey";
document.getElementById("1").style.background = "white";
```

Damit wird der erste Button wieder in den Originalzustand versetzt. Das können wir problemlos für alle drei Buttons machen. Du könntest das auch in eine eigene Funktion schreiben und sie dann aufrufen – übersichtlicher wäre das auf jeden Fall.

Schauen wir uns noch einmal unser ganzes Programm an, jetzt ohne Kommentare:

```
<script>
var fragen = new Array();
var punkte = 0;
var runden = 0;
var gesperrt = true;
var richtigeAntwort;

definiereDieFragen();

function tippeButton(gewaehlterButton){
    if(gesperrt){return}
    gesperrt = true;
    gewaehlterButton.style.boxShadow =  "10px 10px 20px grey inset";
    if( gewaehlterButton.getAttribute("id") == richtigeAntwort ){
        punkte++;
    }else{
        gewaehlterButton.style.background =  "#FF0000";
    }
}

function starteNeueRunde(){
```

```
    document.getElementById("1").style.boxShadow = "15px 15px 15px grey";
    document.getElementById("1").style.background = "white";
    document.getElementById("2").style.boxShadow = "15px 15px 15px grey";
    document.getElementById("2").style.background = "white";
    document.getElementById("3").style.boxShadow = "15px 15px 15px grey";
    document.getElementById("3").style.background = "white";


  if( runden < 5 ){
    gesperrt = false;
    runden++;

    dieFrage = fragen.shift();
    var frageAufbereitet = dieFrage.split("#");
    document.getElementById("Frage").innerHTML = frageAufbereitet[0];
    document.getElementById("Antworten").innerHTML = frageAufbereitet[1];
    richtigeAntwort = frageAufbereitet[2];
    setTimeout(starteNeueRunde,3000);

  }else{
    alert("Das Spiel ist zu Ende. Du hast " + punkte + " Punkte geholt");
  }
}

function definiereDieFragen(){

    fragen[0] = "Wie viele Tage hat der Dezember?#1) 31 2) 42 3) 30#1";
    fragen[1] = "Wie wurde Twix früher genannt?#1) Unix 2) Raider 3) Nockerl#2";
    fragen[2] = "Wie nennt man einen männlichen Hund?#
                 1) Räude 2) Rüde 3) Rhododendron#2";
    fragen[3] = "Wie oft wird der Oscar verliehen?#
                 1) Alle 2 Jahre 2) Jährlich 3) Alle 3 Jahre#2";
    fragen[4] = "Wie hoch ist die Gewichtskraft g auf der Erde?#
                 1) 9,0081 2) 91,08 3) 9,81#3";
    fragen[5] = "Wie hoch ist der Eiffelturm?#1) 324 2) 290 3) 254#1";
    fragen[6] = "Wie hie&szlig; der Hund aus der Serie Lassie?#
                 1) Pluto 2) Nemo 3) Lassie#3";
    fragen[7] = "Wann war die Schlacht bei Issos?#
                 1) 333 v.Chr. 2) 333 n.Chr. 3) 973 n.Chr.#1";
```

```
    fragen[8] = "Wie hoch ist der Mount Everest?#2) 880m 2) 8848m 3) 7642#1";
    fragen[9] = "Wer war oder ist Hammurabi?#
                 1) Ein Herrscher 2) Ein Gebirge 3) Eine Handymarke#1";

    for(var i=1; i<9; i++){
        fragen.sort( function(a,b){return Math.random()-0.5;} );
    }
}
</script>
```

Denk bitte wieder daran, dass Texte jeweils in einer einzigen Zeile stehen müssen. Dafür kannst du problemlos vor oder nach dem = der Zuweisung eine neue Zeile beginnen. Beispielhaft siehst du das bei den Fragen `fragen[2]` und `fragen[3]`.

Abbildung 6.4 Das fertige Quiz – je mehr Fragen, desto spannender wird es.

Natürlich macht das Programm umso mehr Spaß, desto mehr Fragen vorgesehen sind. Du kannst beliebig viele Fragen sammeln und in deinem Programm hinterlegen: bei `fragen[9]` ist noch lange nicht Schluss.

Und natürlich kannst du das Quiz auch verwenden um Fragen zu verwenden, die du für die Schule oder Ausbildung (egal in welcher Form) benötigst. Denn ob du abfragst wie hoch der Mount Everest ist oder vielleicht Fragen der anstehenden Führerscheinprüfung sammelst – das ist dir überlassen.

Falls du es genauer wissen willst: Strings, Integer und andere schräge Typen

Für dich ist eine Zahl eine Zahl. Und ein Text ist ein Text. Und eine `1` ist ja eigentlich das gleiche wie `"1"`. Für den Computer ist das nicht genau genug. Er will (und muss) es genauer wissen: Habe ich gerade einen Wahrheitswert, eine Zahl, einen Text oder etwas anderes? Das ist für den Computer einerseits wichtig um zu wissen wie er solche Informationen effizient speichern kann und andererseits um korrekt mit den ganzen Daten umgehen zu können – beispielsweise bei einem Vergleich. Deshalb unterscheidet man die **Art** der Daten, die Fachbezeichnung dafür ist **Datentypen**.

Manche Programmiersprachen stellen sehr viele, unterschiedliche Datentypen zur Verfügung. Neben kleinen Datentypen wie Wahrheitswerten mit `true` oder `false`, gibt es tatsächlich Zahlen in den unterschiedlichsten Größen wie `byte`, `int`, `long`, `float` oder `double`. Alles Datentypen, die Zahlen von unterschiedlicher Größe abbilden. Einige mit, andere ohne Komma. Und selbst Texte werden unterschieden in einzelne Zeichen, kurze, oder lange Texte.

Bei einigen Programmiersprachen muss der Datentyp für jede Variable bei der Deklaration festgelegt werden und darf sich nicht mehr ändern. Und es ist dann auch nicht möglich ohne weiteres unterschiedliche solcher Datentypen zusammenzubringen. Weder in einem Vergleich noch in einer Operation. Erst müssen alle Datentypen auf einen Nenner gebracht werden – sie müssen explizit in zueinander passende Datentypen **konvertiert** werden.

Das gibt es auch in JavaScript. Beispielsweise mit `parseInt("42")` verwandelst du einen String (also einen Text) in eine Zahl. Das kann sinnvoll sein wenn du zwei Zahlen addieren willst, die als Texte aus einer Eingabe mit `prompt` kommen. Wobei `parseInt` auch noch mehr kann – aus `parseInt("10Vorne")` holt es punktgenau die Zahl 10 heraus – es kann also Zahlen aus Texten »herauslösen«.

JavaScript kennt als vollwertige Sprache natürlich auch unterschiedliche Datentypen: `Boolean`, `Null`, `Undefined`, `Number`, `String` oder `Object`. `Boolean` kennst du schon als Wahrheitswert, `Number` sind Zahlen und `String` sind Texte. `Null` als Datentyp ist das absolut leere »gar nichts«, `null`, und `Undefined` ist eben `undefined` als Wert. Diese Datentypen haben tatsächlich jeweils nur einen einzigen möglichen Wert. Da sie sich aber doch von den anderen möglichen Werten stark unterscheiden, hat man sich eben den Luxus geleistet, sie als eigene Datentypen in JavaScript anzulegen. Objekte, `Object`, wirst du noch kennenlernen, auch wenn du bereits damit wie selbstverständlich damit arbeitest: `Math` ist beispielsweise ein solches Objekt mit vielen Eigenschaften und Möglichkeiten.

JavaScript geht aber im Gegensatz zu einigen anderen Programmiersprachen **dynamisch** mit Datentypen um. Ein Vergleich von `1 == "1"` ist problemlos möglich. Und ob eine Variable vorher eine Zahl als Wert hatte und nach einer Operation oder Zuweisung jetzt einen Text enthält – alles **kein Problem**. JavaScript **kennt** eben die unterschiedlichsten **Datentypen** – geht aber **dynamisch** damit um und versucht dir unnötige Festlegungen und Konvertierungen abzunehmen.

... Und du wirst sehen, das klappt sehr gut.

Kapitel 7

Rechenkönig

Kopfrechnen üben

Das alte Problem: Keiner übt gerne Kopfrechnen. Wir machen daraus aber ein Spiel und sogar einen Wettbewerb. Wer hat das beste Ergebnis und die meisten Punkte?

Seit den ersten programmierbaren Taschenrechnern ist zu beobachten, dass auch das unbeliebte Kopfrechnen dank des Computers eine ganz spannende Sache sein kann. Ob du selbst das Kopfrechnen üben willst oder jemand anders etwas Übung braucht: Du wirst auf jeden Fall genügend Spaß bei der Programmierung haben.

In diesem Kapitel ...

... wirst du nicht nur ein Programm schreiben, mit dem du (oder jeder andere Freiwillige) das Kopfrechnen üben kannst. Wir machen einen Wettbewerb daraus! Das soll dein Programm können:

- Die Spieler erhalten für richtige Ergebnisse Punkte.
- Die Schwierigkeit der Aufgaben steigert sich mit der Anzahl der Punkte eines Spielers automatisch.
- Der Spielstand und das Level sollen dauerhaft gespeichert und erst auf Wunsch gelöscht werden.

Für die Punkte und die Aufgaben brauchst du Techniken, die du bereits von den anderen Programmen kennst. Ein paar neue Techniken kommen auch noch dazu:

- `switch-case`, eine praktische Alternative zu `if`, wenn du mehrere mögliche Werte überprüfen willst.
- Speichere Daten mit Hilfe des Browsers dauerhaft auf dem Computer – selbst wenn der Browser geschlossen wird.
- Ganz nebenbei erfährst du auch etwas über Datentypen und darüber, wie JavaScript dir hilft, indem es Daten selbst passend macht und interpretiert.

Für unser Programm werden wir wieder die Webseite als Benutzeroberfläche nutzen. Für das Quiz hatten wir eine ähnliche Seite verwendet, die wir – etwas angepasst – auch hier zum Einsatz bringen.

Wie kann so ein Programm für das Kopfrechnen aussehen?

Mit `alert` oder `prompt` wollen wir nicht arbeiten, sondern ausschließlich unsere Webseite für die Ein- und Ausgaben nutzen. So praktisch `alert` und `prompt` auch sind, die Webseite stellt uns viel mehr Möglichkeiten zur Verfügung, unser Programm zu gestalten. Außerdem muss jede Ausgabe, die mit einem `alert` erfolgt, mit einem Klick bestätigt werden und ist danach wieder verschwunden. Also:

Der Spieler startet das Spiel klassisch durch einen Klick auf ein angezeigtes Feld oder einen Bereich der Webseite. Danach wird ihm eine Aufgabe angezeigt. Er soll das Ergebnis dieser Aufgabe in ein Feld, genauer gesagt in ein Formularfeld, eingeben und dann bestätigen bzw. abschicken. Ob das Ergebnis richtig oder falsch ist, soll ihm dann direkt angezeigt werden. Nach einem kurzen Moment, nach ein oder zwei Sekunden, soll die nächste Aufgabe gestellt werden, und es beginnt damit alles von vorn.

Das soll aber noch nicht alles sein:

Wir wollen Aufgaben mit verschiedenen Operatoren stellen. Nicht nur schnöde Additionen, nein, wir wollen auch Aufgaben mit Minus stellen. Das soll so programmiert werden, dass später auch andere Operationen wie Multiplikation und Division verwendet werden können. Die Aufgaben sollen so gestellt werden, dass die Ergebnisse nicht negativ werden.

Für jedes richtige Ergebnis soll der Spieler einen Punkt erhalten. Es gibt keine Minuspunkte oder andere Abzüge bei einem falschen Ergebnis. Es soll aber die Anzahl der gespielten Runden angezeigt werden. Der Spieler soll erfahren, wie gut (oder schlecht) seine Quote ist.

Damit das Spiel nicht zu schnell langweilig wird, soll sich der Schwierigkeitsgrad steigern, wenn der Spieler eine gewisse Anzahl von Punkten erreicht hat. Das soll als Level angezeigt werden und sich auf den Schwierigkeitsgrad der Aufgaben auswirken.

Damit können wir erst einmal starten – fangen wir wieder mit der Oberfläche an, die vorgegeben sein soll.

Die Benutzeroberfläche

Die Benutzeroberfläche in Form unserer Webseite ist wieder vorgegeben. Das meiste wird dir bekannt vorkommen. Tatsächlich habe ich es aus der Webseite unseres letzten Kapitels, dem Quiz, übernommen. Natürlich angepasst. Und ich habe das CSS aus dem HTML gelöst und in den Kopf der Webseite verfrachtet. Wie immer ist das kein Selbstzweck: Die Seite wird dadurch übersichtlicher und wirkt aufgeräumter – stärker noch als im letzten Kapitel.

Abbildung 7.1 Gewisse Ähnlichkeiten sind rein zufällig und nicht von der Hand zu weisen.

Auch dieses Mal ist die Oberfläche wieder vorgegeben.

```
<!DOCTYPE html>
<html>
<head>
    <title>Rechenkönig</title>
    <!-- Die CSS-Anweisungen für die Boxen, mir nur ein paar kleineren,
         eher kosmetischen Änderungen gegenüber dem Original -->
```

Das ist übrigens ein Kommentar im HTML. Vom Beginn `<!--` bis zum Ende `-->` wird der Inhalt nicht beachtet. Egal, ob das in einer Zeile steht oder sich über mehrere (beliebig viele) Zeilen erstreckt. Die Kommentare, //, von JavaScript funktionieren nämlich im HTML nicht – umgekehrt übrigens auch nicht. Innerhalb des Tags `style` darf übrigens auch kein HTML-Kommentar stehen. Kommentar in CSS werden /* */ geschrieben.

```
    <style>
```

Wir verfrachten jetzt praktisch alles, was wir an CSS benötigen, in dieses style-Tag im Kopf, head, der Webseite (bis auf die Hintergrundfarbe der Webseite, die eine Anweisung lohnt sich nicht). Der Vorteil? Unsere eigentliche Webseite ist wesentlich aufgeräumter und damit übersichtlicher. Vor allem könntest Du später das gesamte CSS sogar in einer Datei unterbringen.

```
        .anzeige {
            font-size: 30px;
            text-align: center;
            background: #C2CFE4;
            width: 500px; height: 150px;
            border: 20px solid #264B87;
            border-radius: 15px;
            margin: 30px auto;
            box-shadow: inset 20px 10px 15px grey;
        }

        /* Damit zentrieren wir ein div, und damit auch das Eingabefeld
           für unsere Ergebnisse */
        .zentriert {
            margin: 0px auto;
            text-align: center
        }
        /* Das ist unser Eingabefeld für die Ergebnisse */
        .ergebnisse {
            font-size: 100px;
            background: white;
            height: 120px; width: 400px;
            padding: 20px;
            box-shadow: 15px 15px 15px grey;
          }
    </style>
</head>
<!--
 Ein einzelnes Attribut können wir getrost weiterhin direkt im HTML stehen lassen.
 Man sollte so etwas nicht zu streng sehen -->
<body style="background:silver; ">
```

```
<div onclick="stelleAufgabe();" class="anzeige">
    <p id="Frage">Willkommen beim Kopfrechnen</p>
    <p id="Antworten">Klicke hier, um zu starten.</p>
</div>
```

Bei einem Klick auf die obere Box soll eine Funktion `stelleAufgabe` ausgeführt werden. Die Vermutung liegt auf der Hand, dass damit das Spiel gestartet wird. Über das Attribut `class="anzeige"` wird dieses Tag mit dem CSS namens `.anzeige` verknüpft. Alle Angaben im CSS zum Text werden übrigens immer an den Inhalt weiter gereicht. So geht es im Code weiter:


```
<div class="zentriert">
```

Dieses div und das zugehörige CSS benötigen wir, um unser Eingabefeld auf einfache Art (naja, wirklich ganz einfach ist das auch nicht) zu zentrieren. Früher – in den Zeiten als es noch kein CSS gab – funktionierte das Zentrieren mit einem heute verpönten Tag namens `<center></center>`. Dieses Tag funktioniert übrigens in vielen Fällen immer noch. Und weiter geht es mit:

```
<form onsubmit="return pruefeEingabe();">
```

Wir haben hier ein Formular, bzw. den Rahmen für ein Formular. Wird das Formular *abgeschickt* (das kennst du bestimmt zur Genüge aus dem Internet), wird die hier angegebene Funktion `pruefeEingabe` über das Ereignis `onsubmit` aufgerufen. Normalerweise bedeutet *Formular abschicken* auch, dass die Webseite verlassen und eine **andere** Seite aufgerufen wird, und dass die Inhalte aus dem Formular dorthin versendet werden. Das brauchen wir aber gar nicht – denn wir wollen das Formular ja **nur nutzen, um die Funktion `pruefeEingabe()` aufzurufen**.

Deshalb benutzen wir einen **Trick**: Erhält ein Formular beim Absenden ein `false` als Wert geliefert, dann passiert das genau nicht. Wir brauchen jetzt also nur aus unserer Funktion `pruefeEingabe` ein **`false`** zurückzuschicken. Im Formular steht:

```
    <input id="eingabe" class="ergebnisse" type="text">
```

Das ist ein typisches Eingabefeld. Hier wirst du das Ergebnis deiner Berechnungen eingeben. Durch das Formular und das `onsubmit` brauchst du auch keinen Abschicken-Button, du brauchst nur dein Ergebnis einzutippen und dann [↵] auf deiner Tastatur zu tippen. Das ist einfach und geht schnell.

Schließlich werden noch Formular, `div`, `body` und die ganze Seite geschlossen:

```
</form>
</div>
<script></script>
</body>
</html>
```

Das ist also die fertige Webseite. Das JavaScript ist jetzt deine Aufgabe: Also los!

Wenn ich selbst ein Programm schreibe, woher bekomme ich dann so eine Oberfläche?

Entweder, du fängst mit einer leeren, sprichwörtlich weißen Seite an und fügst dort Element für Element ein, oder du nimmst eine andere, bereits bestehende Seite und passt sie Stück für Stück an. Das ist ein einfacher und schneller Weg, eine Oberfläche für dein Programm zu erhalten.

Zuerst die Funktionen und die Variablen

Bevor wir mit den Variablen beginnen, werfen wir einen Blick auf die notwendigen **Funktionen**. Im HTML-Code tauchen über die Ereignisse bereits zwei Funktionen auf: `stelleAufgabe` und `pruefeEingabe`. Das scheint ganz sinnvoll zu sein: Die Funktion `stelleAufgabe` startet dabei das Spiel und jede weitere Runde und (wie der Name vermuten lässt) erzeugt eine Aufgabe, die dem Spieler dann auch angezeigt wird. Die zweite Funktion, `pruefeEingabe`, reagiert auf die Eingabe des Spielers, vergleicht die Eingabe mit dem Ergebnis der Aufgabe und vergibt die entsprechenden Punkte. Diese beiden Funktionen scheinen für den Anfang ausreichend zu sein.

Und wenn die Funktionen nicht vorgegeben sind?

Auch das ist kein Problem. Für die Funktionen kannst du dich wunderbar an den Ereignissen orientieren. Wann passiert etwas, und durch welche Aktion wurde es ausgelöst? Was läuft vielleicht direkt beim Start der Webseite? In den nächsten Kapiteln werden wir genau das machen, und du wirst sehen, das funktioniert wunderbar.

Betrachten wir jetzt die notwendigen Variablen. Bisher war es klar, wo die Variablen deklariert werden. Aber jetzt sollten wir uns auch Gedanken darüber machen, **wo** wir die jeweilige Variable eigentlich benötigen. Direkt im `script`-Tag als **globale Variable**, die im ganzen Spiel und über mehrere Runden Werte speichert und fortführt? Oder sind es **lokale Variable** in **Funktionen**, die wir tatsächlich auch nur in der einen oder anderen Funktion benötigen? Lokale Variable erkennst du auch daran ganz gut, dass ihre Werte meist nur kurzzeitig benötigt werden.

Was im Spiel passiert	Welche Variablen und Funktionen du brauchst
Der Spieler startet das Spiel klassisch durch einen Klick auf ein angezeigtes Feld oder einen Bereich der Webseite. Danach wird ihm eine Aufgabe angezeigt.	Eine Variable, in der wir die Ausgabe zusammenbauen, bevor wir sie ausgeben. `var ausgabe;` Diese Variable brauchen wir wohl nur zeitweise in der Funktion `stelleAufgabe`.

Er soll das Ergebnis dieser Aufgabe in ein Feld, genauer gesagt in ein Formularfeld, eingeben und dann bestätigen bzw. abschicken. Ob das Ergebnis richtig oder falsch ist, soll ihm dann direkt angezeigt werden.
Nach einem kurzen Moment, nach ein oder zwei Sekunden, soll die nächste Aufgabe gestellt werden, und es beginnt damit alles von vorn.
	Die Eingabe speichern wir hier kurzzeitig in der Funktion `pruefeEingabe`:
	`var aktuelleEingabe;`
	`var aktuellesErgebnis;`
	Das Ergebnis wird in der Funktion `stelleAufgabe` festgelegt, wir brauchen die Variable aber auch in der Funktion `pruefeEingabe` für einen Vergleich. Das sieht nach einer globalen Variablen aus.

Wir wollen Aufgaben mit verschiedenen Operatoren stellen.
Nicht nur schnöde Plusrechnungen, nein, wir wollen auch Aufgaben mit Minus stellen. Das soll so programmiert werden, dass später auch andere Operatoren wie Mal oder Geteilt verwendet werden können. Die Aufgaben sollen so gestellt werden, dass die Ergebnisse nicht negativ werden.
	Wir werden uns die Aufgabe wohl irgendwie basteln müssen, aus zwei Zahlen und einem Operator:
	`var ersteZahl;`
	`var zweiteZahl;`
	`var operation;`
	Über das Wie machen wir uns später Gedanken. Das Wo ist recht eindeutig: lokal in der Funktion `stelleAufgabe`.

Für jedes richtige Ergebnis soll der Spieler einen Punkt erhalten. Es gibt keine Minuspunkte oder andere Abzüge bei einem falschen Ergebnis.	`var punkte = 0;` Da wir hier einen Wert hochzählen werden, ist es sinnvoll, der Variablen gleich einen Wert zuzuweisen, damit wir damit weiterrechnen können. Genauso sinnvoll ist es, diese Variable, die über alle Runden ihren Wert speichert, global zu deklarieren.

Was im Spiel passiert	Welche Variablen und Funktionen du brauchst
Es soll aber die Anzahl der gespielten Runden angezeigt werden. Der Spieler soll erfahren, wie gut (oder schlecht) seine Quote ist.	`var runden = 0;` Genauso bei den Punkten: Zählvariablen sollte man gleich mit einem Anfangswert belegen. Das erspart nervige Fehler. Auch hier handelt es sich um eine globale Variable.
Damit das Spiel nicht zu schnell langweilig wird, soll sich der Schwierigkeitsgrad steigern, wenn der Spieler eine gewisse Anzahl von Punkten erreicht hat. Das soll als Level angezeigt werden und sich auf die Art der Aufgaben auswirken.	`var level = 1;` Auch das Level wird im Laufe des Spiels höher – kriegt also auch gleich einen Anfangswert und wird eine globale Variable.

Falls du es genauer wissen willst: Wohin mit den Variablen?

Du könntest es dir einfach machen und alle Variablen immer direkt innerhalb des script-Tags deklarieren und sie (falls nötig) auch gleich mit einem Wert initialisieren (ihnen also einen Wert zuweisen). Das sind dann **globale** Variablen, die immer und überall verwendet werden können.

Ist das nicht sogar besser? Wo liegt also das Problem?

Stell dir vor, du hast alle Variablen immer und überall verfügbar. Du hast nun eine Zählvariable namens zaehler, in der du die Spielrunden mitzählst. Bis hierhin keine Problem. Jetzt hast du aber auch irgendeine Funktion, in der du etwas anderes mitzählst, zufällig mit dem gleichen Namen zaehler. Das Problem? Beide Male würde auf die gleiche Variable zugegriffen – und an beiden Stellen würde der Wert von zaehler verändert. Das kann nicht gutgehen, natürlich nicht. Und jetzt stell dir vor, dein Programm besteht nicht nur aus 100, sondern mehreren Tausend Zeilen Quelltext mit vielen, teilweise älteren Funktionen. Je umfangreicher Programme werden, desto schneller passiert es, dass Variablen an unterschiedlichen Stellen oder in Funktionen einen gleichen Namen haben und wichtige Werte überschrieben werden. Und stell dir dann vor, mehrere Entwickler arbeiten gemeinsam an einem Programm; jeder entwickelt andere Teile, die zusammenarbeiten müssen.

Aber es gibt eine Lösung:

Nur die wichtigsten (die allerwichtigsten) Variablen, die auch während des gesamten Programms benötigt werden, werden direkt im script-Tag deklariert und sind damit **globale Variablen**. Alle anderen Variablen werden **in den Funktionen** deklariert, in denen sie benötigt werden. Damit sind sie **lokale Variable**, die sich selbst bei Namensgleichheit zwischen Funktionen gar nicht mehr ins Gehege kommen **können**. Selbst wenn in allen Funktionen Variablen mit dem Namen `zaehler` verwendet werden – egal! Zwischen den Funktionen ist es so, als hätten die Variablen alle einen anderen Namen. Selbst wenn es bereits eine globale Variable namens `zaehler` gibt: Deklarierst du in einer Funktion eine Variable `zaehler` mit `var`, dann wird die globale Variable nicht beachtet, und eine neue Variable entsteht innerhalb der Funktion. Erst außerhalb der Funktion wird wieder die globale Variable verwendet.

Schauen wir uns an, was wir jetzt schon haben:

```
<script>
```

Unsere globalen Variablen, die wir nicht nur in einzelnen Funktionen brauchen oder deren Werte während der gesamten Programm-Laufzeit benötigt werden.

```
var punkte = 0;
var runden = 0;
var level = 1;
var aktuellesErgebnis;

console.log("Start");
```

Diese Funktion wird aufgerufen, wenn durch den Spieler eine Eingabe erfolgt ist.

```
function pruefeEingabe(){
    var aktuelleEingabe;
    console.log("Ich prüfe die Eingabe");
```

Wir nutzen ja ein Formular für die Eingabe. Damit dieses Formular von dem Browser aber nicht abgeschickt wird und die Seite damit neu geladen wird (wir haben ja keine anderes Seite als Sprungziel angegeben), liefern wir mit dem `return` den Wert `false` zurück. Dadurch weiß der Browser: Er soll das Formular nicht abschicken.

```
    return false;
}
```

Die folgende Funktion wird aufgerufen, wenn das Spiel mit einem Klick gestartet wird und muss auch bei jeder neuen Runde aufgerufen werden. Du kannst dir ja schon einmal überlegen, wie die jeweils nächste Runde gestartet werden soll.

```
function stelleAufgabe (){
    var ausgabe;
    var ersteZahl;
    var zweiteZahl;
    var operation;

    console.log("Ich stelle die Aufgabe");
}
</script>
```

Damit haben wir unser Programm, zumindest die Struktur. Du kannst es speichern und sogar schon starten.

Aber da passiert noch gar nichts?!
Und woher kommen die Anweisungen mit »console.log«?

Noch passiert nicht gerade viel. Aber du kannst überprüfen, ob bis zu dieser Stelle dein Programm fehlerfrei ist. Dafür habe ich die Anweisungen mit `console.log` eingeschmuggelt. Beim normalen Aufruf macht sich `console.log` gar nicht bemerkbar. Erst wenn du im Browser über das Menü oder mit der Taste [F12] die **Entwicklertools** aufrufst und dort den Karteireiter CONSOLE wählst, werden dir die Ausgaben von `console.log` angezeigt. Und natürlich werden dir in der Konsole vorhandene Fehler angezeigt, die du dann als Erstes korrigieren solltest.

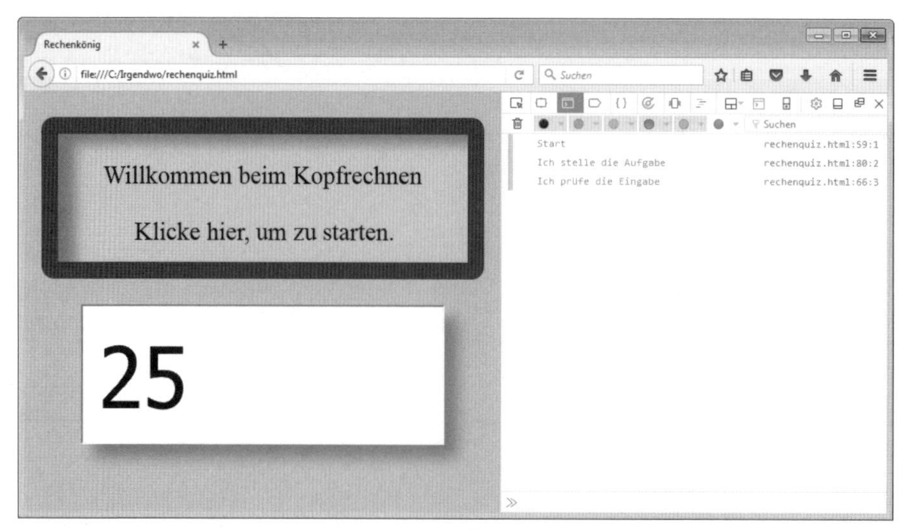

Abbildung 7.2 So sieht es aus, wenn mit einem Klick das Programm gestartet, eine Zahl eingegeben und sie mit »Return« bzw. »Enter« abgeschickt wurde. In der Konsole sind unsere Ausgaben von »console.log« zu sehen.

Es ist durchaus üblich, Programme so aufzubauen: Zu Beginn wird eine Art funktionierendes Grundgerüst geschrieben, und erst nach und nach werden die tatsächlichen Funktionalitäten eingebaut. Dadurch kannst du das Programm besser testen und auftretende Fehler viel schneller finden.

Nun ist es aber an der Zeit, die Funktionen mit Leben zu füllen. Beginnen wir mit `stelleAufgabe`. Sehen wir uns in der Beschreibung an, was zum Spielstart bzw. zum Start jeder Runde zu tun ist. Das Folgende scheint zu unserer Funktion zu gehören:

Der Spieler startet das Spiel klassisch durch einen Klick auf ein angezeigtes Feld oder einen Bereich der Webseite. Danach wird ihm eine Aufgabe angezeigt.

Wir wollen Aufgaben mit verschiedenen Operatoren stellen. Nicht nur schnöde Plusrechnungen, nein, wir wollen auch Aufgaben mit Minus stellen. Das soll so programmiert werden, dass später auch andere Operatoren wie Mal oder Geteilt verwendet werden können. Die Aufgaben sollen so gestellt werden, dass die Ergebnisse nicht negativ werden.

Es soll aber die Anzahl der gespielten Runden angezeigt werden. Der Spieler soll erfahren, wie gut (oder schlecht) seine Quote ist.

Damit das Spiel nicht zu schnell langweilig wird, soll sich der Schwierigkeitsgrad steigern, wenn der Spieler eine gewisse Anzahl von Punkten erreicht hat. Das soll als Level angezeigt werden und sich auf die Art der Aufgaben auswirken.

Was ist zu tun in der Funktion »stelleAufgabe«?

Die Variablen hatten wir ja schon. Als Erstes zählen wir jetzt die neue Runde mit und schauen auch gleich einmal, ob sich das Level des Spielers verändert hat. Das ist für die erste Runde, also den Start, unbedeutend, aber wir nutzen die Funktion ja auch für den Start jeder neuen Runde.

Das Hochzählen der Runde ist leicht, wir müssen uns aber überlegen, nach welchen Regeln das Level erhöht wird. Als Vorschlag: Wenn der Spieler fünf richtige Antworten gegeben hat, erhöht sich das Level um eins. Anders gesagt: Hat der Spieler mehr Punkte als das aktuelle Level mal 5, steigt das Level um 1. Das klingt im ersten Moment vielleicht etwas unrund, lässt sich aber leicht prüfen und umsetzen. So geht es in der Funktion `stelleAufgabe` hinter der Deklaration der Variablen weiter (die komplette Funktion siehst du im Abschnitt »Das Programm als Ganzes«):

```
runden++;
if(punkte>level*5){
    level++;
}
```

In jeder Runde sollten wir auch schon einmal alle **alten Eingaben** pauschal aus dem Eingabefeld löschen – ebenso, falls jemand etwas vor dem Start ins Eingabefeld getippt hat. Dazu schreiben wir einen leeren Text in das Eingabefeld:

```
document.getElementById("eingabe").value = "";
```

Das machen wir wieder über die ID im HTML-Code und schreiben einen leeren Text in den `value` des Formularfeldes (das ist besser als eine 0, die bei der Eingabe der Lösung erst überschrieben werden müsste).

Warum ist das jetzt ».value« und nicht ».innerHTML«?

Ein normales Tag, wie das sonst von uns verwendete `<p>Inhalt</p>`, hat eben einen echten Inhalt – das ist `innerHTML`. Das Tag für das Formularfeld `<input>` hat gar keinen Inhalt, es hat ja auch kein schließendes Tag – dafür aber einen Wert, den wir mit `value` abfragen und verändern können.

Zwei Zahlen sollt ihr sein ...

Dann müssen wir eine Rechenaufgabe mit zwei unterschiedlichen Zahlen und einem Operator erstellen. Die Aufgaben sollen mit der Zeit schwieriger werden – also rechnen wir einfach unser Level als Faktor mit zu den errechneten Zahlen! Je höher das Level wird, desto größer werden die Zahlen, und es wird etwas schwieriger.

Wir berechnen also zwei Zufallszahlen. Fangen wir einfach bei zwei Zahlen von 1 bis 5 an. Für die Schwierigkeit verwenden wir den Level des Spiels und nehmen ihn als Multiplikator in die Berechnung auf. Deshalb sollte das **erste Level** bei Spielstart auch 1 und nicht 0 sein.

```
var ersteZahl  = Math.round(Math.random()*level*5+0.5);
var zweiteZahl = Math.round(Math.random()*level*5+0.5);
var operation  = Math.round(Math.random()*2+0.5);
```

Die Zufallszahlen und das Runden kennst du ja. Die Frage ist: Was machen wir mit dem Operator (also + oder –)? Die Lösung ist einfach: Wir lassen uns eine Zufallszahl von 1 bis 2 berechnen. Bei einer 1 werden wir das als Plus werten und bei einer 2 als Minus.

Wir brauchen in jeder Runde also unsere beiden zufälligen Zahlen und die Entscheidung, welcher Operator genommen werden soll. Daraus müssen wir uns dann die komplette Rechenaufgabe basteln und im HTML-Code anzeigen – der Spieler muss ja schließlich wissen, was er rechnen soll. Und wir müssen auch das Ergebnis berechnen, um das an anderer Stelle mit der Eingabe des Spielers vergleichen zu können.

Das könnte für den Fall 1, also +, so aussehen:

```
if( operation == 1){
    ausgabe = ersteZahl + " + " + zweiteZahl;
    aktuellesErgebnis = ersteZahl + zweiteZahl;
}
```


In der Variablen ausgabe basteln wir uns einen Text, der in der Webseite ausgegeben werden kann, und in aktuellesErgebnis haben wir das Ergebnis als echte Zahl für einen späteren Vergleich mit der Eingabe des Spielers.

Du musst allerdings daran denken, dass das Spiel später noch erweitert werden soll – nur Plus und Minus sind auf die Dauer doch etwas wenig. Irgendwann sollen Mal und Geteilt dazukommen. Du könntest sogar Rechnungen mit einem zweiten Operator programmieren. Es gibt zahlreiche Möglichkeiten. Du kannst für jeden Fall ein if basteln, aber JavaScript wäre eben nicht JavaScript, wenn es nicht eine bessere Lösung dafür hätte.

Und zwar »switch«-»case«

Wenn es mehrere eindeutige Möglichkeiten gibt (also feste, eindeutige Werte), dann bietet sich switch-case als Alternative zu if an.

Das Konstrukt für switch-case ist etwas ungewöhnlich. Im Kopf, beim switch, wird in den runden Klammern eine Variable angegeben. Gibt es nun bei einem case einen Wert, der **exakt** mit dem Wert in der Variablen **übereinstimmt**, dann wird genau **dorthin gesprungen** und der Programmcode bis zum nächsten break abgearbeitet.

- Der Nachteil? Du kannst nur mit exakten Werten arbeiten. Es gibt kein größer oder kleiner – nur exakte Werte, die genau so vorkommen müssen.
- Der Vorteil? Du kannst unterschiedliche Werte für denselben Fall angeben. Und switch-case hat auch einen speziellen Fall, default, der dann eintritt, wenn es gar keine Übereinstimmung mit einem Wert gibt. Ach ja, und switch-case ist ganz übersichtlich, wenn du verschiedene, eindeutige Werte hast.

Sehen wir uns das an einem einfachen Beispiel an. Wir verwenden die Variable operation in einem switch-case. Ist der Wert unserer Variablen 1, dann springt das Programm zu case 1: und arbeitet alles bis zum nächsten break ab. Nach dem break wird switch-case verlassen.

Ist der Wert von **operation** also ...

```
switch (operation){
```

... **1**, so wird ...

```
  case 1:
```

... dieser Text ausgegeben.

```
    alert("Hier passiert etwas!");
  break;
```

Ist er aber **"Erster Fall"**, ...

```
  case "Erster Fall":
```

... so wird's ein ganz anderer Text.

```
    alert("Hier passiert etwas ganz,
    ganz anderes!");
  break;
```

Keins von beidem?

```
  default:
```

Dann wird's dieser Text.

```
      alert("Keine Übereinstimmung!");
}
```

Ist der Wert unserer Variablen der Text `"Erster Fall"`, dann springt das Programm zum `case "Erster Fall":` und arbeitet alles ab bis zum nächsten `break`. Danach wird das gesamte `switch-case`-Konstrukt verlassen.Hat unsere Variable einen Wert, der gar nicht vorgesehen ist? Dann erfolgt der Sprung zum `default:` Der Programmcode dort wird bis zum Ende ausgeführt, dann wird das `switch-case` verlassen. Das `default:` ist übrigens optional. Brauchst du es nicht, wird `switch-case` ohne Aktion verlassen. Als letzte Auswahl im `switch-case` braucht `default:` kein `break`. Wie in vielen Fällen gilt aber: Es geht nichts kaputt, falls du es doch machst.

Achtung: »break« nicht vergessen

Vergisst du ein break, dann wird der folgende Programmcode im switch-case weiter ausgeführt – bis zum nächsten break oder ganz bis zum Ende! Dabei spielt es keine Rolle, ob ein neuer case mit einem ganz anderen Wert beginnt – es wird stur weiter abgearbeitet. Das kannst (und darfst) du übrigens auch ausnutzen, um mehrere Möglichkeiten zusammenzufassen.


```
switch (operation){
    case 1:
    case "eins":
        alert("Hier passiert etwas!");
    break;
    case "Erster Fall":
        alert("Hier passiert etwas ganz, ganz anderes!");
    break;
    default:
        alert("Keine Übereinstimmung!");
}
```

Auch das geht: Mehrere mögliche Werte sind für einen Fall angegeben. Weil das so erlaubt ist, warnt dich JavaScript auch nicht, wenn du einmal ein »break« vergessen hast – es könnte ja Absicht sein.

»switch«-»case« für unser Programm

In unserem Fall mit 1 oder 2 sähe switch-case so aus:

```
switch (operation){
    case 1:
        ausgabe = ersteZahl + " + " + zweiteZahl;
        aktuellesErgebnis = ersteZahl + zweiteZahl;
    break;
    case 2:
        ausgabe = ersteZahl + " - " + zweiteZahl;
        aktuellesErgebnis = ersteZahl + zweiteZahl;
    break;
    default:
        alert("Keine Übereinstimmung!");
}
```

Hat unsere Variable operation irgendeinen anderen Wert und wird kein übereinstimmender Wert gefunden, springt das Programm zum optionalen default: und arbeitet bis zum Ende von switch-case.

Keine negativen Ergebnisse

Wir haben ja zwei zufällige Zahlen für die Berechnung und legen mit einer weiteren Zufallszahl fest, ob wir addieren oder subtrahieren. Bei der Subtraktion haben wir die (sinnvolle) Vorgabe, dass das Ergebnis trotzdem nicht negativ werden darf. Wie machen wir das? Das Ergebnis kann nur negativ werden, wenn die erste Zahl kleiner als die zweite Zahl ist. Was machen wir dann? Neue Zufallszahlen berechnen lassen, bis es passt? Möglich, aber aufwendig.

Keep It Simple, Stupid: Wie wäre es, wenn du die beiden Zahlen einfach tauschst? Die größere Zahl wäre vorn, und das Ergebnis wäre auf jeden Fall positiv.

Das schaffst du mit einem ganz einfachen Tausch der beiden Zahlen – natürlich mit Hilfe einer Hilfsvariablen. Ergänze den bestehenden Code in Fall 2 (also case 2:, das ja minus ist) um ein if mit dem Tausch der Variablen:

```
case 2:
    if( zweiteZahl > ersteZahl ){
        var zwischenSpeicher = ersteZahl;
        ersteZahl = zweiteZahl;
        zweiteZahl = zwischenSpeicher
    }
    ausgabe = ersteZahl + "-" + zweiteZahl;
    aktuellesErgebnis = ersteZahl - zweiteZahl;
break;
```

Eine einfache und gerade deshalb elegante Lösung. Wir müssen jetzt nur noch die gerade erstellte Rechenaufgabe in die Webseite schreiben. Und da wir schon dabei sind, können wir die Informationen über das Level, die erreichten Punkte und die Anzahl der Runden auch gleich ausgeben.

```
document.getElementById("Frage").innerHTML = ausgabe;
document.getElementById("Antworten").innerHTML
  = "Level " + level + " Punkte " + punkte + " Runden " + runden;
```

Über die ID greifen wir auf die beiden Elemente im oberen Rechteck der Webseite zu. Mit innerHTML geben wir an, dass wir auf den Inhalt der Tags zugreifen wollen, und ändern so mit einer Zuweisung diese Inhalte. Die Angaben über das Level, die erreichten

Punkte und die Anzahl der Runden bauen wir mit etwas erläuterndem Text in einer Zeile zusammen. **Das war alles.** Mehr müssen wir in unserer Funktion gar nicht machen. Die Aufgabe ist gestellt, jetzt müssen wir **nur noch warten, dass der Spieler seine Lösung eingibt**.

Im Abschnitt »Das Programm als Ganzes« kannst du sehen, wie die Funktion `stelleAufgabe` am Stück aussieht.

Falls du es genauer wissen willst: Texte, Zahlen und das »+«

Das +-Zeichen hat in JavaScript eine nicht ganz ungefährliche **Doppelrolle**. Mit einem + kannst du mathematische Berechnungen durchführen – genauso aber werden damit Texte zusammengesetzt.

`5 + 5` ergibt demnach `10`.

`"Hallo " + "Welt"` ergibt `"Hallo Welt"`.

JavaScript versucht, anhand der Werte zu erkennen, was es machen soll. In den meisten Fällen klappt das auch gut. Es gibt aber einige – sagen wir – kritische Fälle.

`5 + "5"` wird als String, als Text, behandelt und ergibt den Text `"55"`, denn alles, was in Anführungszeichen steht, ist erst einmal ein Text – selbst wenn der **Inhalt** eine Zahl ist.

`5 + 5 + " Brötchen"` ergibt `"10 Brötchen"`.

Wie geht JavaScript vor? JavaScript arbeitet hier von links nach rechts. Solange nur Zahlen kommen, werden sie sofort addiert. Beim ersten String, also einem Text, ist Schluss damit, und JavaScript fasst ab da alles als Text auf – so kommt es auch zu den `"10 Brötchen"`.

Deshalb klappt es auch mit der Ausgabe unserer Aufgabe `ersteZahl + "-" + zweiteZahl`. Durch das eingefügte `"-"` ist es für JavaScript keine Berechnung zweier zufälliger Zahlen, sondern ein Text, der zusammengeschraubt wird.

Eigentlich ganz leicht. Problematisch ist es nur, wenn du mit Variablen arbeitest und du gar nicht sehen kannst, was da kommt. Alles, was beispielsweise über ein **`prompt`** eingegeben wird, ist nämlich ein Text, ein String:

`5 + prompt("Ein Wert", "Gib eine Zahl ein")` ergibt den Text `"55"` (wenn du eine 5 eingibst). Genauso werden Werte, die du aus Formularfeldern der Webseite ausliest, als Texte aufgefasst. Das ist nur ein Problem, wenn ein + im Spiel ist – ganz einfach, weil dieses Zeichen eben für Additionen und genauso für das Zusammenfügen von Texten verwendet wird. Bei *, / oder - geht JavaScript **immer** davon aus, dass es sich um eine Rechenoperation handelt – egal, ob eine oder alle Zahlen in Anführungszeichen stehen oder nicht. Auch bei Vergleichsoperationen wie >, <, == geht JavaScript immer davon aus, dass es sich bei Zahlen eben um Zahlen handelt – egal, ob sie in Anführungszeichen stehen oder nicht.

Der Spieler ist am Zug

Das Spiel ist gestartet, die Aufgabe gestellt. Jetzt müssen wir auf die Eingabe des Spielers warten und in der dafür vorgesehenen Funktion pruefeEingabe (wie der Name schon vermuten lässt) die Eingabe daraufhin prüfen, ob sie mit dem Ergebnis der Aufgabe übereinstimmt. Was hatten wir hier noch zu tun? Werfen wir noch einmal einen Blick auf den Rest unseres Beschreibungstexts:

Er soll das Ergebnis dieser Aufgabe in ein Feld, genauer gesagt in ein Formularfeld, eingeben und dann bestätigen bzw. abschicken. Ob das Ergebnis richtig oder falsch ist, soll ihm dann direkt angezeigt werden. Nach einem kurzen Moment, nach ein oder zwei Sekunden, soll die nächste Aufgabe gestellt werden, und es beginnt damit alles von vorn.

Für jedes richtige Ergebnis soll der Spieler einen Punkt erhalten. Es gibt keine Minuspunkte oder andere Abzüge bei einem falschen Ergebnis.

Der Name wird Programm: »pruefeEingabe«

Über den Aufruf unserer Funktion pruefeEingabe brauchen wir uns keine Gedanken zu machen – er erfolgt über das Absenden des Formulars im HTML-Code. Ein [↵] nach der Eingabe genügt.

In der Funktion pruefeEingabe müssen wir uns die aktuelle Eingabe aus dem Formularfeld holen. Das machen wir wieder über die ID im HTML-Code. Wie bereits beim Leeren des Formularfeldes holen wir uns die Eingabe über value, nicht wie bei normalen Tags über innerHTML, denn das Formularfeld hat eben keinen inneren Teil.

```
function pruefeEingabe(){
    var aktuelleEingabe = document.getElementById("eingabe").value
```

Stimmt das Ergebnis?

Jetzt vergleichen wir noch die Eingabe des Spielers mit dem Ergebnis der aktuellen Aufgabe. Die Variable aktuellesErgebnis erhält ihren aktuellen Wert in einer anderen Funktion, sie wurde aber innerhalb des script-Tags deklariert: Damit ist sie eine **globale Variable**, auf die **überall** lesend und schreibend zugegriffen werden kann.

```
    if( aktuelleEingabe == aktuellesErgebnis ){
        punkte++;
    }
```

Stimmen das Ergebnis und die Eingabe überein, gibt es einen Punkt. Was noch fehlt, ist eine direkte Rückmeldung im Spiel. Wir könnten das richtige Ergebnis und ein »Wahr« oder »Falsch« in das Eingabefeld schreiben. Vielleicht ist es aber **besser**, eine einfache visuelle Rückmeldung in Form einer Farbe zu geben: Ist das Ergebnis richtig, setzen wir die Hintergrundfarbe des Eingabefeldes auf Grün; ist es falsch, setzen wir die Hintergrundfarbe auf Rot. Wir ergänzen also unsere Überprüfung:

```
if( aktuelleEingabe == aktuellesErgebnis ){
    document.getElementById("eingabe").style.background = "green";
    punkte++;
}else{
    document.getElementById("eingabe").style.background = "red";
}
```

Wie inzwischen schon gewohnt, greifen wir über die ID auf das Eingabefeld zu. Über die Eigenschaft `style.background` weisen wir die gewünschten Farben zu.

Achtung

Du musst jetzt auch daran denken, die gesetzte Farbe wieder zurückzusetzen. Sonst wäre bei der folgenden Aufgabe das Eingabefeld ständig rot oder grün. Vergiss also nicht, an geeigneter Stelle die Hintergrundfarbe wieder auf Weiß zu setzen. Passend wäre das beim Start jeder neuen Runde – zu Beginn der Funktion `stelleAufgabe`.

Damit sind wir auch schon fast fertig. Was wir noch tun müssen, ist, zeitgesteuert eine neue Aufgabe zu stellen. Da der Spieler bei der Beantwortung keinen Zeitdruck hat und er durch die gesetzte Hintergrundfarbe sofort erkennt, ob er richtig- oder falschliegt, können wir an dieser Stelle durchaus etwas Gas geben und nach rasanten 1.000 Millisekunden (also einer Sekunde) eine neue Aufgabe stellen.

```
    setTimeout(stelleAufgabe,1000);
    return false;
}
```

Das `return false;` hatten wir bereits festgelegt. Damit weiß der Browser: Wenn das Formular abgeschickt wird, soll er unsere Funktion aufrufen, aber **nichts anderes mehr machen**. Normalerweise wird von einem Formular eine neue Seite aufgerufen – was wir ja eben nicht wollen. Da Formulare gerne für JavaScript verwendet werden, wurde diese einfache Möglichkeit, das zu unterbinden, den Browsern sehr früh mitgegeben.

Das Programm als Ganzes

Schauen wir uns unser Programm jetzt noch einmal als Ganzes an. Wir ergänzen dabei gleich die Funktion `stelleAufgabe` um das Rücksetzen des Formularfeldes auf die weiße Hintergrundfarbe. Zusammen sieht alles ungefähr so aus:

```
<script>
var punkte = 0;
var runden = 0;
var level = 1;
var aktuellesErgebnis;

function stelleAufgabe (){
    var ausgabe;
    var ersteZahl;
    var zweiteZahl;
    var operation;

    //Nicht vergessen, Formularfeld wieder weiss machen
    document.getElementById("eingabe").style.background = "white";
    document.getElementById("eingabe").value = "";

    runden++;
    if(punkte>level*5){
        level++;
    }

    var ersteZahl  =  Math.round(Math.random()*level*5+0.5);
    var zweiteZahl =  Math.round(Math.random()*level*5+0.5);
    var operation =  Math.round(Math.random()*2+0.5);

    switch (operation){
        case 1:
            ausgabe = ersteZahl + " + " + zweiteZahl;
            aktuellesErgebnis = ersteZahl + zweiteZahl;
        break;
        case 2:
            if( zweiteZahl > ersteZahl ){
                var zwischenSpeicher = ersteZahl;
                ersteZahl = zweiteZahl;
                zweiteZahl = zwischenSpeicher
```

```
            }
            ausgabe = ersteZahl + "-" + zweiteZahl;
            aktuellesErgebnis = ersteZahl - zweiteZahl;
        break;
        default:
            alert("Keine Übereinstimmung!");
    }

    document.getElementById("Frage").innerHTML = ausgabe;
    document.getElementById("Antworten").innerHTML =
        "Level " + level + " Punkte " + punkte + " Runden " + runden;
}

function pruefeEingabe(){

    var aktuelleEingabe = document.getElementById("eingabe").value;

    if( aktuelleEingabe == aktuellesErgebnis ){
        document.getElementById("eingabe").style.background = "green";
        punkte++;
    }else{
        document.getElementById("eingabe").style.background = "red";
    }

    setTimeout(stelleAufgabe,1000);
    return false;
}
</script>
```

Falls du es genauer wissen willst: Deutsch oder Englisch?

In welcher Sprache solltest du deine Variablen und Funktionen eigentlich benennen, Deutsch oder Englisch? Keine Frage, `lastInput`, `findLuckyNumber` oder `randomSample` klingen doch etwas cooler als `letzteEingabe`, `findeGluecksZahl` oder `zufallsAuswahl`. Grundsätzlich gilt: Egal, wie du es machst, mache es einheitlich.

Englisch ist von Vorteil, wenn das Entwicklerteam international aufgestellt ist und Englisch als Sprache von den meisten verstanden wird – was auch bei internationalen Teams gar nicht so selbstverständlich ist. In der Schule, während des Studiums oder in der Ausbildung werden die Entwicklerteams bei Aufgaben oder Semesterarbeiten wohl nur in den seltensten Fällen plötzlich um ausschließlich englischsprechende Entwickler aufgestockt. Selbst im beruflichen Umfeld wird in laufenden Projekten nicht mal eben ein halbes Dutzend englischsprachige Entwickler abgestellt.

Ist die gewählte Sprache Deutsch, hast du den nicht ganz unbedeutenden Vorteil, dass der Code tatsächlich besser gelesen werden kann. Du erkennst eigene Variablen und Funktionen wesentlich schneller, weil sie sich mit deutschen Namen und Bezeichnungen vom restlichen Code (mit englischen Bezeichnungen) eindeutig abheben.

So sieht es als fertiges Programm im Browser aus:

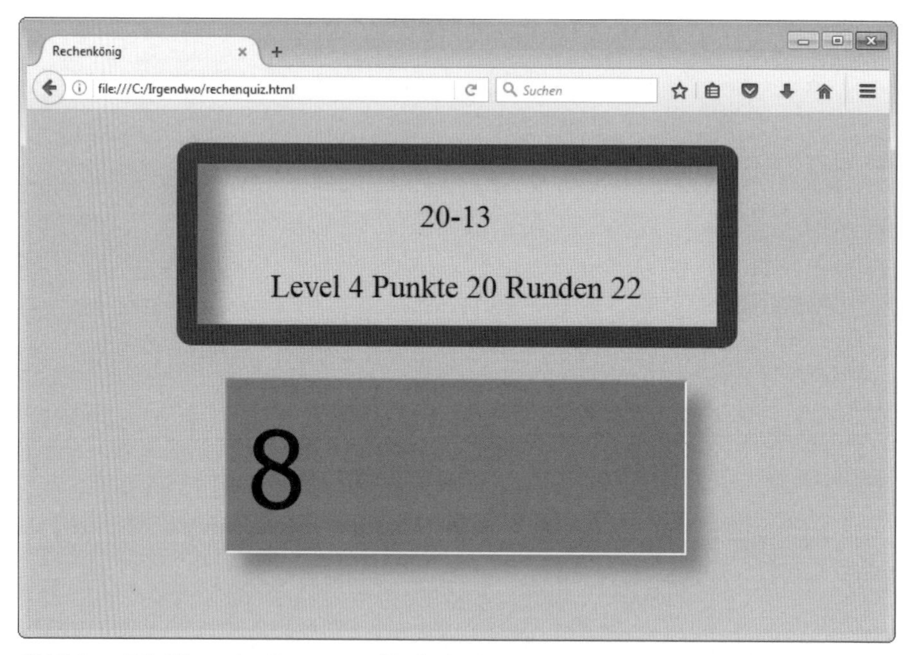

Abbildung 7.3 Wenn das Programm läuft, darf man sich auch gerne mal verrechnen – zumindest, um das Programm zu testen.

Nicht für die Ewigkeit – aber länger als nur für eine Sitzung

Schauen wir uns an, wie du Spielinformationen speichern und wieder auslesen kannst. Momentan sind alle Daten mit dem Schließen des Browsers (und sogar mit dem Aktualisieren der Seite) verschwunden. Es kann recht ärgerlich sein, wenn mit einem versehentlichen Drücken der Taste F5 im Browser alle Fortschritte verlorengehen. JavaScript selbst kann und darf aus Sicherheitsgründen nur lesend auf Dateien auf dem Computer zugreifen – das sind die Webseite selbst und die darin angegebenen Dateien wie ausgelagerte JavaScript-Dateien, CSS-Dateien oder Bilder. Nicht einmal der Spielstand könnte in eine einfache Textdatei auf deinem Computer geschrieben werden.

Aber das ist kein Problem. JavaScript kann Informationen **im Browser** speichern. Früher waren Cookies die erste (und einzige) Wahl dafür. Seit HTML 5 gibt es eine weitere, komfortable Lösung, Informationen im Browser zu speichern: **localStorage**.

Mit **localStorage** kannst du Informationen in einer Kombination aus Schlüssel und zugehörigem Wert speichern. Diese Kombination *Schlüssel – Wert* (»key – value«) ist übrigens eine übliche und oft verwendete Technik in der Programmierung, die dir noch häufig begegnen wird. Man speichert nicht nur irgendwelche Werte, sondern kann sie auf einfache (und sehr eindeutige) Art gezielt auslesen oder neu schreiben.

Achtung

Falls du noch eine Version des Internet Explorers verwendest, kannst du leider nicht mit localStorage arbeiten. Der Internet Explorer kennt zwar den Befehl localStorage, führt ihn aber nicht aus, wenn die Datei **lokal** von deinem Rechner ausgeführt wird. Kommen Webseiten aus dem Internet, gibt es keine Probleme. Einen Grund für dieses seltsame Verhalten gibt es leider nicht.

Für dieses Projekt brauchst du also einen anderen Browser als den Internet Explorer.

Du willst also die erreichten Punkte, die aktuelle Runde und den momentanen Level speichern? Das geht ganz einfach mit dem folgenden Befehl:

```
localStorage.setItem("QuizPunkte", punkte);
```

localStorage ist das Schlüsselwort, mit dem du Daten im Browser dauerhaft speichern und auch wieder lesen kannst.

setItem ist die Anweisung, die sogenannte *Methode*, die tatsächlich die ganze Arbeit verrichtet und deine Kombination aus Schlüssel und Wert dauerhaft speichert.

"QuizPunkte" und punkte sind deine Daten. Der **Schlüssel** ist ein Text, ein String in Anführungszeichen. **Welchen** Text du für den Schlüssel wählst, ist dir genauso überlassen wie die Bezeichnung deiner Variablen. Oft wählt man einen Schlüssel, der genauso heißt wie die im Programm verwendete Variable, die gespeichert werden soll. Das ist aber nur eine mögliche Art der Benennung. Natürlich kannst du auch Werte oder die Ergebnisse von Berechnungen speichern und musst nicht den Weg über Variablen gehen.

```
localStorage.setItem("QuizPunkte", punkte);
localStorage.setItem("AktuelleRunde", runden);
localStorage.setItem("level", level);
```

So kann es aussehen für alle Werte, die du speichern willst. Hier habe ich einmal ganz bewusst sehr unterschiedliche Namen als Schlüssel gewählt, um im Quelltext zu zeigen, dass die Benennung wirklich beliebig ist und keinen festen Regeln folgt. In der Praxis solltest du aber Namen wählen, die etwas einheitlicher sind.

```
localStorage.setItem("punkte", punkte);
localStorage.setItem("runden", runden);
localStorage.setItem("level", level);
```

Jetzt ist nur noch die Frage, wo (oder wann) du speicherst. Es kann durchaus sinnvoll sein, in jeder Runde den Spielstand automatisch zu sichern und den Spieler damit gar nicht zu nerven. Das kann innerhalb der Funktion `stelleAufgabe` passieren. Entweder schreibst du die drei Zeilen in die Funktion, oder du machst eine eigene Funktion daraus, die du dann aufrufst; das ist etwas übersichtlicher:

```
function speichereSpielStand(){
    localStorage.setItem("punkte", punkte);
    localStorage.setItem("runden", runden);
    localStorage.setItem("level", level);
}
```

In der Funktion `stelleAufgabe` rufst du dann die Funktion `speichereSpielStand` auf:

```
speichereSpielStand();
```

Der Aufruf kann beispielsweise am Ende der Funktion erfolgen. Du kannst damit jede Runde mitzählen und verhindern, dass der Spieler bei einer schwierigen Aufgabe abbricht, um die Aufgabe nicht zu lösen, denn jede angefangene Runde wird mitgezählt.

Hinweis: Reihenfolge der Aufrufe

Es spielt übrigens keine Rolle, in welcher Reihenfolge die Funktionen im Quelltext stehen. JavaScript übersetzt alles, was notwendig ist, und stellt es im Programm zur Verfügung. Du musst dir also nicht überlegen, in welcher Reihenfolge du deine Funktionen schreibst – du kannst sie so sortieren, wie es dir sinnvoll erscheint.

+

Falls du es genauer wissen willst: Funktionen und Objekte

Sicher hast du dich schon gefragt, warum in JavaScript (und auch in anderen Sprachen) die Befehle teilweise ganz unterschiedlich aufgebaut sind: einerseits Befehle wie `alert()` mit dem Schlüsselwort `alert` und den runden Klammern. Das sind tatsächlich ganz klassische **Funktionen**, wie es sie schon recht früh in der Programmierung gab. Mit solchen Funktionen arbeitest du selbst ja auch.

Andererseits gibt es Notationen wie `localStorage.setItem()`, `Math.round()` oder `Math.random()`. Du hast ein Schlüsselwort, aber – getrennt mit einem Punkt – ein weiteres Schlüsselwort. Dahinter steht die sogenannte **objektorientierte Programmierung**. Sehr (sehr) vereinfacht ausgedrückt, ist das eine Art weiterentwickelte Funktionen, die wesentlich komplexer und leistungsfähiger als normale Funktionen sind: **Objekte**.

Solche Objekte können mehrere **Methoden** (das sind genau genommen Funktionen) haben. Das beste Beispiel ist das Objekt `Math`: Zwei seiner Methoden hast du schon kennengelernt, und zwar `round()` und `random()`.

Praktisch handelt es sich bei diesen Methoden um Funktionen. Nur sind diese »Funktionen« nicht unabhängig, sondern gehören fest zu dem jeweiligen Objekt, hier zum Beispiel `Math`.

Der Vorteil? Objekte sind wesentlich flexibler (sicher, das allein ist noch kein echter Vorteil), vor allem aber existieren sie nicht nur im Moment ihres Aufrufs und sind dann (samt ihrer Werte und Variablen) wieder verschwunden. Nein, sie existieren bis zum Ende des Programms – mitsamt ihren Werten. Natürlich haben Objekte noch einige andere Vorteile; sie sind nicht umsonst ein Erfolgsmodell in der Programmierung, aber das wirst du noch sehen.

Auch das Laden will gelernt sein

Die Werte im Spiel automatisch mitzuspeichern, ist eine tolle Sache. Der Spieler muss sich darüber keine Gedanken machen, und es stehen immer die aktuellsten Daten zur Verfügung. Bleibt nur noch die Frage: Wann und wie bekommen wir diese gespeicherten Daten wieder in unser Spiel?

Wenn wir den Spielstand schon automatisch speichern – warum bieten wir dem Spieler nicht den gleichen Service beim Laden eines alten Spielstandes? Wir können beim Spielstart überprüfen, ob ein gespeicherter Spielstand vorhanden ist, und diesen in das Spiel laden. Einfacher und bequemer geht es für den Spieler kaum – das ist mal richtiger Service.

Um gespeicherte Daten lesen zu können, greifen wir wieder auf das **Objekt** `localStorage` zu. Die **Methode** (also die Funktion innerhalb von `localStorage`) zum Lesen von Daten lautet getItem. Dazu müssen wir noch angeben, wie der Schlüssel lautet, unter dem wir den Wert zuvor gespeichert haben:

```
localStorage.getItem("punkte")
```

Wenn ein solcher Wert vorhanden ist, wird er uns zurückgegeben, und wir können ihn einer Variablen zuweisen – sinnvollerweise der Variablen, die diesen Wert benötigt:

```
punkte = localStorage.getItem("punkte");
```

!

Achtung: Strings zusammensetzen

Jeder Wert, der mit localStorage gespeichert wird, wird als **Text**, als **String**, gespeichert. JavaScript geht ja recht dynamisch mit so etwas um. Problematisch ist das aber mit dem verflixten +. Das + ist in JavaScript **sowohl** eine Addition von Zahlen **als auch** für das Verketten (Zusammensetzen) von Strings zuständig. Es hat eine **doppelte Bedeutung**, was nicht ganz zu Unrecht selbst von den Erfindern von JavaScript heute als problematisch angesehen wird.

Um das zu verdeutlichen, speichern wir eine Zahl und rechnen damit:

```
localStorage.setItem("gespeicherteZahl", 5);"
var wert = localStorage.getItem("gespeicherteZahl");
wert = wert + 4;  // wert ist jetzt 54
wert++;           // wert ist jetzt 55
```

JavaScript bekommt von localStorage einen **String** zurück – auch wenn der Inhalt dieses Strings nach wie vor eine Zahl ist –, so als hättest du die 5 in Anführungszeichen geschrieben. Bei dem + überlegt JavaScript nun, ob es **addieren** oder **zusammensetzen** soll: Es erkennt einen Text und meint, damit eine Textoperation machen zu müssen. Also hängt es 5 und 4 als Text zusammen. Im nächsten Schritt kommt die Anweisung »erhöhe den Wert um eins«, also unser **++**. Auch wenn es ähnlich wie das + erscheint: Hier ist es eindeutig, das ++ hat nur eine einzige Bedeutung. Also weiß JavaScript, der String "5" kann hier nur als Zahl gemeint sein, und rechnet korrekt eine 1 dazu. Das Ergebnis ist richtigerweise eine 6 und wird jetzt auch in der Variablen **als Zahl gespeichert**. Deshalb klappt die Addition danach auch fehlerlos.

```
localStorage.setItem("gespeicherteZahl", 5);"
var wert = localStorage.getItem("gespeicherteZahl");
wert++;           // wert ist jetzt 6 - hurra!
wert = wert + 4;  // wert ist jetzt eine Zahl und wird zu 10
```

Wenn du also Zahlen mit dem Objekt `localStorage` holst, dann solltest du sicherstellen, dass JavaScript sie auch weiterhin eindeutig als Zahlen erkennt. Das geht mit der Funktion `parseInt`. Das zwingt jeden Wert wieder in die Form einer Zahl – so sich der Wert irgendwie als Zahl darstellen lässt. Aus einem reinen Text wie `"Hallo Welt"` würde also nur ein schwer verdauliches **`NaN`** – die Warnmeldung »Not a Number«, also »keine Zahl«. Immerhin würde aus `"10 Kekse"` eine `10`.

```
punkte = parseInt( localStorage.getItem("punkte") );
```


So bist du auf jeden Fall auf der sicheren Seite – egal, was du später irgendwo mit der Zahl machst.

Holen wir unsere Zahlen – als echte Zahlen

Gut, das haben wir also berücksichtigt. Zur Sicherheit wollen wir aber nur Werte holen, wenn tatsächlich schon Werte gespeichert wurden. Das stellen wir einfach mit einem `if` sicher. Wir nehmen einen der Werte und prüfen, ob er vorhanden ist. Da wir immer alle Werte zusammen speichern, genügt es, stellvertretend einen einzigen Wert zu prüfen. Das sieht – für alle Werte – so aus:

```
if( localStorage.getItem("level") ){
    punkte = parseInt( localStorage.getItem("punkte") );
    runden = parseInt( localStorage.getItem("runden") );
    level = parseInt( localStorage.getItem("level") );
}
```

Fehlt da im »if« nicht der Vergleich mit irgendetwas?

Nein. `if` braucht nur ein richtig oder falsch (also einen Wahrheitswert `true` oder `false`), um entscheiden zu können, ob der Inhalt innerhalb der geschweiften Klammern ausgeführt werden soll. Ob das aus einem Vergleich oder direkt aus einer Variablen geliefert wird, ist unserem `if` egal.

Bekommen wir aus `localStorage.getItem("level")` **irgendeinen** Wert (eine `1` oder auch ein `"Hallo Welt"`), dann bastelt sich JavaScript ganz **dynamisch** ein `true` daraus. Denn irgendetwas ist ja da – JavaScript versucht, das passend für das `if` zu deuten. Und ein `true` erscheint da passender als ein `false`.

Wenn noch gar nichts gespeichert wurde, liefert `localStorage.getItem` den besonderen Wert **`null`** zurück, der übrigens nicht mit der Zahl 0 gleichzusetzen ist. **`null`** bedeutet so viel wie »leer, nichts, rein gar nichts, nicht mal eine 0«. Das interpretiert JavaScript wieder ganz dynamisch und macht für das `if` ein `false` daraus.

Achtung: Wer hat Angst vor der schwarzen 0?

Auch wenn 0 nicht mit null gleichzusetzen ist, musst du trotzdem aufpassen. Hat eine Variable nämlich den Wert 0 (so wie punkte zu Beginn des Programms), macht JavaScript für if ein false daraus – denn 0 ist nicht wirklich viel und ist einem false wesentlich näher als einem true. Also deutet JavaScript eine 0 in solchen Fällen immer als ein false.

Kommen wir wieder zurück zu unseren Werten. Entweder baust du die Abfrage direkt in das script-Tag, hinter die Deklaration der Variablen, oder du machst wieder eine Funktion daraus, beispielsweise holeSpielStand, und rufst sie an der gleichen Stelle auf. In beiden Fällen wird damit beim Start der Seite überprüft, ob Werte gespeichert sind, die dann ausgelesen und unseren Variablen zugewiesen werden.

Und sogar das Löschen will gelernt sein

So komfortabel das automatische Speichern und Laden der Spieldaten ist, genauso wichtig ist die Möglichkeit, den Spielstand wieder zurückzusetzen.

Leider kann das nicht so automatisch geschehen wie das Speichern und Laden, aber wir können es dem Spieler einfach machen: Wie wäre es, bei der Eingabe eines festgelegten Schlüsselwortes alle Werte zurückzusetzen? Zum Beispiel »Löschen« oder »Start«?

Was müssen wir dafür machen?

Nach der Eingabe, also sinnvollerweise in der Funktion pruefeEingabe(), schauen wir uns an, ob ein solches Wort eingegeben wurde. Wenn das passiert ist, müssen wir irgendwie die mit localStorage gespeicherten Werte löschen. Wir dürfen aber auch unsere Variablen im laufenden Spiel nicht vergessen, sonst läuft das Spiel ja genauso weiter.

Das kann dann so aussehen:

```
function pruefeEingabe(){
```

Wir machen das Ganze in unserer Funktion pruefeEingabe, direkt am Anfang.

```
    if( document.getElementById("eingabe").value == "Löschen" ||
document.getElementById("eingabe").value == "Start" ){
```

Ein einfaches if genügt, um die Eingabe zu überprüfen. Wir leisten uns den Luxus, gleich zwei Wörter für einen Neustart zu erlauben, nämlich »Start« und »Löschen«. Diese vergleichen wir über document.getElementById("eingabe").value mit dem Inhalt des Eingabefeldes. Da nur ein Wort richtig sein muss (entweder – oder), verknüpfen wir die beiden Bedingungen auch mit einem »Oder«, ||.

```
        localStorage.clear();
```

Damit werden alle gespeicherten Werte gelöscht. Natürlich kannst du auch gezielt einzelne Schlüssel mit den zugehörigen Werten löschen. Das geht dann Wert für Wert mit `localStorage.removeItem("NameDesSchlüssels");`.

```
        punkte = 0;
        runden = 0;
        level = 1;
```

Das hier ist ganz wichtig. Nur die gespeicherten Werte zu löschen, würde nichts im laufenden Spiel ändern. Deshalb musst du auch die im Spiel verwendeten Variablen extra wieder auf ihre Anfangswerte setzen.

```
        return;
    }
```

Da es in diesem Moment keinen Sinn ergibt, die Eingabe im Spiel weiter zu prüfen, verlassen wir die Funktion einfach mit `return`.

Das ist es auch schon. Damit können wir die Werte jederzeit zurücksetzen. So sieht unser fertiges Programm als Ganzes aus:

```
<script>
var punkte = 0;
var runden = 0;
var level = 1;
var aktuellesErgebnis;
var richtigeAntwort;

if(runden == 0){
    holeSpielStand();
}

function pruefeEingabe(){

    if( document.getElementById("eingabe").value == "Löschen" ||
      document.getElementById("eingabe").value == "Start" ){
```

```
        localStorage.clear();
        punkte = 0;
        runden = 0;
        level = 1;

        return;
    }

    if( document.getElementById("eingabe").value == aktuellesErgebnis ){
        document.getElementById("eingabe").style.background = "green";
        punkte++;
    }else{
        document.getElementById("eingabe").style.background = "red";
    }
    setTimeout(stelleAufgabe,1000);
    return false;
}

function speichereSpielStand(){
    localStorage.setItem('punkte', punkte);
    localStorage.setItem('runden', runden);
    localStorage.setItem('level', level);
}

function holeSpielStand(){
    if(localStorage.getItem('runden') != null){
        punkte = parseInt( localStorage.getItem('punkte') );
        runden = parseInt( localStorage.getItem('runden') );
        level = parseInt( localStorage.getItem('level') );
    }
}

function stelleAufgabe(){
    document.getElementById("eingabe").style.background = "white";
    document.getElementById("eingabe").value = "";

    runden++;
    if(punkte>level*5){
        level++;
    }
```

```
    var ausgabe;
    var ersteZahl  =  Math.round(Math.random()*level*5+0.5);
    var zweiteZahl =  Math.round(Math.random()*level*5+0.5);
    var operation =  Math.round(Math.random()*2+0.5);

    switch (operation){
    case 1:
        ausgabe = ersteZahl + "+" + zweiteZahl;
        aktuellesErgebnis = ersteZahl + zweiteZahl;
    break;
    case 2:
        if(zweiteZahl>ersteZahl){
            var zwischenSpeicher = ersteZahl;
            ersteZahl = zweiteZahl;
            zweiteZahl = zwischenSpeicher
        }
        ausgabe = ersteZahl + "-" + zweiteZahl;
        aktuellesErgebnis = ersteZahl - zweiteZahl;
    break;
    default:
        alert("Leider keine Aufgabe!");
    }

    document.getElementById("Antworten").innerHTML = "Level " + level +
        " Punkte " + punkte + " Runden " + runden;
    document.getElementById("Frage").innerHTML = ausgabe;
    speichereSpielStand();
}
</script>
```

Was fehlt noch? Ist noch etwas zu tun?

Nun, ein gutes Programm wird niemals fertig sein. Du könntest noch eine Sperre einbauen: Sobald eine Aufgabe gestellt ist, reagiert das Programm nicht mehr auf einen Klick in den oberen Textbereich. Jetzt wird bei jedem Klick einfach eine neue Aufgabe gestellt.

Auch sonst gibt es noch eine Menge zu tun und zu verbessern – nur dein Einfallsreichtum setzt dir Grenzen.

Kapitel 8

Textadventure

Abenteuer aus Text

Du bist tatsächlich in dem alten Museum eingeschlossen worden.
Es ist vollkommen dunkel. Du tastest nach deinem Handy,
um Licht zu machen, als du seltsame Geräusche hörst. Was machst du?

Abenteuer? Nur mit Text, ohne Grafiken? Das geht tatsächlich und macht Spaß – beim Programmieren genauso wie beim Spielen. Textadventure zählen zu den allerersten Spielen, die viele begeisterten. Denn wer programmieren kann, der kann nicht nur dröge Mathematik, sondern auch eigene Ideen und Geschichten in Programme packen.

In diesem Kapitel ...

... wirst du eine neue Art kennenlernen, Daten aufzuschreiben und zu organisieren – und zwar mit *JSON*, einer Notation für Daten, die ursprünglich für JavaScript entwickelt wurde und inzwischen in jeder Programmiersprache ihren angestammten Platz gefunden hat. Diesmal werden bei den Überlegungen für die Entwicklung nicht die Funktionen, sondern die Daten die entscheidende Rolle spielen. Natürlich wirst auf die Daten zugreifen und sie für die Steuerung und Darstellung verwenden.

Die Darstellung soll mit HTML und CSS erfolgen und wird so richtig auf Vintage getrimmt – fast so wie die Ausgabe früher mit alten Röhrenmonitoren. Zu guter Letzt wirst du alles, was nicht niet- und nagelfest ist, aus dem HTML-Code auslagern und in eigenen Dateien speichern. Im nächsten Kapitel wollen wir ein paar Elemente wiederverwenden – und das ganz ohne Copy & Paste.

Abenteuer und abenteuerliche Geschichten haben schon immer eine große Faszination ausgeübt. Bereits früh wurden die unterschiedlichsten Textabenteuer an damals sündhaft teuren Computern in Universitäten und Forschungseinrichtungen umgesetzt. Während Grafiken oder Animationen sehr aufwendig sind, ist es relativ leicht, solche Programme ausschließlich mit Text umzusetzen. Wobei du nicht unterschätzen solltest, wie schwer es sein kann, eine spannende Geschichte zu erzählen, egal, in welcher Form. Grafiken benötigen im Vergleich zu reinem Text aber sehr viel Speicher – etwas,

was man in der Frühzeit der Computer einfach nicht hatte. Und du benötigst natürlich auch passende Grafiken. Eine spannende Geschichte zu erzählen ist eine Sache – passende Bilder musst du entweder selbst zeichnen oder noch besser einen guten Zeichner zur Hand haben, was alles andere als selbstverständlich ist.

Es gibt sogar recht unterschiedliche Arten solcher Abenteuer: Beispielsweise solche, bei denen der Spieler nach einer kurzen Textpassage aus einer vorgegebenen Anzahl von Möglichkeiten entscheiden muss, was er als Nächstes tut; solche Abenteuergeschichten gibt es sogar in Buchform. Und es gibt Abenteuer, bei denen der Spieler das Spiel über einfache Befehle steuert. Das Programm verwendet dafür einen sogenannten *Parser*, der diese Befehle erkennt und reagiert.

Wir sehen uns die erste Variante an, die bereits eine Menge Möglichkeiten bietet, Neues in JavaScript zu lernen.

Und wie sieht so ein Textadventure aus? Hast du ein Beispiel?

Natürlich. Wie wäre es mit einem Besuch in einem alten Museum?

Im alten Museum

1. Besuch im Museum

»Du bist viel zu spät in das alte Museum gekommen. Dir bleibt nur noch wenig Zeit, bis das Museum schließt. Der erste Gong ist ertönt; Zeit, sich zum Ausgang zu begeben.«

Was machst du?

- Du gehst zum Ausgang? Dann lies weiter unter **2. Ausgang**.
- Du schaust dir ganz schnell noch den Nebenraum an?
  Dann lies weiter unter **3. Nebenraum.**

2. Ausgang

»Du machst dich schnellen Schrittes auf den Weg zum Ausgang. Du erreichst rechtzeitig den Ausgang, und die Museumsangestellten verabschieden dich – offenbar wollen sie schnell nach Hause, denn ein schweres Gewitter scheint aufzuziehen.

Hier **endet** die Geschichte für dich. Du hast dieses Abenteuer glücklich, aber gelangweilt überlebt.«

3. Nebenraum

»Du gehst noch schnell in den Gang, der von dem Hauptraum abzweigt. Zahlreiche Artefakte einer vergangenen Epoche sind ausgestellt. Du vergisst die Zeit und überhörst sogar den letzten Gong. Plötzlich wird es dunkel.«

Was machst du?

- Du rufst um Hilfe? Dann lies weiter im Abschnitt **7. Hilfe**.
- Du suchst nach deinem Handy und versuchst, Licht zu machen? Dann lies weiter unter **14. Handy**.

Du siehst, es handelt sich um eine Geschichte, die in einzelnen Passagen erzählt wird. Am Ende jeder Passage oder Situation hat der Spieler die Auswahl zwischen einer oder meist mehreren Stellen, an denen er weiterlesen kann. Je nach Entscheidung wird die Geschichte anders weitergeführt. Jede Passage muss natürlich vorher geschrieben werden, und auch die möglichen Abzweigungen müssen festgelegt sein. Nicht jede Entscheidung führt zwangsläufig zu einem eigenen Handlungsstrang oder endet sofort, denn anstelle des schnellen Endes hätte **2. Ausgang** auch so laufen können:

2. Ausgang

»Du machst dich schnellen Schrittes auf den Weg zum Ausgang. Du willst dich beeilen, doch durch deine große Hast rutscht du aus und stürzt. Du schlägst mit dem Kopf auf und wirst bewusstlos. Als du wieder zu dir kommst, ist es vollkommen dunkel.«

Was machst Du?

- Du rufst um Hilfe? Dann lies weiter unter **7. Hilfe**.
- Du suchst nach deinem Handy und versuchst, Licht zu machen? Dann lies weiter unter **14. Handy**.

Es ist ein beliebter Kunstgriff, (scheinbar) unterschiedliche Handlungen anzubieten, die aber direkt (oder nach wenigen Passagen) auf den gleichen Handlungsstrang führen.

Wie setzen wir das um?

Es gibt solche Textadventures, die sogar in HTML umgesetzt wurden. Jede Passage ist in dieser Form eine eigene HTML-Seite, und jede Möglichkeit für eine Entscheidung ist ein Link auf eine entsprechende Seite.

Bei nur 50 Passagen sind das schon stolze 50 Webseiten. Mit Hilfe von JavaScript kriegen wir das schneller und mit einer einzigen Seite hin!

Wir wählen auch einen anderen Ansatz für die Entwicklung als bisher. Unser eigentliches Programm wird recht kurz. Mit zwei bis drei relativ einfachen Funktionen haben wir alles, was wir benötigen, um beliebig viele Passagen zu verwalten. Aber du wirst etwas ganz Neues kennenlernen: JSON, ein sogenanntes Datenformat. Damit kannst du Daten leichter aufschreiben und sie recht einfach innerhalb deiner Funktionen wieder auslesen. Der Trick liegt in der Art, **wie** wir die Daten der Passagen vorhalten.

Wichtiger als unsere Funktionen ist hier nämlich die Frage, wie wir die Daten unserer Passagen speichern und wie wir die Passagen miteinander (sinnvoll) verknüpfen. Tatsächlich kann die Frage, wie Daten aufgebaut und sinnvoll miteinander in Beziehung gebracht werden, fast genauso wichtig sein wie das eigentliche Programm selbst. Was sich vielleicht etwas übertrieben anhört, hat mal wieder einen ganz einfachen Hintergrund: Solche Daten, die unser Spiel ausmachen, sind das Rückgrat des Programms. Wir müssen diese Daten irgendwo aufschreiben. Und da wir das von Hand mit dem Editor machen, sollte die Art, wie wir das machen, leicht von der Hand gehen. Wir müssen diese Daten auch selbst gut lesen können, da wir die Texte verändern und verbessern wollen. Die Daten müssen aber auch so aufgebaut sein, dass wir sie mit unseren Funktionen einfach lesen und aufbereiten können. Das alles gilt es unter einen Hut zu bringen.

Überlegen wir kurz, welche Informationen so eine Passage haben muss:

- Da haben wir zuerst die Geschichte selbst, den **Text** unserer Passagen – der auch einmal etwas länger sein kann. Ein paar Absätze können es bei einer stimmungsvollen Beschreibung durchaus werden.
  Nennen wir diesen Text einfach **`text`**.
- Wir brauchen die **Auswahltexte**, die beschreiben, welche Möglichkeiten der Spieler hat. Sie sind kürzer als der eigentliche beschreibende Text. Nennen wir sie **`auswahlText`**.
- Jede Passage muss eindeutig zu identifizieren sein. Das machen wir mit einer **ID** – eine eindeutige Zahl, die wir aufsteigend vergeben, denn weder den Auswahltext noch die Passage können wir dafür verwenden: Die Auswahltexte könnten durchaus mehrfach vorkommen; und bei 50, 100 oder mehr Passagen ist es nicht leicht, die Übersicht zu behalten, ob ein Auswahltext bereits genauso vorgekommen ist. Die Passage selbst ist viel zu lang, um sie für eine Identifizierung verwenden zu können. Also lieber eine klassische, einfache ID, die wir auch so nennen: **`id`**.
- Wir brauchen die möglichen **Ziele**, die der Spieler bei jeder Passage hat und die durch die Auswahltexte dargestellt werden, und zwar in eindeutiger Form. Nehmen wir dafür doch die `id` der jeweiligen Passage. Was können wir in einer Situation machen? Zu welchen Passagen können wir von hier aus springen? Natürlich ist es möglich, dass es von einer Passage aus gar nicht weitergeht – wenn das Spiel oder unsere Geschichte zu einem (vielleicht dramatischen) Ende kommt. Nennen wir diese mögliche Liste von Passagen einfach **`ziele`**.

- Das könnte dann für den Anfang unserer Geschichte so aussehen:
  - `id`: 1
  - `auswahlText`: »Du betrittst das Museum«
  - `text`: »Du bist viel zu spät in das alte Museum gekommen. Dir bleibt nur noch wenig Zeit, bis das Museum schließt. Der erste Gong ist ertönt, Zeit, sich zum Ausgang zu begeben.«
  - `ziele`: 2,3

Die **ID** ist klar; natürlich musst du aufpassen, dass du keine Nummer doppelt verwendest. Lücken hingegen stellen kein Problem dar. Die Passagen werden ja nicht linear mit einer Schleife durchlaufen, sondern gezielt angesprungen.

Für die erste Passage scheint ein **Auswahltext** noch keinen Sinn zu ergeben. Damit könntest du aber bei einem vorschnellen Ende dem Spieler einen direkten Neuanfang anbieten.

Der **Text** sollte klar sein, und die angegebenen **Ziele** sind die IDs der Passagen, die von hier aus erreichbar sind.

Aber woher bekomme ich die Auswahltexte der Ziele? Ich habe hier doch nur die IDs. Warum werden die Auswahltexte nicht gleich mit angegeben?

Natürlich könntest du die Auswahltexte der von hier aus möglichen Passagen angeben. Immerhin hättest du dann alles sofort zur Verfügung. Du hättest damit aber mehrere **Nachteile**: Es gibt immer wieder Passagen, die von mehreren Stellen aus angesprungen werden können. Du müsstest den jeweiligen Auswahltext dann bei jeder dieser Stellen erneut schreiben. Bei Änderungen wird es dann richtig ärgerlich, wenn du alle Stellen suchen musst, wo dieser jeweilige Auswahltext verwendet wird. Änderst du den Ablauf und baust neue Auswahltexte in den bestehenden Handlungsablauf ein, wird es immer aufwendiger.

Bei der Frage, wie du Daten vorhältst, solltest du nicht danach gehen, was einfacher für das Programm erscheint. Du solltest die Daten so vorhalten, dass sie immer von dort geholt werden, wo sie hingehören und wo sie ihren Ursprung haben – Daten sollten immer dort gespeichert sein, wo sie wirklich hingehören. Und Daten sollten niemals unnötig mehrfach vorhanden sein, also nicht redundant sein.

Die Reihenfolge der Informationen einer Passage muss sicher nicht unbedingt so aussehen. Allerdings ist es üblich, die ID eines Elements (oder eines Datensatzes) an die erste Stelle zu schreiben.

JSON – ein kuscheliges Zuhause für Daten und Geschichten

Wir könnten unsere Daten in einem Array als Text mit einem festgelegten Trennzeichen speichern. Wenn wir uns das aber für Dutzende von Passagen vorstellen, dann erscheint das wenig verführerisch. Das haben sich auch findige Programmierer gedacht und Anfang der 2000er Jahre überlegt, wie man Daten speichern (und austauschen) könnte, die einerseits für Menschen gut lesbar sind und andererseits gut in JavaScript verarbeitet werden können. Das Ergebnis ist **JSON**, die JavaScript Object Notation, die inzwischen von fast allen Programmiersprachen gelesen und geschrieben werden kann – eine weitere Erfolgsgeschichte von JavaScript.

Die Regeln von JSON sind einfach: Es gibt immer einen **Schlüssel** und einen zugehörigen **Wert**. Das Zeichen für die Schlüssel-Wert-Zuweisung ist nicht das =-Zeichen, sondern der **Doppelpunkt**. Das kennst du ja schon von CSS, das ist also nicht wirklich neu. Diese Schlüssel-Wert-Kombinationen werden, anders als bei CSS, mit einem **Komma getrennt**. Stell dir die Informationen einfach als eine Auflistung vor – dafür steht das Komma ja auch in JavaScript.

Die Schlüssel und alle Zahlen als Werte werden **ohne Anführungszeichen** geschrieben. Texte werden in Anführungszeichen geschrieben und müssen als Strings, die sie nun mal sind, in einer Zeile geschrieben werden. Zwischen den Anführungszeichen ist also kein Zeilenumbruch erlaubt – auch das kennst du schon von JavaScript.

Ein Schlüssel kann natürlich auch **mehrere Werte** haben – so wie ein Array oder eine Liste. Diese Werte werden mit einem Komma getrennt und stehen, um sie (als Liste) besser zu erkennen, in **eckigen Klammern**. Um zu definieren, was zu einem Datensatz gehört (also unsere gesamte Passage mit allen Informationen), setzen wir all diese Informationen in geschweifte Klammern.

Das sieht für unsere erste Passage oder Situation so aus:

```
{
    id: 1,
    auswahlText: "Du betrittst das Museum",
    text:
 "Du bist viel zu spät in das alte Museum gekommen. Dir bleibt nur noch wenig
  Zeit, bis das Museum schließt. Der erste Gong ist ertönt, Zeit, sich zum
  Ausgang zu begeben.",
    ziele:[2,3]
}
```

Zugegeben, wirklich schön sieht anders aus. Aber es ist gut lesbar, und Leerzeichen und Zeilenumbrüche (außer innerhalb von Strings) darfst du beliebig verwenden – genauso wie bei ganz normalem JavaScript. Du kannst also alles so schreiben und formatieren, wie es für dich am besten lesbar ist – das ist schon etwas wert.

Falls du es genauer wissen willst: JSON

JSON hat sich als Datenformat weit über die Grenzen von JavaScript hinaus verbreitet. Anfangs durchaus etwas gewöhnungsbedürftig, bietet JSON eine einfache Möglichkeit, Daten in einem lesbaren Format zu speichern und weiterzugeben. Daten, die in diesem Format geschrieben sind, verbrauchen weniger Platz als andere Formate und können von den meisten Programmiersprachen und Systemen problemlos gelesen und geschrieben werden.

JSON ist fest in JavaScript integriert. Deshalb ist es beispielsweise auch nicht notwendig, die Schlüssel in Anführungszeichen zu schreiben oder das gesamte JSON als Text abzulegen und vor der Verwendung zu konvertieren, wie du das in anderen Sprachen machen müsstest. Du kannst deine Daten einfach schreiben und dann einer Variablen zuweisen, um mit ihnen arbeiten zu können.

Die Bezeichnung JSON, JavaScript **Object** Notation, rührt daher, dass alles was, in geschweiften Klammern, { }, steht, in JSON als ein sogenanntes Objekt betrachtet wird. Das hat Auswirkungen darauf, wie die Daten in der jeweiligen Programmiersprache – und damit auch in JavaScript – gelesen werden können. Im Gegensatz dazu ist alles, was in eckigen Klammern, [ ], steht, eine Liste. Und jedes Element, egal ob Objekt oder Liste, kann fast beliebig weitere Elemente enthalten – auch wieder Objekte und Listen.

Eine Passage macht noch keine Geschichte

Unser JSON ist so aber noch nicht ganz gebrauchsfertig. Zum einen haben wir bisher nur eine einzige Passage bzw. Situation unseres Textadventures, zum anderen fehlen im JSON-Code noch ein paar Kleinigkeiten, um gültiges JSON zu sein.

Wenn wir mehrere Passagen haben, dann müssen wir sie auch wieder als **Liste** darstellen: Wir müssen sie mit **Komma** trennen und alle Passagen zusammen als Liste kennzeichnen, indem wir sie in **eckige Klammern** setzen:

```
[
  {
   id: 1,
   auswahlText: "Du betrittst das Museum",
```

```
    text:
  "Du bist viel zu spät in das alte Museum gekommen. Dir bleibt nur noch wenig
   Zeit, bis das Museum schließt. Der erste Gong ist ertönt, Zeit, sich zum
   Ausgang zu begeben.",
    ziele:[2,3]
   },
   {
    id: 2,
    auswahlText: "Du schaust dir ganz schnell noch den Nebenraum an?",
    text:
  "Du gehst noch schnell in den Gang, der von dem Hauptraum abzweigt. Zahlreiche
   Artefakte einer vergangenen Epoche sind ausgestellt. Du vergisst die Zeit und
   überhörst sogar den letzten Gong. Plötzlich wird es dunkel, als alle Lichter
   ausgeschaltet werden.",
    ziele:[4]
   }
  ]
```

Du siehst: Eine Liste in JSON kann aus ganzen Herden von Daten mit zahlreichen Schlüssel-Wert-Kombinationen bestehen.

Auf diese Art können wir Passage für Passage schreiben, alle nach dem gleichen Schema. Nach dem letzten Element einer Liste (egal, welche und wie viele Elemente die Liste hat) wird übrigens **kein Komma** mehr geschrieben. Manche Browser kommen sonst durcheinander.

Nicht nur Türen brauchen einen Schlüssel

Da wir jetzt mit unseren Passagen wieder eine Liste haben, muss diese Liste nach den Regeln von JSON noch einen **eigenen Schlüssel** haben: Denn es gibt immer einen **Schlüssel** und einen zugehörigen **Wert**.

Wir nennen diesen Schlüssel situationen. Und als echtes JSON schreiben wir dann das alles wieder in das Erkennungszeichen von JSON – in **geschweifte Klammern**. Damit wir in unserem Programm auch auf unsere schönen neuen Daten zugreifen können, müssen wir alles noch einer Variablen, nennen wir sie geschichte, zuweisen.

```
<script>
var geschichte = {
   situationen: [
   {
```

```
    id: 1,
    auswahlText: "Du betrittst das Museum",
    text:
 "Du bist viel zu spät in das alte Museum gekommen. Dir bleibt nur noch wenig
  Zeit, bis das Museum schließt. Der erste Gong ist ertönt, Zeit, sich zum
  Ausgang zu begeben.",
    ziele:[2,3]
   },
   {
    id: 2,
    auswahlText: "Du schaust dir ganz schnell noch den Nebenraum an?",
    text:
 "Du gehst noch schnell in den Gang, der von dem Hauptraum abzweigt. Zahlreiche
  Artefakte einer vergangenen Epoche sind ausgestellt. Du vergisst die Zeit und
  überhörst sogar den letzten Gong. Plötzlich wird es dunkel, als alle Lichter
  ausgeschaltet werden.",
    ziele:[4]
   }
  ]
};
</script>
```


Fertig! Wir haben der Liste mit unseren Passagen noch einen passenden Schlüssel zugeordnet. Alles wartet jetzt in einer Variablen auf die Verwendung. Und nicht vergessen: Da JSON zu JavaScript gehört, muss es natürlich in das »script«-Tag geschrieben werden.

Falls du es genauer wissen willst:
Wie kommt das Anführungszeichen in den Text?

Texte, also Strings, werden in JavaScript in Anführungszeichen geschrieben. Was aber machst du, wenn du im Text selbst Anführungszeichen schreiben willst – zum Beispiel bei wörtlicher Rede?

Meist verwendet man doppelte Anführungszeichen. In diesem Fall kannst du gefahr- und problemlos beliebig viele **einfache Anführungszeichen** in den Text schreiben:

`"Entsetzt rief er, 'Die Mumie kommt'."`.

Im Programmcode von JavaScript ist es auch erlaubt, Strings in einfache Anführungszeichen zu setzen und im Text doppelte Anführungszeichen zu schreiben:

`'Entsetzt rief er, "Die Mumie kommt".'`

Das ist in **JSON nicht erlaubt**, Strings müssen immer in doppelte Anführungszeichen gesetzt werden. Zum Glück ist guter Rat nicht teuer: In jedem Fall kannst du Anführungszeichen innerhalb des Strings als HTML schreiben. Ein doppeltes Anführungszeichen notierst du demnach als `"`.

Genauso kannst du das Anführungszeichen in JSON mit einem \ maskieren. Das Maskieren von Zeichen hast du schon beim Zeilenumbruch als `\n` für unser `alert` kennengelernt. Genauso kannst du mit dem Schrägstrich ein Anführungszeichen maskieren. So weiß JavaScript, dass du ein Anführungszeichen in den Text schreiben willst. Nur HTML kann mit der Maskierung nicht viel anfangen und schreibt ein `\n` genauso in die Webseite.

Du könntest sogar beide Möglichkeiten gemeinsam verwenden:

```
"Entsetzt rief er, \"Die Mumie kommt&quot;."
```

Zeit für etwas HTML und CSS

Wir haben die Daten und können auf diese Art unsere Geschichte beliebig fortschreiben – Passage für Passage. Uns fehlen noch aber noch zwei Dinge: eine Oberfläche, in der wir alles darstellen, natürlich unser HTML mit etwas CSS, und unser eigentliches Programm, unser JavaScript.

Als Erstes wollen wir unsere Webseite gestalten, auf die wir dann mit JavaScript zugreifen.

Kurz überlegt: Was brauchen wir? Wir wollen eigentlich nur Text darstellen. Dafür benötigen wir eine einfache HTML-Seite, eben unser klassisches Grundgerüst, und darin mindestens ein Tag, in das wir mit JavaScript die Texte unserer Passagen schreiben können.

Das ist schnell erstellt:

```
<!DOCTYPE html>
<html>
<head>
    <title>Abenteuer</title>
    <meta charset="utf-8">
    <style>
      /* das Aussehen wird hier noch festgelegt */
    </style>
</head>
```

```
<body>
<p class="alterBildschirm" id="monitor">>Textadventure</p>
<script>
    //hier kommen unser JSON und unser Programm hin
</script>
</body>
</html>
```


Wir haben eigentlich nur ein p mit einer Klasse und einer ID als Attribute. Und natürlich einen beliebigen Fülltext. Das ist schlank, aber leider noch nicht elegant.

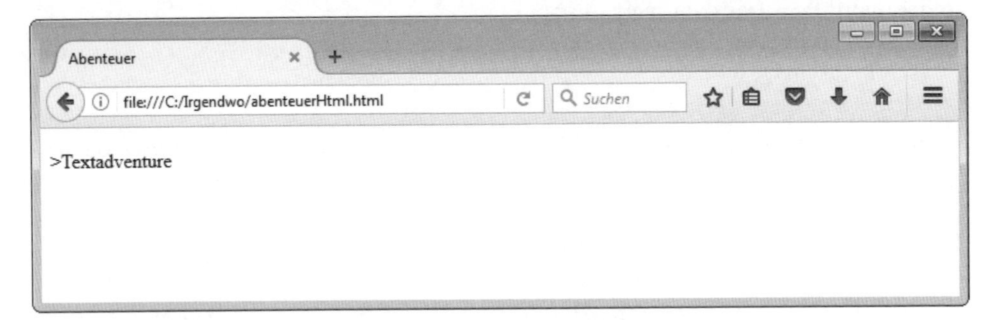

Abbildung 8.1 Ein wenig zu spartanisch. Da müssen wir noch etwas mit CSS machen – so kommt schließlich keine Stimmung auf.

Kurz überlegt: Wie können wir unsere Seite gestalten?

Textadventures stammen aus einer Zeit, als Heimcomputer oft noch an kleine, eher etwas hässlich-braune Fernseher angeschlossen wurden. Die Darstellung von Text war meist Grün auf Schwarz oder Bernsteinfarben auf Schwarz. Warum das nicht als Vorlage für das Aussehen unserer Webseite nutzen? So richtig vintagemäßig?

Wie könnte unser CSS also aussehen?

Wir legen erst einmal die Hintergrundfarbe der gesamten Webseite fest und wählen eine – zugegeben etwas seltsame – beigebraune Hintergrundfarbe. Das soll ein bisschen an die Gehäusefarbe eines alten Röhrenfernsehers erinnern. Wir machen das jetzt vollständig innerhalb des style-Tags unserer Seite – auch für das body-Tag:

```
<style>
  /* das Aussehen wird noch festgelegt */
  body {
       background: #966F33;
  }
</style>
```

Du kannst mit Hilfe von CSS problemlos Tags wie body, div oder p CSS-Eigenschaften direkt zuweisen. Gibst du bei der Definition einen Tag-Namen an, dann gelten die Anweisungen pauschal für alle verwendeten Tags mit diesem Namen. Zugegeben, im Fall von unserem body ist das nicht so aufregend, da es das body-Tag sowieso nur einmal gibt. Aber wir wollen so langsam mehr darauf achten, alles dorthin schreiben, wo es am besten hinpasst, also auch die Hintergrundfarbe unserer Webseite.

Damit hat sich noch nicht allzu viel verändert. Aber wir werden jetzt unser p zu einem alten Bildschirm aufmotzen – mit schwarzem Hintergrund, bernsteinfarbener, etwas verwaschener Schrift und rundlichen Ecken.

So richtig Vintage. Das geht recht einfach:

```
.alterBildschirm {
```

So weisen wir unserer Klasse, class="alterBildschirm", und damit unserem p das folgende CSS zu. Das kennst du ja.

```
    width: 680px; height: 400px;
```

Dies ist klassisch: Eine Breite von 680 und eine Höhe von 400 Pixeln war eine typische Auflösung eines alten Computers. Also zur Abwechslung kein High Definition.

```
    background: #222222;
```

Den Hintergrund machen wir nicht ganz schwarz, sondern etwas heller – typisch für die alten Fernseher, die man als Monitore verwendete.

```
    padding: 25px;
```

Etwas Abstand nach innen, damit der Text nicht unnatürlich an den Rändern »klebt«.

```
    border-radius: 15px;
```

Natürlich runde Ecken, wie es sich für einen alten Fernseher mit Röhre gehört.

```
    margin: 30px auto;
```

Etwas Abstand zum Rand der Webseite, und mit auto zentrieren wir unsere alte Röhre.

```
    box-shadow: inset -1px 2px 10px 5px grey;
}
```

Und zu guter Letzt, als Sahnehäubchen, erzeugen wir einen helleren Schatten im inneren Bereich, der ein wenig wie eine Wölbung aussieht.

Abbildung 8.2 Hat doch schon etwas von cooler, alter Zeit. Nur an der Schriftfarbe müssen wir noch feilen – jetzt haben wir Schwarz auf fast Schwarz.

Fehlt nur noch die Schrift, die wir zu unserer Definition von `.alterBildschirm{}` hinzufügen müssen:

```
font-size: 20px;
font-weight: bold;
font-family: monospace, courier, terminal;
```

Große, fette Schrift mit festem Zeichenabstand – üblich für die Computer damals. Da war ein `i` genauso breit wie ein `m`. Wir geben hier verschiedene mögliche Schriften dafür an, denn nicht auf jedem Computer gibt es jede Schrift.

```
color: #FBC624;
```

Wir könnten auch Grün nehmen, diesmal soll es aber ein bernsteinfarbener Ton sein.

```
text-shadow: 2px 2px 2px #E5AC05;
```

Das hier ist der Clou: Die kleinen Fernseher, die man damals verwendete, hatten kein so scharfes Bild, wie wir es heutzutage gewohnt sind. Mit `text-shadow` simulieren wir diese Unschärfe mit einem Schatten in einer etwas anderen Farbe. Die angegebenen Werte stellen den Versatz nach rechts, unten und die Weichzeichnung dar. Gerne kannst du andere Werte ausprobieren.

Die Reihenfolge der einzelnen CSS-Anweisungen spielt keine Rolle. Nur bei sich widersprechenden Anweisungen würde die jeweils letzte Anweisung beachtet.

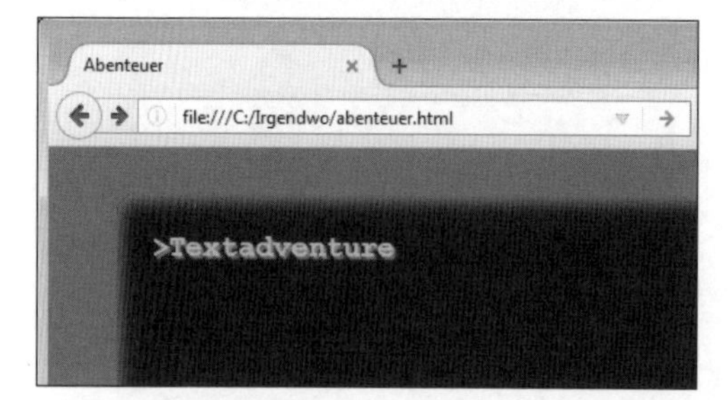

Abbildung 8.3 Natürlich ist das nicht wirklich schön, unterstützt aber mit den Vintage-Effekten die Atmosphäre des Programms.

Von JSON zu JavaScript

Bevor wir mit unserem eigentlichen Programm loslegen, musst du wissen, wie du die JSON-Daten aus deiner Variablen `geschichte` herausliest.

Alle Informationen befinden sich durch die Zuweisung in unserer Variablen `geschichte`. Da du diese direkt innerhalb des `script`-Tags deklariert hast, kannst du sie auch innerhalb jeder Funktion verwenden, ohne sie erst übergeben zu müssen. Damit ist sichergestellt, dass die Daten später in jeder Funktion verfügbar sind.

Die objektorientierte Notation

Da sind sie wieder: die Fachbegriffe. Zum Glück sind viele aber recht einfach. Wie die Sache mit der objektorientierten Programmierung. Ein Objekt, als Grundlage des Ganzen, ist nichts anderes als eine allgemeine Bezeichnung für ein Element (erst einmal egal, welcher Art), das einem gewissen Schema folgt. Ein Objekt in der Programmierung kann verschiedene Funktionen (also tatsächlich `functions`) haben und dazu die unterschiedlichsten Variablen mit Werten. Es gibt feste, statische Objekte in JavaScript, wie `Math` mit seinen unterschiedlichen Methoden (oder Funktionen). Ein JSON-Objekt hingegen besteht (erst einmal) nur aus Daten.

Falls du es genauer wissen willst: Die Sache mit den Objekten

In den 60er Jahren des letzten Jahrtausends gab es eine sogenannte Softwarekrise. Böse Zungen und einige Fachleute behaupten, diese Krise hält bis zum heutigen Tage an. Computer wurden damals immer leistungsfähiger, die Programme immer umfangreicher. Leider bedeutete **mehr Code** auch **mehr Fehler**.

Man stellte fest, dass Programme, die unter allen Umständen funktionieren, ziemlich schwer zu schreiben sind. Jede neue Anforderung an ein Programm bedeutet neuen oder veränderten Programmcode – wieder können sich Fehler einschleichen. Und desto umfangreicher Programme werden, desto schwieriger und zeitaufwendiger wird die Beschäftigung mit diesem Programm. Eine Lösung war die **objektorientierte Programmierung**. Programme wurden in kleinere, unabhängige Einheiten unterteilt, die eigene Funktionen und Variable besitzen: **Objekte** waren geboren.

Dr. Alan Kay, einer der Urväter der **Objektorientierung**, beschrieb Objekte einmal als eine Art Zellen oder unabhängige Computer, die miteinander kommunizieren, sich Nachrichten senden können und auf diese selbständig reagieren; siehe auch *http://www.purl.org/stefan_ram/pub/doc_kay_oop_en*.

Ein Objekt ist dabei nicht nur eine verbesserte Funktion. Ein Objekt kann eine Vielzahl eigener Funktionen und viele eigene Variable haben. Dabei werden die Funktionen von Objekten oft als **Methoden**, die Variablen als **Attribute** bezeichnet. Methoden in Objekten werden auch mit dem Schlüsselwort `function` definiert – auch sonst unterscheiden sie sich kaum von klassischen Funktionen.

Objekte gleicher Art haben auch immer gleiche Funktionen und Variable. Die Daten und Werte können natürlich in jedem Objekt unterschiedlich sein – sonst ergäbe das ja auch gar keinen Sinn.

Gerade die Variablen von Objekten, die **Attribute**, sind eine feine Sache: Sie existieren eben nicht nur im Moment des Aufrufs – du bist also nicht mehr gezwungen, ständig Werte zu übergeben; Werte existieren, solange das Objekt existiert – also praktisch, solange das Programm läuft. Attribute ähneln damit Variablen, die direkt im `script`-Tag deklariert werden. Objekte setzen also durchaus auf dir bekannten Programmiertechniken auf.

Objekte haben aber eine **eigene Notation**, also Schreibweise, beim Aufruf:

Eine **Methode** wird immer mit dem Namen des Objekts, einem Punkt als Trennzeichen und dem Namen der Funktion (bzw. der Methode) aufgerufen: **`dasObjekt.dieMethode()`** oder, wie wir es schon beim JavaScript-Objekt für mathematische Funktionen verwendet haben, **`Math.round()`** oder **`Math.floor()`**. An den Klammern erkennst du, dass es sich um den Aufruf einer Methode handelt – ganz genauso wie bei einer klassischen Funktion, die du ja auch mit Klammern aufrufst: `meineEigeneFunktion()`.

Unser Objekt `Math` hat auch zahlreiche Attribute, die wir aufrufen, aus verständlichen Gründen aber hier nicht verändern können. Der Aufruf erfolgt wieder über den Namen des Objekts, einen Punkt als Trennzeichen und den Namen der Variablen bzw. des Attributs: `Math.PI` für die Zahl Pi oder `Math.E` für die Eulersche Zahl. An den fehlenden Klammern erkennst du also sofort, dass es sich um ein Attribut, nicht um eine Methode handelt.

Die objektorientierte Programmierung stellt ein komplexes und sehr umfangreiches Kapitel in der Informatik dar, vieles wirst du beim praktischen Arbeiten kennenlernen. Wichtig ist zunächst, dass du weißt, was Objekte überhaupt sind und wie du sie ansprichst.

Unsere Variable `geschichte` hat den Inhalt unseres JSON also durch die Zuweisung erhalten. Für JavaScript ist JSON grundsätzlich ein **Objekt**. Deshalb müssen wir die (bekannte) objektorientierte **Schreibweise mit Punkt** verwenden, um darauf zuzugreifen. Das hier ist also unser Ausgangspunkt, um auf den Inhalt zuzugreifen:

```
geschichte.situationen
```

`situationen` wiederum hat seinen Inhalt in eckigen Klammern – ergo ist es eine Liste bzw. ein Array. Genauso wie bei einem Array greifst du jetzt auf diese Inhalte zu – mit Nummern von 0 (dem ersten Element) bis zu allen weiteren Elementen. Das erste Element ist also:

```
geschichte.situationen[0]
```

Damit erhältst du die komplette geschweifte Klammer bzw. ihren Inhalt:

```
{
  id: 1,
  auswahlText: "Du betrittst das Museum",
  text:
 "Du bist viel zu spät in das alte Museum gekommen. Dir bleibt nur noch wenig
  Zeit, bis das Museum schließt. Der erste Gong ist ertönt, Zeit, sich zum
  Ausgang zu begeben.",
  ziele:[2,3]
}
```

Und so bekommst du dann die einzelnen Teile daraus:

- die ID mit `geschichte.situationen[0].id`
- den Auswahltext mit `geschichte.situationen[0].auswahlText`

- den Text mit `geschichte.situationen[0].text`
- Mit `geschichte.situationen[0].ziele` bekommst du ein Array geliefert, das die IDs aller möglichen Ziele enthält. Das Array wirst du auch verwenden, um die Auswahltexte der möglichen Ziele zu finden.

Ist das nicht unheimlich kompliziert?

Nur anfangs. Etwas verzwickt wird das Ganze dadurch, dass du mit Objekten und Listen arbeitest. Aber mit etwas Übung wirst du dich schnell zurechtfinden.

Hinweis: Verzweigte Elemente ausgeben

Es kann sehr hilfreich sein, solche verzweigten (und manchmal verzwickten) Elemente mit `console.log()` auszugeben. Damit kannst du dich Stück für Stück an die Einzelheiten herantasten. Im Gegensatz zu `alert` erhältst du damit sehr genaue Informationen darüber, wie das jeweilige Element aufgebaut ist. Du schreibst beispielsweise `console.log(geschichte.situationen);` in das `script`-Tag nach der Deklaration unseres JSON-Objekts. In der Konsole der Entwicklertools deines Browsers (die du mit F12 aufrufen kannst) erhältst du eine recht genaue Darstellung.

Abbildung 8.4 F12 bringt es an den Tag: »geschichte.situationen« besteht aus einer Liste mit mehreren Objekten, deren Aufbau du dir bis ins Detail anzeigen lassen kannst.

Du musst jetzt nur noch wissen, welches Element du aus dieser Liste aktuell benötigst, und kannst dir dann die notwenigen Informationen holen.

Wie gehe ich jetzt vor, um daraus ein Programm zu machen?

Wir machen das in mehreren Schritten und tasten uns nach und nach an die endgültige Funktionalität heran.

1. Als Erstes geben wir den Text und die möglichen Ziele aus, die zu einer bestimmten Passage (bzw. `situation`) gehören. Damit probieren wir zuerst alles aus. Das wird die Basis für unsere weitere Entwicklung. Im ersten Schritt wollen wir den Zugriff bewusst einfach über die Position im Array machen.
2. Im zweiten Schritt erfolgt der Zugriff über die ID der Passage – denn die Position im Array ist ja nicht gleich unserer eigenen ID, die wir für jede Passage vergeben haben. Schließlich brauchen wir den Zugriff über die ID, um neue Passagen richtig anspringen zu können. Sonst funktioniert unser Abenteuer nicht richtig.
3. Im dritten Schritt holen wir uns dazu die Auswahltexte der Passagen, die dem Spieler als Auswahl angezeigt werden sollen, denn in der aktuellen Passage haben wir ja nur die IDs dieser Passagen.

Zuerst die grundlegende Funktionalität – der Prototyp

Schreiben wir alles gleich in eine Funktion, die wir `sucheEineSituation` nennen. Sollte der Name später nicht mehr passend sein, kannst du sie ja immer noch umbenennen. Unsere Funktion soll beim Aufruf einen Wert entgegennehmen: Das ist ein Element aus unserer Liste. Wie üblich nummeriert JavaScript Elemente in einer Liste beginnend bei 0 der Reihenfolge nach durch. Das genügt für unseren Prototyp, um gezielt auf Elemente zuzugreifen. In unserem Spiel können wir so aber nicht arbeiten, denn wenn ein neues Element eingefügt würde (also eine neue Passage), wäre die Nummerierung wieder anders. Neue Elemente dürftest du also immer nur ans Ende anfügen, da sich sonst die Nummerierung ändert.

Alle Inhalte wollen wir in einer Variablen sammeln und am Ende in unseren »Monitor« auf der Webseite ausgeben. Das machen wir über eine Zuweisung in das Innere unseres Tags. Entweder schreiben wir die Anweisung aus, also `document.getElementById("monitor").innerHTML`, oder wir schreiben die komfortable Kurzform `monitor.innerHTML`. Da fällt die Wahl nicht schwer.

```
function eineSituation( gesucht ){
```

Unsere Funktion mit der Variablen, die die Position des gesuchten Elements entgegennimmt.

```
    var text = geschichte.situationen[gesucht].text + "<br>";
```

Wir gönnen uns mit var eine lokale Variable text. Kleiner Vorteil der lokalen Variable: Beim Verlassen der Funktion verschwindet sie, und beim nächsten Aufruf brauchen wir uns keine Gedanken über alte Inhalte zu machen. Mit geschichte.situationen[gesucht].text picken wir uns dann genau das Informationsteilchen, das wir brauchen:

- Mit geschichte greifen wir auf das JSON-Objekt zu.
- Mit situationen[gesucht] nehmen wir aus der Liste in situationen das gewünschte Objekt (also unsere Passage). Dabei ist gesucht nicht unsere eigene ID, sondern die Position in der Liste. Ist gesucht also 0, wäre das das erste Element.
- Von diesem Element holen wir uns jetzt den Text.
- Als Formatierung zur Ausgabe fügen wir gleich einen Zeilenumbruch an.

Zugegeben, im ersten Moment nicht gerade das, was man als selbsterklärend bezeichnen würde, mit der Zeit aber ganz eingängig. Du musst dazu natürlich wissen, wie deine Informationen, in diesem Fall das JSON-Objekt, aufgebaut sind.

Als Nächstes wollen wir die möglichen Ziele ausgeben. Fürs Erste genügt es uns, alle Werte aus der Liste auszugeben – so, wie sie sind, als reine Zahlen. Dazu wollen wir die Liste, die in ziele liegt, mit einer Schleife durchlaufen.

```
anzahlElemente = geschichte.situationen[gesucht].ziele.length;
```

Wir benötigen zuerst die Anzahl der Elemente, die irgendwo zwischen 0, 1 und vielen liegen kann.

```
for (var i = 0; i < anzahlElemente; i++) {
```

Mit einer for-Schleife durchlaufen wir jetzt alle enthaltenen Werte.

```
    var geheZu = geschichte.situationen[gesucht].ziele[i];
```

Wir holen uns in jedem Durchlauf einen der enthaltenen Werte und speichern ihn in der Variable geheZu.

```
    text = text + "> " + geheZu + "<br>";
```

Jede Zahl, die wir so erhalten, hängen wir an den bestehenden Text, zusammen mit einem Zeilenumbruch. Das eingefügte "> " am jeweiligen Zeilenbeginn ist nur etwas Kosmetik in »Vintage«, um etwas die Nostalgie der Kommandozeile aufkommen zu lassen (dieses Zeichen ist auch heute noch am Anfang der Kommandozeile zu sehen).

```
    }
    monitor.innerHTML = text;
```

Nach dem Durchlaufen der Schleife schreiben wir unseren zusammengebauten Text in unser p – also in unseren Monitor.

```
}
```

Das war es schon – zumindest für den Prototyp.

Rufst du jetzt die Funktion mit `eineSituation(0);` auf, dann greifst du auf die erste Passage zu, die sich im JSON-Code befindet. Auf diese Art kannst du auf alle Elemente zugreifen. In unserem Abenteuer können wir damit aber nicht arbeiten. Wir könnten uns auf diese Nummer nicht verlassen: Jede Änderung der Reihenfolge der Passagen (auch neu eingefügte Passagen) ändert auch diese Nummerierung durch JavaScript. JavaScript zählt einfach alle Elemente der Reihe nach durch, beginnend bei 0. Aber dafür haben wir ja unsere eigenen IDs angelegt, die unseren Passagen fest zugeordnet sind. Und mit ihnen werden wir jetzt arbeiten.

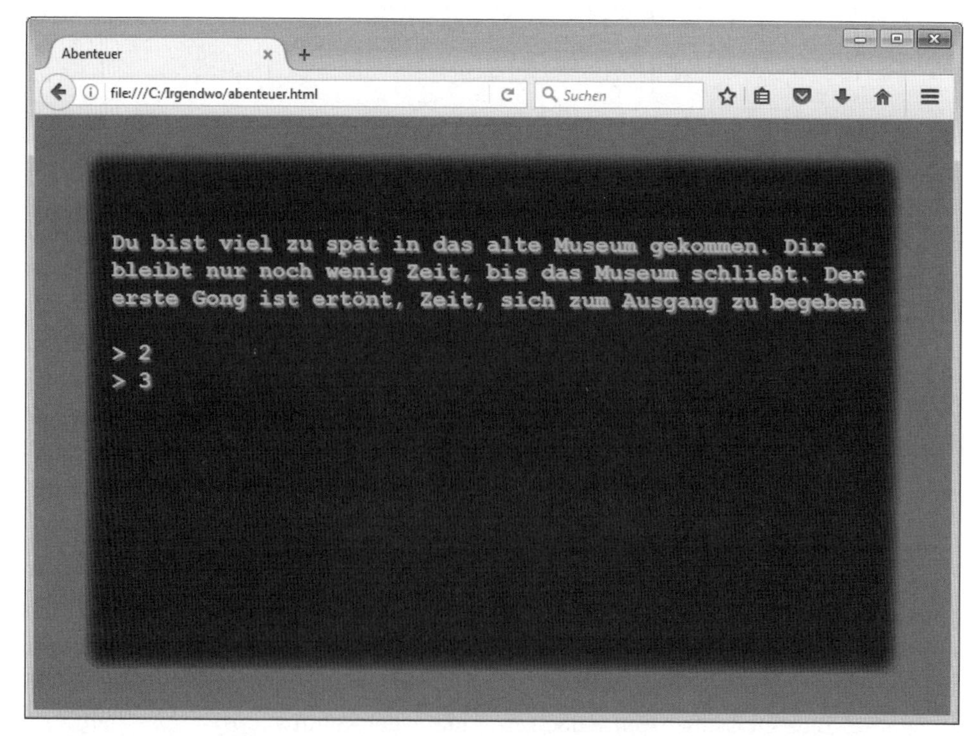

Abbildung 8.5 Der erste Prototyp läuft! Endlich ist die Zeit gekommen für den zweiten, verbesserten Prototyp.

Falls du es genauer wissen willst: Variable – die bessere Dokumentation

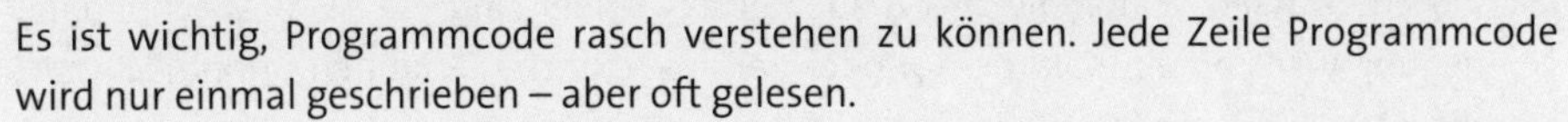

Es ist wichtig, Programmcode rasch verstehen zu können. Jede Zeile Programmcode wird nur einmal geschrieben – aber oft gelesen.

Da ist es wichtig, dass man schnell erfassen kann, welche Aufgabe Programmcode hat. Dazu gibt es mehrere Möglichkeiten:

- Du kommentierst den Programmcode und erläuterst wichtige Funktionen und Abläufe.
- Du schreibst eine Dokumentation, die man jederzeit zu Rate ziehen kann.
- Du schreibst dein Programm so, dass es selbst **Teil der Dokumentation** wird. Komplexe Berechnungen werden in sinnvoll benannte Funktionen ausgelagert oder entsprechend benannten Variablen zugewiesen.

Die ersten beiden Möglichkeiten sind sinnvoll und können sehr hilfreich sein. Aber Kommentare machen den Code länger und manchmal sogar unübersichtlicher. Dokumentationen haben die schlechte Angewohnheit, nicht dort zu sein, wo man sie braucht, oft öffnet man sie auch erst gar nicht. Es ist sehr zeitaufwendig, Dokumentationen zu schreiben. Vor allem die laufende Aktualisierung scheitert in der Realität oft an der natürlichen menschlichen Trägheit.

Das Beste ist einfacher und gut lesbarer Code, der so geschrieben ist, dass er selbst Teil der Dokumentation ist. Funktionen und Variable können hier hilfreich sein, da du ihnen sprechende Bezeichnungen geben kannst.

Ein Beispiel

Drei Zeilen Code; kurz, aber nicht gerade prägnant. Denn wofür stehen unsere beiden monströsen Konstrukte, die von unserem `geschichte.situationen[gesucht]` abgeleitet werden? Sicher, man kann es lesen und erschließen, aber das dauert einen Moment. Zumindest ein Kommentar wäre ganz sinnvoll, denn selbsterklärend ist das nicht.

```
for (var i = 0; i < geschichte.situationen[gesucht].ziele.length; i++) {
    text = text +
        "> " + geschichte.situationen[gesucht].ziele[i] + "<br>";
}
```

Jetzt der gleiche Code, in dem die beiden kritischen Elemente Variablen zugewiesen werden. Im Idealfall kommt das Aha-Erlebnis so bereits beim Lesen des Variablennamens, und Du erkennst was sich hier tut.

```
anzahlElemente = geschichte.situationen[gesucht].ziele.length;
for (var i = 0; i < anzahlElemente; i++) {
   var geheZu = geschichte.situationen[gesucht].ziele[i];
   text = text + "> " + geheZu + "<br>";
}
```

Mehr Zeilen, aber der Sinn ist schon durch die Bezeichnung der Variablen wesentlich leichter zu erfassen, zumal die Zeilen auch etwas kürzer sind. Da wäre es schon eine Überlegung wert, ob ein Kommentar oder gar eine externe Dokumentation noch notwendig ist.

Nach dem Prototyp

Nachdem der Zugriff auf die Passagen in unserem JSON-Code an sich funktioniert, müssen wir jetzt den Zugriff über unsere eigenen IDs umsetzen. Dafür überarbeiten wir unsere Funktion. Leider gibt es keine Möglichkeit, direkt eine Passage herauszupicken, so wie es mit ihrer Position im Array möglich ist. Das ist aber kein echtes Problem. Wir müssen nur die Passage ausfindig machen, die die gesuchte ID hat.

Dazu gehen wir alle unsere Passagen nacheinander durch und sehen nach, ob die gesuchte ID der ID der Passage entspricht.

Ist das nicht aufwendig?

Selbst bei einem JSON-Dokument mit Dutzenden (oder mehr) Passagen ist das für JavaScript nicht das geringste Problem. Du wirst nicht einmal merken, dass JavaScript eine umfangreiche Suche durchführt. Außerdem wirst du gleich **break** kennenlernen, mit dem du die Bearbeitung in der Schleife einfach abbrechen kannst, sobald du das Gesuchte gefunden hast.

So sieht eine Schleife aus, die alle Passagen durchsucht:

```
for( var j = 0; j< geschichte.situationen.length; j++ ){
    if( geschichte.situationen[j].id == gesucht ){
        //hier erfolgt die Aufbereitung und Ausgabe
    }
}
```

Mit einer einfachen `for`-Schleife über alle Elemente von `geschichte.situationen` durchlaufen wir das JSON-Objekt. Bei jedem Element vergleichen wir die Variable `gesucht` mit der ID der Passage, `geschichte.situationen[j].id`. Stimmen beide überein, haben wir unsere Passage gefunden. Gibt es keine solche Passage, passiert gar nichts.

Vergiss nicht: `i` können wir als Variable nicht verwenden, da wir `i` schon verwenden. `j` ist aber eine weitere übliche Bezeichnung für Variable in einer Schleife.

Wenn wir mit den IDs die richtigen Passagen über unsere Funktion aufrufen können, dann können wir auch gleich die angegebenen Ziele verlinken: So kann der Spieler (oder der Leser) auf die Nummer des Zieles klicken, und die neue Passage wird herausgesucht – so ganz nebenbei:

```
for (var i = 0; i < anzahlElemente; i++) {
    var geheZu = geschichte.situationen[j].ziele[i];
    text = text +
    "<div onclick=\"eineSituation(" + geheZu + ");\"" + ">> " +
      geheZu + "</div>";
}
```

Ein »div« mit einem »onclick«?

Ja, du kannst nicht nur reine Texte in eine Webseite schreiben, sondern (natürlich) auch HTML in ein Tag. Dazu baust du erst alles als String in der Variablen `text` zusammen und schreibst es am Ende in die Webseite in `monitor.innerHTML`. Damit hast du eine Anweisung, die bei einem Klick unsere Funktion mit der ID der gewünschten Passage aufruft. Und schon wird diese Passage ausgelesen und in den »Monitor« geschrieben. Mit einem Klick springt der Spieler also zu der gewünschten Passage!

Alles zusammen sieht dann so aus:

```
function eineSituation( gesucht ){

    for( var j = 0; j< geschichte.situationen.length; j++ ){
        if( geschichte.situationen[j].id == gesucht ){

            var text = geschichte.situationen[j].text + "<br><br>";
            anzahlElemente = geschichte.situationen[j].ziele.length;
            for (var i = 0; i < anzahlElemente; i++) {
                var geheZu = geschichte.situationen[j].ziele[i];

                text = text +
                "<div onclick=\"eineSituation(" + geheZu + ");\"" + ">> " +
                  geheZu + "</div>";

            }
            break;
        }
```

```
    }
    monitor.innerHTML = '<br>>' + text + '<br>';
}
```

Was ist das da für ein »break«?

`break` ist ein Befehl, mit dem du eine (beliebige) Schleife vorzeitig verlässt. Das ist so wie ein `return` bei einer Funktion – nur wird eben nicht die Funktion, sondern die aktuelle Schleife verlassen. Wenn es eine Übereinstimmung gibt (also eine Passage gefunden wurde), dann ist es sowieso nicht mehr sinnvoll, unser JSON weiter zu durchlaufen – jede ID soll es ja nur einmal geben. Mit `break` springt JavaScript vorzeitig aus der `for`-Schleife und spart sich die kommenden, unnötigen Durchläufe.

Denk daran: Jetzt musst du die Funktion mit einer gültigen ID aufrufen, in unserem Fall wären das die ID 1 oder 2: `eineSituation(1);`

Aus den Nummern die wirklichen Texte holen

Wir haben schon einiges an Funktionalität: Die erste Passage wird aufgerufen und mit allen Wahlmöglichkeiten in unserem »Monitor« dargestellt. Der Spieler kann auf eine mögliche Auswahl klicken, und die ausgewählte Passage wird mit unserem Funktionsaufruf dargestellt. Wir haben das meiste also schon geschrieben.

Was noch fehlt, ist die Darstellung der **Auswahltexte** und eben nicht nur deren IDs. Was liegt näher, als diese IDs nacheinander in eine Funktion zu geben, die uns den jeweiligen Text zurückliefert? Diesen Text müssen wir dann nur noch in unsere Ausgabe einbauen:

```
for (var i = 0; i < anzahlElemente; i++) {
    var geheZu = geschichte.situationen[j].ziele[i];
    var geheZuText = findeAuswahl(geheZu);
    text = text +
    "<div onclick=\"eineSituation(" + geheZu + ");\"" + ">> " +
    geheZuText + "</div>";
}
```

Die Änderungen in unserer bestehenden Funktion sind gering. Wir rufen in der inneren Schleife eine neue Funktion `findeAuswahl` auf. Dieser Funktion – die wir natürlich gleich noch schreiben werden – übergeben wir die ID einer Passage. Von der Funktion erwarten wir den dazu passenden Auswahltext. Ihn speichern wir in einer eigenen Variablen gehezuText und bauen diese Variable in die Ausgabe. Fertig – nur die andere Funktion müssen wir noch schreiben.

Was muss die neue Funktion tun?

Eigentlich haben wir die Funktionalität schon in ähnlicher Form verwendet. Wir müssen den JSON-Code vollständig durchlaufen, bis wir die übergebene ID gefunden haben. Dann nehmen wir den zugehörigen Auswahltext und geben ihn mit return zurück – das ist schon alles.

```
function findeAuswahl(gesuchteId){
```

Das ist unsere Funktion, die eine ID erhält.

```
    for (var i=0; i<geschichte.situationen.length; i++) {
```

Wir durchlaufen unseren JSON-Code von Anfang bis zum Ende. Da wir innerhalb unserer Funktionen nur lokale Variable verwenden, ist es vollkommen gefahrlos, hier den Namen i zu verwenden – zwischen unseren Funktionen sind das vollkommen unabhängige Variable.

```
        if(geschichte.situationen[i].id == gesuchteId){
```

Entspricht die ID der jeweiligen Situation der gesuchten ID? Treffer!

```
            return geschichte.situationen[i].auswahlText;
```

Dann ist unsere Arbeit hier erledigt. Wir können den Auswahltext direkt mit einem return zurückgeben. Unsere Funktion wird damit verlassen.

```
        }
    }
}
```

Nur müssen wir noch die schicken geschweiften Klammern wieder schließen. Dann haben wir alles, und das Spiel kann beginnen.

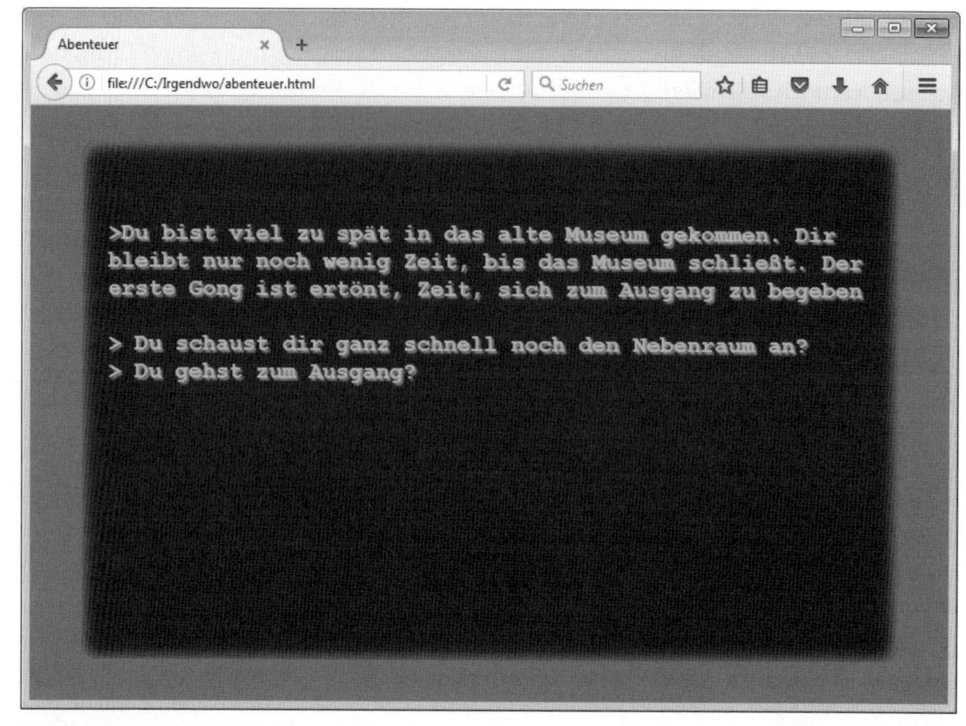

Abbildung 8.6 Fertig! Ein überraschend kurzes Programm – vom JSON-Code einmal abgesehen

Hier noch einmal unser Programm – mit allen Funktionen, HTML und CSS. Lediglich unser JSON-Code ist noch um eine erste Passage mit einem schnittig formulierten Namen erweitert.

```
<!DOCTYPE html>
<html>
<head>
    <title>Abenteuer</title>
    <meta charset="utf-8">
    <style>
      body {
           background: #966F33;
      }
      .alterBildschirm {


          font-size:20px;
          font-family: monospace, courier, terminal;
```

```
        font-weight: bold;
        color: #FBC624;
        text-shadow: 2px 2px 2px #E5AC05;

        width:680px; height:400px;
        background: #222222;
        padding: 25px;
        border-radius: 15px;
        margin: 30px auto;
        box-shadow: inset -1px 2px 10px 5px grey;

      }
    </style>
</head>
<body>

<p class="alterBildschirm" id="monitor">
    >Textadventure
</p>

<script>
var geschichte = {
   situationen: [
   {
    id: 0,
    auswahlText: "Im Museum",
    "text":
 "<br> *** Die Mumie des Schreckens ***<br>Ein Textadventure<br>Version 2.13 Pug-
Software",
    ziele:[1]
   },
   {
    id: 1,
    auswahlText: "Du betrittst das Museum",
    text:
 "Du bist viel zu spät in das alte Museum gekommen. Dir bleibt nur noch wenig
  Zeit, bis das Museum schließt. Der erste Gong ist ertönt, Zeit, sich zum
  Ausgang zu begeben.",
    ziele:[2,3]
   },
```

```
    {
     id: 2,
     auswahlText: "Du schaust dir ganz schnell noch den Nebenraum an?",
     text:
  "Du gehst noch schnell in den Gang, der von dem Hauptraum abzweigt. Zahlreiche
   Artefakte einer vergangenen Epoche sind ausgestellt. Du vergisst die Zeit und
   überhörst sogar den letzten Gong. Plötzlich wird es dunkel, als alle Lichter
   ausgeschaltet werden.",
     ziele:[4]
    },
    {
     id: 3,
     auswahlText: "Du gehst zum Ausgang?",
     text:
  "Du machst dich schnellen Schrittes auf den Weg zum Ausgang. Du willst dich
   beeilen, doch durch deine große Hast rutscht du aus und stürzt. Du schlägst
   mit dem Kopf auf und wirst bewusstlos.",
     ziele:[4]
    },
    {
     id: 4,
     auswahlText: "In die Dunkelheit?",
     text:
  "Es ist vollkommen dunkel. Für einen Moment bist du orientierungslos. Du
   tastest nach deinem Handy, um Licht zu machen, als du Geräusche hörst. Sie
   kommen offenbar aus einem Nebenraum.",
     ziele:[7]
    },
    {
     id: 7,
     auswahlText: "Du folgst den Geräuschen?",
     text: "Das ist das Ende. Erst mal.",
     ziele:[]
    }
   ]
};

eineSituation(0);
```

```
function findeAuswahl(gesuchteId){
    for (var i=0; i<geschichte.situationen.length; i++) {
        if(geschichte.situationen[i].id == gesuchteId){
            return geschichte.situationen[i].auswahlText;
        }
    }
}

function eineSituation( gesucht ){

    for( var j = 0; j< geschichte.situationen.length; j++ ){
        if( geschichte.situationen[j].id == gesucht ){

            var text = geschichte.situationen[j].text + "<br><br>";
            anzahlElemente = geschichte.situationen[j].ziele.length;
            for (var i = 0; i < anzahlElemente; i++) {
                var geheZu = geschichte.situationen[j].ziele[i];
                var geheZuText = findeAuswahl(geheZu);
                text = text +
                "<div onclick=\"eineSituation(" + geheZu + ");\"" + ">> " +
                  geheZuText + "</div>";

            }
            break;
        }
    }
    monitor.innerHTML = '<br>>' + text + '<br>';
}
</script>
</body>
</html>
```

Du bist natürlich herzlich eingeladen, die Geschichte selbst möglichst spannend weiterzuerzählen. Gerne kannst du deine Version dann an den Verlag oder direkt an mich schicken. Ich würde mich freuen, die schönsten und spannendsten Versionen zu veröffentlichen.

Denk beim Schreiben des Quellcodes bitte daran, Texte (bzw. Strings) abweichend von der Darstellung im Buch immer in eine Zeile zu schreiben.

Teile und herrsche – mehr als nur eine Datei

Eigentlich wäre dieses Kapitel zu Ende, aber eines wollen wir doch noch machen. Wenn du die HTML-Seite betrachtest, fällt dir auf, dass sie recht **umfangreich** geworden ist. Aus der kurzen, reinen HTML-Seite ist ein ganz imposantes Monstrum geworden – mit CSS, JavaScript und einer ziemlich große Portion JSON als Teil von JavaScript. Das mag noch nicht wirklich kritisch sein, aber wenn du erst einmal 50 oder 100 Passagen deiner Geschichte geschrieben hast und etwas im JavaScript ändern möchtest, dann wäre es praktisch, nicht alles in einer großen, unübersichtlichen Datei zu haben.

Und wenn du den JSON-Code mit einem Freund **austauschen** willst, der das (fast) gleiche Programm hat, aber eine andere Geschichte geschrieben hat? Wäre es dann nicht besser, nur den Teil mit dem JSON-Code untereinander verschicken zu können?

Ein weiterer Vorteil: Ihr könnt **gemeinsam** als Team an dem Programm, dem Aussehen und der Geschichte arbeiten. Jeder an einem anderen Teil: einer am Aussehen, einer an der Geschichte und jemand anderes am eigentlichen Programm. Dann müsst Ihr die einzelnen Teile nicht mehr mühsam (und fehlerträchtig) in eine Datei zusammenkopieren, denn wenn jeder Teil – HTML, CSS, JavaScript und sogar der JSON-Code – sowieso in einer eigenen Datei sitzt, bräuchtet Ihr nur diese Dateien auszutauschen.

Selbst wenn du allein arbeitest: Du kannst die einzelnen Teile besser **wiederverwenden**. Du willst das CSS in einem anderen Programm benutzen (genau das werden wir im folgenden Kapitel tun)? Du willst den HTML-Code als Vorlage verwenden (auch das wollen wir im folgenden Kapitel nämlich machen)? Dann bräuchtest du nur auf die bestehende CSS-Datei zu verweisen und die HTML-Datei mit minimalen Änderungen zu kopieren.

Und wie geht das?

Du kannst jeden Teil als eigene Datei abspeichern und im HTML-Code darauf verweisen. Der Browser holt sich dann alle im HTML-Code angegebenen Dateien und fügt sie (ohne, dass du das merkst) für die Darstellung zusammen – so, als wären sie schon immer in einer Datei gewesen. Das macht der Browser jedes Mal, wenn die Seite aufgerufen wird.

Du kannst Teil um Teil aus der HTML-Datei entfernen und jeweils in einer eigenen Datei speichern. Beginne mit dem **CSS**. Aus der HTML-Datei entfernst du alles, was innerhalb des `style`-Tags sitzt, und speicherst es in einer eigenen Datei – dort allerdings **ohne `style`-Tag**. Auch im HTML-Code kannst du dann das `style`-Tag entfernen, da es sowieso keinen Inhalt mehr hat.

So sieht dann die Datei aus, die du beispielsweise unter dem Namen *monitor.css* im gleichen Ordner wie die HTML-Datei speicherst. Du solltest auch alle folgenden Dateien in dem gleichen Ordner speichern – so brauchst du dir erst einmal keine Gedanken um irgendwelche Ordnerstrukturen zu machen. Natürlich kannst du auch ganz andere Dateinamen verwenden, musst das aber auch in deiner HTML-Datei entsprechend angeben.

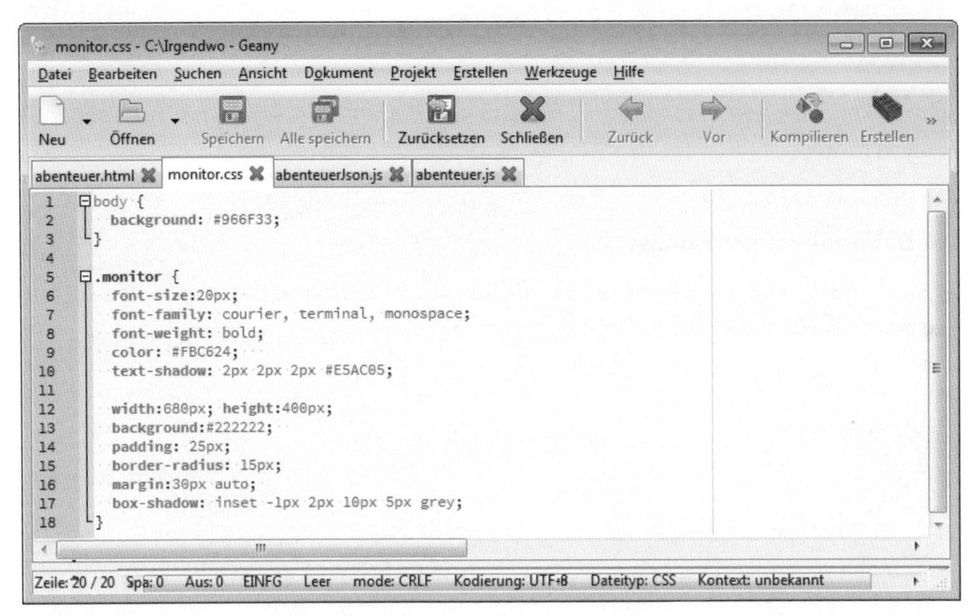

Abbildung 8.7 Trotz mehrerer Dateien nicht unübersichtlich – da ist ein Editor wie Geany sehr hilfreich. Mehrere geöffnete Dateien sind über Karteireiter jederzeit anwählbar, und jede Datei wird mit eigenem Syntax-Highlighting noch übersichtlicher.

Die Datei »monitor.css«

```
body {
  background: #966F33;
}

.alterBildschirm {
  font-size: 20px;
  font-family: courier, terminal, monospace;
  font-weight: bold;
  color: #FBC624;
  text-shadow: 2px 2px 2px #E5AC05;

  width: 680px; height: 400px;
```

```
  background: #222222;
  padding: 25px;
  border-radius: 15px;
  margin: 30px auto;
  box-shadow: inset -1px 2px 10px 5px grey;
}
```

Schreib kein »style«-Tag in die Datei. Das ist nicht nur unnötig, sondern könnte sogar zu Fehlern führen.

Die Datei »abenteuerJson.js«

So sieht unsere Datei mit dem JSON-Code aus. Auch hier **ohne** das zugehörige `script`-Tag aus dem HTML-Code:

```
var geschichte = {
   situationen: [
   {
    id: 0,
    auswahlText: "Im Museum",
    "text":
  "<br> *** Die Mumie des Schreckens ***<br>Ein Textadventure<br>Version 2.13 Pug-
Software",
    ziele:[1]
   },
   {
    id: 1,
    auswahlText: "Du betrittst das Museum",
    text:
  "Du bist viel zu spät in das alte Museum gekommen. Dir bleibt nur noch wenig
   Zeit, bis das Museum schließt. Der erste Gong ist ertönt, Zeit, sich zum
   Ausgang zu begeben.",
    ziele:[2,3]
   },
   {
    id: 2,
    auswahlText: "Du schaust dir ganz schnell noch den Nebenraum an?",
    text:
  "Du gehst noch schnell in den Gang, der von dem Hauptraum abzweigt. Zahlreiche
   Artefakte einer vergangenen Epoche sind ausgestellt. Du vergisst die Zeit und
```

```
überhörst sogar den letzten Gong. Plötzlich wird es dunkel, als alle Lichter
ausgeschaltet werden.",
    ziele:[4]
  },
  {
    id: 3,
    auswahlText: "Du gehst zum Ausgang?",
    text:
"Du machst dich schnellen Schrittes auf den Weg zum Ausgang. Du willst dich
beeilen, doch durch deine große Hast rutscht du aus und stürzt. Du schlägst
mit dem Kopf auf und wirst bewusstlos.",
    ziele:[4]
  },
  {
    id: 4,
    auswahlText: "In die Dunkelheit?",
    text:
"Es ist vollkommen dunkel. Für einen Moment bist du orientierungslos. Du
tastest nach deinem Handy, um Licht zu machen, als du Geräusche hörst. Sie
kommen offenbar aus einem Nebenraum.",
    ziele:[7]
  },
  {
    id: 7,
    auswahlText: "Du folgst den Geräuschen?",
    text: "Das ist das Ende. Erst mal.",
    ziele:[]
  }
  ]
};
```

Denk wie immer daran: Du darfst Strings nicht über mehrere Zeilen schreiben (es sei denn, Du schreibst ein \ an das Zeilenende). Und ich habe noch eine Passage 0 hinzugeschmuggelt – so eine Art Vintage-Splash-Screen vor dem eigentlichen Spiel.

Die Datei »abenteuer.js«

Diese Datei enthält unsere Funktionen. Natürlich könntest du auch das JSON-Objekt (das ja echtes JavaScript ist) in dieser Datei unterbringen. Aber wir wollen ja, dass die JSON-Datei möglichst einfach ausgetauscht werden kann.

```
function findeAuswahl(gesuchteId){
    for (var i=0; i<geschichte.situationen.length; i++) {
        if(geschichte.situationen[i].id == gesuchteId){
            return geschichte.situationen[i].auswahlText;
        }
    }
}

function eineSituation( gesucht ){

    for( var j = 0; j< geschichte.situationen.length; j++ ){
        if( geschichte.situationen[j].id == gesucht ){

            var text = geschichte.situationen[j].text + "<br><br>";
            anzahlElemente = geschichte.situationen[j].ziele.length;
            for (var i = 0; i < anzahlElemente; i++) {
                var geheZu = geschichte.situationen[j].ziele[i];
                var geheZuText = findeAuswahl(geheZu);
                text = text +
                "<div onclick=\"eineSituation(" + geheZu + ");\"" +
                ">&gt; " +
                    geheZuText + "</div>";
            }
            break;
        }
    }
    monitor.innerHTML = '<br>&gt;' + text + '<br>';
}
```

Das > ist übrigens ein > in HTML. Dabei steht das gt für »greater than«. Es kann durchaus der Lesbarkeit dienen, Zeichen auf diese Art zu schreiben, denn über ein >> kann man beim Lesen doch etwas stolpern.

Zu guter Letzt – unser HTML in der »abenteuer.html«

Von unserer einstmals großen Datei *abenteuer.html* (oder wie auch immer du die Datei genannt hast) bleibt nicht mehr viel übrig. CSS ist daraus vollständig verschwunden. Von unserem JavaScript- und dem JSON-Code ist auch nichts mehr übrig. Selbst den Aufruf unserer Funktion eineSituation könnten wir in die JavaScript-Datei auslagern. Es ist aber sinnvoll, diesen Aufruf hier stehenzulassen – um zu sehen, was sich da eigentlich tut: Bei Aufruf der Datei *abenteuer.html* wird eine JavaScript-Funktion namens eineSituation aufgerufen, der ein Parameter übergeben wird.

```
<!DOCTYPE html>
<html>
<head>
    <title>Abenteuer</title>
    <meta charset="utf-8">
    <link href="monitor.css" rel="stylesheet">
    <script src="abenteuerJson.js"></script>
    <script src="abenteuer.js"></script>
</head>
<body>

<p class="alterBildschirm" id="monitor">
    >Textadventure
</p>
<script>
eineSituation(0);
</script>
</body>
</html>
```


Das ist alles, was von der HTML-Datei noch übrig ist.

Die Magie liegt jetzt in diesen drei Zeilen, die neu dazugekommen sind:

```
<link href="monitor.css" rel="stylesheet">
<script src="abenteuerJson.js"></script>
<script src="abenteuer.js"></script>
```

Mit dem ersten Tag, link, wird die CSS-Datei eingebunden. In den folgenden beiden Tags verlinken wir unsere JavaScript-Dateien. Alle Dateien müssen dazu im gleichen Ordner liegen.

In allen Fällen wirst du im Internet diese Tags etwas umfangreicher und mit weiteren Attributen finden. Das ist aber seit HTML 5 nicht mehr notwendig, und du kannst dir die Tipparbeit sparen. Tatsächlich ist es sogar etwas schade, dass es überhaupt unterschiedliche Tags gibt, die CSS- und JavaScript-Dateien einbinden – aber vielleicht wird auch das irgendwann noch vereinfacht.

Kapitel 9

Hammurabi

Vom Säen, Ernten und Herrschen

Hammurabi war nicht nur ein altertümlicher Herrscher, sondern auch Namensgeber für eine der allerersten Wirtschaftssimulationen, die den Grundstein für ein eigenes Spielegenre legt. In diesem Kapitel wirst du deine eigene Version dieses Klassikers schreiben.

Hammurabi war ein bekannter Herrscher im alten Babylon. Das ist schon etwas länger her – so ungefähr 3.800 Jahre. Dabei war Hammurabi, oder auch Hammurapi, der Herrscher eines recht fortschrittlichen Reiches. Umfangreiche Gesetzgebung, wirtschaftliches Handeln und ein gut funktionierender Beamtenapparat stellten sicher, dass das Reich blühte und gedeihte.

In diesem Kapitel ...

... wirst du eine der allerersten Simulationen nachprogrammieren. Du wirst in diesem Kapitel in erster Linie bereits bekannte JavaScript-Befehle einsetzen. Der Schwerpunkt – neben dem Schreiben des eigentlichen Programms – wird darin liegen, die HTML- und CSS-Dateien aus dem letzten Kapitel sinnvoll wiederzuverwenden, indem du sie in deine Website integrierst. Das ist natürlich nicht alles. Wir werden ein besonderes Augenmerk darauf legen, wie du die Eingaben des Spielers kontrollieren und auch korrigieren kannst. Nicht jede Fehleingabe darf zu einem Abbruch des Programms führen. Also überprüfst du die gemachten Eingaben.

Wir werden auch einen Blick auf den Stil des Programms werfen und kritisch abwägen, ob jede mögliche Optimierung auch tatsächlich sinnvoll ist.

Unter dem Namen »Hamurabi« wurde in der Anfangszeit der Computer eine der ersten Wirtschaftssimulationen geschrieben. Über eine festgelegte Anzahl von Jahren musste der Spieler in die Rolle des weisen Herrschers Hammurabi schlüpfen und die Geschicke seines Landes steuern. Hammurabi legte den Grundstein für ein ganzes Genre und beeinflusste direkt oder indirekt die meisten Spiele, die wir heute als Wirtschaftssimulationen kennen.

Hammurabi oder Hamurabi? Was ist denn richtig?

Eigentlich wird der Name mit zwei »m« geschrieben. Bei den ersten Computern im privaten Umfeld war die Anzahl der Buchstaben für Dateinamen begrenzt – 8 Zeichen, mehr war nicht möglich. Wer abzählt, kommt bei »Hammurabi« aber auf 9 Zeichen, also eins zu viel – und so wurde im Dateinamen das zweite »m« gestrichen. So machte der eigentlich falsche Name »Hamurabi« Computergeschichte.

Wie funktioniert das Spiel?

- Über eine festgelegte Anzahl von Jahren, zum Beispiel 20, steuert der Spieler die Geschehnisse im Reich über die Eingabe bestimmter Werte.
- Du startest mit einer gewissen Menge an **Korn** bzw. Getreide. Wenn man so möchte, ist dies die recht einfache **Währung** im Spiel, mit der auch Handel getrieben werden kann. In jeder Runde musst du überlegen, wie du diese Ressourcen sinnvoll einsetzt.
- Du musst genug **Nahrung** an deine Bevölkerung verteilen. Bekommen die Einwohner zu wenig Nahrung, dann verhungern sie (oder verlassen weniger dramatisch das Land). Verteilst du mehr Nahrung als notwendig, dann vermehrt sich die Bevölkerung.
- Genauso musst du festlegen, wie viel Korn du auf den vorhandenen Äckern als **Aussaat** für das kommende Jahr verwendest. Sähst du zu wenig Korn, wird der Ertrag zu gering sein – dein Kornspeicher wird sehr schnell leer sein.
- In jedem Jahr kannst du Land, das als **Acker** verwendet wird, **kaufen** oder **verkaufen**. Korn ist dafür deine Währung. Der Landpreis **variiert** von Jahr zu Jahr. Mit etwas Glück kannst du allein durch den Kauf und Verkauf von Land eine Menge Geld machen bzw. deinen Kornspeicher auffüllen.
- Genauso kann übrigens auch die **Ernte** sehr unterschiedlich ausfallen. In manchen Jahren wächst das Getreide sehr gut, in anderen Jahren musst du froh sein, wenn deine Vorräte überhaupt zum Überleben reichen.
- Und natürlich musst du genügend Einwohner haben, um das Korn überhaupt aussäen und ernten zu können. Sind nicht genug Einwohner da, können nicht genug Felder bewirtschaftet werden, und die Ernte fällt geringer aus.

Das sind die wichtigsten Regeln, die das Spiel ausmachen: durchaus etwas komplexer. Deshalb ist es wichtig, das Programm so aufzubauen, dass es übersichtlich bleibt. Natürlich wirst du dazu mit **Funktionen** arbeiten.

Tipp: Natürlich kannst du das besser

Hammurabi war eine der ersten Wirtschaftssimulationen. Es ist ein recht anspruchsvolles Spiel. Weder ist es einfach, eine eigene Version zu programmieren, noch ist es leicht, 20 Jahre (oder Runden) im Spiel zu überstehen. Aber auch wenn es sich um einen Klassiker handelt, der tatsächlich (Spiel-)Geschichte geschrieben hat, solltest du versuchen, das Spiel so zu verändern, dass es besser wird. Mach es leichter und interessanter.

Dir sind die einfachen Zufallszahlen im Spiel zu banal? Schreib eigene Formeln und Funktionen, um bessere Werte zu generieren.

Dir scheint der Spielverlauf zu gleichförmig? Dann programmiere eigene Ereignisse in den Ablauf. Wie wäre es mit einer Steuer, die du den Bewohnern auferlegen kannst? Das Spiel gehört dir – bring deine eigenen Ideen ein, und mache etwas Besonderes aus dieser Version. Mach es leichter oder sogar noch schwerer.

Dir gefällt der eher historische Hintergrund nicht? Überlege dir einen anderen Hintergrund, der dich mehr interessiert. Eine einsame Insel, eine Mars-Kolonie?

Das Spiel gehört dir – mit einem gesunden »das kann ich noch besser machen« hast du mehr Spaß und schreibst noch bessere Programme.

Ein wenig HTML

Beginnen wir mit unserer HTML-Datei. Wir wollen unsere kompakte HTML-Datei *abenteuer.html* aus dem vergangenen Kapitel als Vorlage verwenden. Viel müssen wir dafür nicht tun. Den Titel solltest du ändern, den Verweis auf die CSS-Datei *monitor.css* kannst du belassen, da wir diese Optik beibehalten wollen. Für unsere JavaScript-Datei verweisen wir auf eine passendere *hammurabi.js*, die wir gleich erstellen werden, um sie dann mit Inhalt zu füllen. Die anderen Verweise auf die JavaScript-Dateien unseres Abenteuers entfernst du.

Schließlich speicherst du alles unter dem Namen *hammurabi.html*. Das zweite *m* im Dateinamen können wir uns ruhig gönnen. Im Editor, beispielsweise in Geany, sieht das dann so aus wie in Abbildung 9.1.

```
hammurabi.html   monitor.css   hammurabi.js
1  <!DOCTYPE html>
2  <html>
3  <head>
4      <title>Hammurabi</title>
5      <meta charset="utf-8">
6      <link href="monitor.css" rel="stylesheet">
7      <script src="hammurabi.js"></script>
8  </head>
9  <body>
10
11 <div class="monitor">
12     <p id="monitor"></p>
13 </div>
14
15 <script>
16 </script>
17 </body>
18 </html>
19
```

Abbildung 9.1 Nur ein paar Änderungen genügen uns, um aus der »abenteuer.html«-Datei des letzten Kapitels die Grundlage für unser Spiel Hammurabi zu machen. Natürlich kannst du die Datei auch komplett neu erstellen, wenn dich die Tipparbeit nicht stört.

Und noch eine Portion CSS

Eigentlich könnten wir unsere CSS-Datei *monitor.css* genauso verwenden, wie sie ist. »Eigentlich« ist aber genau eines der Wörter, das jeden Programmierer reizt, doch wieder etwas anders zu machen als vorher. Wie wäre es, wenn wir die Farbe der Schrift ändern? Von einem schmucken »Bersteinfarben« in ein schickes »Vintage-Grün«?

Das geht ganz einfach. Du öffnest die Datei *monitor.css* im Editor und passt die Farbangaben der Schriftfarbe und des Schriftschattens an. Den Rest kannst du eigentlich unverändert lassen. Du musst dann nur noch die Datei speichern.

```
body {
  background: #966F33;
}

.monitor {
  font-size: 20px;
  font-family: courier, terminal, monospace;
  font-weight: bold;
  color: #13DF13;
  text-shadow: 2px 2px 2px #13CD13;
```

```
    width: 680px; height: 400px;
    background: #222222;
    padding: 25px;
    border-radius: 15px;
    margin: 30px auto;
    box-shadow: inset -1px 2px 10px 5px grey;
}
```

Natürlich kannst du die CSS-Datei auch unter einem anderen Namen speichern, beispielsweise *monitor-gruen.css*. Du musst dann nur den Verweis in der HTML-Datei entsprechend korrigieren:

```
<link href="monitor-gruen.css" rel="stylesheet">
```

So bekommst du eine **eigene** CSS-Datei für dein Spiel, und Änderungen wirken sich dann (natürlich) nicht auf unser Textadventure im letzten Kapitel aus.

Das kann dann später so aussehen:

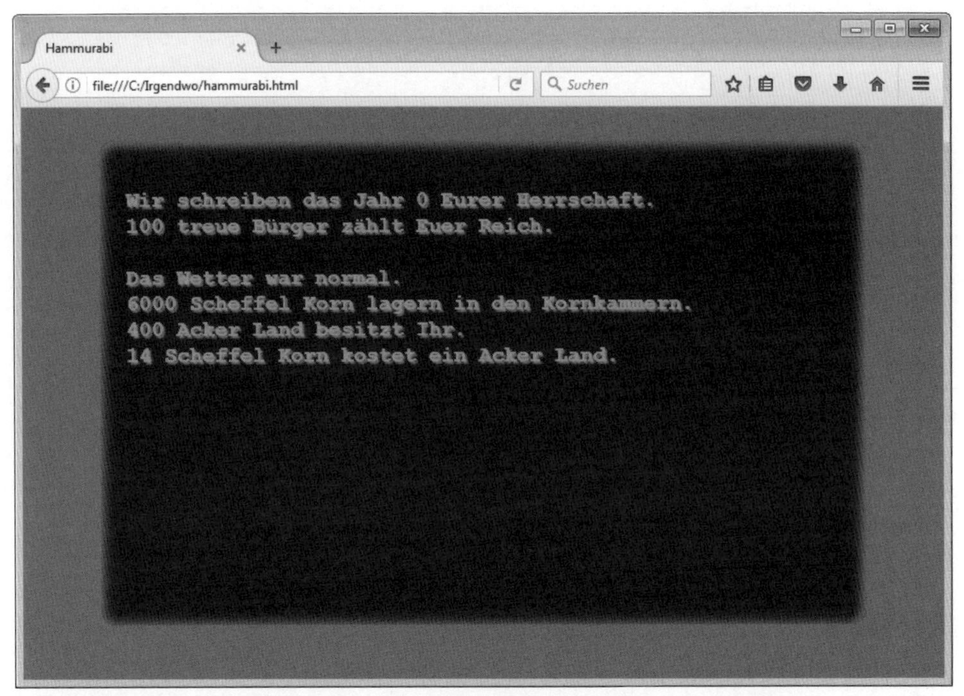

Abbildung 9.2 Klassisches Grün für ein klassisches Spiel. Der Text kommt später aus dem Spiel – hier habe ich ihn für die Beispieldarstellung eingeschmuggelt.

Und woher weiß ich, welche Werte ich für die grüne Schrift und den grünen Schatten eingebe?

Die Farbangaben in Form hexadezimaler Werte sind tatsächlich nicht ganz leicht zu lesen, und eigene Farben auszuwählen ist nicht leicht. Zum Glück gibt es hier gute Werkzeuge, die bei der **Farbwahl** helfen.

Der Editor Geany hat so ein kleines Hilfsprogramm schon dabei. Über die Icon-Leiste startest du den FARBWÄHLER, mit dem du Farben beliebig herauspicken kannst. Der zugehörige hexadezimale Wert wird dir als FARBNAME zum Kopieren gleich mit angezeigt.

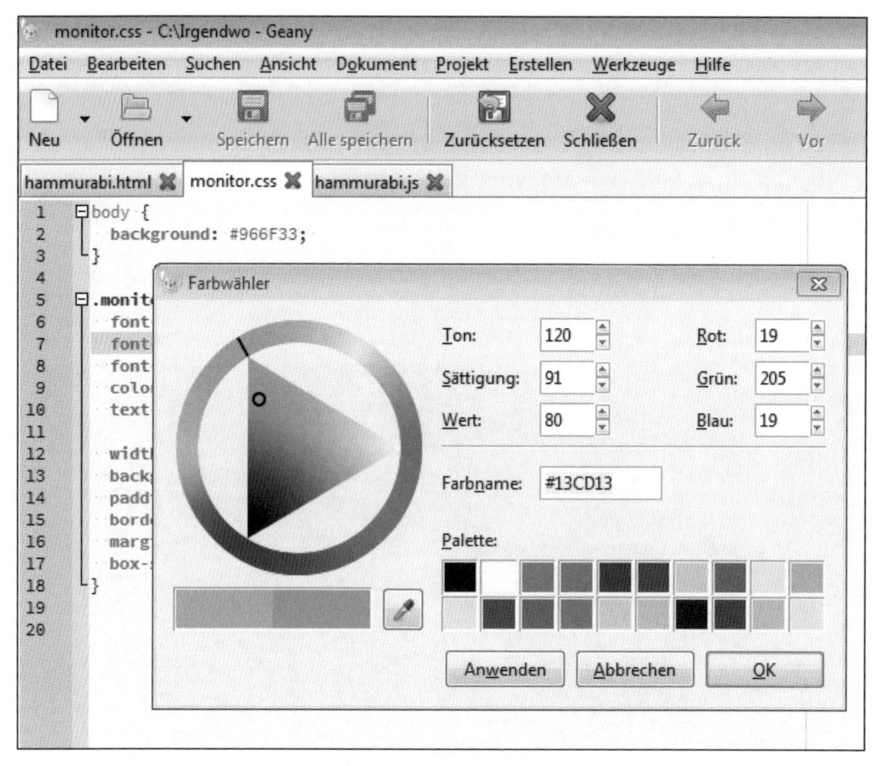

Abbildung 9.3 Farben finden leicht gemacht. Den hexadezimalen Wert im Feld »Farbname« kannst du einfach markieren, kopieren und in dein CSS einfügen.

Aber auch wenn du mit einem einfachen Editor arbeitest, der dir keine Hilfestellung anbietet: Es gibt zahllose Websites, die dir ähnliche Tools zur Verfügung stellen. Eine Onlinesuche nach »Farbe auswählen« oder »Farbwähler« zeigt dir Dutzende Websites mit entsprechenden Tools.

Die Regeln – im Detail

Wir haben uns den Ablauf des Spiels angesehen, für unser Programm war das aber eine eher grobe Beschreibung – das alte Hammurabi hat einige Regeln mehr zu bieten:

- *Das Spiel läuft über 20 Runden.*
- *Du startest mit 6.000 Scheffel Korn.*
- *Anfangs leben 100 Bürger in deinem Königreich.*
- *Jeder Bürger benötigt zum Überleben 20 Scheffel Korn im Jahr. Verteilst du mehr Korn, wächst die Bevölkerung für jede 40 Scheffel Korn um einen Bürger.*
- *Du musst festlegen, wie viel Korn als Aussaat verwendet wird. Im folgenden Jahr wird diese Ernte automatisch eingebracht und vergrößert den vorhandenen Kornvorrat. Pro Acker werden 2 Scheffel Korn zur Aussaat benötigt, die Ernte liegt (als Zufallswert) zwischen 1 und 10 Scheffeln. Jeder Bürger kann 10 Acker Land bewirtschaften.*
- *Land kann gekauft oder verkauft werden. Der Landkauf geschieht am Ende der Runde, nachdem alle anderen Aktionen abgeschlossen sind. Der Landpreis variiert zufällig zwischen 1 und 10 Scheffel Korn.*
- *400 Acker Land sind bei Spielbeginn in deinem Besitz. Du kannst beliebig viel Land handeln – vorausgesetzt, dein noch vorhandenes Korn reicht für einen Kauf.*
- *Hast du weniger als 1 Acker Land oder 1 Scheffel Korn, oder sinkt die Anzahl der Bewohner unter 1 Bürger, endet das Spiel. Ansonsten endet es nach 20 Runden.*

Da Hammurabi in der Originalversion (von der es wiederum mehrere Versionen gibt) recht schwer ist, weichen wir gegenüber den teilweise kargen Ausgangswerten bereits etwas ab und geben dem Herrscher beispielsweise die doppelte Menge Korn in die Vorratskammern. Keine Sorge, das Spiel ist immer noch schwer genug.

Aus den obigen Regeln können wir bereits eine Menge JavaScript herleiten:

Anforderung	JavaScript-Code
Das Spiel läuft über 20 **Runden**.	`var jahr = 0;`
Du startest mit 6.000 Scheffel **Korn**.	`var korn = 6000;`
Anfangs leben 100 **Bürger** in deinem Königreich.	`var buerger = 100;`

Anforderung	JavaScript-Code
Jeder Bürger benötigt zum **Überleben** 20 Scheffel Korn im Jahr. Verteilst du mehr Korn, wächst die Bevölkerung für jede 40 Scheffel Korn um einen Bürger.	`function bevoelkerung(nahrung)`

Du musst festlegen, wie viel Korn als **Aussaat** verwendet werden soll. Im folgenden Jahr wird diese Ernte automatisch eingebracht und vergrößert den vorhandenen Kornvorrat. Pro Acker werden **2 Scheffel** Korn zur Aussaat benötigt, die Ernte liegt zwischen 1 und 10 Scheffeln. Jeder Bürger kann 10 Acker Land **bewirtschaften.**	Wir müssen also aussäen können, wir müssen wissen, wie gut die Ernte war, und diesen Wert sollten wir im Spiel in einer Variablen zur Verfügung haben:
	
	`function aussaat(saat)`
	`function bestimmeErnteErfolg()`
	`var ernteProAcker;`

Land kann **gekauft** oder **verkauft** werden. Der Landkauf geschieht am Ende der Runde, nachdem alle anderen Aktionen abgeschlossen sind. Der Landpreis **variiert** zwischen 1 und 10 Scheffel Korn.	Auch den Landpreis sollten wir im Spiel in einer Variablen zur Verfügung haben und ihm einen mittleren Anfangswert geben.
	
	`function bestimmeLandPreis()`
	`var landPreis = 5;`

400 Acker Land sind bei Spielbeginn in deinem **Besitz**. Du kannst beliebig viel Land handeln – vorausgesetzt, dein noch vorhandenes Korn reicht für einen Kauf.	`var land = 400;` `function handel(kauf)`
Hast du weniger als 1 Acker Land, 1 Scheffel Korn oder sinkt die Anzahl der Bewohner unter 1 Bürger endet das Spiel. Ansonsten endet es nach 20 Runden.	`var ende = false;` `function pruefeEnde()`

Damit haben wir schon eine ganze Menge. Zumindest alles, was für die Berechnung der Simulation notwendig ist. Ein paar Kleinigkeiten brauchen wir aber noch, um das Programm zu steuern und **Eingaben** in das Spiel zu machen. Außerdem braucht der Herrscher in jedem Jahr einen **Bericht** über den Zustand seines Reiches.

Anforderung	JavaScript-Code
Uns noch fehlt eine Eingabe, schließlich will man als Herrscher ja auch gehört werden.	`function verarbeiteBefehle()`

Anforderung	JavaScript-Code
Wir benötigen eine Ausgabe, einen Bericht für den Herrscher. Schließlich wollen wir ja wissen, was passiert ist – was hat sich getan? Wie ist der aktuelle Landpreis, wie war die Ernte?	`function erstelleBericht()`
Ach ja, irgendwie muss eine Runde ja gestartet werden. Idealerweise als eigene Funktion, die wir mit einem Klick oder vielleicht auch zeitgesteuert aufrufen könnten.	`function spieleEineRunde()`

Auch wichtig: Die richtige **Reihenfolge**. Hier ist (natürlich) nicht gemeint, in welcher Reihenfolge du die Funktionen in den Code schreibst – das ist eigentlich ziemlich egal. Die Funktionen müssen nach dem Start in der **richtigen Reihenfolge aufgerufen** werden. Sonst kann es zu logischen Fehlern kommen: Wird der Landpreis im aktuellen Bericht verkündet, dann darf er danach nicht mehr verändert werden – bis zum Abschluss des Landkaufs. Ansonsten kann es zu recht überraschenden Ergebnissen führen, wenn der Preis beim Verkauf plötzlich geringer ist und anstatt bei 9 plötzlich bei 1 Scheffel liegt und die Kornkammern leer bleiben.

Fassen wir das zusammen, dann haben wir schon das Gerüst unseres Programms. Natürlich tut sich noch nicht viel, aber darum kümmern wir uns gleich – Funktion für Funktion.

```
var jahr = 0;
var korn = 6000;
var buerger = 100;
var land = 400;
var ende = false;

var landPreis = 5;
var ernteProAcker;

function spieleEineRunde(){
    console.log("Ich spiele eine Runde");
}
function verarbeiteBefehle(){
    console.log("Ich verarbeite Befehle");
}
```

```
function bestimmeErnteErfolg(){
    console.log("Wie war die Ernte?");
}
function bestimmeLandPreis(){
    console.log("Wieviel kostest ein Acker Land?");
}
function bevoelkerung(nahrung){
    console.log("Nahrung");
}
function aussaat(saat){
    console.log("Saat");
}
function handel(kauf){
    console.log("Kaufe Land");
}
function erstelleBericht(){
    console.log("erstelleBericht");
}
function pruefeEnde(){
    console.log("Ist das das Ende?");
}
```

Warum hat die Variable »ernteProAcker« noch keinen Wert?

Am Anfang, im Jahr 0, brauchen wir den Wert noch nicht. Beim Spielstart und damit beim ersten Bericht gibt es noch keine Ernte. Auch für den Bericht benötigen wir nicht unbedingt einen Wert. Das siehst du gleich, wenn wir die Funktion für den Bericht, `erstelleBericht()`, schreiben.

Das obige Programm schreibst du in deinem Editor in eine leere Datei und speicherst sie unter dem Namen *hammurabi.js* in dem gleichen Ordner (also an dem gleichen Platz, in dem auch die HTML-Datei liegt). Falls du schon einen anderen Namen in deiner HTML-Datei angegeben hast, speicherst du die Datei unter ebendiesem Dateinamen.

Denk bitte daran – in einer reinen JavaScript-Datei mit der Endung *.js* hat HTML nichts zu suchen. Nicht einmal das `script`-Tag darfst du dort schreiben – schließlich brauchst du es auch gar nicht.

Aber was nützt es mir, wenn ich die ganzen Funktionen habe? Es tut sich doch gar nichts. Und wofür sind die ganzen Ausgaben mit »console.log«?

Du hast jetzt eine Struktur, ein Grundgerüst, das du nach und nach mit Leben füllen kannst. Außerdem findest du so Fehler leichter: Wenn das **Grundgerüst fehlerfrei** ist, kannst du später auftretende Fehler schneller auf den Teil (oder die Teile) eingrenzen, den du gerade **aktuell** bearbeitest. Du kannst jede Funktion für sich allein schreiben und testen. Das ist leichter, als die unterschiedlichsten Funktionalitäten in einem Rutsch zu schreiben und auszuprobieren. Bereits jetzt kannst du die HTML-Datei aufrufen und dir ansehen, ob Fehler auftreten – sowohl bei der Darstellung der Webseite mit CSS als auch im JavaScript. Mit Hilfe der Entwicklertools des Browsers (die du ja mit F12 aufrufen kannst) siehst du unter dem Reiter CONSOLE, ob sich irgendwo ein Fehler eingeschlichen hat.

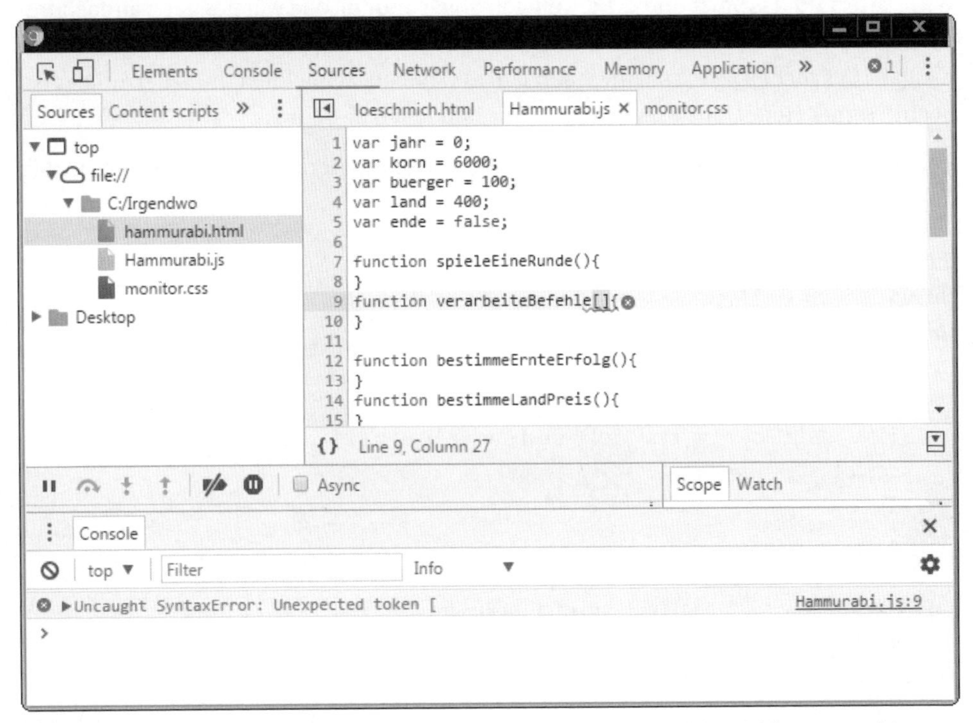

Abbildung 9.4 Falsche Klammern verwendet? Zwar können die Fehlermeldungen recht kryptisch sein, mit einem Klick auf die angegebene Fehlerposition wird aber der Fehler im Programm angezeigt. In deinem Editor kannst du den Fehler dann korrigieren.

Mit den Ausgaben über `console.log` hast du eine unauffällige Möglichkeit, dir anzeigen zu lassen, welche Funktion gerade aufgerufen wurde. Das ist angenehmer als bei einem `alert`, bei dem jedes Mal eine Meldung aufpoppt, die aktiv bestätigt werden muss. Spätestens nach dem dritten oder vierten Durchlauf nervt das so, dass du alle Vorkommen von `alert` löschst. `console.log` hingegen kann sogar im fertigen Programm bleiben, denn solange du die Konsole nicht öffnest, siehst du von den Ausgaben rein gar nichts – du musst nichts bestätigen, nichts wegklicken.

Natürlich musst du nicht jedes `console.log` schreiben – du kannst es ganz lassen oder gezielt dort einsetzen, wo du aktuell etwas ausprobierst. Auch die ausgegebenen Texte sind dir überlassen; du kannst auch Variable ausgeben, deren aktueller Inhalt dich interessiert. Damit kannst du auf sehr einfachem Wege feststellen, ob Berechnungen wie erwartet ablaufen.

Lass die Spiele beginnen

Wie startest du das Spiel und die jeweiligen Spielrunden? Wie wäre es ganz einfach mit einem Klick auf den Bildschirm? Beim Aufruf der Webseite wollen wir auch gleich eine Ausgabe des nicht so ganz spannenden Jahres 0 haben. Schließlich muss der Spieler bei Beginn seiner Herrschaft wissen, wie es um sein Reich bestellt ist.

Den Start können wir in ein `onclick` und den Aufruf des Berichts als direkten Aufruf in unsere HTML-Datei schreiben:

```
<!DOCTYPE html>
<html>
<head>
    <title>Hammurabi</title>
    <meta charset="utf-8">
    <link href="monitor.css" rel="stylesheet">
    <script src="hammurabi.js"></script>
</head>
<body>

<div class="monitor" onclick="spieleEineRunde()">
    <p id="monitor"></p>
</div>

<script>
erstelleBericht();
</script>
</body>
</html>
```

Damit wird bei jedem Klick auf den Monitor ein neues Jahr gestartet. Für die (einmalige) Ausgabe des Jahres 0 beim Öffnen der Seite starten wir die Funktion `erstelleBericht` innerhalb des `script`-Tags.

Jetzt kannst du alles speichern und dir im Browser ansehen. Wenn du die Entwicklertools aufrufst, siehst du, was sich beim Start und bei einem Klick auf den »Monitor« tut.

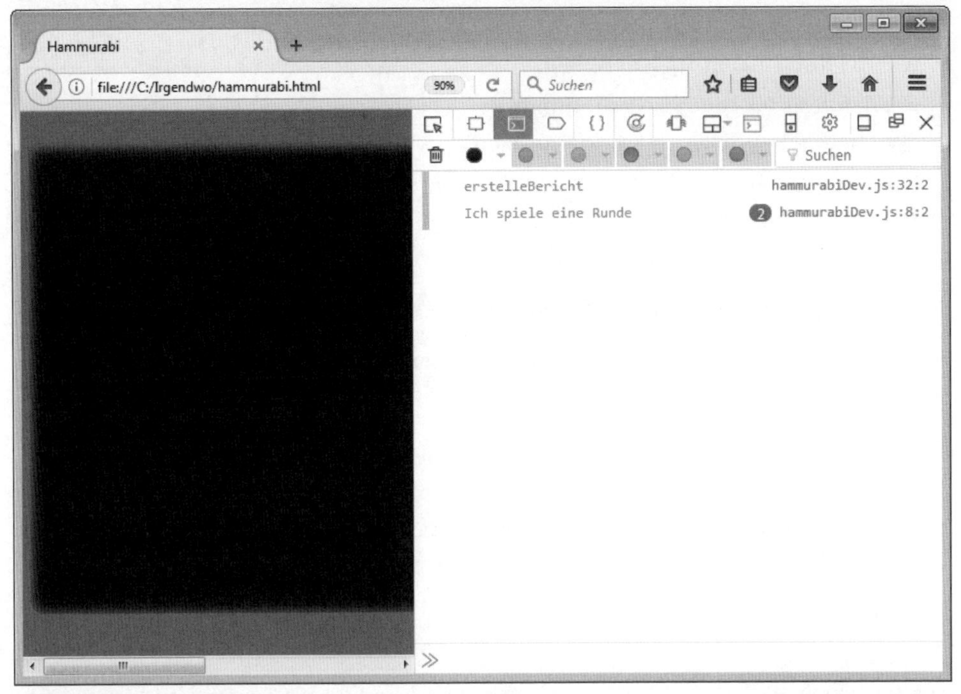

Abbildung 9.5 Eine Ausgabe erscheint beim Öffnen der Seite, die andere, wenn du auf den »Monitor« klickst.

Du bekommst die Texte zu sehen, die du selbst in `console.log` innerhalb der jeweiligen Funktion geschrieben hast. Klickst du mehrfach in den Monitor, wird der Text entweder mehrfach in der Konsole ausgegeben oder wie in der Abbildung oben mit einer roten Zahl gekennzeichnet (das hängt vom Browser ab). Je nach Browser wird dir auch alles angezeigt, was seit dem Start der Seite passiert ist (bzw. ausgegeben wurde) oder erst ab dem Zeitpunkt, ab dem die Entwicklertools gestartet wurden – dann solltest du die Seite neu laden, um wirklich alles zu sehen.

Ein Bericht für den Herrscher – die Ausgabe

Ein Bericht soll zu Beginn jeder Runde die aktuellen Zahlen ausgeben. Das solltest du auch textlich etwas passend für dein Spiel schreiben – nicht nur die Zahlen lieblos aneinanderreihen.

Uns interessieren folgende Daten im alljährlichen Bericht:

- das aktuelle **Jahr**
- die Anzahl der (noch) vorhandenen **Bürger**
- wie viel **Korn** in den Speichern liegt
- wie der **Preis** für Land in dieser Runde ist
- Interessant ist außerdem, wie gut die **Ernte** war, also der Wert `ernteProAcker`. Wir wollen aber nicht einfach die Zahl in den Text schreiben, sondern den Wert in einen passenden Text umschreiben.

Der grundlegende Text wird gebastelt

So kann es aussehen, wenn wir den Text in einer Variablen zusammenbauen um ihn später auszugeben:

```
var info = "Weiser Herrscher Hammurabi!<br>";
```

Wir beginnen mit einer passenden Ansprache mit einem Zeilenumbruch `<br>` als Teil des Textes. Daran hängen wir nach und nach die anderen Texte:

```
info += "Wir schreiben das Jahr " + jahr + " Eurer Herrschaft.<br><br>";
```

Immer fügen wir die HTML-Zeilenumbrüche gleich mit in den Text ein und (an passender Stelle) die jeweiligen Werte des Spiels. Mit **+=** verwenden wir hier die etwas andere Art der **Zuweisung.** Bisher hast du Zuweisungen, bei denen du etwas an den bisherigen Wert **angehängt** (oder addiert) hast, so geschrieben:

```
meineVariable = meineVariable + " ich werde angehängt.";
```

Dafür gibt es die praktische **Kurzform +=** in JavaScript:

```
meineVariable += " ich werde angehängt.";
```

Durch das `+=` wird ein Wert immer angehängt (oder addiert), und du sparst dir Tipparbeit.

```
info += buerger + " treue Bürger zählt Euer Reich.<br>";
info += ernte + "<br>" + korn
    + " Scheffel Korn lagern in den Kornkammern.<br>";
```

Mit der Variablen `ernte` sehen wir vor, dass wir die Angabe zur Ernte gesondert bearbeiten. Das muss natürlich vor der Verwendung passieren; aber darum kümmern wir uns gleich.

```
info += land + " Acker Land besitzt Ihr.<br>";
info += landPreis + " Scheffel Korn kostet ein Acker Land.";
```

Damit haben wir den Text in der Variablen info zusammengebastelt. Jetzt schauen wir, was wir aus unserer Angabe für die Ernte machen.

Eine Eigenart des Spiels Hammurabi ist es, nicht alle Regeln und Informationen dem Spieler offenzulegen. Etwas Spaß beim Ausprobieren muss ja bleiben. Also geben wir die Ernte nicht als exakte, schnöde Zahl aus, sondern basteln passende Texte, die die Werte von 1 bis 10 präsentieren.

Das könnten wir mit zehn if machen, besser ist aber, mit switch-case zu arbeiten, bei dem alle Fälle berücksichtigt werden.

Beim Bericht zum Jahr 0 haben wir noch keinen Wert für die Ernte. Wir brauchen ihn noch nicht, da es keine Ernte gab. Irgendetwas müssen wir aber trotzdem in unserem Bericht ausgeben.

Dafür ist switch-case geradezu prädestiniert, denn wir können ein default angeben, falls kein passender Wert gefunden wird. Das trifft dann auch zu wenn unsere Variable ernteProAcker noch keinen Wert hat und undefined ist. Da wir nicht für jede Zahl von 1 bis 10 einen eigenen Text nehmen wollen, werden wir mit switch-case verschiedene Werte zusammenfassen.

```
var ernte;
```

Hier deklarieren wir die Variable ernte, die du schon gesehen hast.

```
switch (ernteProAcker) {
```

Im switch verwenden wir unsere bekannte Variable ernteProAcker, die wir mit den anderen Variablen direkt im script-Tag deklariert haben und die damit eine globale Variable ist.

```
    case 1:
        ernte = "Unwetter vernichteten Teile der Ernte.";
        break;
```

Nur ein Scheffel Korn pro Acker – daran kann nur ein Unwetter schuld sein. Klingt doch besser als »Die Ernte betrug 1 Scheffel Korn pro Acker«.

```
    case 2:
    case 3:
```

Verschiedene case dürfen bei switch-case direkt untereinander geschrieben werden. Damit macht das Programm in beiden Fällen das Gleiche. Das ist praktisch und spart eine Menge Tipparbeit.

```
        ernte = "Das Wetter war schlecht. Die Ernte ist gering.";
        break;
```

So weit zu den Fällen 1 bis 3. Kommen wir zu den Fällen 6 und 7. Keine Sorge, die Fälle 4 und 5 kommen noch – die fassen wir mit dem default zusammen, wenn kein passender Wert gefunden wurde. Das sehen wir alles als »normal« an. Bei switch-case bist du nämlich **nicht** darauf angewiesen, alles in irgendeiner **Reihenfolge** zu machen.

```
    case 6:
    case 7:
        ernte = "Das Wetter war gut. Die Ernte war reichlich.";
        break;
    case 8:
    case 9:
    case 10:
        ernte = "Das Wetter war sehr gut. Die Ernte war hervorragend.";
        break;
    case 4:
    case 5:
    default:
        ernte = "Das Wetter war normal.";
        break;
}
```

Nach dem letzten Fall benötigt switch-case übrigens kein break, die Bearbeitung wird danach sowieso beendet. Es ist aber nicht verkehrt trotzdem ein break zu setzen. Solltest du nämlich einen weiteren Fall anhängen, kommst du wenigstens nicht in die Verlegenheit einen Fehler suchen zu müssen, weil du dann das break tatsächlich vergessen hast.

Was wir jetzt noch brauchen, ist eine Ausgabe der zusammengebastelten Informationen. Wir können unseren Text in unseren Monitor schreiben, indem wir dessen bisherigen Inhalt überschreiben:

```
monitor.innerHTML = info;
```

Natürlich könnten wir unseren Text am Ende der Funktion auch mit return ernte; zurückgeben und die tatsächliche Ausgabe an anderer Stelle machen. Hier wollen wir das aber gleich erledigen.

So sieht unsere fertige, vollständige Funktion aus:

```
function erstelleBericht() {

    var ernte;
    switch (ernteProAcker) {
        case 1:
            ernte = "Unwetter vernichteten Teile der Ernte.";
            break;
        case 2:
        case 3:
            ernte = "Das Wetter war schlecht.";
            break;
        case 6:
        case 7:
            ernte = "Das Wetter war gut. Die Ernte war reichlich.";
            break;
        case 8:
        case 9:
        case 10:
            ernte = "Das Wetter war sehr gut. Die Ernte war hervorragend.";
            break;
        case 4:
        case 5:
        default:
            ernte = "Das Wetter war normal.";
            break;
    }

    var info = "Weiser Herrscher Hammurabi!<br>";
    info += "Wir schreiben das Jahr " + jahr + " Eurer Herrschaft.<br><br>";
    info += buerger + " treue Bürger z&auml;hlt Euer Reich.<br>";
    info += ernte + "<br>" + korn
            + " Scheffel Korn lagern in den Kornkammern.<br>";
    info += land + " Acker Land besitzt Ihr.<br>";
    info += landPreis + " Scheffel Korn kostet ein Acker Land.";

    monitor.innerHTML = info;
    return;
}
```

Das `return` ist nicht Pflicht, da die Funktion sowieso verlassen und kein Wert zurückgegeben wird. Oft wird das `return` aber trotzdem geschrieben – das ist einfach eine Frage des Geschmacks.

Damit ist der Bericht fertig. Speichere deine JavaScript-Datei, und ruf die Webseite im Browser auf (oder aktualisiere sie). Dann erhältst du deinen ersten Bericht im Monitor angezeigt.

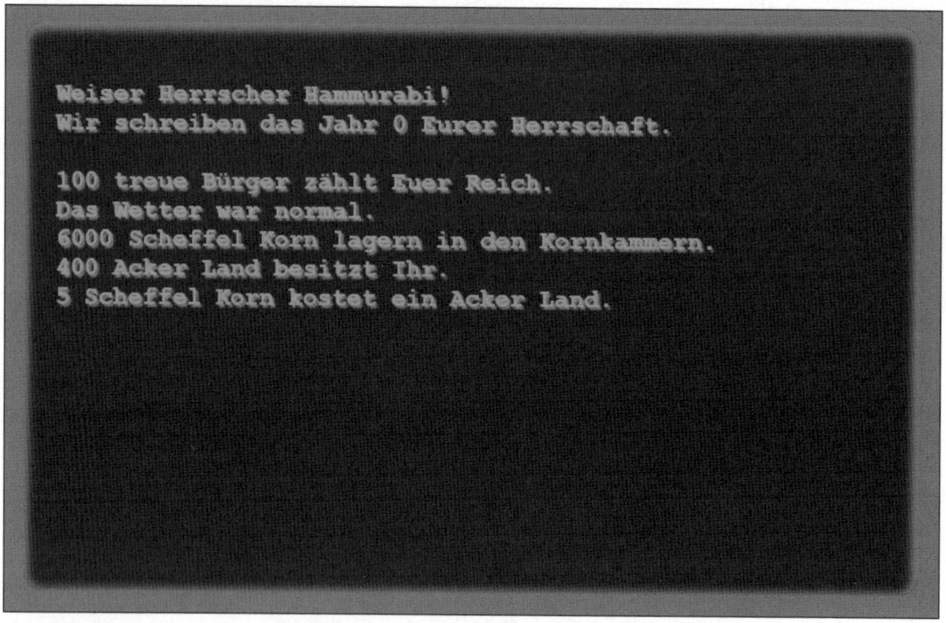

Abbildung 9.6 Voll retro – was ja auch wieder ganz modern ist. Das Jahr 0 deiner Herrschaft ist geschafft.

Was machen wir als Nächstes?

Unsere Zufallszahlen

Wir füllen jetzt die beiden Funktionen `bestimmeLandPreis` und `bestimmeErnteErfolg` mit Leben. Genau genommen berechnen wir in beiden Funktionen nur Zufallszahlen und speichern diese in unseren Variablen `landPreis` und `ernteProAcker`. Beide Werte sollen zwischen 1 und 10 liegen, wobei wir beim Landpreis auch mal ein Auge zudrücken und einen etwas höheren Preis zulassen.

Aber warum brauche ich Funktionen dafür?

Du könntest die beiden Zufallszahlen natürlich auch irgendwo im Programm berechnen lassen. Es kann aber übersichtlicher sein, selbst solch kleine Programmteile in Funktionen zu schreiben:

Ein Aufruf `bestimmeLandPreis` sagt viel mehr aus als `Math.round(Math.random() * 10 + 1);`. So wird der Programmcode selbst zu einer Art **Dokumentation**: Das Programm kann schneller und einfacher gelesen werden. Wenn unser Programm Hammurabi fertig ist, wirst du sehen, dass wir schon eine ganze Menge Programmcode haben. Und je leichter alles zu lesen ist, desto schneller kannst du Fehler finden oder das Programm erweitern.

Außerdem geben wir uns nicht mit einfachen Zufallszahlen zufrieden.

Nahezu gleich verteilte Zufallszahlen sind gar nicht in unserem Interesse: Ist die Ernte zu oft hintereinander 1 oder 2, ist das Spiel sehr schnell beendet. Und das kann mit normal berechneten Zufallszahlen ganz schnell passieren. Die Werte für die Ernte sollten deshalb besser in einem mittleren Bereich liegen. Also greifen wir vorsichtig ein und erzeugen Zufallszahlen, die nicht so viele Ausreißer haben:

```
function bestimmeErnteErfolg() {
    ernteProAcker = Math.round(Math.random() * 5 + Math.random() * 5 + 0.5);
}
```

An sich handelt es sich hier um eine ganz normale Funktion. Nur unsere Zufallszahl für den Bereich von 1 bis 10 ist nicht wie üblich mit `Math.round(Math.random() * 10 + 0.5)` berechnet, sondern mit zwei kleineren Zufallszahlen, die addiert werden. Dadurch erhalten wir genauso Zufallszahlen von 1 bis 10 – extrem kleine und große Zahlen treten so aber seltener auf.

Auch unsere Zufallszahl für den **Landkauf** wollen wir noch etwas verringern, damit sie schnittiger wird.

```
function bestimmeLandPreis() {
    landPreis = Math.round(Math.random() * 10 + 0.5);
```

Wir verwenden eine klassische, ganz normal verteilte Zufallszahl von 1 bis 10. So weit nichts Aufregendes.

```
    if (Math.random() > 0.9) {
```

Wir lassen uns aber eine weitere Zufallszahl geben; falls diese größer als 0,9 ist (was also relativ selten der Fall ist), dann lassen wir erneut eine Zahl für unseren Landpreis berechnen – die aber zwischen 1 und 15 liegt. Dadurch hat der Spieler die (eher seltene) Möglichkeit, bei einem hohen Preis durch den Landverkauf viel Korn zu verdienen:

```
        landPreis = Math.round(Math.random() * 15 + 0.5);
    }
}
```

Falls du es genauer wissen willst: Böse kleine Fehler

So mancher Fehler kann einem schon den Tag oder zumindest die eine oder andere Stunde verderben. Am schlimmsten sind Fehler, die nicht zu einer Fehlermeldung führen, sondern den Ablauf oder bestimmte Werte beeinflussen. Ein Beispiel gefällig?

```
function bestimmeLandPreis() {
    var landPreis = Math.round(Math.random() * 10 + 0.5);
    if (Math.random() > 0.9) {
        landPreis = Math.round(Math.random() * 15 + 0.5);
    }
}
```

Fällt dir etwas auf? Vor die Zuweisung unserer globalen Variablen `landPreis` hat sich ein `var` geschmuggelt. Damit wird diese Variable zu einer **lokalen Variablen**, die nichts mehr mit unserer **globalen Variablen** `landPreis` zu tun hat. **Das Problem?** Unserer damit lokalen Variablen `landPreis` wird ein Wert zugewiesen – aber mit dem Verlassen der Funktion hört diese lokale Variable auf zu existieren. Unsere eigentliche (und gemeinte) globale Variable `landPreis` wird gar nicht verändert, obwohl wir in jeder Runde diese Funktion aufrufen.

Da wir sie bei der Deklaration auch noch mit einem Wert vorbelegt haben (5), fällt das nicht einmal durch einen Fehler auf. Sicher, irgendwann wirst du stutzig, wenn trotz intensiver Zufallsberechnungen immer der Wert 5 bleibt – aber was bleibt, ist ein lästiger Fehler, der erst einmal gefunden werden muss.

Falls du es genauer wissen willst: Wann wird was wo gespeichert?

Bei unseren Funktionen für unsere Zufallszahlen speichern wir die errechneten Werte innerhalb der Funktion in den passenden globalen Variablen. Variable, auf die überall zugegriffen werden kann. Das ist aber nicht die einzige Möglichkeit. Genauso könntest du die Werte in der Funktion berechnen lassen, sie mit `return` zurückgeben und sie dann in den Variablen speichern. So sähe das dann beim Aufruf aus:

```
ernteProAcker = bestimmeErnteErfolg();
landPreis = bestimmeLandPreis();
```

Der Vorteil? Der Unterschied? Bei dieser Variante siehst du schneller, welche Variablen verwendet werden und woher sie ihre Werte bekommen. Du weißt so zum Beispiel: Den Landpreis findest du in der Variablen `landPreis`, und der Wert wird in der Funktion `bestimmeLandPreis` erzeugt. Erfolgt die Zuweisung hingegen gleich innerhalb der Funktionen `bestimmeLandPreis`, dann ist es nicht ohne weiteres zu erkennen, welche Variable dort ihren Wert erhält.

Etwas Ähnliches haben wir bei unserem Bericht: Der Bericht wird erzeugt und gleich innerhalb der Funktion in den HTML-Code ausgegeben. Das ist praktisch und einfach. Andererseits ist es aber schwerer zu erkennen, wo welche Werte zugeordnet oder ausgegeben werden: Erst der Blick in die Funktion `erstelleBericht` schafft hier Klarheit.

Bei relativ kleinen Programmen spielt das noch keine so besondere Rolle. Die sofortige Zuweisung von Werten zu Variablen oder in die Webseite innerhalb von Funktionen ist leichter. Je größer Programme aber werden (und das tun sie ganz schnell), desto sinnvoller ist es, die errechneten Werte aus den Funktionen mit `return` zurückzugeben und die Zuweisungen außerhalb der Funktionen vorzunehmen.

Eine Spielrunde – ein ganzes Jahr

Ein Klick in den Monitor löst eine neue Spielrunde aus. Über das `onclick` im HTML-Code wird dann die Funktion `spieleEineRunde` ausgeführt. Sehen wir uns an, was sich innerhalb dieser Funktion tut – oder tun sollte. Denn wir haben zwar die Funktion, aber noch keine echten Inhalte darin. Einen Bericht hatten wir ja, der uns beschreibt, was sich getan hat.

- Beim Aufruf der Funktion durch einen Klick sollte zuerst überprüft werden, ob das Spiel überhaupt noch läuft oder es vielleicht schon längst **beendet** wurde.
- Wenn das Spiel noch läuft, dann läuten wir ein neues Jahr ein und legen fest, wie gut in diesem Jahr die Ernte ausfällt.
- Danach erwarten wir die Befehle der Herrschers, die gleich innerhalb dieser Funktion, `verarbeiteBefehle`, weiterverarbeitet werden können.
- Wenn damit die Nahrungsverteilung, die Aussaat und der Landhandel abgeschlossen sind, legen wir einen neuen Landpreis fest (auf keinen Fall vorher), machen eine neue Ausgabe in den Monitor und prüfen noch schnell, ob das Spiel beendet ist.

So kann das aussehen:

```
function spieleEineRunde() {
    if (ende == false) {
```

Hier prüfen wir, ob das Spiel bereits beendet wurde. Falls das nicht der Fall ist, machen wir weiter.

```
        //Hurra! Ein neues Jahr bricht an
        jahr = jahr + 1;
```

Wir beginnen mit einem neuen Jahr – wenn auch ohne große Feierlichkeiten:

```
        bestimmeErnteErfolg();
```

Wir legen jetzt fest, wie gut die Ernte in diesem Jahr sein wird.

```
        verarbeiteBefehle();
```

Hier regeln wir (irgendwie) die Eingabe der Befehle und kümmern uns darum, dass sie (soweit möglich) auch in die Tat umgesetzt werden.

```
        bestimmeLandPreis();
```

Erst **nachdem** der Handel mit Land abgeschlossen ist, darf ein neuer Landpreis berechnet werden, der schließlich in dem folgenden Bericht angekündigt wird:

```
        erstelleBericht();
```

Den Bericht haben wir ja schon – das können wir also als erledigt betrachten.

```
        pruefeEnde();
```

Hier prüfen wir, ob die Spieljahre schon abgelaufen sind oder zu wenig Bürger oder Korn vorhanden sind. Ist das Spiel aus einem der Gründe beendet, wird die globale Variable `ende` auf `true` gesetzt.

```
    }
}
```

Aber woher habe ich das alles? Ich habe doch noch gar nicht festgelegt, was zum Beispiel in der Variablen »ende« gespeichert wird.

Das ist das klassische Henne-Ei-Problem – irgendwo musst du anfangen, und es lässt sich nie vermeiden, dass du zwischen verschiedenen Programmteilen hin und her springen und Teile nach und nach entwickeln wirst. Je besser deine Planung und Überlegungen sind, desto leichter wird dir das fallen – ganz vermeiden lässt sich das aber nicht immer.

Hier die Funktion in einem Stück – in aller Kürze:

```
function spieleEineRunde() {

    if (ende == false) {
        jahr = jahr + 1;
        bestimmeErnteErfolg();
        verarbeiteBefehle();
        bestimmeLandPreis();
        erstelleBericht();
        pruefeEnde();
    }
}
```

Die Eingabe – dem Volk Befehle erteilen

Die Ausgabe haben wir schon, stellt sich die Frage, wie wir die Eingabe realisieren. Wir brauchen drei Angaben:

- Wie viel Korn soll an die Bevölkerung verteilt werden?
- Wie viel Korn wird im kommenden Jahr ausgesät?
- Wie viel Land soll gekauft oder verkauft werden?

Wir können eine Eingabe sehr einfach mit einem `prompt` machen. Alle Werte sollen darin vom Spieler mit einem Komma getrennt eingegeben werden. Während in jedem Jahr Korn verteilt und ausgesät werden muss, muss nicht immer mit Land gehandelt werden. Dann braucht der Spieler auch keine Angabe dazu machen. Verkauft er Land, dann macht er eine negative Angabe; kauft er Land, gibt er eine positive Zahl über die gewünschte Anzahl Acker an.

Das ist einfach und ermöglicht eine schnelle Eingabe für den Spieler. Wir müssen den erhaltenen Text dann nur aufteilen, die jeweiligen Werte kontrollieren und dann weiter damit arbeiten.

Kontrollieren? Wie soll ich die Werte kontrollieren?

Bisher haben wir uns immer darauf verlassen, dass eingegebene Werte korrekt sind. Davon kannst du nicht immer ausgehen. Ein Spieler vertippt sich vielleicht oder versucht absichtlich, durch Fehleingaben das Spiel zu seinen Gunsten zu beeinflussen. Natürlich kannst du nicht alle Eventualitäten abfangen, aber eine ganze Menge kannst du mit sehr einfachen Mitteln prüfen.

```
function verarbeiteBefehle() {
```

Das ist unsere Funktion – den Namen hatten wir ja schon. Parameter werden keine übergeben. Wir erhalten alles, was wir brauchen, gleich mit unserem `prompt`.

```
    var eingabe = prompt("Erteilt Eure Befehle, hoher Herrscher",
        "Nahrung,Aussaat,Landhandel");
```

So sollte der Spieler wissen, was er zu tun hat. Der Vorteil für ihn: Er muss nicht mehrere Eingaben hintereinander machen, sondern kann alles gemeinsam eingeben. Nur das Komma sollte er nicht vergessen.

```
    var befehle = eingabe.split(",");
```

Mit `split` teilen wir alles am angegebenen Komma auf. Die Variable `befehle` erhält dadurch ein mehrteiliges Array – für jeden Wert ein Element im Array.

```
    var verteileKorn = parseInt(befehle[0]);
    var saeheKorn = parseInt(befehle[1]);
    var landKauf = parseInt(befehle[2]);
```

Wir arbeiten wie gewohnt mit eigenen, sinnvoll benannten Variablen, denen wir die Teile des Arrays zuweisen. Das ist übersichtlicher und besser zu lesen. Außerdem können wir mit `parseInt` die enthaltenen Zahlen besser aus den Eingaben herauslösen. Alles, was Text ist, fällt dank `parseInt` nämlich einfach unter den Tisch. Aus einem `1000Korn` wird `1000`, aus `800vertippt` wird `800`. Damit fangen wir schon viele mögliche Fehler ab.

```
    console.log(verteileKorn);
    console.log(saeheKorn);
    console.log(landKauf);
```

Das Ergebnis könntest du dir auch wieder in der Konsole ausgeben lassen. Einfach, um einmal live zu sehen, wie `parseInt` tatsächlich arbeitet. Hilfreich ist das in jedem Fall, ein Muss ist es aber natürlich nicht.

Als Nächstes nehmen wir die Eingaben – die Werte selbst – unter die Lupe. Für `verteileKorn` und `saeheKorn` ist es eindeutig: Die Werte müssen Zahlen sein, die größer als 0 sind. Eine Minusverteilung ergibt schließlich – außer als Versuch, zu schummeln – keinen Sinn. Wenn die Werte also **keine Zahl** sind oder **kleiner als 0**, dann setzen wir die entsprechende Variable einfach auf 0.


```
if (isNaN(verteileKorn) || verteileKorn < 0) {
    verteileKorn = 0;
}
if (isNaN(saeheKorn) || saeheKorn < 0) {
    saeheKorn = 0;
}
```

Mit der Funktion `isNaN` (*is Not a Number*) stellen wir fest, ob es sich bei einem Wert um eine Zahl handelt – genauer gesagt, ob es **keine Zahl** ist. Damit ist übrigens auch der Fall abgehandelt, wenn der Wert `undefined` ist.

Bleibt noch übrig, den Handel zu prüfen. Nicht in jeder Runde muss hier eine Angabe vorhanden sein. Und **negative Eingaben** sind als **Landverkauf** in diesem Fall erlaubt. Wir prüfen also nur, ob es sich um eine Zahl handelt – genauer gesagt, wenn die Eingabe keine Zahl ist, setzen wir die Variable auf eine neutrale 0:

```
if (isNaN(landKauf)) {
    landKauf = 0;
}
```

Damit haben wir die Eingaben so weit geprüft, dass wir die Werte an die jeweiligen Funktionen übergeben können:

```
    bevoelkerung(verteileKorn);
    aussaat(saeheKorn);
    handel(landKauf);
}
```

Den Rest machen unsere anderen Funktionen, die wir hier aufrufen.

Falls du es genauer wissen willst: Warum Optimierung »böse« ist

Die Überprüfung mit `if (isNaN(verteileKorn) || verteileKorn < 0)` ist sicherlich keine syntaktische Schönheit. Aber es ist verständlich, was hier überprüft wird. Die gleiche Überprüfung könntest du kürzer und (vermeintlich) eleganter auch so machen:

```
if (!(verteileKorn > 0))
```

Wenn der Wert also **nicht** (diese Verneinung kommt durch das Ausrufungszeichen `!`) größer `0` ist – und das trifft auf Werte gleich oder kleiner als `0` zu und genauso auf `NaN` und `undefined` –, dann wird die Variable auf 0 gesetzt.

Solche Verkürzungen sind ganz **elegant** und **verführerisch**. Sie haben aber ein Problem: Es lässt sich nur mit einiger Überlegung der Sinn dahinter feststellen. Oben wissen wir sofort: Der Fall, dass es sich **nicht um eine Zahl** handelt, wird extra **überprüft**. In unserer Kurzform wird zwar genau das Gleiche gemacht – es ist aber nicht ersichtlich, dass das auch unsere Absicht ist. Ändert jemand später den Code, denkt er vielleicht gar nicht an diesen möglichen Fall, und schon sind Fehlern Tür und Tor geöffnet. Wie du siehst, sind scheinbar elegante Verkürzungen zwar möglich, aber gar **nicht unbedingt sinnvoll**.

Mahlzeit und Prost – wir verteilen Nahrungsmittel

Als Erstes wollen wir die Nahrung an das Volk verteilen. Mit dem Aufruf der Funktion übergeben wir ja den gewünschten Wert an die Funktion.

```
function bevoelkerung(nahrung) {

    if (nahrung > korn) {
        nahrung = korn;
    }
```

Wir beginnen mit einer **Überprüfung**, ob versucht wird, mehr Korn zu verteilen, als zu diesem Zeitpunkt noch in den Kornkammern vorhanden ist. Falls das der Fall ist, kürzen wir die gewünschte Menge auf den Wert des Kornvorrats. Es wird also höchstens so viel verteilt, wie vorhanden ist.

```
    korn = korn - nahrung;
```

Was verteilt wird, muss natürlich aus den Kornkammern entfernt werden. Also ziehen wir diese Menge von unserem Vorrat ab.

Unsere Verteilung führt dazu, dass neue Bürger ins Land kommen oder Bürger das Land verlassen (oder sterben). Erst berechnen wir, ob die Nahrung ausreichend ist – jeder Bürger braucht im Jahr 20 Scheffel Korn. Wir berechnen einfach, wie viele »Nahrungspakete« à 20 Scheffel Korn wir haben, und ziehen die Anzahl der vorhandenen Bürger ab:

```
    var ausreichendNahrung = Math.round(nahrung / 20) - buerger;
```

Verteilen wir **genug Nahrung**, ist der so errechnete Wert **positiv** (oder 0, wenn es genau hinkommt). Verteilen wir zu wenig Nahrung, ist das Ergebnis negativ.


```
    var neueBuerger = 0;
    if (ausreichendNahrung > 0) {
        neueBuerger = ausreichendNahrung / 2;
    }
```

Ist Nahrung übrig, kommt für jede 40 Scheffel Korn (also 2 »Nahrungspakete«) ein neuer Bürger ins Land.

```
    var verstorbeneBuerger = 0;
    if (ausreichendNahrung < 0) {
        verstorbeneBuerger = -ausreichendNahrung;
    }
```

Aus diesem Ergebnis berechnen wir dann die neue Anzahl von Bürgern:

```
    buerger = Math.round(buerger + neueBuerger - verstorbeneBuerger);
}
```

Die Aussaat

Nach der Verteilung der Nahrung geht es an die **Aussaat**. Auch hier wird der gewünschte Wert beim Aufruf an die Funktion übergeben:

```
function aussaat(saat) {

    if (saat > korn) {
        saat = korn;
    }
    korn = korn - saat;
```

Hier prüfen wir ebenfalls, ob mehr Korn verwendet werden soll, als aktuell noch vorhanden ist, und stutzen die gewünschte Menge gegebenenfalls auf die vorhandene Menge zurecht. Diese Menge entfernen wir aus unseren Kornkammern.

```
    var moeglicheSaat = parseInt(saat / 2);
```

Pro Acker werden 2 Scheffel Korn für die Aussaat benötigt. Also teilen wir das Korn einfach durch 2. Jetzt müssen wir nur noch überprüfen, ob genügend Bürger im Land sind, die das Land bewirtschaften. 10 Acker Land kann jeder Bürger bewirtschaften. Das Einfachste ist es, den Wert `moeglicheSaat` (der ja gleich der zu bewirtschaftenden Äcker ist) mit den vorhandenen Bürgern abzugleichen. Zu guter Letzt reicht es ja nicht, genug Korn und Bürger zu haben – wir brauchen auch die jeweiligen Äcker Land; wir können ja nicht mehr Land bewirtschaften, als wir tatsächlich haben.

```
    if (moeglicheSaat > buerger * 10) {
        moeglicheSaat = buerger * 10;
    }
    if (moeglicheSaat > land) {
        moeglicheSaat = land;
    }
```

Jetzt bleibt uns nur noch, auszurechnen, wie gut die **Ernte** war und wie viel neues Korn in unsere Kornspeicher geliefert wird:

```
    geerntetesKorn = ernteProAcker * moeglicheSaat;
    korn = korn + geerntetesKorn;
}
```

Zu guter Letzt noch etwas Handel

Der letzte Schritt ist der **Landhandel**. Wurde bei der Eingabe ein dritter Wert angegeben, bedeutet dies bei einem positiven Wert einen Kauf und bei einem negativen Wert einen **Verkauf** von Land.

```
function handel(kauf) {
```

Ist der Wert **negativ**? Wir wollen also Land **verkaufen**?

```
    if (kauf < 0) {
        var verkauf = Math.abs(kauf);
```

Für die weiteren Berechnungen machen wir aus dem negativen Wert mit `Math.abs` einen positiven Wert. Den negativen Wert brauchen wir ja genau genommen nur als **Information**, um zu wissen, dass Land verkauft werden soll.

```
        if (verkauf > land) {
            alert("Nicht genug Land!");
            return;
        }
```


Ist nicht genug Land vorhanden, machen wir es uns einfach: Wir geben eine Warnmeldung mit `alert` aus und verlassen die Funktion, ohne etwas zu machen.

```
        land = land - verkauf;
        korn = korn + verkauf * landPreis;
```

Ansonsten verkaufen wir das Land und streichen uns dafür den aktuellen Preis in Form der entsprechenden Menge Korn ein.

```
    }
```

Ist der Wert **positiv**? Wir wollen also Land **kaufen**?

```
    if (kauf > 0) {
        if (kauf * landPreis > korn) {
            alert("Nicht genug Korn für Landkauf!");
            return;
        }
```

Es ist immer genug Land zum Kauf vorhanden. Eine andere Frage ist, ob noch genügend **Korn vorhanden** ist, um den Kauf überhaupt tätigen zu können. Auch hier machen wir es uns einfach: Ist nicht genug Korn vorhanden, geben wir eine kurze Meldung aus und verlassen die Funktion.

```
        land = land + kauf;
        korn = korn - kauf * landPreis;
```

Ansonsten wird das Land gekauft, und das benötigte Korn wird von unserem Kornvorrat abgezogen.

```
    }
}
```

Damit sind unsere Transaktionen beendet, unsere Funktionen abgearbeitet. Aber noch ist das Jahr bzw. die Spielrunde noch nicht zu Ende. Schließlich müssen wir noch einen neuen Bericht für den Herrscher erstellen – und wir müssen überprüfen, ob das Spiel zu einem rühmlichen oder vielleicht sogar unrühmlichen **Ende** gekommen ist. Den Bericht haben wir ja schon geschrieben. Was noch fehlt, ist die Überprüfung, ob das Spiel beendet ist.

Das Ende ist näher, als du denkst

Man soll ja aufhören, wenn es am schönsten ist. Das gilt aber eigentlich nur für die Regentschaft eines Herrschers, zum Glück nicht fürs Programmieren. Wir wollen noch überprüfen, ob das Spiel möglicherweise vorzeitig beendet ist oder wir das natürliche Ende nach 20 Jahren erreicht haben.

Die möglichen Gründe für einen Abbruch des Spiels sind:

- zu wenig Bürger
- leere Kornkammern
- der Verlust des fruchtbaren Landes

Natürlich kannst du hier auch andere Regeln setzen – so von Herrschers Gnaden.

```
function pruefeEnde() {

    var abbruchGrund = "<br>";
```

Wir brauchen eine Variable, in der wir für die Ausgabe die unterschiedlichen Gründe für das unrühmliche Ende der Herrschaft speichern. Da wir den Text an den bestehenden Bericht im Monitor anhängen wollen, fügen wir auf Verdacht einen Umbruch ein.

```
    if (buerger < 1) {
        ende = true;
        abbruchGrund += "Ihr habt zu wenige Untertanen. ";
    }
```

Keine Bürger mehr im Land? Dann setzen wir unsere globale Variable `ende` auf `true` – damit ist im Programm das Ende definiert, und keine weitere Spielrunde kann aufgerufen werden. Eine passende Erklärung hängen wir noch an den Spieltext. Genauso machen wir das für den Kornvorrat und unseren Landbesitz.

```
    if (korn < 1) {
        ende = true;
        abbruchGrund += "Eure Kornkammern sind leer. ";
    }
    if (land < 1) {
        ende = true;
        abbruchGrund += "Ihr habt zu wenig Land. ";
    }
```


Etwas anders sieht es aus, wenn nach 20 Jahren das natürliche Ende unserer Regentschaft erreicht ist. In diesem Fall legen wir einen etwas salbungsvolleren Text fest – aber nur für den Fall, dass kein anderer Grund für das Ende des Spiels vorliegt. Natürlich könntest du auch unterschiedliche Texte je nach Erfolg des Spielers festlegen. Dabei kannst du die verschiedenen Kriterien selbst festlegen.

```
    if (jahr > 20 && ende == false) {
        ende = true;
        abbruchGrund = "Nach 20 Jahren ist das Ende Eurer Zeit als Herrscher
                        gekommen.<br>Euer Name soll auf ewig gepriesen werden!
                        Ihr habt weise und gerecht regiert.";
    }
```

Wenn das Ende erreicht ist (auf die eine oder andere Art), dann wird zu guter Letzt der Text für den Abbruch an den vorhandenen Bericht angehängt.

```
    if (ende) {
        abbruchGrund = "<br><br>Eure Herrschaft ist beendet. " +
            abbruchGrund;
        monitor.innerHTML = monitor.innerHTML + abbruchGrund;
    }
}
```

Das ganze Programm in einem Rutsch

Werfen wir noch einmal einen Blick auf das gesamte Programm – das gesamte, nicht das fertige Programm, denn ein gutes Spiel ist schließlich niemals wirklich fertig, sondern bietet immer genug Möglichkeiten für die eine oder andere Verbesserung.

```
var jahr = 0;
var buerger = 100;
var korn = 6000;
var land = 400;
var ende = false
var landPreis = 5;
var ernteProAcker;

function spieleEineRunde() {
    if (ende == false) {
        //Hurra! Ein neues Jahr bricht an
        jahr = jahr + 1;

        bestimmeErnteErfolg();
        verarbeiteBefehle();
        bestimmeLandPreis();
        erstelleBericht();
        pruefeEnde();
    }
}

function bestimmeLandPreis() {
    landPreis = Math.round(Math.random() * 10 + 0.5);
    if (Math.random() > 0.9) {
        landPreis = Math.round(Math.random() * 15 + 0.5);
    }
}

function bestimmeErnteErfolg() {
    ernteProAcker = Math.round(Math.random() * 5 + Math.random() * 5 + 0.5);
}

function verarbeiteBefehle() {

    var eingabe = prompt("Erteilt Eure Befehle, hoher Herrscher",
        "Nahrung,Aussaat,Landhandel");
    var befehle = eingabe.split(",");

    var verteileKorn = parseInt(befehle[0]);
    var saeheKorn = parseInt(befehle[1]);
    var landKauf = parseInt(befehle[2]);
```

```
    if (isNaN(verteileKorn) || verteileKorn < 0) {
        verteileKorn = 0;
    }
    if (isNaN(saeheKorn) || saeheKorn < 0) {
        saeheKorn = 0;
    }
    if (isNaN(landKauf)) {
        landKauf = 0;
    }

    bevoelkerung(verteileKorn);
    aussaat(saeheKorn);
    handel(landKauf);
}

function bevoelkerung(nahrung) {

    if (nahrung > korn) {
        nahrung = korn;
    }
    korn = korn - nahrung;
    var ausreichendNahrung = Math.round(nahrung / 20) - buerger;

    var neueBuerger = 0;
    if (ausreichendNahrung > 0) {
        neueBuerger = ausreichendNahrung / 2;
    }
    var verstorbeneBuerger = 0;
    if (ausreichendNahrung < 0) {
        verstorbeneBuerger = -ausreichendNahrung;
    }
    buerger = Math.round(buerger + neueBuerger - verstorbeneBuerger);
}

function aussaat(saat) {

    if (saat > korn) {
        saat = korn;
    }
    korn = korn - saat;
    var moeglicheSaat = parseInt(saat / 2);
```

```
        if (moeglicheSaat > buerger * 10) {
            moeglicheSaat = buerger * 10;
        }
        if (moeglicheSaat > land) {
            moeglicheSaat = land;
        }
        geernteteskorn = ernteProAcker * moeglicheSaat;
        korn = korn + geernteteskorn;
    }

    function handel(kauf) {

        //Verkaufe Land
        if (kauf < 0) {
            var verkauf = Math.abs(kauf);
            if (kauf > land) {
                return;
            }
            land = land - verkauf;
            korn = korn + verkauf * landPreis;
        }

        //Kaufe Land
        if (kauf > 0) {
            if (kauf * landPreis > korn) {
                alert("Nicht genug Korn für Landkauf!");
                return;
            }
            land = land + kauf;
            korn = korn - kauf * landPreis;
        }
    }

    function erstelleBericht() {

        var ernte;
        switch (ernteProAcker) {
            case 1:
                ernte = "Unwetter vernichteten Teile der Ernte.";
                break;
```

```
        case 2:
        case 3:
            ernte = "Das Wetter war schlecht.";
            break;
        case 6:
        case 7:
            ernte = "Das Wetter war gut. Die Ernte war reichlich.";
            break;
        case 8:
        case 9:
        case 10:
            ernte = "Das Wetter war sehr gut. Die Ernte war hervorragend.";
            break;
        case 4:
        case 5:
        default:
            ernte = "Das Wetter war normal.";
            break;
    }

    var info = "Weiser Herrscher Hammurabi!<br>";
    info += "Wir schreiben das Jahr " + jahr + " Eurer Herrschaft.<br><br>";
    info += buerger + " treue Bürger z&auml;hlt Euer Reich.<br>";
    info += ernte + "<br>" + korn +
        " Scheffel Korn lagern in den Kornkammern.<br>";
    info += land + " Acker Land besitzt Ihr.<br>";
    info += landPreis + " Scheffel Korn kostet ein Acker Land.";

    monitor.innerHTML = info;
    return;
}

function pruefeEnde() {

    var abbruchGrund = "<br>";
    if (buerger < 1) {
        ende = true;
        abbruchGrund += "Ihr habt zu wenige Untertanen. ";
    }
    if (korn < 1) {
```

9

```
        ende = true;
        abbruchGrund += "Eure Kornkammern sind leer. ";
    }
    if (land < 1) {
        ende = true;
        abbruchGrund += "Ihr habt zu wenig Land. ";
    }
    if (jahr > 20 && ende == false) {
        ende = true;
        abbruchGrund = "Nach 20 Jahren ist das Ende Eurer Zeit als Herrscher
                        gekommen.<br>Euer Name soll auf ewig gepriesen werden!
                        Ihr habt weise und gerecht regiert.";
    }

    if (ende) {
        abbruchGrund = "<br><br>Eure Herrschaft ist beendet. " +
            abbruchGrund;
        monitor.innerHTML = monitor.innerHTML + abbruchGrund;
    }
}
```

Kapitel 10

Charts und Bibliotheken

Schönere Zahlen

Zahlen haben nicht gerade den Ruf, spannend zu sein. Auswertungen, Listen und Rechenergebnisse erscheinen manchmal wirklich etwas trocken. Dabei ist das nur eine Frage der (besseren) Darstellung. Dank externer Bibliotheken und Frameworks geht das nicht nur rasend schnell, sondern auch relativ einfach.

In diesem Kapitel ...

... wirst du externe Bibliotheken und Frameworks kennenlernen. Du wirst beispielhaft eine Bibliothek *Chartist.js* herunterladen, konfigurieren und möglichst dynamisch verwenden, um bestehende Zufallsfunktionen grafisch darstellen zu können. Das ist nicht nur eine Frage der Optik. Mit Hilfe grafischer Darstellungen kannst du Formeln und Daten wesentlich leichter überprüfen und gegebenenfalls korrigieren. Und du wirst sehen, dass du nicht nur Werte, sondern ganze Funktionen als variable Parameter übergeben kannst, womit du dir beim Programmieren die eine oder andere Verrenkung ersparen kannst.

JavaScript für sich allein ist schon eine spannende Sache und hat eine recht beachtliche Erfolgsgeschichte. JavaScript wäre aber nicht derart erfolgreich geworden, wenn nicht die unzähligen Frameworks und Bibliotheken geschrieben worden wären, mit denen die unterschiedlichsten Aufgaben in kürzester Zeit erledigt sind.

Was sind Bibliotheken oder Frameworks?

Vereinfacht gesagt sind *Frameworks* so etwas wie Sammlungen von Funktionen, die so geschrieben sind, dass sie problemlos in anderen JavaScript-Programmen wiederverwendet werden können. »Problemlos« bedeutet allerdings nicht unbedingt »einfach«.

Zu den wohl bekanntesten Frameworks zählen *jQuery*, *Angular* und *React*, mit denen zahllose Effekte und ganze Oberflächen als Anwendungen programmiert werden können. Daneben gibt es zahllose größere Frameworks, mittlere oder kleinere Bibliotheken für die unterschiedlichsten Anwendungsfälle.

Falls du es genauer wissen willst: Frameworks und Bibliotheken

Die beiden Bezeichnungen *Framework* und *Bibliothek* gehen in der Praxis teilweise etwas beliebig durcheinander. Wikipedia, um es ganz kurz zu fassen, bezeichnet Frameworks als eine besondere Art von Programmbibliotheken. Zumeist werden die umfangreicheren, stärker objektorientierten und abstrakteren »Sammlungen« als Framework bezeichnet. Das mag uns zumindest an dieser Stelle genügen.

Was heißt das konkret?

Stell dir deine bisherigen **Zufallszahlen** vor. Irgendwann hast du vielleicht ein ganzes Dutzend Funktionen dazu geschrieben – für die unterschiedlichsten Einsatzmöglichkeiten, mit unterschiedlichen Wertebereichen und Verteilungen. Weil du sie immer wieder verwendest, setzt du dich irgendwann hin und schreibst sie in einer eigenen JavaScript-Datei zusammen. In Zukunft brauchst du dann nur noch diese JavaScript-Datei einzubinden und kannst diese fertigen Funktionen problemlos verwenden. Eine solche Sammlung ist kein vollständiges, fertiges Programm, sondern es sind Funktionen zur Verwendung innerhalb anderer Programme. Mit der Zeit kommen immer mehr Funktionen hinzu, über Parameter steuerst du die bequeme Ein- und Ausgabe, machst vielleicht ein größeres Objekt daraus. Irgendwann stellst du das vielleicht **online**, anderen gefällt das, weil sie schon immer nach guten Funktionen für Zufallszahlen gesucht haben, und sie tragen auch etwas dazu bei. So oder ähnlich sind zahlreiche Frameworks und Bibliotheken entstanden, die es heute für JavaScript gibt. Und tatsächlich sind die meisten in privater Regie entstanden und kostenlos – so wie Chartist.js.

Was für Frameworks gibt es? Und wofür kann man sie verwenden?

Es gibt Frameworks und Bibliotheken für die unterschiedlichsten Anwendungen. Manche sind ganz bewusst auf bestimmte Anwendungen beschränkt, beispielsweise die bequeme Darstellung von Bildern oder ganzen Fotoalben, das Abspielen von Sounddateien oder besondere Textfunktionen. Andere Bibliotheken helfen, ganze Oberflächen zu erstellen und erleichtern die Kommunikation mit einem Server. Das bekannte jQuery stellt Funktionen zur Verfügung, mit denen du noch leichter die verwendete Webseite verändern und steuern kannst – viel leichter und ausgefeilter, als das mit JavaScript selbst möglich ist.

Heutzutage gibt es kaum einen Bereich, für den nicht mindestens eine Bibliothek zur Verfügung steht, die dir hilft, noch bessere Ergebnisse zu erzielen: Grafiken, Animationen, 3D-Grafiken, Musikwiedergabe oder Textbearbeitung? Alles kein Problem mit der richtigen Bibliothek.

Das ist ja super! Muss ich dann gar nicht mehr selbst programmieren?

Doch. Nach wie vor musst du JavaScript kennen und beherrschen, um diese Bibliotheken sinnvoll zu nutzen. Was dir abgenommen wird, ist die Notwendigkeit, das Rad (oder Teile davon) immer wieder aufs Neue zu erfinden.

Der Umgang mit diesen Bibliotheken ist aber nicht unbedingt einfach. Weil mit einem Framework tolle Ergebnisse erzielt werden können, bedeutet das nicht, dass die Verwendung leicht oder einfach ist. Oft musst du dich durch komplexe und nicht gerade spannend geschriebene Dokumentationen (meist in englischer Sprache) quälen, um alles richtig zum Laufen zu bekommen. Auch so mancher versierte Entwickler hat (auch wegen der manchmal schlechten Dokumentationen) die eine oder andere Stunde vor dem Computer verbracht, um ein Framework dazu zu bringen, das zu tun, was es laut Beschreibung eigentlich tun sollte. Du darfst auch nicht vergessen, dass diese Bibliotheken teilweise sehr groß sind – die Größe reicht von wenigen Kilobyte bis zu einigen Megabyte. Das solltest du zumindest dann berücksichtigen, wenn deine Seiten auch mobil abgerufen werden sollen.

Chartis.js

Um einen guten Einstieg in das Thema frustfreie Verwendung von Bibliotheken zu bekommen, nehmen wir eine Bibliothek, die sich schon seit einigen Jahren erfolgreich um das Thema Diagramme und Charts kümmert: **Chartist.js**, das du unter der wenig einprägsamen Adresse *http://gionkunz.github.io/chartist-js* findest. Beim nächsten Framework – für einen ganz anderen Anwendungsfall – wird dir der Einstieg wesentlich leichter fallen, wenn du schon einmal weißt, was zu tun ist, um eine Bibliothek herunterzuladen, einzubinden und in den eigenen Programmen zu verwenden.

Abbildung 10.1 Chartist.js. Tatsächlich eine schlanke Bibliothek für JavaScript. Charts werden zwar nicht zum Kinderspiel, können aber doch recht einfach umgesetzt werden.

Dabei ist der Einsatz von Chartist.js kein Selbstzweck. Die Visualisierung von Zahlen ist eine hilfreiche Sache: Zufallszahlen und ihre Verteilung zum Beispiel sind abstrakt – dargestellt in einer passenden Grafik fällt es leichter, die »Auswirkungen« einer neuen Formel zu überprüfen und einzuschätzen.

Woher nehmen und nicht stehlen?

Wer sich überlegt, eine Bibliothek für einen konkreten Anwendungsfall einzusetzen, steht erst einmal vor dem Problem, eine passende Bibliothek zu finden. Das Problem ist dabei nicht, überhaupt etwas zu finden. Im Gegenteil gibt es inzwischen so viele Bibliotheken, dass es schwerfällt, sich das Beste herauszusuchen. Gerade anfangs solltest du dich an erklärt einfachen und schlanken Lösungen orientieren. Diese sind zumeist von der Funktionalität überschaubar, und du hast schneller Erfolgserlebnisse – Stichwort »frustfrei«. Und wie du schnell sehen wirst, kannst du bereits mit den vermeintlich »kleinen« Lösungen sehr gute und schon fast professionelle Ergebnisse erzielen. Chartist.js ist so ein **Spezialist**, der bereits seit einigen Jahren verfügbar ist und sich einen Namen für die Darstellung von Charts gemacht hat.

Wie funktioniert es?

Solche Bibliotheken und Frameworks sind praktisch immer in JavaScript geschrieben. Häufiger gehören auch CSS-Dateien dazu, die bei der Optik helfen. Wenn du willst, kannst du dir also alle »Geheimnisse« dieser Bibliotheken ansehen. Praktisch ist es meist so: Du musst dir die notwendigen Dateien herunterladen, gegebenenfalls entpacken und so, wie sie sind, zu deinen eigenen Dateien stellen. Das wollen wir jetzt machen.

Auf der Webseite *http://gionkunz.github.io/chartist-js* findest du alles über Chartist.js – auch die Möglichkeit zum Download, der aber leider nicht ganz so übersichtlich ist. Wenn du eine einfache Downloadmöglichkeit erwartest, wirst du vermutlich etwas enttäuscht werden. Solche Bibliotheken richten sich bewusst an Entwickler, deshalb ist »einfach« nicht unbedingt die oberste Prämisse.

Die gute Nachricht: Du brauchst tatsächlich nur zwei Dateien – eine JavaScript-Datei und eine CSS-Datei.

Die weniger gute Nachricht? Der Download der beiden Dateien ist nicht ganz so einfach, wie er sein könnte. Die Dateien befinden sich auf einem sehr bekannten Entwicklerportal namens GitHub, das eine Vielzahl von Projekten hostet (also beherbergt).

Wenn du die Seite aufrufst, siehst du Links zum »Download«. Klickst du darauf, startet aber nicht der erwartete Download, sondern du landest auf einer Seite, auf der dir listenartig verschiedene Dateien präsentiert werden. Die Dateien, die du benötigst, heißen:

- *chartist.css*, die zugehörige CSS-Datei fürs schicke Aussehen
- *chartist.js*, die das notwendige JavaScript enthält

Die anderen Dateien brauchen uns jetzt nicht zu interessieren. Nur so viel: Die Dateien mit der Bezeichnung *.min.* im Dateinamen sind »minified« Versionen. Sie sind nicht gepackt, aber alle Kommentare und Leerzeichen wurden entfernt, um die Dateien möglichst klein zu halten. Das ist praktisch, um die Datenmenge zu reduzieren.

Du brauchst also (nur) diese beiden Dateien, und du hast zwei Möglichkeiten, sie zu bekommen:

- Klick auf den Link der jeweiligen Datei, markier den dann angezeigten Quellcode, füg ihn in deinen Editor ein, und speichere das unter dem jeweiligen Dateinamen auf deinem Rechner.
- Klicke auf den Link der jeweiligen Datei und dann direkt über dem Quelltext auf den Button RAW. Dann wird dir die reine Datei nur mit dem Quelltext im Browser angezeigt. Das kannst du dann ohne den Umwege auf deinem Rechner speichern.

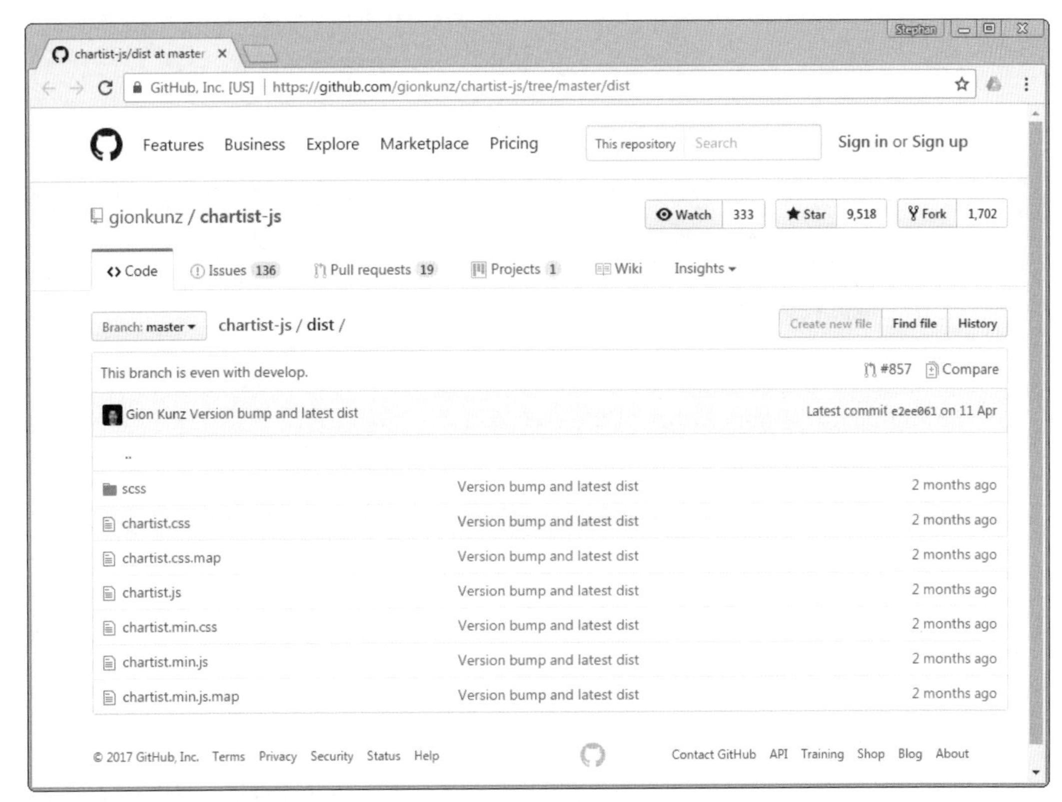

Abbildung 10.2 Lass dich nicht von der kargen Darstellung beim Dienst GitHub ins Boxhorn jagen. Gleich hast du deine Dateien.

Zugegeben das ist tatsächlich etwas **hemdsärmelig**. Natürlich gibt es noch andere Möglichkeiten, auf Dateien bei GitHub zuzugreifen, diese wären aber erst einmal umständlicher, da du weitere Software installieren müsstest. Alternativ könntest du auch das große Gesamtpaket mit wirklich allen Dateien für die Entwicklung als größeres ZipPaket herunterladen – aber auch hier müsstest du dir die beiden Dateien erst aus dem Zip-Paket holen, um sie dann zu verwenden. Das Ganze ist übrigens keine Besonderheit von Chartist, sondern wird dir immer wieder begegnen.

Gehen wir einmal davon aus, dass sich jetzt beide Dateien auf deinem Rechner befinden. Egal, ob du beide Dateien im gleichen Ordner wie deine anderen HTML- und JavaScript-Dateien abgespeichert oder dir vielleicht einen eigenen Unterordner dafür angelegt hast: Wenn du mit Chartist Diagramme erstellen willst, musst du beide Dateien korrekt in die jeweilige HTML-Datei einbinden. Dazu benötigst du natürlich erst einmal wieder eine einfache HTML-Datei, beispielsweise *meinChart.html*.

Im einfachsten Fall hast du also alle Dateien im gleichen Ordner abgelegt wie deine HTML-Datei. Das ist nicht besonders elegant, vor allem aber keine dauerhafte Lösung – jedoch verführerisch einfach. Du musst eben nur den Dateinamen selbst angeben.

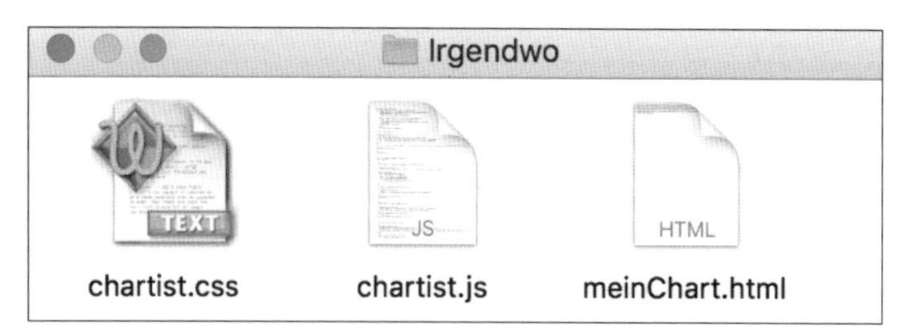

Abbildung 10.3 Der verführerisch einfache Weg: alles in einem Ordner – das öffnet aber dauerhaft dem Chaos Tür und Tor.

So bindest du die notwendigen Dateien in den HTML-Code ein:

```
<!DOCTYPE html>
<html>
<head>
    <title>Chart</title>
    <meta charset="utf-8">
    <link rel="stylesheet" href="chartist.css">
    <script src="chartist.js"></script>
</head>
```

Sinnvoller ist es (natürlich), wenigstens mit Unterordnern zu arbeiten. Du solltest also die Dateien von Chartist in einem eigenen Ordner abspeichern.

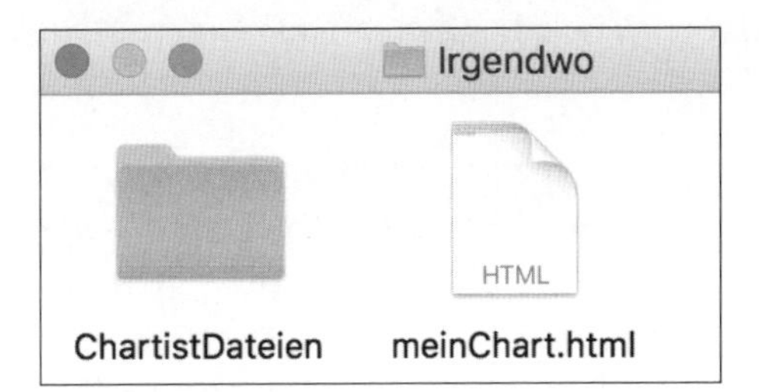

Abbildung 10.4 Auf jeden Fall übersichtlicher und hat hiermit die offizielle Empfehlung: das Arbeiten mit eigenen Ordnern und Unterordnern

Um auf die Dateien zugreifen zu können, musst du die Angabe im HTML-Code natürlich um die Pfadangabe erweitern. Liegen verwendete Dateien in einem Unterordner, dann schreibst du einfach den Ordnernamen vor den Dateinamen und trennst die Angaben mit einem Schrägstrich, einem Slash (/). Das lässt sich mit beliebig geschachtelten Unterordnern machen:

Unterordner/OrdnerDarunter/NochEinOrdnerTiefer/eineDatei.js

Nur am Anfang darf kein Slash stehen – das würde bedeuten, der zuerst angegebene Ordner läge ganz in der obersten erreichbaren Ebene.

```
<!DOCTYPE html>
<html>
<head>
    <title>Chart</title>
    <meta charset="utf-8">
    <link rel="stylesheet" href="ChartistDateien/chartist.css">
    <script src="ChartistDateien/chartist.js"></script>
</head>
```

In HTML- und JavaScript-Dateien wird immer der Slash (/) verwendet, sogar unter Windows, wo klassisch der Backslash (\) als Trennzeichen benutzt wird.

So sind die benötigte CSS- und die JavaScript-Datei eingebunden. Jetzt brauchen wir im HTML-Code einen geeigneten Platz, ein passendes Tag, in dem Chartist.js sein Diagramm unterbringen kann. Das funktioniert so ein wenig wie unser »Monitor« in unserem Textadventure oder bei Hammurabi.

Das notwendige Tag sieht so aus:

```
<div class="ct-chart ct-double-octave"></div>
```

Das ist ein klassisches `div`-Tag – geöffnet und korrekt geschlossen. Mehr Inhalt brauchen wir gar nicht.

Etwas Neues ist die Angabe `class="ct-chart ct-double-octave"`: Unser `div` hat nicht nur eine Klasse bekommen, sondern **gleich zwei** unterschiedliche. Chartist legt mit der ersten Klasse fest, dass dies ein **Chartist-Diagramm** wird, und die zweite Klasse – getrennt nur mit einem Leerzeichen – bestimmt die **relative Größe** unseres Charts. Die Klasse `ct-double-octave` zeigt den Chart – unabhängig von der tatsächlichen Größe im verfügbaren Platz – in einem Seitenverhältnis von 1 : 4. `ct-square` wäre ein Quadrat, und `ct-perfect-fifth` wäre 2 : 3.

Und woher weiß ich das alles?

Das kannst du auf der Webseite in den Beispielen oder in der Dokumentation nachlesen, die du auf der Webseite findest. Sicherlich gibt es angenehmere Dinge, als eine entsprechende Dokumentation zu lesen, aber in diesem Fall gibt es leider keine andere Möglichkeit. Denn **wie** etwas heißen muss, haben Programmierer irgendwann (mehr oder weniger) willkürlich festgelegt. Je nach Bibliothek und Framework haben es die Entwickler besser oder schlechter geschafft, dem Ganzen eine gewisse Logik oder Stringenz mitzugeben. Chartist ist da schon recht gut, aber es bleibt eben schwierig, so etwas Komplexes wie Charts und Diagramme in einem Programm abzubilden. Oft genügt es, wenn du erst bei Bedarf nach den gewünschten Informationen suchst.

Damit haben wir alles, was du im **HTML-Code** machen musst. Nur leider tut sich damit noch nicht viel, denn das waren nur die Vorbereitungen. Jetzt werden wir den Teil in JavaScript machen, der dazu führt, dass tatsächlich etwas dargestellt wird.

Im Wesentlichen musst du drei Dinge im JavaScript anlegen, um Daten mit Hilfe von Chartist grafisch darzustellen:

- die **Daten** im JSON-Format
- die gewünschten **Optionen** zur Darstellung im JSON-Format
- ein **Objekt**, das in Chartist die Darstellung anstößt

Gestatten? Daten, Daten im JSON-Format

Wir haben ein klassisches Chart mit X- und Y-Achse. Die Beschriftung der Y-Achse (die senkrechte Linie) ergibt sich **dynamisch** aus den Werten, die im Diagramm dargestellt werden. Die Beschriftung der X-Achse (die horizontale Linie) geben wir selbst vor.

```
var meineDaten = {
```

Wir erstellen ein JSON-Objekt das wir einer beliebig benannten Variablen zuweisen.

```
labels: ['Gelb', 'Rot', 'Blau', 'Schwarz'],
```

Das erste Element in unseren JSON-Daten sind die `labels`, die **Beschriftung** der X-Achse. Gibt es mehr Daten als Bezeichnungen, ist das kein Problem – es steht an diesen Stellen nur eben nichts an der Y-Achse als Beschriftung.

```
series: [
  [0, 42, 4, -10, 5 ]
]
```


Mit dem zweiten Element, mit dem Schlüssel `series`, werden die Zahlen angegeben, die dargestellt werden sollen. Da `series` so ausgelegt ist, dass mehrere Datenreihen angegeben werden können, handelt es sich um ein Array, unschwer (zumindest für JSON) an den eckigen Klammern zu erkennen.

Als Datenreihe kannst du direkt ein Array angeben, aber auch ein eigenes JSON-Objekt in der Art `{data:[0, 42, 4, 22, 17]}` ist erlaubt und vielleicht etwas übersichtlicher. Du kannst als Schlüssel aber keine beliebige Bezeichnung nehmen, für die Daten musst du immer `data` angeben.

```
};
```

Wir müssen noch alles korrekt beenden (klar), damit das JSON-Objekt gültig ist. Die Daten, die wir für unseren ersten Versuch verwenden, sind nicht nur statisch, sondern auch vollkommen willkürlich gewählt. Gerne kannst du deine persönlichen Lieblingszahlen dafür nehmen.

Frei wählbar, die Optionen

```
var optionen = {
  width: 800,
  height: 600,
  showArea: true
};
```

Auch die Optionen geben wir im JSON-Format an. Hier beschränken wir uns erst einmal auf eine feste Angabe der Größe in Pixeln und eine Angabe `showArea`. Eigentlich ist eine feste Größenangabe nicht wirklich notwendig, da Chartist die Darstellung dynamisch durchführt: Es passt nämlich die Größe nach dem Platz und angegebenem Seitenverhältnis selbst an. Interessanter ist die Angabe showArea: Damit werden alle Flächen unterhalb der Kurve farbig gezeichnet.

Der eigentliche Star und Hauptdarsteller: Das Objekt

```
new Chartist.Line('.ct-chart', meineDaten, optionen);
```

Das ist unser Objekt, das wir mit new und Hilfe von Chartist erschaffen. Dieses Objekt hat mehrere Methoden, von denen wir die Methode Line ansprechen, der wir den festgelegten Parameter '.ct-chart' und unsere oben angelegten Variablen übergeben – damit füllen wir alles mit Leben.

Damit haben wir alles, was wir brauchen; unsere provisorischen Daten werden schon ziemlich professionell dargestellt.

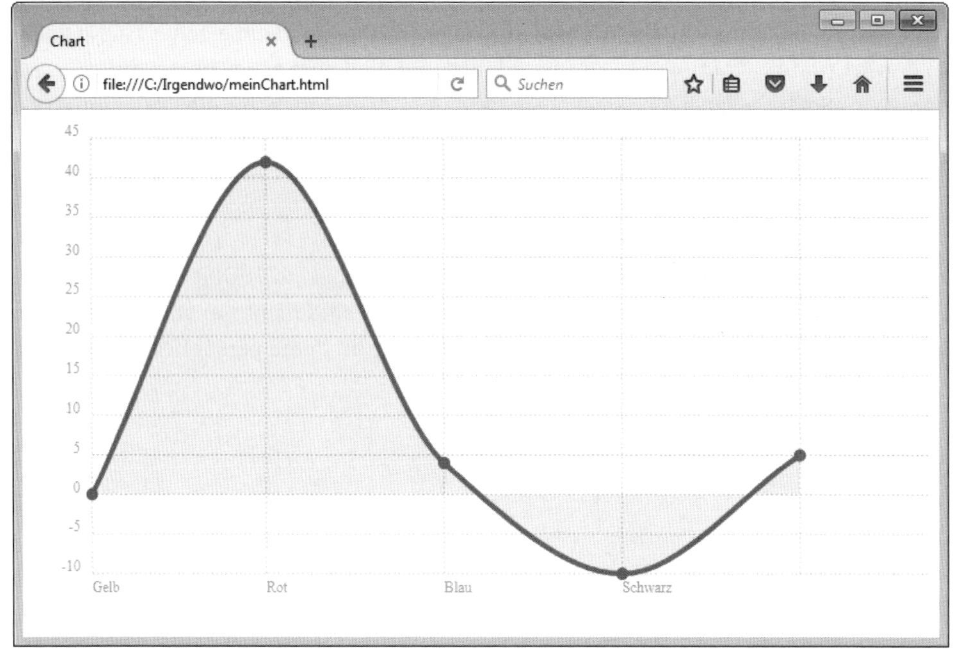

Abbildung 10.5 Ziemlich cool für ein paar Zeilen Code – auch wenn manche Parameter und Angaben durchaus noch etwas kryptisch wirken mögen

Hier noch einmal unsere HTML-Seite mit allem, was dazugehört:

```
<!DOCTYPE html>
<html>
<head>
    <title>Chart</title>
    <meta charset="utf-8">
    <link rel="stylesheet" href="ChartistDateien/chartist.css">
    <script src="ChartistDateien/chartist.js"></script>
</head>
<body>

    <div class="ct-chart ct-double-octave"></div>

<script>
var meineDaten = {
  labels: [ 'Gelb', 'Rot', 'Blau', 'Schwarz'],
  series: [
    [0, 42, 4, -10, 5 ]
  ]
};

var optionen = {
  showArea: true,
  width: 800,
  height: 400
};

new Chartist.Line('.ct-chart', meineDaten, optionen);
</script>
</body>
</html>
```


Zeit für eigene Daten

Feste Werte bei so einer Darstellung mögen für die ersten Versuche ganz interessant sein – und du solltest tatsächlich einmal andere Werte eingeben, speichern und dir die Änderungen ansehen. Interessanterweise wird die Y-Achse dynamisch nach den vorhandenen Werten generiert, du brauchst dir also keine Gedanken zu machen, wo oder wie die Punkte an dieser Achse beschriftet werden müssen oder wo der 0-Punkt liegt.

Das alles erledigt Chartist für dich – eine ausreichende Entschädigung für die etwas umständliche Installation und (anfangs) nicht ganz leicht zu durchschauende Konfiguration (wobei Chartist es dir ja auch nicht allzu schwer macht).

Jetzt wollen wir aber von unserem Programm generierte Daten anzeigen lassen. Sicher erinnerst du dich noch, wie wir für Hammurabi den Landpreis berechnet haben?

```
var landPreis = Math.round(Math.random() * 10 + 0.5);
if (Math.random() > 0.9) {
    landPreis = Math.round(Math.random() * 15 + 0.5);
}
```

Wir haben eine Zufallszahl von 1 bis 10 erzeugen lassen. Es gibt einen relativ seltenen Sonderfall: Ist eine zweite Zufallszahl größer als 0,9, dann soll die Zufallszahl neu berechnet werden: mit einem Bereich von 1 bis 15. Der Landpreis kann also rasant ansteigen, muss er aber nicht. Denn auch in diesem seltenen Fall muss der Landpreis gar nicht unbedingt über 10 hinausgehen.

Das ist recht abstrakt – wie stellt sich das grafisch dar? Und vor allem, wie sehen (sprichwörtlich) die Zahlen aus, wenn wir daran etwas schrauben und herumbasteln?

Als Erstes entfernen wir aus unserem JavaScript alle bisherigen statischen Daten bzw. lassen nur leere Daten übrig. Das sieht so aus:

```
<script>
var meineDaten = {
  labels: [ ],
  series: [
    {
        data: [ ]
    }
  ]
};
var optionen = {
  showArea: true
};

//Dies ist der Platz für unsere eigenen Daten

new Chartist.Line('.ct-chart', meineDaten, optionen);
</script>
```

Faulheit kann (zumindest in der Programmierung) eine sehr sinnvolle Eigenschaft sein. Wir nehmen das, was bereits funktioniert, und streichen das, was wir nicht mehr brauchen.

Tatsächlich können wir alle Daten aus den JSON-Daten entfernen, ohne damit einen Fehler zu verursachen. Wichtig ist nur, dass wir dafür unsere Daten in das JSON einbauen.

Was ist also zu tun, um echte Zufallszahlen in die Grafik zu bekommen? Als Erstes brauchen wir die Zufallszahlen. Und da wir viele haben wollen, um aussagekräftigere Daten zu haben, brauchen wir eine Schleife dazu.


```
for(var i=1; i<10000; i++){

    var landPreis = Math.round(Math.random() * 10 + 0.5);
    if (Math.random() > 0.9) {
        landPreis = Math.round(Math.random() * 15 + 0.5);
    }
}
```

Wir schreiben der Einfachheit halber die Berechnung unserer Zufallszahl direkt in die Schleife. Gerne kannst du die Berechnung in eine **eigene Funktion** schreiben, die bei jedem Aufruf den aktuell errechneten Zufallswert mit `return landpreis;` zurückgibt.

Wir haben zwei Möglichkeiten, mit den Ergebnissen umzugehen: Wir speichern die Ergebnisse erst einmal in ein Array und schreiben alles am Ende in das JSON unseres Diagramms – oder wir schreiben jedes Ergebnis sofort ins JSON. Beides ist möglich. Wir schreiben es sofort in der Schleife ins JSON:

```
    meineDaten.series[0].data[landPreis] =
        meineDaten.series[0].data[landPreis] + 1;
```

Wir zählen auf diese Art alle **gleichen** Ergebnisse: Ist der zufällige Landpreis 4, dann wird die entsprechende Stelle 4 im JSON-Array um eins hochgezählt. Denn wir wollen ja **nicht** die gleichen Zufallswerte **addieren**, sondern wir wollen wissen, **wie oft** jedes mögliche Ergebnis aufgetreten ist. Also zählen wir die entsprechende Stelle im JSON-Array (die für diese Zahl steht) um eins hoch.

Deswegen schreiben wir also **nicht (nein!)**

```
meineDaten.series[0].data[landPreis] =
    meineDaten.series[0].data[landPreis] + landPreis;
```

weil wir ja **nicht** die Summe der Ergebnisse gebrauchen können.

Werfen wir noch einen kurzen Blick darauf, wie wir die entsprechenden Stellen im JSON-Array ansprechen:

```
meineDaten.series[0].data[landPreis]
```

`meineDaten` ist der Name der Variablen, der wir unser JSON-Objekt zugewiesen haben. Das erklärt auch, warum wir bei der Bezeichnung mit Punkten als Trenner arbeiten – das ist die Schreibweise für Objekte (was unser JSON-Objekt ja eben ist).

`series` ist als **Array** im JSON-Format angelegt, was du an den eckigen Klammern [ ] von `series` erkennst. Darin können sich (zumindest theoretisch) beliebig viele Elemente oder Objekte befinden, in denen Daten angegeben sind. Du musst angeben, auf das **wievielte** Element (in diesem Fall das Element 0) du zugreifen willst – selbst wenn es eindeutig ist, weil es nur ein einziges Element gibt. Und 0 ist ja bekannterweise die 1 des Computers, wenn er zählt.

Und jetzt zu **`data[landPreis]`**: Im Array `data` sitzen die tatsächlichen Werte, die später dargestellt werden. Bei unserer Darstellung ist die **Position** in diesem Array **gleich** dem **Wert**, der in der Kurve auf der X-Achse angegeben wird. An Stelle 3 wird also beispielsweise durch den dortigen Wert angegeben, wie oft dieses Merkmal vorhanden ist. Wurde 258-mal der Wert 3 errechnet, sollte an dieser Stelle 3 die 258 als Wert stehen.

Mit »undefined« ist schlecht zählen

Wir beginnen ja mit einem leeren Array, nichts ist in den JSON-Daten vorgegeben. Deshalb kann mit den Feldern `meineDaten.series[0].data[landPreis]` noch nicht gerechnet werden – alle Felder sind `undefined`, und `undefined` kann nicht mit `+ 1` hochgezählt werden.

Wir müssen also jedes dieser Felder vor der ersten Verwendung wenigstens auf 0 setzen, um damit rechnen zu können. Das könnten wir fest im JSON-Array machen – wenn wir aber Zufallszahlen (oder andere Werte) bis vielleicht 1.000 haben, dann wird das eine ziemliche Tipparbeit. Lassen wir das doch einfach JavaScript selbst machen.

Bevor wir also einen Wert in unserem jeweils aktuellen Feld `meineDaten.series[0].data[landPreis]` hochzählen, prüfen wir mit einem `if` ob dieses Feld noch den Wert `undefined` hat. Ist das der Fall weisen wir ihm einfach eine 0 zu – schon darf dieses Feld Teil einer Berechnung sein.

```
if( meineDaten.series[0].data[landPreis] == undefined){
    meineDaten.series[0].data[landPreis] = 0;
}
meineDaten.series[0].data[landPreis] =
    meineDaten.series[0].data[landPreis] + 1;
```

Jetzt kann jeder auftauchende Wert, jedes Merkmal hochgezählt werden. Das geht übrigens wie immer bei JavaScript rasend schnell.

Tauchen bestimmte Werte nicht auf, haben wir also Lücken, dann ist das kein Problem. Chartist hat dann an dieser Stelle eben keinen Wert. Du kannst das ausprobieren, indem du so wenige Werte berechnen lässt, dass Lücken auftreten. Das passiert, wenn du weniger als 10 Werte berechnen lässt. Mit `console.log(meineDaten.series[0])` kannst du dir dazu die Werte in der Konsole ansehen.

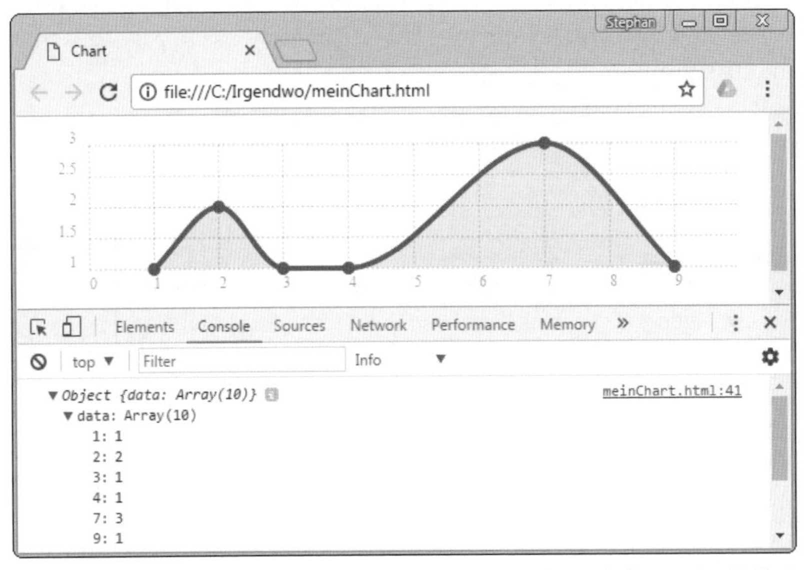

Abbildung 10.6 Mögliche Lücken (es gab keine 5, 6 oder 8, dafür zweimal die 2 und dreimal die 7) stellen tatsächlich kein Problem dar. Ob es bei solchen Lücken aber vielleicht eine passendere Darstellungsart gäbe, ist eine berechtigte Frage.

Noch schnell die Labels – die Beschriftung der X-Achse

Genauso wie anfangs unser `series`, ist auch `labels`, die Beschriftung der X-Achse, ohne Werte. Das würde zwar funktionieren, aber wir wollen es ja auch schön, vor allem aber lesbar haben. Wir müssen also die Beschriftung der X-Achse im Array `labels` hinterlegen.

Auch hier stellt sich uns wieder die Frage: Wie machen wir das, wenn wir möglichst flexibel sein wollen – aber auch etwas schreibfaul sind, und wir das nicht selbst in das JSON-Feld tippen wollen?

Klar, wir lassen arbeiten. Für JavaScript ist das ein Leichtes. Wenn alles abgearbeitet wurde, wissen wir ja, wie viele Elemente im Array `meineDaten.series[0].data` sind – durch das Attribut `length`. Da wir fortlaufende Daten haben, »beschriften« wir die Positionen einfach mit dem fortlaufenden Wert `i`. Das funktioniert (wie du in Abbildung 10.6 gesehen hast) sogar bei Lücken.

```
for(var i=0; i< meineDaten.series[0].data.length; i++){
    meineDaten.labels[i] = i;
}
```

Damit ist das Programm fertig, und du kannst dir ansehen, wie sich deine Zufallszahlen verteilen. Da wir hier eine größere Datenmenge haben (mindestens ein paar Tausend), treten auch keine Lücken auf.

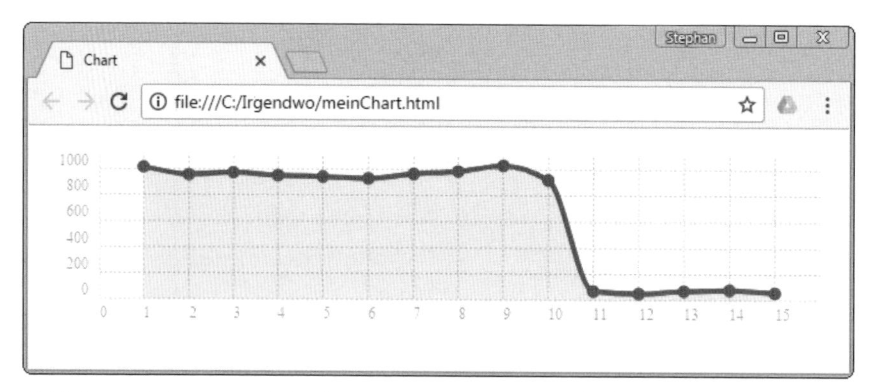

Abbildung 10.7 So kannst du dir besser vorstellen, was sich bei deinen Zufallszahlen tut.

Und hier noch einmal alles vollständig:

```
<!DOCTYPE html>
<html>
<head>
    <title>Chart</title>
    <meta charset="utf-8">
    <link rel="stylesheet" href="ChartistDateien/chartist.css">
    <script src="ChartistDateien/chartist.js"></script>
</head>
```

```
<body>

    <div class="ct-chart ct-double-octave"></div>

<script>
var meineDaten = {
  labels: [ ],
  series: [
    {
        data: [ ]
    }
  ]
};
var optionen = {
  showArea: true
};

for(var i=1; i<10000; i++){

    var landPreis = Math.round(Math.random() * 10 + 0.5);
    if (Math.random() > 0.9) {
        landPreis = Math.round(Math.random() * 15 + 0.5);
    }

    if( meineDaten.series[0].data[landPreis] == undefined){
        meineDaten.series[0].data[landPreis] = 0;
    }
    meineDaten.series[0].data[landPreis] =
        meineDaten.series[0].data[landPreis] + 1;
}
for(var i=0; i< meineDaten.series[0].data.length; i++){
    meineDaten.labels[i] = i;
}

new Chartist.Line('.ct-chart', meineDaten, optionen);
</script>
</body>
</html>
```

Zeit für Änderungen

Wie wäre es jetzt, wenn du deine Zufallszahlen anders berechnen würdest?

Vielleicht so:

```
var landPreis = Math.round(Math.random() * 10 + 0.5);
if (landPreis == 10) {
    landPreis = landPreis + Math.round(Math.random() * 5 + 0.5);
}
```

Wenn der Landpreis bei 10 liegt, wird eine zweite Zufallszahl berechnet, die zu unserem bisherigen Wert addiert wird:

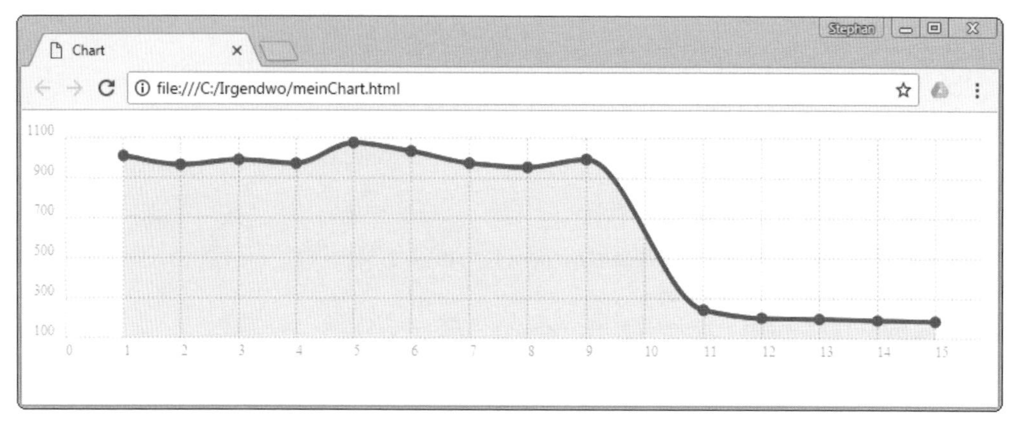

Abbildung 10.8 Ein ähnlicher Verlauf, aber mit einer schlecht erkennbaren Lücke: Es gibt keine 10 mehr.

Gut gedacht, aber der Wert 10 taucht nicht mehr auf. Dank der grafischen Darstellung fällt das aber nur auf, wenn du genau hinschaust, denn die Lücke bei 10 ist in dieser Form nicht sehr auffällig.

Wie du hier siehst, sind Lücken in den Daten kein Problem für Chartist – für die Auswertung der Daten aber schon. Wenn es eine Lücke gibt, hat diese Stelle keinen Wert, ist also `undefined`. Wir füllen sie mit 0 auf, damit unsere Kurve sichtbar nach unten geht. Du kannst dazu ganz einfach die Schleife für unsere `labels` erweitern:

```
for(var i=0; i< meineDaten.series[0].data.length; i++){
    meineDaten.labels[i] = i;
    if( meineDaten.series[0].data[i] == undefined){
```

```
        meineDaten.series[0].data[i] = 0;
    }
}
```

Du nutzt die Schleife und die verwendete Zählvariable i, um durch das Array der Daten, data, zu laufen. Gibt es ein Lücke, dann ist der Wert undefined: Mach einfach eine 0 daraus!

Schon ist unsere Grafik viel aussagekräftiger:

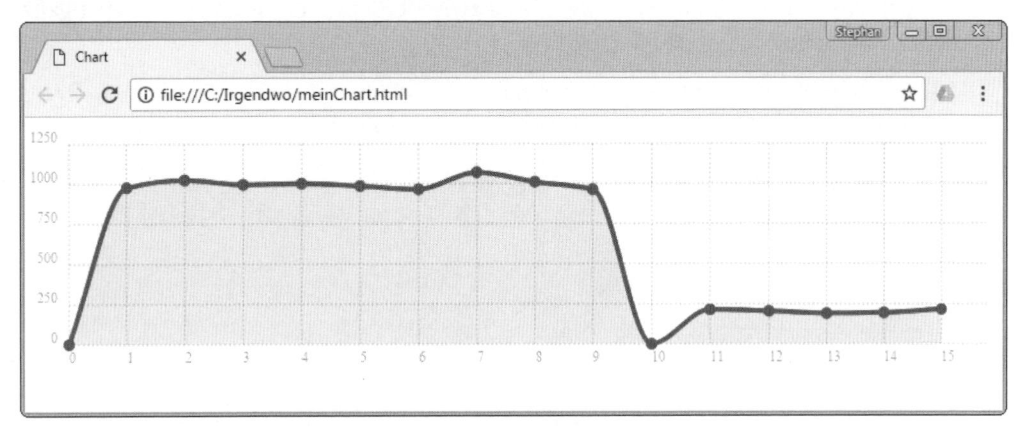

Abbildung 10.9 Hurra! Wir haben eine Lücke, wo keine sein sollte. Du siehst es sofort und kannst deine Formel anpassen.

Du siehst, dass der zweite Wert, der zur ersten Zufallszahl addiert wird, wenn diese 10 ist, niemals 0 wird. Du könntest die Berechnung der zweiten Zufallszahl also so anpassen, dass auch der Wert 10 wieder möglich ist. Im einfachsten Fall veränderst du die Berechnung so:

```
var landPreis = Math.round(Math.random() * 10 + 0.5);
if (landPreis == 10) {
    landPreis = landPreis + Math.round(Math.random() * 5 );
}
```

So ist auch die 10 wieder möglich: Die zweite berechnete Zufallszahl kann 0 sein, der ursprüngliche Wert 10 bleibt dann unverändert.

Eine zweite Zufallszahl soll es sein

Mit Hilfe von Chartist kannst du fast beliebig viele Zahlenreihen darstellen. Nehmen wir eine einfache, zweite Formel, nach der wir unseren Landpreis alternativ berechnen lassen – vielleicht ist diese Formel ja besser geeignet für unser Spiel?

```
var landPreis = Math.round(Math.random() * 7 + Math.random() * 8 + 0.5);
```

Eine Art der Berechnung von Zufallszahlen, die wir in ähnlicher Form schon einmal verwendet haben: Die Zahlen liegen wie bisher zwischen 1 und 15, verteilen sich aber ganz anders. Wie genau, wirst du gleich sehen.

Damit Chartist eine weitere Zahlenreihe darstellen kann, müssen wir ein weiteres Objekt in `series` anlegen. Das kann ruhig leer sein, da wir die Daten sowieso nachliefern und direkt in die JSON-Daten schreiben:

```
var meineDaten = {
  labels: [ ],
  series: [
    {
        data: [ ]
    },
    {
        data: [ ]
    }
  ]
};
```

Damit ist alles in Chartist vorbereitet. Wir **könnten** jetzt unsere bestehende Schleife **kopieren** und in der Kopie auf das zweite Objekt in `series` zugreifen. Anstelle von `meineDaten.series[0]` würden wir auf das zweite Objekt mit `meineDaten.series[1]` zugreifen. Aber das wäre keine elegante Lösung. Wir können das **besser** und schreiben eine Funktion, die dynamisch arbeitet. Wir müssen der Funktion nur die Information übergeben, welche Kurve wir zeichnen wollen.

Was machen wir mit den Funktionen für die Zufallszahl? Schreiben wir alle in diese Funktion und wählen sie je nach der gewählten Kurve aus?

Nein, das ist uns nicht flexibel genug. Auch das können wir mit JavaScript besser machen. Wir schreiben jede Berechnung unserer Zufallszahlen in eine eigene Funktion – in eine anonyme Funktion, die wir einer Variablen zuweisen. Diese Variable übergeben wir einfach als Parameter in die Funktion und können dort damit arbeiten. Klingt kompliziert? Ist ganz einfach.

Erst schreiben wir zwei anonyme Funktionen für die Berechnung der Zufallszahlen und weisen sie Variablen zu:

```
var meinZufallMitSpitze = function(){
        var zufall = Math.round(Math.random() * 10 + 0.5);
        if (zufall == 10) {
            zufall = zufall + Math.round(Math.random() * 5 );
        }
    return zufall;
}

var meinZufallZweiZahlen = function(){
    var zufall = Math.round(Math.random() * 7 + Math.random() * 8 + 0.5);
    return zufall;
}
```

10

Die Variable `landPreis` haben wir etwas allgemeiner und passender in `zufall` umbenannt – das wäre nicht nötig, ist aber lesbarer. Wichtiger ist, dass die Funktionen bei jedem Aufruf eine berechnete Zufallszahl mit `return` zurückliefern. Jede unserer anonymen Funktionen wird in einer Variablen gespeichert – diese Variable übergeben wir in die Funktion, zusammen mit der Angabe, welche Kurve wir berechnen.

```
function berechneGraph(position, zufallsFunktion){

    for(var i=1; i<10000; i++){
        wert = zufallsFunktion();
        if( meineDaten.series[position].data[wert] == undefined){
            meineDaten.series[position].data[wert] = 0;
        }
        meineDaten.series[position].data[wert] =
            meineDaten.series[position].data[wert] + 1;
    }
    for(var i=0; i< meineDaten.series[position].data.length; i++){
        meineDaten.labels[i] = i;
        if( meineDaten.series[position].data[i] == undefined){
            meineDaten.series[position].data[i] = 0;
        }
    }
}
```

Auch hier haben wir den Namen **landPreis** etwas neutraler und passender umbenannt: in **wert**.

Das Praktische: Wir können unsere jeweils aktuelle Funktion für eine Zufallszahl als **Parameter** in die Funktion `berechneGraph` übergeben. Dort rufen wir sie über den Namen des Parameters `zufallsFunktion` auf. Keine Basteleien mit `if` oder `switch-case`, welche Zufallsfunktion in Abhängigkeit von der Kurve verwendet werden soll.

Fehlt nur noch der korrekte Aufruf unserer Funktion:

```
berechneGraph(0,meinZufallMitSpitze);
berechneGraph(1,meinZufallZweiZahlen);
```

Damit haben wir alles, um unsere beiden Kurven bzw. die Werte unserer Zufallszahlen im Vergleich zu sehen.

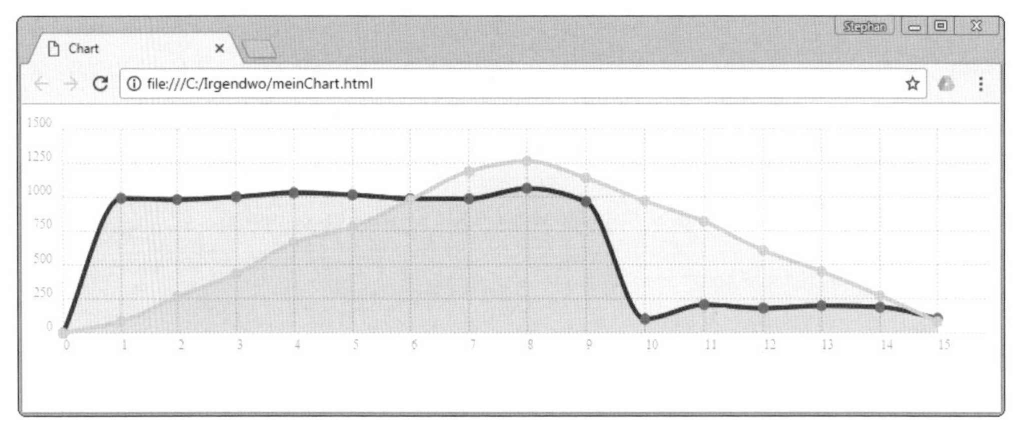

Abbildung 10.10 Zwei Kurven zum Preis von einer. Nur bei den Farben habe ich noch etwas dazugeschummelt.

Genau, wo kommen die Farben her?

Chartist erlaubt dir, über die CSS-Angaben das **Aussehen** bestimmter Elemente zu verändern. Hier habe ich die Farben der Linien und Punkte geändert:

```
<style>
    .ct-series-a .ct-point {
      stroke: red;
    }
```

Bei unserer ersten Kurve habe ich getrennt voneinander die Farbe der Punkte und der Linien geändert. Hier die Punkte in kräftigem Rot.

```
.ct-series-a .ct-line {
  stroke: blue;
}
```

Die Linie ist klassisch blau.

```
.ct-series-b .ct-line,
.ct-series-b .ct-point {
  stroke: gold;
}
```


Bei der zweiten Kurve habe ich die Punkte und die Linie pauschal auf Gold gesetzt.

```
</style>
```

Das ist natürlich immer noch nicht alles, was du mit Hilfe von Chartist machen kannst. Es gibt eine Vielzahl weiterer Optionen und Möglichkeiten, die Darstellung weiter anzupassen. Wie bei praktisch jeder Bibliothek oder jedem Framework bedeutet das natürlich auch, dass du dich (zeit-)intensiver damit auseinandersetzen musst. Die Ergebnisse können sich dafür aber oft sehen lassen.

Hier noch der gesamte Code für unsere beiden dynamisch erzeugten Kurven. In den Optionen ist als zusätzlicher Parameter `lineSmooth: Chartist.Interpolation.step()` angegeben. Dadurch werden die Werte in **Stufen** dargestellt. Vielleicht nicht so schick, aber etwas aussagekräftiger.

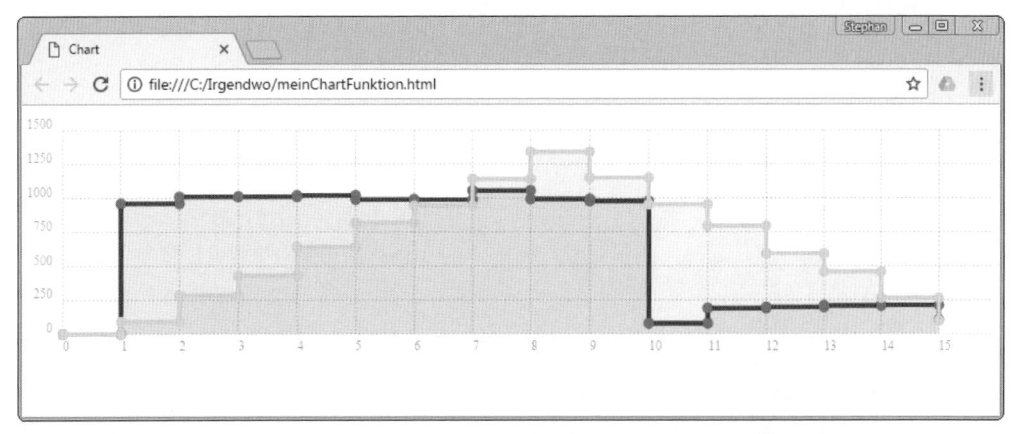

Abbildung 10.11 Bei den Farben wirst du definitiv eine bessere Auswahl treffen können.

```
<!DOCTYPE html>
<html>
<head>
    <title>Chart</title>
    <meta charset="utf-8">
    <link rel="stylesheet" href="ChartistDateien/chartist.css">
    <script src="ChartistDateien/chartist.js"></script>
<style>
    .ct-series-a .ct-point {
      stroke: red;
    }
    .ct-series-a .ct-line
     {
      stroke: blue;
    }
    .ct-series-b .ct-line,
    .ct-series-b .ct-point {
      stroke: gold;
    }
</style>

</head>
<body>

    <div class="ct-chart ct-double-octave"></div>

<script>
var meineDaten = {
  labels: [ ],
  series: [
    {
        data: [ ]
    },
    {
        data: [ ]
    }
  ]
};
var optionen = {
  showArea: true,
  //mit false werden keine Punkte angezeigt
  showPoint: true,
```

```
    //mit dieser Angabe werden die Kurven als Stufen dargestellt
    lineSmooth: Chartist.Interpolation.step()
};

function meinZufallMitSpitze(){
    var zufall = Math.round(Math.random() * 10 + 0.5);
    if (zufall == 10) {
       zufall = zufall + Math.round(Math.random() * 5 );
    }
    return zufall;
}

var meinZufallZweiZahlen = function(){
    var zufall = Math.round(Math.random() * 7 + Math.random() * 8 + 0.5);
    return zufall;
}

berechneGraph(0,meinZufallMitSpitze);
berechneGraph(1,meinZufallZweiZahlen);

function berechneGraph(position, zufallsFunktion){

    for(var i=1; i<10000; i++){
        wert = zufallsFunktion();
        if( meineDaten.series[position].data[wert] == undefined){
            meineDaten.series[position].data[wert] = 0;
        }
        meineDaten.series[position].data[wert] =
            meineDaten.series[position].data[wert] + 1;
    }
    for(var i=0; i< meineDaten.series[position].data.length; i++){
        meineDaten.labels[i] = i;
        if( meineDaten.series[position].data[i] == undefined){
            meineDaten.series[position].data[i] = 0;
        }
    }
}

new Chartist.Line('.ct-chart', meineDaten, optionen);
</script>
</body>
</html>
```

Kapitel 11

Mondlandung

Das geht auch auf dem Mars

Im Weltraum hört dich keiner fluchen – aber mit Hilfe von HTML, dem Canvas-Element und natürlich JavaScript kannst du sehen, wie sich dein Raumschiff auf dem Mond, dem Mars oder der Venus absenkt und dort hoffentlich sicher landet.

In diesem Kapitel ...

... wirst du *Lunar Lander* nachprogrammieren. Ein Programm, das unter vielen Namen bekannt geworden ist: Moonlander, Lunar Landing Game, Lander oder eben Lunar Lander. Du musst eine Landefähre sicher auf einer fremden Planetenoberfläche landen. Du wirst erst eine klassische Textversion programmieren und dann mit Hilfe des Canvas-Elements das Ganze grafisch darstellen und animieren.

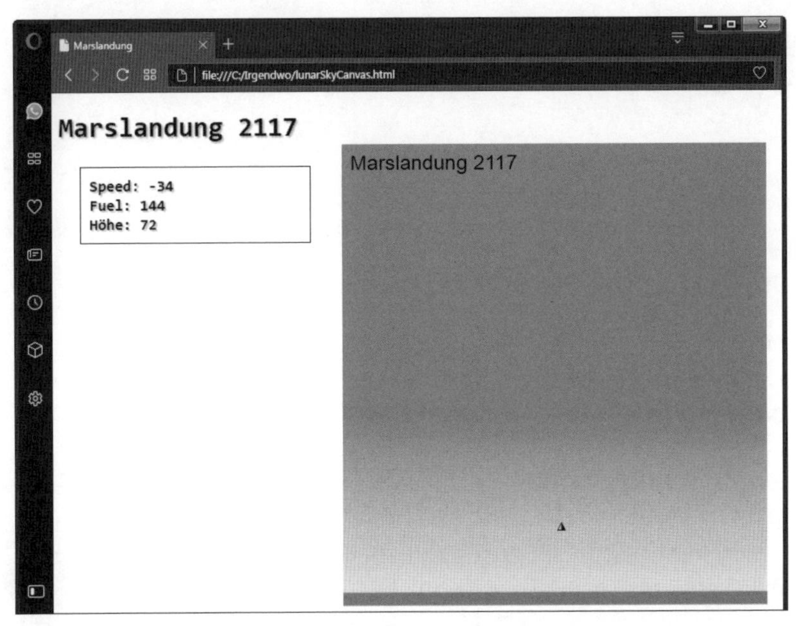

Abbildung 11.1 So soll es aussehen, wenn es fertig ist. Um die grafische Darstellung kümmern wir uns im zweiten Teil dieses Kapitels.

Als Spieler versuchst du in Lunar Lander, dein Raumschiff oder deine Landefähre **sicher auf einem Planeten zu landen**. Du gibst in jeder Runde an, wie viel Treibstoff du für den Gegenschub verwenden willst. Ziel ist es, das Raumschiff möglichst weich auf dem Planeten zu landen, bevor der gesamte Treibstoff verbraucht ist.

Beginnen wir bei der Umsetzung mit unserer Webseite, die wir (erst einmal) sehr einfach gestalten wollen. Im zweiten Teil dieses Kapitels werden wir eine grafische Darstellung einbinden, auf der das Hauptaugenmerk liegen soll.

Was brauchen wir auf unserer Webseite?

Wir wollen eine **Überschrift** mit dem Titel unseres Programms und einen Bereich, in dem die **aktuellen Daten** dargestellt werden. Das soll es auch schon sein. Etwas CSS und ein paar einfache HTML-Elemente:

```
<!DOCTYPE html>
<html>
<head>
<meta charset="utf-8"/>
<title>Marslandung 2117</title>
```

Dieses Spiel hatte so viele Namen und gibt es in so vielen Variationen, dass du dir ruhig einen eigenen Namen für deine Version ausdenken solltest.

```
<style>
  body {
```

Unser body-Tag, und damit die gesamte Webseite, erhält einige CSS-Anweisungen, mit denen wir in erster Linie die Schrift verändern.

```
      background: white;
      font-family: terminal, monospace;
      font-weight: bold;
      color: black;
      text-shadow: 2px 2px 2px #A1C4D4;
```

Vielleicht etwas spartanisch, aber doch ganz schick: weißer Hintergrund und schwarze Schrift mit einem leichten, blauen Schatten.

```
}
.schrift {
```

Jetzt noch die CSS-Anweisungen für einen schwarz umrahmten Kasten, in den wir später unsere aktuellen Werte schreiben werden:

```
    font-size: 18px;
    width: 250px;
    border: 1px black solid;
```

Der Rahmen um dieses Element ist nichts Neues. Mit `padding` und `margin` legen wir die Abstände des Rahmens zum (eigenen) Inhalt in der Box und zu den Elementen nach außen fest:


```
    padding: 10px;
    margin: 25px;
    float: left;
```

Mit `float:left` legen wir fest, dass folgende Elemente in der Webseite, die eigentlich **unter** diesem Element lägen, **neben** diesem Element dargestellt werden:

```
  }
</style>
</head>
<body>

<h1>Marslandung 2117</h1>
```

Ein guter Titel macht zwar noch kein Spiel, ist aber immer ein netter Bestandteil.

```
<p id="display" class="schrift"></p>
```

Das ist der Bereich mit dem schwarzen Rand, in dem unsere aktuellen Werte ausgegeben werden sollen.

```
<script></script>
```

Natürlich räumen wir auch unserem JavaScript einen gebührenden Platz ein.

```
</body>
</html>
```

Das ist nicht viel. Würden wir das CSS in eine eigene Datei auslagern, wäre kaum etwas übrig. Jetzt kannst du alles als HTML-Datei mit einem beliebigen Namen wie *lander.html* oder vielleicht *lunarSky.html* speichern.

Schöner abstürzen ...

Die Berechnungen für den kontrollierten (und hoffentlich sicheren) Absturz auf die Planetenoberfläche sind recht einfach, es gibt nur eine Handvoll Parameter:

Die **Geschwindigkeit** beträgt –50 m pro Zeiteinheit. Die negative Zahl bildet das Fallen ab. Die **Ausgangshöhe** beträgt 500 m, und es sind 200 Einheiten **Treibstoff** vorhanden, die für die Landung verbraucht werden können. Die tatsächlichen physikalischen Einheiten interessieren uns dabei nur an zweiter Stelle (zumindest für unser Programm). In jeder Zeiteinheit, bzw. Runde, wird das Raumschiff um eine Geschwindigkeit von 5 m weiter nach unten beschleunigt. Wir halten uns damit an eine der frühen Versionen des Programms, die in den sonst eher trockenen Handbüchern der ersten programmierbaren Taschenrechnern der Firma Sharp zu finden war – immerhin in den frühen 80er Jahren. Selbst heute noch ist dieses Programm in unzähligen Varianten als App für Android und iOS verfügbar.

Mit diesen Angaben können wir schon die wichtigsten Variablen definieren, die wir im ganzen Programm, also als globale Variable, benötigen:

```
var speed = -50;
var treibstoff = 200;
var hoehe = 500;
var g = 5;
```

Ein paar Funktionen wären auch ganz hilfreich

Überlegen wir uns, welche Funktionen wir verwenden könnten. Wir brauchen in jedem Fall eine **Ausgabe**, mit der wir unsere Werte bereits vor Spielbeginn (sonst sieht es etwas sehr leer aus) **und** in jeder Runde in unser dafür vorgesehenes Ausgabenfeld schreiben können. Wir brauchen eine **Eingabe**; wir müssen in jeder Runde angeben (und überprüfen), wie viel Treibstoff zum Bremsen verwendet werden soll. Die notwendigen **Berechnungen** pro Runde erledigen wir in einer eigenen Funktion. Da `function berechnung()` doch immer etwas sehr langweilig klingt, nennen wir sie `zuendung`. Abschließend müssen wir **kontrollieren**, ob unser Raumschiff sicher gelandet ist oder sich noch im freien

Fall befindet. Die ganzen Funktionen könnten sich gegenseitig aufrufen, wir schreiben aber lieber eine Funktion, eineRunde, in der wir alles **steuern** und ablaufen lassen.

```
function eineRunde(){
}
function ausgabe(){
}
function eingabe(){
}
function zuendung(){
}
function kontrolle(){
}
```


Die Reihenfolge der Funktionen in deinem Quellcode ist wie immer egal – im Gegensatz zum tatsächlichen **Aufruf** der Funktionen, der natürlich in der richtigen (in einer sinnvollen) Reihenfolge stattfinden muss.

Wir starten das Programm mit dem Aufruf der Seite. Vor der Eingabe brauchen wir nämlich sinnvollerweise bereits eine aktuelle Ausgabe aller Daten in unsere Webseite:

```
ausgabe();
setTimeout ( eineRunde, 2000 );
```

Wir starten das Programm bzw. die erste Runde mit einem **Timeout** von zwei Sekunden – so eine kurze Wartezeit nach dem Aufruf der Seite ist etwas schicker, als sofort mit einer Eingabe konfrontiert zu werden. Du kannst dir auch überlegen, zu deinem Programm eine Anleitung oder einen spannenden Text zu schreiben, der Lust auf das Spiel macht. Versuch immer, dem Spieler »Appetit« auf das Programm zu machen.

Mehr als Code

Ein Programm ist nie nur der Programmcode – eine gute Darstellung, Erläuterungen und gegebenenfalls Hilfen gehören auch dazu.

Schauen wir uns die Funktion eineRunde an, die wir gleich mit Leben füllen werden:

Die **erste Ausgabe** aller Werte haben wir ja vor Beginn des eigentlichen Programms gemacht. Deshalb beginnen wir jede Runde mit der **Eingabe** und erwarten dort den gewünschten **Schub** in Form des zu verbrauchenden **Treibstoffs**. Diesen Wert geben wir mit return zurück, speichern ihn kurz in einer lokalen Variablen eingegebenerSchub, um ihn dann der Funktion zuendung zu übergeben. Dort wird mit diesem Wert weitergerechnet. Wir hätten eingegebenerSchub auch als globale Variable anlegen können, aber so wird die Variable nach dem Verlassen der Funktion automatisch gelöscht, es können also niemals alte Werte verbleiben.

```
function eineRunde(){
    var eingegebenerSchub = eingabe();
    zuendung(eingegebenerSchub);
    ausgabe();
    kontrolle();
}
```

Nach der Berechnung der Werte in zuendung geben wir alles aus und überprüfen, ob wir noch in der Luft (oder zumindest über dem Boden) sind. Nur wenn das der Fall ist, starten wir in kontrolle eine weitere Runde mit einem Timeout – so ist der Plan. Schauen wir uns alles jetzt einmal an einem Stück an, denn wir haben jetzt schon eine ganze Menge Code geschrieben. Bevor wir die einzelnen Funktionen mit Leben füllen, werfen wir einen Blick auf das, wir jetzt haben. Danach können wir gleich an die Umsetzung der einzelnen Funktionen gehen.

```
<!DOCTYPE html>
<html>
<head>
<meta charset="utf-8"/>
<title>Marslandung 2117</title>
<style>
  body {
      background: white;
      font-family: terminal, monospace;
      font-weight: bold;
      color: black;
      text-shadow: 2px 2px 2px #A1C4D4;
  }
  .schrift {
      font-size: 18px;
      width: 250px;
      border: 1px black solid;
      padding: 10px;
      margin: 25px;
      float: left;
  }
```

```
</style>
</head>
<body>

<h1>Marslandung 2117</h1>

<p id="display" class="schrift"></p>

<script>
var speed = -50;
var treibstoff = 200;
var hoehe = 500;
var g = 5;

ausgabe();
setTimeout ( eineRunde, 500 );

function eineRunde(){
    var eingegebenerSchub = eingabe();
    zuendung(eingegebenerSchub);
    ausgabe();
    kontrolle();
}
function ausgabe(){
}
function kontrolle(){
}
function eingabe(){
}
function zuendung(schub){
}
</script>
</body>
</html>
```

Bereits jetzt kannst du die Seite aufrufen (nachdem du sie gespeichert hast), nur tut sich natürlich nicht viel. Da auch die Funktion `ausgabe` noch leer ist, siehst du – abgesehen von dem Titel – nur einen leeren Kasten.

Auch das schönste Programm ist nichts ohne eine Ausgabe

Beginnen wir also mit unserer Funktion `ausgabe`:

```
function ausgabe(){
    var info = "Speed: " + speed;
    info += "<br>Fuel: " + treibstoff;
    info += "<br>Höhe: " + hoehe;
    display.innerHTML = info;
}
```

Wir bauen alle benötigten Informationen zusammen und speichern alles in der Variablen `info`. »Speed« und »Fuel« sind einfach kürzer als »Geschwindigkeit« und »Treibstoff«, aber das ist Geschmackssache und in diesem Fall eine kleine Hommage an das (uralte) Originalprogramm. Die Zeilenumbrüche schreiben wir als HTML-Tag `br` mit in den Text. `info += ...` ist die bekannte Kurzform von `info = info + ...` – also nichts Neues hier. Den Text schreiben wir dann noch in unsere HTML-Datei – fertig.

Rufst du jetzt die Seite auf, dann siehst du bereits die Daten:

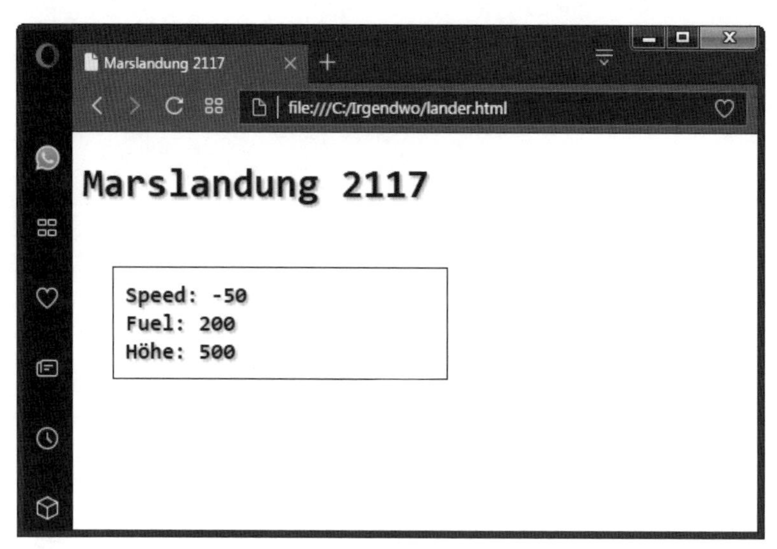

Abbildung 11.2 Natürlich darfst (und solltest) du das alles noch schicker gestalten.

Sinnvollerweise machen wir uns jetzt an die **Eingabe**:

```
function eingabe(){
    var schub = parseInt( prompt("Treibstoff", 0) );
```

Wir setzen die Eingabe mit einem einfachen prompt um. Natürlich könntest du auch ein Formularfeld dafür verwenden. Hier genügt uns aber das prompt. Mit parseInt stellen wir sicher, dass nur eine Zahl (oder gar nichts) ankommt.

```
    schub = Math.abs( schub );
```

Niemand würde jemals denken, dass ein Spieler schummeln wollte, aber trotzdem sorgen wir dafür, dass aus einer negativen Angabe für den Schub und den verwendeten Treibstoff eine positive Zahl wird; sicher ist sicher.

```
    if( isNaN(schub) ) {
      schub = 0;
    }
```


Wenn wir gar keine Zahl haben, machen wir zur Sicherheit eine 0 daraus.

```
    if(schub > treibstoff)
    {
         schub = treibstoff;
    }
```

Versucht der Spieler (oder Kommandant unseres Raumschiffs), mehr Treibstoff zu verwenden, als er noch in den Tanks, also in der Variablen treibstoff, hat, dann setzen wir schub einfach auf den größtmöglichen Wert, eben den vorhandenen Rest.

```
    return schub;
}
```

Die gegebenenfalls korrigierte Eingabe geben wir mit return zurück. Die übergeordnete Funktion kümmert sich dann ja um den Wert.

Das hier ist übrigens eine fast vorbildliche Funktion: Sie erfüllt **eine Aufgabe** – nicht mehr und nicht weniger. Es ist immer wieder verführerisch, weitere Aufgaben und noch mehr Code in eine Funktion zu schreiben. Du solltest aber versuchen, Funktionen kurz und einfach zu halten – ein guter Anhaltspunkt ist es, nur **eine Aufgabe** in **einer Funktion** erledigen zu wollen. Als guter Programmierer versucht man das und weiß, dass man oft genug dagegen verstoßen wird.

Falls du es genauer wissen willst:
Die Sache mit den übergeordneten Funktionen

Eigentlich laufen viele Funktionen immer nach einer festen Reihenfolge ab. Da stellt sich die Frage, warum man eine übergeordnete Funktion wie `eineRunde` verwendet, die nach und nach alle Funktionen aufruft: Warum rufen sich die Funktionen nicht gegenseitig (und direkt) auf, und wir sparen uns die steuernde Funktion?

Das kannst du machen, und das ist auch gar nicht unüblich. Die Frage ist: Was ist **übersichtlicher**? Solange du nur eine Handvoll an Funktionen hast, mag das nicht so wichtig sein, aber eine steuernde Funktion ist wie eine **Dokumentation**, die beschreibt, **was in welcher Reihenfolge** geschieht. Ansonsten musst du von der ersten Funktion alle anderen Funktionen durchsehen, um zu sehen, was sich da überhaupt tut. Das ist aufwendig und kann einige Zeit in Anspruch nehmen.

Schauen wir uns als Nächstes an, wie der eingegebene **Schub verarbeitet** wird. Unsere übergeordnete Funktion übergibt den Schub an die Funktion `zuendung`. Dort müssen wir uns darum kümmern, dass der verbrauchte Treibstoff vom Vorrat abgezogen wird und die Fallgeschwindigkeit und die Höhe entsprechend angepasst werden.

```
function zuendung(schub){
```

Unsere Variable `schub` nimmt den übergebenen Wert entgegen. Auch wenn unsere Variable den gleichen Namen wie die Variable in der Funktion `eingabe` hat, sind alle Variablen vollkommen unabhängig voneinander. Sie sind innerhalb von Funktionen deklariert und damit lokale Variablen, die **nur in dem Moment** existieren, wenn ihre Funktion abgearbeitet wird. Das gilt auch für Variable in Funktionen, die Werte entgegennehmen – wie unser `schub` hier.

```
    treibstoff = treibstoff - schub;
```

Wir ziehen den verbrauchten Treibstoff von unserem Vorrat ab. Bei der Eingabe hatten wir ja schon sichergestellt, dass alles mit rechten Dingen zugeht.

```
    schub = schub - g;
```

Von dem gegebenen Schub ziehen wir die Beschleunigung `g` durch die Anziehungskraft gleich ab. Ist die Menge des Treibstoffs gleich der Anziehungskraft, verändert sich die Geschwindigkeit nicht. Wurde gar kein Treibstoff zum Bremsen verwendet, wird dies gleich als Beschleunigung berücksichtigt.

```
    hoehe = hoehe + speed + schub / 2;
```

Die aktuelle Höhe wird berechnet – genauso wie in den Urzeiten des Programms. Der verbleibende Schub wird dabei nur zur Hälfte einberechnet.

Schließlich bleibt noch die Frage zu klären (oder zu berechnen), ob sich die Fallgeschwindigkeit verändert hat, und fertig ist die Funktion:

```
    speed = speed + schub;
}
```

Etwas Kontrolle muss sein

Wir haben jetzt die **Steuerung** der Funktionen, die **Ausgabe**, die **Eingabe** und die **Berechnung**. Fehlt nur noch die Kontrolle, was sich da gerade getan hat und ob wir bereits (sicheren?) Bodenkontakt haben.

```
function kontrolle(){
    if( hoehe > 1 ){
        setTimeout ( eineRunde, 500 );
```

Wir machen es uns einfach: Sind wir noch in der Luft oder – falls es auf dem Planeten keine Luft geben sollte – über dem Boden? Dann ist alles in Ordnung. Wir starten zeitgesteuert die nächste Runde: Zeit, weiter zu fallen.

```
    }else{
```

Ansonsten wird es jetzt spannend:

```
        if( hoehe > -5 && Math.abs(speed)<10 ){
```

Ist die Höhe nicht geringer als –5 **und** die Geschwindigkeit kleiner als 10, dann gehen wir davon aus, dass wir nur einen kleinen Krater in die Planetenoberfläche geschlagen haben. Es hat vielleicht etwas **gescheppert**, aber die Dämpfer haben alles abgefangen, und wir sind mehr oder weniger sicher und komfortabel gelandet. Du kannst diese Bedingungen natürlich beliebig anpassen. Da dieses `if` nur dann erreicht wird, wenn die Höhe sowieso nicht größer als 1 ist (durch das `if` davor), brauchst du an dieser Stelle nur zu überprüfen ob Höhe **nicht zu gering** ist.

```
            ausgabe();
            display.innerHTML += "<br>Geschafft!";
```

Was noch fehlt, ist eine Ausgabe der jetzt aktuellen Werte und der Hinweis, dass das Schiff sicher gelandet ist. Hier kannst du natürlich viel mehr machen und schreiben.

```
        }else{
```

Das **Ende** naht: Wenn nicht die nächste Runde gestartet wurde und du es auch nicht geschafft hast, sicher zu landen, dann ist wohl etwas schiefgegangen, und du (oder der Spieler) hast die Mission nicht beenden können. Der neu entstandene Krater war wohl etwas zu tief. Bleibt also nur noch, die aktuellen Werte auszugeben, zusammen mit einem dezenten Hinweis auf den Misserfolg:

```
            ausgabe();
            display.innerHTML += "<br>*Bruchlandung*";
        }
    }
}
```

Das war es schon. Unser Programm ist fertig. Hier noch einmal das gesamte JavaScript ohne Unterbrechungen:

```
<script>
var speed = -50;
var treibstoff = 200;
var hoehe = 500;
var g = 5;

ausgabe();
setTimeout ( eineRunde, 500 );

function eineRunde(){
    var eingegebenerSchub = eingabe();
    zuendung(eingegebenerSchub);
    ausgabe();
    kontrolle();
}

function ausgabe(){
    var info = "Speed: " + speed;
    info += "<br>Fuel: " + treibstoff;
    info += "<br>Höhe: " + hoehe;
    display.innerHTML = info;
}
```

```
function kontrolle(){
    if( hoehe > 1 ){
        setTimeout ( eineRunde, 500 );
    }else{
      if( hoehe > -5 && Math.abs(speed)<10 ){
        ausgabe();
        display.innerHTML += "<br>Geschafft!";
      }else{
        ausgabe();
        display.innerHTML += "<br>*Bruchlandung*";
      }
    }
}

function eingabe(){
    var schub = parseInt( prompt("Treibstoff", 0) );
    schub = Math.abs( schub );
    if( isNaN(schub) ) {
      schub = 0;
    }
    if(schub > treibstoff)
    {
         schub = treibstoff;
    }
    return schub;
}

function zuendung(schub){
    treibstoff = treibstoff - schub;
    schub = schub - g;
    hoehe = hoehe + speed + schub / 2;
    speed = speed + schub;
}
</script>
```

Damit ist das Programm vollständig. Nur noch alles zusammenfügen (falls noch nicht geschehen), speichern und im Browser aufrufen.

Probier einfach einmal **aus**, ob du eine saubere Landung hinbekommst.

Schöner fallen mit Canvas und JavaScript

Canvas ist ein **HTML-Element**, ein Tag, auf dem du mit Hilfe von JavaScript zeichnen und schreiben kannst. Es funktioniert wie eine Zeichenfläche, wie eine Leinwand – was das Wort *canvas* im Englischen eben bedeutet.

Das Tag erzeugt in der Webseite ein leeres, weißes Rechteck. Darin kannst du mit JavaScript »malen«:

```
<canvas id="eineId" class="eineKlasse" width="250" height="250">
Irgendein optionaler Inhalt, falls ein Browser dieses Tag
nicht kennen sollte.
</canvas>
```

Das ist schon alles. Der optionale Inhalt ist tatsächlich nur optional und hat sonst keine echte Bedeutung.

Eine ID und eine Klasse als Attribut sind zwar nicht unbedingt zwingend. Um die Oberfläche mit CSS zu verändern und um mit JavaScript darauf zugreifen zu können, ist es aber natürlich sinnvoll, beide Angaben gleich mit zu machen. Mit `width` und `height` gibst du die Größe deiner Leinwand in Pixeln an. Der Nullpunkt, der Ursprung (0,0), liegt immer links oben. (250,250) als größter Wert ist demnach rechts unten.

Das war es auch schon – und du hast dein erstes Canvas in HTML. Hier gleich gebrauchsfertig für unser Programm:

```
<canvas id="meinCanvasElement" class="flaeche" width="500" height="530">
Fallback-Inhalt
</canvas>
```

Mehr Farbe im Leben und auf der Planetenoberfläche

Da wir schon genug Weiß als Spannungselement auf unserer Seite haben, packen wir etwas CSS dazu: Wie wäre es mit einem himmelblauen Hintergrund und etwas hellem Braun im unteren Bereich? Mit CSS im `style`-Tag kannst du ganz einfach einen **Farbverlauf** auf dein Canvas-Element bringen (was natürlich genauso mit anderen HTML-Elementen funktionieren würde).

```
.flaeche {
    background-image:linear-gradient(0deg, #f5deb3 5%, #6495ed 50%)
}
```

Das genügt schon, um einen Farbverlauf vertikal laufen zu lassen – dafür stehen die 0 Grad. Es folgen die beiden Farben, die unseren Farbverlauf ausmachen. Mit den beiden Prozentangaben steuerst du, wo und wie der **Übergang** zwischen den beiden angegebenen Farben verläuft. Dazu an dieser Stelle nur so viel: Der erste Wert muss immer kleiner als der zweite Wert sein, sonst gibt es keinen weichen Übergang. Je weiter beide Werte auseinanderliegen, desto weicher ist der Übergang. Je größer (oder kleiner) die jeweiligen Werte sind, desto näher liegen sie am jeweiligen Anfang oder Ende des Bildes. Natürlich kannst du mit den Werten spielen und auch eigene Kreationen testen. Das Folgende könnte zum Beispiel für den Mars, den roten Planeten, ganz passend sein:

```
.flaeche {
    background-image:linear-gradient(0deg, #ff0000 0%, #6495ed 65%)
}
```


Ein recht aggressives Rot, das weiter unten seine volle (rote) Intensität entfaltet und weicher nach oben in die Farbe Blau verläuft:

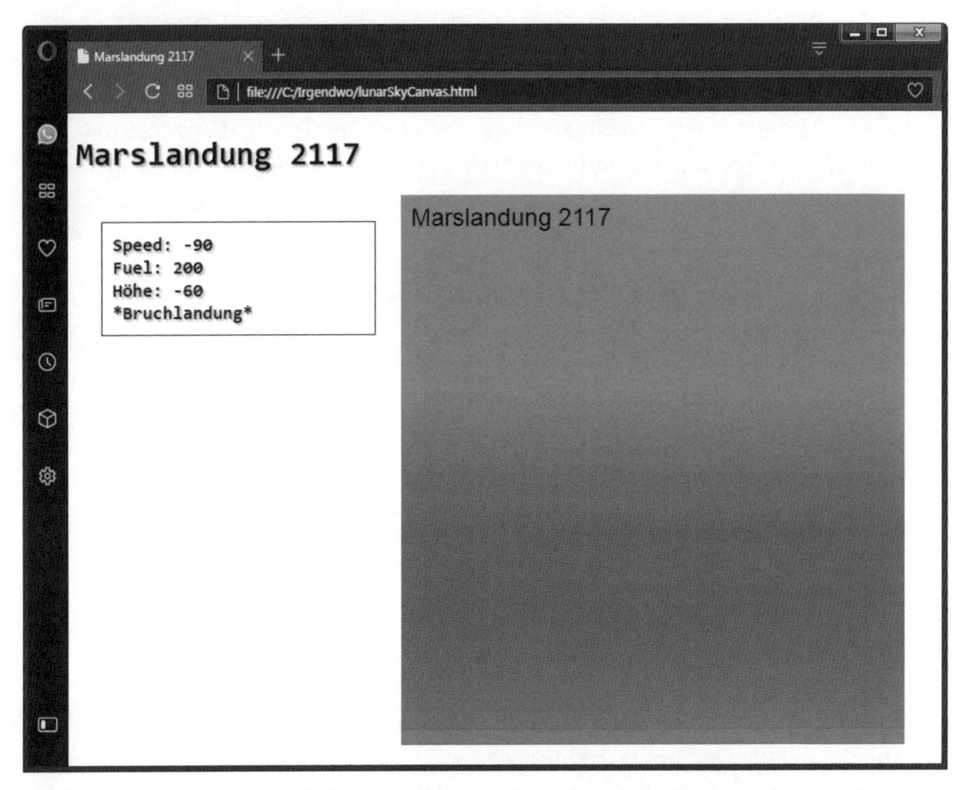

Abbildung 11.3 Ganz passend für den roten Planeten, aber vielleicht doch etwas zu farbgewaltig? Wir bleiben erst einmal bei unserer helleren Variante.

Warum hat das Canvas eigentlich eine Breite von 500 Pixeln, aber eine Höhe von 530 Pixeln?

Wir wollen noch so etwas wie die **Planetenoberfläche** darstellen. Dafür reservieren wir uns einige Pixel – und mit den restlichen 500 Pixeln können wir die Höhe unseres Landeschiffes fast 1:1 abbilden.

Canvas im JavaScript

Jetzt kommen wir zu dem Teil, in dem wir das Canvas, unsere Zeichenfläche, mit JavaScript bearbeiten. Zuerst einmal: Was wollen wir überhaupt machen?

- Wir wollen eine **Überschrift** oder einen Titel in den Kopf des Bildes schreiben.
- Es soll ein kleines **Raumschiff** (oder etwas, was einem Landefahrzeug ähnelt) in der jeweiligen Höhe dargestellt werden.
- Wir wollen so etwas wie den Boden, die **Oberfläche**, darstellen.

Wir schreiben unseren Programmcode dafür in die Funktion `ausgabe`. Wir könnten auch eine eigene Funktion dafür schreiben, aber vielleicht willst du selbst in einem zweiten Schritt die gesamte Ausgabe – einschließlich der Werte – lieber vollständig auf dem Canvas abbilden? Dann würdest du einfach die komplette Funktionalität austauschen. Deshalb nutzen wir die bestehende Funktion und ergänzen sie im ersten Schritt.

```
var lunarLander = '\u25EE';
```

Für unseren Lander nehmen wir keine Grafik, sondern ein einfaches **Sonderzeichen**, das durch den Backslash und das folgende `u` als Unicode mit seiner eindeutigen Nummer geschrieben wird. Unser Zeichen ist »UP-POINTING TRIANGLE WITH RIGHT HALF BLACK«, also ein nach oben zeigendes Dreieck, das zur Hälfte schwarz ist – keine Angst, das sieht besser aus, als es sich anhört. Im Internet gibt es übrigens zahlreiche Seiten, die alle Zeichen mit ihren Codes übersichtlich darstellen. So ein Sonderzeichen hat den Vorteil, dass du es einfach und problemlos über diese **Codeangabe** verwenden kannst. Eine Grafik, die auch ganz schick sein könnte, muss erst bereitgestellt und dann irgendwie auch heruntergeladen werden.

```
var meinBild = document.getElementById('meinCanvasElement');
```

Auf diese Art »holen« wir unsere **Zeichenfläche** und weisen sie einer Variablen zu. In ähnlicher Form holen wir uns ja die unterschiedlichsten Elemente aus der Webseite, um dann in JavaScript über eine Variable damit zu arbeiten.

```
if(meinBild.getContext){
```

Wenn alles geklappt hat und es sich bei dem Element tatsächlich um ein Canvas handelt, dann können wir weitermachen.

```
    var zeichne = meinBild.getContext('2d');
```

Aus unserem Objekt meinBild holen wir uns jetzt gezielt bestimmte Fähigkeiten, die wir einer eigenen Variablen, zeichne, zuweisen. Erst mit dieser Variablen können wir sinnvoll auf den Kontext, hier die Zeichenfunktionen, zugreifen. Das ist zugegeben nichts, was man sich logisch erschließen würde, ist aber eine durchaus gängige Vorgehensweise in zahlreichen Sprachen. Wir beschränken uns hier auf das normale Zeichnen in zwei Dimensionen, daher also die Angabe 2d. Wie immer gilt: die Namen der verwendeten Variablen kannst du natürlich beliebig vergeben.


```
    zeichne.clearRect(0, 0, meinBild.width, meinBild.height);
```

Was einmal auf einem Canvas gezeichnet ist, **bleibt** dort. Es kann nicht mehr verschoben bzw. bewegt werden. Das Einzige, was du wirklich machen kannst, ist, die Zeichenfläche (vollständig oder teilweise) zu **löschen** um danach alles **neu** (und gegebenenfalls leicht verändert) zu zeichnen. Das geht übrigens so rasend schnell, dass nichts flackert und Veränderungen durch ein Neuzeichnen an einer anderen Position als echte Bewegung wahrgenommen werden. Beim ersten Aufruf ist unser Canvas leer; wir leeren es aber grundsätzlich, im laufenden Spiel werden wir immer etwas auf der Zeichenfläche haben. Du kannst übrigens alles oder beliebige Teile der Zeichenfläche löschen: Du gibst immer ein zu löschendes Rechteck an. Mit meinBild.width und meinBild.height erhältst du immer die aktuellen Größen bzw. die äußersten Koordinaten. Natürlich könntest du auch die Größe fest angeben (500, 530), aber so sparst du dir Tipperei, wenn du irgendwann die Größe ändern solltest.

```
    zeichne.font = '24px arial';
```

Für jeden Text kannst du angeben, welche Schriftart und Größe verwendet werden soll. Leider verlangt Canvas hier eigene Angaben, die anders aussehen als beispielsweise im CSS.

```
    zeichne.fillText("Marslandung 2117", 10 , 30);
```

Hier schreibst du die **Überschrift**, den Titel, an die angegebenen Koordinaten. Eigentlich bräuchten wir keinen Titel, er eignet sich aber einfach zu gut als klassisches Beispiel, um einen Text in die Zeichenfläche zu schreiben.

```
        //Den Boden zeichnen
        zeichne.strokeStyle = "grey";
        zeichne.lineWidth = 15;
        zeichne.moveTo(0,522);
        zeichne.lineTo(500,522);
        zeichne.stroke();
```

Hier zeichnen wir eine dicke Linie, unsere **Oberfläche**. Wir legen die Farbe fest, die Breite in Pixeln und geben für einen imaginären Zeichenstift einen Startpunkt und einen Endpunkt an. Erst mit der Methode `stroke` wird tatsächlich gezeichnet. Vorher tut sich beim Zeichnen nämlich gar nichts – anders als bei unserem Text davor.

```
        //Unser Lander
        zeichne.fillText(lunarLander, meinBild.width/2 , 520-hoehe);
    }
```

Zu guter Letzt kommt unser kleiner Lander, **unser Raumschiff**: ein weiterer Text, nämlich das Zeichen, das wir unserer Variablen `lunarLander` zugewiesen haben. Natürlich könntest du das Zeichen `'\u25EE'` direkt hierhin schreiben, so ist es aber eleganter. Und beim Lesen des Quellcodes kannst du dir nach längerer Zeit unter dem Variablennamen `lunarLander` mehr vorstellen als unter einer kryptischen Unicode-Nummer. Mit `meinBild.width/2` wird unser Raumschiff immer in der Mitte der Zeichenfläche positioniert.

Leider ist in unserer Zeichenfläche die Position `0` **oben**, unsere Höhe liegt aber bei `500` – wir können also nicht einfach die Höhe, `hoehe`, direkt angeben: Mit `520-hoehe` drehen wir das auf einfache Art um und positionieren unser Schiff so, dass es immer gut dargestellt wird.

Das ist auch schon alles, was du benötigst, um eine grafische Darstellung mit dem Element `canvas` zu realisieren. In jeder Runde wird die Zeichenfläche geleert und mit den aktuellen Daten neu aufgebaut. Neben dem Zeichen für unseren kleinen Lander könntest du auch die komplette Ausgabe der aktuellen Werte in das Canvas schreiben – natürlich ohne die Zeilenumbrüche in Form von `<br>`, die würden nämlich genauso in die Zeichenfläche geschrieben. Aber dafür kannst du jedes Element beliebig mit Koordinaten positionieren. Viel Spaß beim Fliegen!

Hier ist noch einmal der ganze Code:

```
<!DOCTYPE html>
<html>
<head>
<meta charset="utf-8"/>
<title>Marslandung 2117</title>
<style>
  body {
      background: white;
      font-family: terminal, monospace;
      font-weight: bold;
      color: black;
      text-shadow: 2px 2px 2px #A1C4D4;
  }
  .schrift {
      font-size: 18px;
      width: 250px;
      border: 1px black solid;
      padding: 10px;
      margin: 25px;
      float: left;
  }
  .flaeche {
      background-image: linear-gradient(0deg, #f5deb3 5%, #6495ed 50%)
  }
</style>
</head>
<body>

<h1>Marslandung 2117</h1>

<p id="display" class="schrift"></p>

<canvas id="meinCanvasElement" class="flaeche" width="500" height="530">
Fallback-Inhalt
</canvas>

<script>
var speed = -50;
var treibstoff = 200;
```

```
var hoehe = 500;
var g = 5;

ausgabe();
setTimeout ( eineRunde, 500 );
function eineRunde(){
    var eingegebenerSchub = eingabe();
    zuendung(eingegebenerSchub);
    ausgabe();
    kontrolle();
}

function ausgabe(){
    var info = "Speed: " + speed;
    info += "<br>Fuel: " + treibstoff;
    info += "<br>Höhe: " + hoehe;
    display.innerHTML = info;

    var lunarLander = '\u25EE';
    var meinBild = document.getElementById('meinCanvasElement');
    if(meinBild.getContext){
        var zeichne = meinBild.getContext('2d');
        zeichne.clearRect(0, 0, meinBild.width, meinBild.height);

        zeichne.font = '24px arial';
        zeichne.fillText("Marslandung 2117", 10 , 30);

        //Den Boden zeichnen
        zeichne.strokeStyle = "grey";
        zeichne.lineWidth = 15;
        zeichne.moveTo(0,522);
        zeichne.lineTo(500,522);
        zeichne.stroke();
        //Unser Lander
        zeichne.fillText('\u25EE', meinBild.width/2 , 520-hoehe);
    }
}
```

```
function kontrolle(){
    if( hoehe > 1 ){
        setTimeout ( eineRunde, 500 );
    }else{
      if( hoehe > -5 && Math.abs(speed)<10 ){
        ausgabe();
        display.innerHTML += "<br>Geschafft!";
      }else{
        ausgabe();
        display.innerHTML += "<br>*Bruchlandung*";
      }
    }
}
function eingabe(){
    var schub = parseInt( prompt("Treibstoff", 0) );
    schub = Math.abs( schub );
    if( isNaN(schub) ) {
      schub = 0;
    }
    if(schub > treibstoff)
    {
         schub = treibstoff;
    }
    return schub;
}

function zuendung(schub){
    treibstoff = treibstoff - schub;
    schub = schub - 5;
    hoehe = hoehe + speed + schub / 2;
    speed = speed + schub;
}
</script>
</body>
</html>
```

Kapitel 12

Im Tal der fallenden Steine

Einen Spieleklassiker nachprogrammieren.

Manche Spiele sind ewige Klassiker. Wer erinnert sich nicht an die Zeit, in der einfache fallende Steine in Spielen wie Tetris oder Columns jeden in den Wahnsinn trieben? Diese Zeiten sind noch lange nicht vorbei, und dank JavaScript kann sich jeder sein eigenes Spiel erstellen.

12

In diesem Kapitel

Die Spiel-Physik fallender Steine in den verschiedensten Varianten ist eine interessante, aber auch recht komplexe Programmieraufgabe. Mit JavaScript ist es problemlos möglich, diese Art von Spielen mit den bisher verwendeten Techniken umzusetzen. Dabei haben solche Programme durch die verschiedensten möglichen Bewegungen und notwendigen Kontrollen der Steine durchaus komplexe und vor allem recht umfangreiche Funktionen. Wir gehen in diesem Kapitel deshalb anders vor als in den bisherigen Kapiteln: Wir werden das Programm nicht herleiten und entwickeln, sondern uns die Stellschrauben und Dreh- und Angelpunkte eines vollständigen Programms ansehen. Denn zum Programmieren gehört nicht nur die Fähigkeit, selbst zu entwickeln, sondern auch, sich in fertige Programme einzulesen und diese zu verstehen. Wir werden uns nicht nur einfach das Programm ansehen, sondern auch besprechen, wie du fremde Programme besser lesen und verstehen kannst.

Das Programm stammt übrigens in seiner ursprünglichen Form von Michael Schnorbach, der es für dieses Buch zur Verfügung gestellt hat und dem ich ganz herzlich danken möchte. Und falls irgendwo ein irgendein Fehler oder eine Ungereimtheit in dem Programm sein sollte, ist das auf meine Änderungen zurückzuführen.

Auch in einer relativ einfachen Version hat ein solches Programm problemlos 200 bis 300 Zeilen Code fast purer Logik. Wir werden zuerst eine einfache HTML-Datei erstellen, in der wir das fertige Programm als externe Datei einbinden werden. Das vollständige Programm werden wir uns dann anschauen und die Logik und Abläufe durchsehen.

Die HTML-Datei

Die notwendige HTML-Datei ist recht einfach, so wie in den meisten Fällen. JavaScript übernimmt viel Logik, und die Webseite ist dadurch relativ einfach mit wenigen Tags und etwas CSS:

```
<!DOCTYPE html>
<html>
  <head>
    <meta charset="utf-8">
    <title>Fallende Steine</title>
    <style>
        body{
            font-family: 'Courier New', Courier, monospace;
            line-height: 0.57;
            font-size: 28px;
            color: #999999;
            }
```

Tatsächlich arbeitet unser Programm nicht mit Grafiken, sondern mit einfachen Zeichen – sowohl die Spielfläche als auch die Steine werden aus Sonderzeichen zusammengesetzt. Dafür brauchen wir im HTML-Code nur etwas CSS mit ein paar Anweisungen für den Text und die Größen, die wir dem body-Tag zuweisen – und damit der gesamten Seite.

```
    </style>
  </head>
  <body>
    <div style="width:300px; margin: 0 auto;">
      <div id="spielfeld">Spielfeld wird aufgebaut!</div>
      <div style="margin-top:25px;" id="status">Punkte: 0</div>
    </div>
```

Das Spielfeld wird im HTML-Code lediglich durch ein `div` präsentiert. JavaScript übernimmt den Rest und wird das Spielfeld dynamisch aufbauen. Wir brauchen noch etwas Platz, um die erreichten Punkte darstellen zu können.

```
    <script src="fallendeSteine.js"></script>
```

Der Aufruf unseres eigentlichen Programms. Die Angabe ist so, dass sich das Programm im gleichen Ordner wie die HTML-Datei befinden muss.

```
  </body>
</html>
```

Der Name der HTML-Datei spielt eigentlich keine Rolle. Er kann genauso heißen wie die JavaScript-Datei (natürlich mit der Dateiendung *.html*), du kannst aber auch einen beliebigen anderen Namen verwenden. Wichtig ist nur, dass der Name der JavaScript-Datei korrekt ist.

Der Code

Programmieren besteht (natürlich) zu einem Teil daraus, selbst Programme zu schreiben. Programmcode zu **lesen** und sich in **fremde Programme** hineinzudenken, ist aber eine Fähigkeit, die fast genauso wichtig ist. Beim Lesen fremder Programme leisten größere Entwicklungsumgebungen unschätzbare Dienste: Alle Funktionen und Variablen werden geordnet in einem eigenen Fenster dargestellt (in der Abbildung links).

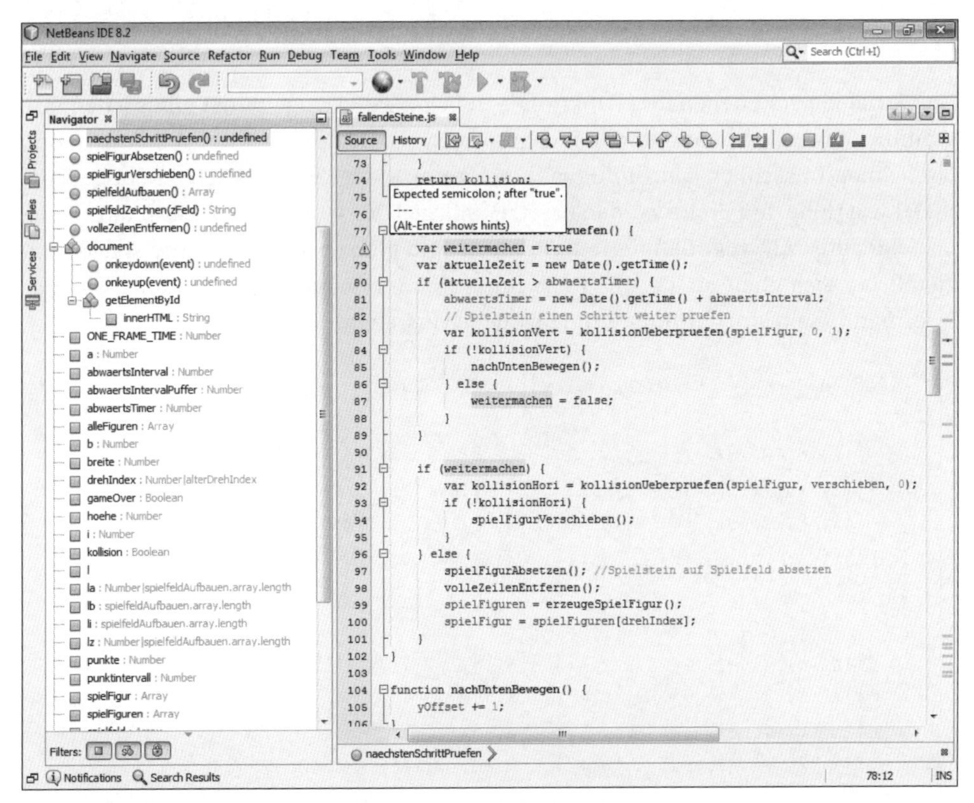

Abbildung 12.1 Je komplexer Programme werden, desto hilfreicher sind größere Entwicklungsumgebungen wie beispielsweise NetBeans.

Klickst du eine Variable oder Funktion an, werden alle Stellen markiert, an denen sie verwendet wird. Warnungen zeigen an, wo der Code nicht optimal ist – sogar ein fehlendes Semikolon wird angezeigt.

Aber sehen wir uns das Programm einmal an:

```
var breite = 16;
var hoehe = 16;
var gameOver = false;
var verschieben = false;
var xOffset = 0;
var yOffset = 0;
var drehIndex = 0;
var abwaertsIntervall = 500;
var abwaertsIntervallPuffer = abwaertsIntervall;
var abwaertsTimer = new Date().getTime() + abwaertsIntervall;
var punkte = 0;
var punktintervall = 10;
```

Die **Variablen** sind neben den Funktionen der Dreh- und Angelpunkt eines jeden Programms. Sinnvolle Namen werden nicht umsonst als wichtiger Teil der Dokumentation bezeichnet. Tatsächlich kannst du hier bereits eine Menge herauslesen: Wichtige Parameter wie Höhe und Breite werden gesetzt, und auch Variablen wie `gameOver` sind ziemlich eindeutig. Alle hier definierten Variablen sind **globale Variablen** und spielen mit ziemlicher Sicherheit eine große Rolle im Programm – auch das kann eine wichtige Information sein, um das Programm besser zu verstehen.

```
var alleFiguren = [//Definieren der Standardfiguren
    [
        [{x: 8, y: 0}, {x: 8, y: 1}, {x: 8, y: 2}, {x: 9, y: 1}], // XXX
        [{x: 7, y: 1}, {x: 8, y: 1}, {x: 9, y: 1}, {x: 8, y: 2}], //  X
        [{x: 8, y: 0}, {x: 8, y: 1}, {x: 8, y: 2}, {x: 7, y: 1}],
        [{x: 7, y: 1}, {x: 8, y: 1}, {x: 9, y: 1}, {x: 8, y: 0}]
    ],
    [
        [{x: 8, y: 0}, {x: 8, y: 1}, {x: 9, y: 1}, {x: 9, y: 2}],  // XX
        [{x: 8, y: 2}, {x: 9, y: 2}, {x: 9, y: 1}, {x: 10, y: 1}], //  XX
        [{x: 8, y: 0}, {x: 8, y: 1}, {x: 9, y: 1}, {x: 9, y: 2}],
        [{x: 8, y: 2}, {x: 9, y: 2}, {x: 9, y: 1}, {x: 10, y: 1}]
    ]
];
```

Hier werden die **Spielfiguren** definiert. Offenbar besteht jede mögliche Figur aus vier Koordinaten. Mit etwas Überlegung wirst du erkennen, dass jede Figur hier mit Koordinaten für Drehungen in alle vier Richtungen dargestellt ist – jede Zeile stellt die gleiche Figur in einer anderen Richtung im Koordinatensystem dar. Danach ist es ein Leichtes, sich nach diesem Schema **eigene Figuren** auszudenken.

```
//init
var spielfeld = spielfeldAufbauen();
var spielFiguren = erzeugeSpielFigur();
var spielFigur = spielFiguren[drehIndex];
```

Hier hilft der Kommentar auf die Sprünge. Das Spielfeld, das im HTML-Code gar nicht vorhanden ist, wird hier über Funktionen aufgebaut, und die Spielfiguren werden erzeugt. Genaueres findest du heraus, indem du dir die aufgerufenen Funktionen im Detail ansiehst.


```
function leereZeile() {
    var leereZeile = [];
    for (b = 0; b < breite; b++) {
        leereZeile.push(false);
    }
    return leereZeile;
}
```

Der Name der Funktion lässt (natürlich) darauf schließen, dass in dieser Funktion eine leere Zeile erzeugt wird. Aber erst, wenn du siehst, wo diese Funktion aufgerufen wird – nämlich in der folgenden Funktion `spielfeldAufbauen` –, wird klar, dass diese Funktion hilft, das Spielfeld aufzubauen.

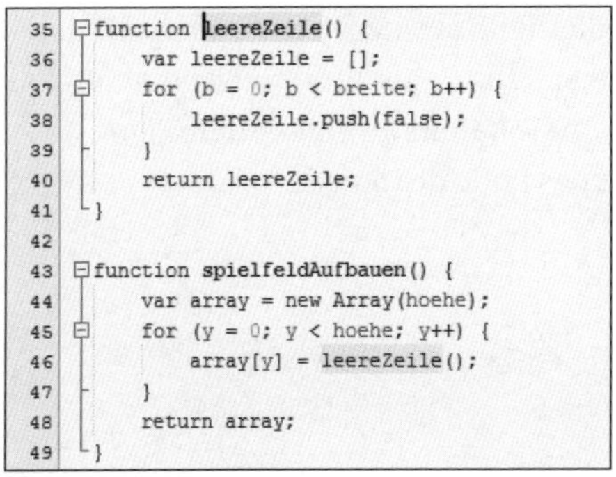

```
35  function leereZeile() {
36      var leereZeile = [];
37      for (b = 0; b < breite; b++) {
38          leereZeile.push(false);
39      }
40      return leereZeile;
41  }
42
43  function spielfeldAufbauen() {
44      var array = new Array(hoehe);
45      for (y = 0; y < hoehe; y++) {
46          array[y] = leereZeile();
47      }
48      return array;
49  }
```

Abbildung 12.2 Hilfe von der Entwicklungsumgebung: Die Verwendung von Funktionen und Variablen wird beim Anklicken automatisch angezeigt.

Abbildung 12.2 zeigt, wie eine gute Entwicklungsumgebung dir bei der Suche hilft. Aber auch in einem einfachen Editor kann die dort enthaltene »Suchen«-Funktion gute Dienste leisten.

```
function spielfeldAufbauen() {
    var array = new Array(hoehe);
    for (y = 0; y < hoehe; y++) {
        array[y] = leereZeile();
    }
    return array;
}
```

Das **Spielfeld** wird als Array aufgebaut und mit return zurückgegeben – erinnere dich, dass dieses zurückgegebene Array dann im Spiel in der Variablen spielfeld gespeichert wird.

```
function erzeugeSpielFigur() {
    xOffset = 0;
    yOffset = 0;
    drehIndex = 0;
    var zufallFiguren =
        alleFiguren[Math.floor(Math.random() * alleFiguren.length)];
    var kollision = kollisionUeberpruefen(zufallFiguren[drehIndex], 0, 0);
    if (kollision) {
        gameOver = true;
    }
    return zufallFiguren;
}
```

In dieser Funktion wird eine (zufällige) **neue Spielfigur** aus dem Vorrat in `alleFiguren` generiert. Und es wird gleich überprüft, ob die Spielfigur bei ihrem Erscheinen (ganz oben) noch leeren Platz zur Verfügung hat oder ob sie bereits an eine andere Figur stößt, die schon auf dem Spielfeld liegt – das bedeutet das Ende des Spiels.

```
function kollisionUeberpruefen(pruefFigur, xSchritt, ySchritt) {
    kollision = false;
    for (var p = 0, pl = pruefFigur.length; p < pl; p++) {
        if (!spielfeld[pruefFigur[p].y + yOffset + 1] && yOffset > 0) {
            // unten angekommen
            kollision = true;
        } else if (spielfeld[pruefFigur[p].y + yOffset +
```

```
            ySchritt][pruefFigur[p].x + xOffset +
            xSchritt] != false) {
            // Kollision mit vorhandenem Feld
            kollision = true;
        }
    }
    return kollision;
}
```

Diese Funktion überprüft, ob eine Figur bei einer Bewegung zu einer neuen Position an irgendetwas **stößt**. Ist das der Fall, wird der Wert `true` an die aufrufenden Funktionen zurückgegeben. Mit etwas geübtem Blick (oder der Hilfe der IDE) erkennst du, dass die Funktionen `erzeugeSpielFigur` und `naechstenSchrittPruefen` diese Funktion verwenden.

```
function naechstenSchrittPruefen() {
    var weitermachen = true;
    var aktuelleZeit = new Date().getTime();
    if (aktuelleZeit > abwaertsTimer) {
        abwaertsTimer = new Date().getTime() + abwaertsIntervall;
        // Spielstein einen Schritt weiter pruefen
        var kollisionVert = kollisionUeberpruefen(spielFigur, 0, 1);
        if (!kollisionVert) {
            nachUntenBewegen();
        } else {
            weitermachen = false;
        }
    }
    if (weitermachen) {
        var kollisionHori =
            kollisionUeberpruefen(spielFigur, verschieben, 0);
        if (!kollisionHori) {
            spielFigurVerschieben();
        }
    } else {
        spielFigurAbsetzen(); //Spielstein auf Spielfeld absetzen
        volleZeilenEntfernen();
        spielFiguren = erzeugeSpielFigur();
        spielFigur = spielFiguren[drehIndex];
    }
}
```

Diese Funktion plant und führt den jeweils **nächsten Schritt** bei der Bewegung einer Figur mit Hilfe anderer Funktionen wie `kollisionUeberpruefen`, `nachUntenBewegen` oder `spielFigurVerschieben` aus: Gab es eine Kollision bei der geplanten Bewegung? Oder ist die Bewegung der Figur beendet? Ist das untere Ende erreicht und muss die Figur abgelegt werden – an ihre finale Position?

```
function nachUntenBewegen() {
    yOffset += 1;
}
```

Das ist hier ist geradezu einfach: Die Position einer Figur wird um eins erhöht – die Figur fällt eine Zeile nach unten.

```
function spielFigurAbsetzen() { // Spielfigur auf das Spielfeld ablegen
    for (a = 0, la = spielFigur.length; a < la; a++) {
        spielfeld[spielFigur[a].y + yOffset][spielFigur[a].x + xOffset] =
            'ff0000';
    }
}
```

Eine **Spielfigur**, die auf ein **Hindernis** gestoßen ist, muss noch explizit als »abgesetzte Figur« im Spielfeld abgelegt werden. Dabei ist es egal, ob die Figur auf ein Hindernis gestoßen ist oder den freien Boden des Spielfelds erreicht hat. Der Figur wird noch eine andere Farbe, hier Rot, zugewiesen.

```
function volleZeilenEntfernen() {
    var zuLoeschen = [];
    for (z = 0, lz = spielfeld.length; z < lz; z++) {
        var anzahlVolleFelder = 0;
        for (i = 0, li = spielfeld[z].length; i < li; i++) {
            if (spielfeld[z][i] != false) {
                anzahlVolleFelder += 1;
            }
        }
        if (anzahlVolleFelder == breite) {
            zuLoeschen.push(z);
            punkte += punktintervall;
        }
    }
    var anzahlLoeschen = zuLoeschen.length;
```

```
    if (anzahlLoeschen > 0) {

        for (var w = 0, wl = anzahlLoeschen; w < wl; w++) {
            //loeschen
            spielfeld.splice(zuLoeschen[w], 1);
            //'oben' auffuellen und Gesamtzahl der Zeilen
            //fuer naechsten Schritt erhalten
            spielfeld.splice(0, 0, leereZeile());
        }
        document.getElementById('status').innerHTML = 'Punkte: ' + punkte;
    }
}
```


Ist eine **Zeile** (oder mehrere) vollständig aufgefüllt, dann muss sie aus dem Array und damit der Darstellung **entfernt** werden. Dazu wird diese Zeile aus dem Array gelöscht – es muss dafür aber wieder eine neue Zeile an das Spielfeld angefügt werden, sonst würde unser Spielfeld immer kleiner werden. Es werden noch die aktuell erreichten Punkte aus der Variablen `punktintervall` zu dem aktuellen Punktestand `punkte` addiert und per HTML angezeigt.

```
function spielFigurVerschieben() {
    var verschMoegl = true;
    for (i = 0, l = spielFigur.length; i < l; i++) {
        // checken, ob Spielfigur am Rand oder Treffer mit vorhandenem Stein
        if (spielFigur[i].x + xOffset + verschieben >= breite ||
            spielFigur[i].x + xOffset + verschieben < 0) {
            verschMoegl = false;
        }
    }
    if (verschMoegl) {
        xOffset += verschieben;
    }
}
```

Die Funktion `spielFigurVerschieben` wird von `naechstenSchrittPruefen` aufgerufen, wenn dort festgestellt wurde, dass eine **Bewegung** noch **möglich** ist und es **nicht** zu einer Kollision kommen würde (oder gekommen ist). In diesem Fall wird die Figur hier nach einer weiteren Prüfung nach links oder rechts verschoben.

```
function drehen() {
    var alterDrehIndex = drehIndex;
    if (drehIndex < 3) {
        drehIndex += 1;
    } else {
        drehIndex = 0;
    }
    testSpielfigur = spielFiguren[drehIndex];
    var kollisionDreh = kollisionUeberpruefen(testSpielfigur, 0, 0);
    if (!kollisionDreh) {
        spielFigur = testSpielfigur;
    } else {
        drehIndex = alterDrehIndex;
    }
}
```

Wird die **Drehung** einer Spielfigur durch das Drücken einer Taste ausgelöst (das zeige ich weiter unten), dann wird hier (je nach Drehung) die passend gedrehte Figur aus dem Array `alleFiguren` geholt, in einer temporären Variable gespeichert und (falls es dadurch nicht zu einer Kollision kommt) schließlich als neue, aktuelle Spielfigur zugewiesen.

```
function ausgabeSpielfeldErzeugen() {
    //Spielfeld-Klon fuer die Ausgabe erzeugen
    tempArray = new Array(hoehe);
    for (a = 0, la = spielfeld.length; a < la; a++) {
        tempArray[a] = new Array(breite);
        for (b = 0, lb = spielfeld[a].length; b < lb; b++) {
            tempArray[a][b] = spielfeld[a][b];
        }
    }
    for (i = 0, l = spielFigur.length; i < l; i++) {
        tempArray[spielFigur[i].y + yOffset][spielFigur[i].x + xOffset] =
            'aaaaff'; //zum Zeichnen 'übergeben'
    }
    return tempArray;
}
```

Hier haben wir einen der Kniffe des Programms: Das Spielfeld existiert nämlich doppelt bzw. wird neu für die Ausgabe erzeugt. Das ist eine gar nicht unübliche Technik in der

Programmierung. Die relevanten Daten werden für bestimmte Zwecke kurzzeitig geklont (bzw. in einen eigenen Container kopiert), und es wird mit dieser Kopie gearbeitet.

```
function spielfeldZeichnen(zFeld) {
    var textFeld = '';
    for (a = 0, la = zFeld.length; a < la; a++) {
        for (b = 0, lb = zFeld[a].length; b < lb; b++) {
            if (zFeld[a][b]) {
                textFeld += '<span style="color:#' +
                zFeld[a][b] + '">&#9632;</span>';
            } else {
                textFeld += '&#9633;';
            }
        }
        textFeld += '<br>';
    }
    return textFeld;
}
```


Hier wird das **Spielfeld** für die Ausgabe in die Webseite erzeugt. Da unsere Darstellung ohne Grafiken arbeitet und **nur Zeichen** zum Einsatz kommen, wird das Spielfeld klassisch mit Sonderzeichen und Tags generiert. Das `■` ist übrigens ein gefülltes Quadrat, während `□` das HTML-Zeichen für ein nicht gefülltes Quadrat ist.

```
//Schleife
ONE_FRAME_TIME = 100;
var hauptschleife = function () {
    if (!gameOver) {
        naechstenSchrittPruefen();
        zeichnenFeld = ausgabeSpielfeldErzeugen();
        textFeld = spielfeldZeichnen(zeichnenFeld);
        document.getElementById('spielfeld').innerHTML = textFeld;
    } else {
        document.getElementById('status').innerHTML =
            'Game Over. <br><br>Punkte: ' + punkte;
        zeichnenFeld = ausgabeSpielfeldErzeugen();
        textFeld = spielfeldZeichnen(zeichnenFeld);
    }
};
```

Hier haben wir so etwas wie die **Steuerung** des Programms mit allen notwendigen Schritten für eine (nennen wir es mal so) Runde oder eine Zeiteinheit. Ist das Spiel beendet, erfolgt noch eine entsprechende Ausgabe.

```
setIntervall(hauptschleife, ONE_FRAME_TIME);
```

Mit `setIntervall` wird die Steuerung bzw. die Funktion `hauptschleife` **immer wieder** in dem angegeben Zeitintervall `ONE_FRAME_TIME` gestartet – ohne dass jedes Mal ein neuer Aufruf zu erfolgen hat.

```
document.onkeydown = function (event) {
    if (event.keyCode == 37) {
        verschieben = -1;
    }
    if (event.keyCode == 39) {
        verschieben = 1;
    }
    if (event.keyCode == 38) {
        drehen();
    }
    if (event.keyCode == 40) {
        abwaertsIntervall = 75;
    }
}
```

Hier werden die **Events** definiert, die die angegebenen Funktionen beim Drücken einer der Cursor-Tasten zur Ausführung bringen. Die `keyCode`-Angaben stehen jeweils für eine Cursor-Taste. Jede Taste hat in JavaScript eine Nummer, damit kann entsprechend auf das Drücken reagiert werden.

```
document.onkeyup = function (event) {
    verschieben = false;
    if (event.keyCode == 40) {
        abwaertsIntervall = abwaertsIntervallPuffer;
    }
}
```

Wird eine Taste wieder **losgelassen**, dann muss die zuvor ausgelöste Aktion der Bewegung in diese Richtung wieder gestoppt werden – das passiert, indem die Variable `verschieben` (deren Wert beim Drücken einer Taste verändert wurde) wieder auf `false` gesetzt wird. Genauso wird das schnellere Fallen, das `abwaertsIntervall`, wieder auf den ursprünglichen Wert gesetzt.

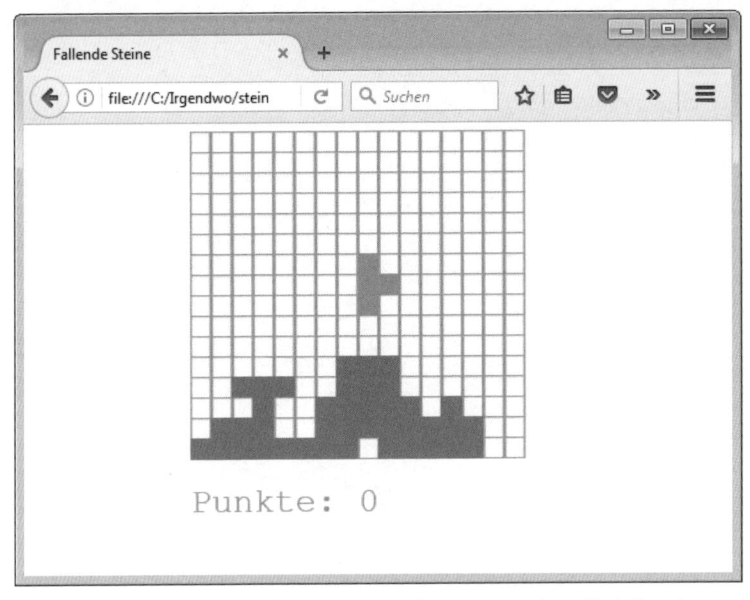

Abbildung 12.3 Und so sieht das Ganze dann aus. Zeit, selbst Hand anzulegen.

Kein Programm ist so schwer wie das, das du nicht selbst geschrieben hast

Es ist tatsächlich etwas dran: Wenn du ein Programm nicht selbst geschrieben hast, ist es immer relativ schwer, es zu lesen und zu verstehen. Und du solltest auch nicht erwarten, alles sofort zu verstehen. Natürlich wirst du die Syntax verstehen – das wirkliche Verstehen von fremden Programmen ist aber eine komplexe Aufgabe. Kein Wunder, ist doch meist sehr viel Zeit in die notwendigen Überlegungen geflossen, bis ein Programm mit seiner Logik all die geforderten Aufgaben erledigt. Und so, wie du ein Programm eben nicht in einem Rutsch schreiben kannst, kannst du genauso wenig ein Programm verstehen, wenn du es ein- oder zweimal liest. Auch Änderungen haben durchaus etwas von Trial & Error – und etwas Mut und eine gesunde Portion Selbstüberschätzung gehören sowieso dazu.

Aber in jedem Fall kannst du sehr viel dabei lernen und viel Spaß haben!

Index

I

J

K

L

M

N

O

P

Q

R

S

T

U

V

W

X

Z

Das E-Book zum Buch

Sie haben das Buch gekauft und möchten es zusätzlich auch elektronisch lesen? Dann nutzen Sie Ihren Vorteil.
Zum Preis von nur 5 Euro bekommen Sie zum Buch zusätzlich das E-Book hinzu.

Dieses Angebot ist unverbindlich und gilt nur für Käufer der Buchausgabe.

So erhalten Sie das E-Book

1. Gehen Sie im Rheinwerk-Webshop auf die Seite: www.rheinwerk-verlag.de/E-Book-zum-Buch
2. Geben Sie dort den untenstehenden Registrierungscode ein.
3. Legen Sie dann das E-Book in den Warenkorb, und gehen Sie zur Kasse.

Ihr Registrierungscode

4XD5-QKCB-97AF-TGV5-3J

Sie haben noch Fragen? Dann lesen Sie weiter unter:
www.rheinwerk-verlag.de/E-Book-zum-Buch